Beginner to Master

入门到高手

企业会计流程与财税处理

栾庆忠◎著

中国人民大学出版社
·北京·

图书在版编目（CIP）数据

入门到高手：企业会计流程与财税处理 / 栾庆忠著.
北京：中国人民大学出版社，2025.1. -- ISBN 978-7
-300-33138-6

Ⅰ. F275

中国国家版本馆 CIP 数据核字第 2024XS4480 号

入门到高手——企业会计流程与财税处理

栾庆忠　著

Rumen Dao Gaoshou——Qiye Kuaiji Liucheng yu Caishui Chuli

出版发行	中国人民大学出版社				
社　　址	北京中关村大街 31 号		**邮政编码**	100080	
电　　话	010－62511242（总编室）		010－62511770（质管部）		
	010－82501766（邮购部）		010－62514148（门市部）		
	010－62515195（发行公司）		010－62515275（盗版举报）		
网　　址	http://www.crup.com.cn				
经　　销	新华书店				
印　　刷	北京昌联印刷有限公司				
开　　本	787 mm×1092 mm　1/16		**版　　次**	2025 年 1 月第 1 版	
印　　张	27.25 插页 1		**印　　次**	2025 年 1 月第 1 次印刷	
字　　数	530 000		**定　　价**	108.00 元	

版权所有　侵权必究　　印装差错　负责调换

引　言

一、您选择怎样学习会计？

初学者学习会计的时候，普遍感到困难的问题莫过于借贷记账法的借贷方向了。然而，对于财务这个专业，借贷方向是最基础的知识；对于会计初学者，掌握借贷方向是一个重点，同时更是一个难点，借贷方向被视为会计学习的"拦路虎"。

在实践中，会计初学者少则花费几天，多则花费几个月才能攻克这一难关，甚至不少已经通过初级会计职称考试的人仍分不清借贷方向，这固然有学习者自身的原因，但也与授课老师讲解不清和教材讲述方式不妥有关。

大多数授课老师和会计用书讲解借贷记账法时都是讲借方记什么增加（减少）、贷方记什么减少（增加），在什么情况下计入借方、在什么情况下计入贷方，借方、贷方余额分别表示什么意思等。很多会计初学者就像掉进了"糊涂锅"里，越听越糊涂，理解不了，又记不住，十分头疼。

这便是大多数人在会计学习路上遇到的"拦路虎"。然而，跟我学过会计的小 G 却不这样认为，在她看来，这只"拦路虎"不过是一只"可爱的小花猫"。

其实，小 G 只是得益于我告诉她的一句话，共 24 个字，我称之为"一句话秘诀"，这个秘诀在课堂上、培训班里听不到，在其他会计图书中也看不到。记住这一句话，就能够在 1 分钟之内掌握借贷方向问题，且像学会了游泳和骑自行车一样，再不会遗忘和混淆。笔者将在本书中为您揭开"一句话秘诀"的奥妙之所在！

学习会计的秘诀还有许多，诸如令会计人员普遍感到头疼的材料成本差异、成本费用分配、涉税业务处理等问题，都有能够让您迅速理解并牢固掌握的秘诀，它们都在书中静静地等着您呢。

您是想和大多数会计初学者一样学习会计知识，还是想像小 G 一样学习会计知识呢？您想知道掌握会计知识的秘诀吗？想必您心中已经有了选择。

二、您选择做一个什么样的会计？

您选择做一个什么样的会计？在您回答这个问题之前，先听我讲一个身边的故事。

我的一位高中同学开办了一家商贸公司，经营五金、家电等业务，自任总经理。虽说公司规模不算小，但为了节省开支，没有购买财务软件，只是聘请了一个会计和一个出纳。今年1月初，该公司的会计小D要辞职，这位同学找到我，让我给他介绍一个会计，于是我给同学介绍了曾经跟我学过会计的小G。

该公司对会计的要求是，每月5日编制财务报表，出具经营情况分析报告，每月6日申报纳税。因此，从每个月的26日到次月的6日，都是会计最繁忙的时段，会计小D加班加点成了家常便饭，甚至有时候因为账目不平而加班到凌晨2点多，每当看到整座办公楼只有财务部办公室还亮着灯的时候，我的这位同学就特别赞赏会计小D这种勤劳的品质和敬业精神。然而勤劳并不能避免出错，每当要小D在规定时间内提供一些会计数据的时候，小D忙得团团转，连水都顾不上喝一口，费好大劲提供的数据还时常不够准确。当我的这位同学面对这些数据皱起眉头的时候，小D心里更是七上八下。

今年1月中旬，小G接替了小D，公司还是那家公司，业务还是同样的业务，然而，员工们惊奇地发现，财务部发生了改变：晚上，财务部办公室的灯再也没有亮过；白天，也没有看到小G紧张忙乱的身影；小G每次向我的这位同学提供会计数据的时候，看到的不是紧锁的眉头，而是赞赏的微笑。

小G究竟有什么秘诀呢？论学历，小D、小G都是普通高校专科毕业；论职称，小D和小G都是初级会计职称；论经验，小D有三年会计工作经验，小G只有一年。从表面上看，小D的业务能力似乎应该比小G强，然而，事实却恰好相反。那其中的奥妙在哪里呢？

在此列举公司的三项实际业务，聪明的读者也许会从中找出答案。

业务1：去年7月末的某一天，公司财务部和供销部核对往来账项，由于财务部和供销部记账时间不一致，90多家客户和供应商名称的顺序也不一致，会计小D和供销部记录员逐一核对，耗费2个小时左右才对完账。

业务2：去年9月的某一天，我的这位同学想知道第二季度公司实现的商品销售量和销售额，要求小D在1个小时后提供数据。小D接到任务后，立即忙碌起来，找到了7—9月的"主营业务收入明细账"（该明细账按100多种商品分类记账），然后把每一种商品3个月的收入进行汇总，得出了公司第二季度的销售额。然后，又搬出了这3个月的"库存商品明细账"（该明细账也按100多种商品分类记账），汇总得出了第二季度的销售量，整个过程耗费近1个小时。

业务3：也是在去年9月末的某一天，小D在编制财务报表的时候，出现了账目不平的情况，借贷双方相差几十元钱，小 D 花费了 1 个多小时才找出差错。

同样的业务，小 G 的方法和效率又是怎样的呢？

业务 1：今年 3 月末的某一天，公司财务部和供销部核对往来账项，小 G 仅仅用了不到 10 分钟就对完了账。在同一家公司做同样的业务效率差别这么大，很明显是两位会计的对账方法不一样。

业务 2：今年 4 月的某一天，我的这位同学想知道第一季度公司实现的商品销售量和销售额，要求小 G 在 1 个小时后提供数据。小 G 接到任务后，仅仅用了 2 分钟就完成了工作。很明显又是方法不一样。那她用的什么方法呢？这个方法太简单了，聪明的读者朋友，我想您已经猜到了吧！

业务 3：小 G 在登记账簿编制报表的过程中，极少出现差错，而且从来没有遇到过"不平账"的情况，即使登记明细账时发生错误，也能在很短的时间内（最多 1 分钟）找出差错并改正。那小 G 用的什么方法呢？相信读完本书，您就能了解其中的奥妙。

在日常的会计工作中，好方法、好技巧十分重要。要提升自己的会计水平，摆脱工作效率不高的困境，关键就要选对方法！巧妙选择好方法，轻轻松松当会计！

聪明的读者朋友，您是想成为小 D 还是小 G 呢？相信您的心中已经有了选择，那就继续往下阅读吧！我力求"化复杂为简单，化专业为通俗"，告诉您与众不同的会计学习方法和会计操作技巧，相信读过本书的您也会和小 G 一样轻轻松松当会计！

三、有了会计理论，还不能胜任会计，究竟为什么？

我遇到过许多刚走出大学校门的会计专业学生，他们具备了一定的会计理论知识，有的甚至在在校期间就已经取得初级会计专业技术资格证书，然而，当他们面对用人单位"两年以上工作经验"的招聘要求时却摇头叹息，因为他们知道自己并不能胜任一家企业的会计工作。

我有幸成为山东某大学第八届"挑战杯"创业大赛项目——为某公司撰写创业计划书的顾问。我发现该计划书的盈利预测及财务报表部分虽为会计系的几名高才生编写，但仍然存在许多不当之处。

我认识一位在大学里教会计的老师，有一次，他推荐一位会计朋友去一家公司做兼职。我问他自己为什么不做，他对我说，他虽然在大学里教会计，但是没有实际在企业工作过，恐难胜任。

刚刚毕业的会计专业大学生，都具备一定的会计理论知识，大学里的会计老师更是具备相当高的会计理论知识水平，但是他们为什么还不能胜任企业的会计工作？他们缺少的究竟是什么？这就是本书要重点讲解的内容。相信读完本书，您完全能胜任一家企业的会计工作。

相信不少朋友都会下象棋，其实，会计和象棋有相通之处。象棋由红黑双方各16个棋子组成，要下好棋，仅知晓每个棋子的走法（象走田，马走日，小兵过河当车使，用炮只能隔山打，老将只在田里转等）是不行的，关键是会把这些棋子结合起来形成招式（卧槽马、天地炮、二鬼拍门、三子归边等），再将这些招式配合使用。从全局着眼，运筹帷幄，才能出奇制胜。

会计亦然，会计理论知识只是一个一个独立的点（每项具体的会计业务，犹如每个棋子的走法），企业的会计工作需要把这些点有机地结合起来连接成线（一个会计岗位或一项业务流程，犹如几种棋子结合而成的棋招），再把这些线连接成面（整个会计工作，犹如整个棋局）。能不能胜任会计工作，关键就是看能否形成"线"或"面"。

四、本书特色

正是基于"点、线、面"这样的思路，本书设三篇：第一篇基础篇，采用"看看报表学会计"的方式，带您练就一身扎实的会计基本功；第二篇实战篇，带您亲身体验各个会计岗位的实际业务处理；第三篇综合篇，带您实战操作，帮助您快速成为一名优秀的会计人员。

具体来说，本书具有以下特色：

1. 依据《小企业会计准则》和最新的税收法律制度编写，充分考虑了小企业会计人员的特点，针对小企业会计人员的不足，结合小企业会计人员的需求，以便于会计人员自学和实际操作为目的，将《小企业会计准则》和税收法律制度有机结合起来并融入财税实战场景。

2. 讲述与众不同、事半功倍的会计学习方法和会计操作技巧，力求"化复杂为简单，化专业为通俗"，帮您解决实际会计工作中遇到的难题，快速提升会计水平，大幅提高工作效率。本书针对会计初学者极易混淆的借贷方向问题，会计人员普遍感到头疼的材料成本差异、成本费用分配、涉税业务处理等疑难问题，提供了快速理解并轻松解决这些问题的方法。通过阅读本书，您会发现会计路上的这只"拦路虎"只不过是"纸老虎"。

3. 以业务最全、最具代表性的工业企业为例，涵盖了一般企业日常经营管理中可能涉及的各类和各项财税业务。我的第一份工作就是在一家工业企业做会计。在边工作边学习、总结中，我逐步搭建起本书的框架体系，后又将在会计师事务所、税务师事务所、税务咨询公司积累的实践经验补充进来，历经十多年，终于完成本书的撰写。本书由一名从工业企业基础会计工作岗位走出来的老会计所撰写，是真正的实战派财税著作。认真学习本书，您可以系统地了解企业会计核算流程，掌握企业日常会计与税务处理、财务报表编制、纳税申报等财税技能，快速成为一名业务能力过硬的会计人员，在日常会计与税务处理工作中游刃有余、得心应手。

4. 融入企业日常税务处理操作方法和技巧。在企业税务处理越来越重要的今天，税务处理水平已经成为衡量一个会计人员业务能力的标志之一，基于此，本书对于会计人员日常工作中应当掌握的税务操作技能和需要注意的税务事项也进行了详细讲述。

5. 通俗易懂，具有很强的实用性和可操作性。笔者将自己近 20 年财税工作的实践经验和操作技巧融入书中，将许多珍贵的财税处理技巧毫无保留地分享给读者，相信本书一定会成为您会计道路上的良好助力。

尽自己所能为广大会计人员服务，将自己的会计实践经验与大家分享，提高会计业务水平，是笔者多年的心愿。在中国人民大学出版社高文鑫编辑的支持下，这一愿望终于得以实现，在此，特别感谢出版社各位编辑耐心细致的工作，还要感谢所有支持我、帮助我的财税朋友。

财税工作让我们相识，网络架起我们沟通的桥梁，拉近了我们的距离，在感谢读者的同时，我希望能够得到读者的宝贵建议，希望能够和大家经常交流会计、税务方面的业务。大家可以通过微信公众号"小栾税缘""丰收税务"与我交流。

相信读过本书的您定会快速入门并成为一名会计高手！

栾庆忠

目　录

第二篇 实战篇

第三篇　综合篇

第一篇　基础篇

万丈高楼平地起　夯实基础是根本
学习会计有秘诀　基础知识巧掌握

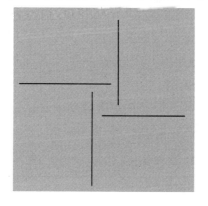

第一章　认识一下什么是会计

一、《小企业会计准则》的适用范围

本书严格按照《小企业会计准则》和最新的税收法律制度撰写，首先我们来看看《小企业会计准则》的适用范围。

《小企业会计准则》与《企业会计准则》相比，充分考虑了我国大部分企业规模较小、业务较为简单、会计基础工作较为薄弱、会计信息使用者的信息需求相对单一等实际情况，对小企业的会计确认、计量和报告进行了简化处理，减少了会计人员职业判断的内容。

《小企业会计准则》适用于在中华人民共和国境内依法设立的、符合《中小企业划型标准规定》所规定的小型企业标准的企业。下列三类小企业除外：（1）股票或债券在市场上公开交易的小企业。（2）金融机构或其他具有金融性质的小企业。（3）企业集团内的母公司和子公司。

符合《中小企业划型标准规定》所规定的微型企业标准的企业参照执行《小企业会计准则》。各行业小型企业与微型企业标准参见表1-1。

表1-1　各行业小型企业与微型企业标准

行业	微型企业	小型企业
农、林、牧、渔业	营业收入＜50万元	50万元≤营业收入＜500万元
工业	从业人员＜20人或营业收入＜300万元	20人≤从业人员＜300人，且300万元≤营业收入＜2 000万元
建筑业	营业收入＜300万元或资产总额＜300万元	300万元≤营业收入＜6 000万元，且300万元≤资产总额＜5 000万元
批发业	从业人员＜5人或营业收入＜1 000万元	5人≤从业人员＜20人，且1 000万元≤营业收入＜5 000万元
零售业	从业人员＜10人或营业收入＜100万元	10人≤从业人员＜50人，且100万元≤营业收入＜500万元
交通运输业	从业人员＜20人或营业收入＜200万元	20人≤从业人员＜300人，且200万元≤营业收入＜3 000万元
仓储业	从业人员＜20人或营业收入＜100万元	20人≤从业人员＜100人，且100万元≤营业收入＜1 000万元
邮政业	从业人员＜20人或营业收入＜100万元	20人≤从业人员＜300人，且100万元≤营业收入＜2 000万元

续表

行业	微型企业	小型企业
住宿业	从业人员＜10 人或营业收入＜100 万元	10 人≤从业人员＜100 人，且 100 万元≤营业收入＜2 000 万元
餐饮业	从业人员＜10 人或营业收入＜100 万元	10 人≤从业人员＜100 人，且 100 万元≤营业收入＜2 000 万元
信息传输业	从业人员＜10 人或营业收入＜100 万元	10 人≤从业人员＜100 人，且 100 万元≤营业收入＜1 000 万元
软件和信息技术服务业	从业人员＜10 人或营业收入＜50 万元	10 人≤从业人员＜100 人，且 50 万元≤营业收入＜1 000 万元
房地产开发经营	营业收入＜100 万元或资产总额＜2 000 万元	100 万元≤营业收入＜1 000 万元，且 2 000 万元≤资产总额＜5 000 万元
物业管理	从业人员＜100 人或营业收入＜500 万元	100 人≤从业人员＜300 人，且 500 万元≤营业收入＜1 000 万元
租赁和商务服务业	从业人员＜10 人或资产总额＜100 万元	10 人≤从业人员＜100 人，且 100 万元≤资产总额＜8 000 万元
其他未列明行业	从业人员＜10 人	10 人≤从业人员＜100 人

对符合上述规定的小企业，并不强制执行《小企业会计准则》，可以选择执行《小企业会计准则》，也可以选择执行《企业会计准则》。但是，执行《企业会计准则》的小企业，不得在执行《企业会计准则》的同时，选择执行《小企业会计准则》的相关规定。而执行《小企业会计准则》的小企业，发生的交易或者事项《小企业会计准则》未作规范的，可以参照《企业会计准则》中的相关规定进行处理。执行《小企业会计准则》的小企业公开发行股票或债券的，应当转为执行《企业会计准则》；因经营规模或企业性质变化导致不符合小型企业标准而成为大中型企业或金融企业的，应当从次年 1 月 1 日起转为执行《企业会计准则》。已执行《企业会计准则》的上市公司、大中型企业和小企业，不得转为执行《小企业会计准则》。

执行《小企业会计准则》的小企业转为执行《企业会计准则》时，应当按照《企业会计准则第 38 号——首次执行企业会计准则》等相关规定进行会计处理。

本书后文所说的"企业"若无特殊说明，均为可适用《小企业会计准则》的小企业，不再一一界定。

二、会计的概念

会计是以货币为主要计量单位，采用一系列专门的方法和程序，对经济交易或事项进行连续、系统、综合的核算和监督，提供经济信息，参与预测决策的一种管理活动。

而我们通常所说的会计，则是指从事会计工作的专业人员，习惯上将其简称为会计。

三、会计基本假设和会计基础

(一) 会计基本假设

会计基本假设是企业会计确认、计量和报告的前提，是对会计核算所处时间、空间环境所做的合理设定，会计基本假设包括会计主体、持续经营、会计分期和货币计量。

1. 会计主体

会计主体是指企业会计确认、计量和报告的空间范围，即会计核算和监督的特定单位或组织。

2. 持续经营

会计核算应当以企业持续、正常的生产经营活动为前提，而不考虑企业是否将要停业、是否会大规模削减业务、是否将要进行破产清算等。它明确了会计工作的时间范围。

3. 会计分期

会计分期，又称会计期间，是指将一个企业持续经营的生产经营活动划分为一个个连续的、长短相同的期间。其目的是据此结算盈亏，按期编报财务会计报告，从而及时向财务报表使用者提供有关企业财务状况、经营成果和现金流量的信息。我国企业的会计期间按年度划分，以日历年度（公历年度）作为会计年度，即每年的 1 月 1 日起至 12 月 31 日止。

正是由于会计分期，才产生了当期与其他期间的差别，从而出现了权责发生制和收付实现制，进而出现了应收、应付、递延等会计处理方法。

4. 货币计量

货币计量，是指会计主体在会计确认、计量和报告时以货币作为计量尺度，反映会计主体的生产经营活动。会计核算以人民币为记账本位币，业务收支以外币为主的企业，也可以选定某种外币作为记账本位币，但编制财务报表时应当折算为人民币反映。

（二）会计基础

会计基础是指会计确认、计量和报告的基础，包括权责发生制和收付实现制。

在我国，企业会计的确认、计量和报告应当以权责发生制为基础。权责发生制，是指凡是本期已经实现的收入和已经发生或应当负担的费用，不论其款项是否收到或付出，都应当作为本期的收入和费用处理；反之，凡不属于本期的收入和费用，即使款项在本期收到或付出，也不应作为本期的收入和费用处理。收付实现制，也称现金制，是以收到或支付现金作为确认收入和费用的标准，是与权责发生制相对应的一种会计基础。

在现实生活中，经济业务的发生和相关款项的收付往往并不一致：企业预收一笔款项，货物可能尚未发出即销售并未实现，或者款项已经支付，但经营活动尚未发生。在这种情况下，收付实现制显然不能做到正确核算和反映每个会计期间的实际财务状况和经营业绩，而权责发生制是依据持续经营和会计分期两个基本假设来正确划分不同会计期间资产、负债、收入、费用等会计要素的归属，因而能更加准确地反映特定会计期间的实际财务状况和经营业绩。

权责发生制在反映企业的财务状况和经营业绩时有其合理性，但也有其局限性：一家在资产负债表和利润表上看起来资产规模不小、经营状况良好，利润也很高的企业，却可能因没有充足的货币资金而陷入财务困境。这是因为权责发生制把尚未收到款项的应计收入也都反映在了利润表中，同时在资产负债表上把这部分未收款项以债权的形式反映为企业的资产。为了弥补权责发生制的这种局限性，《小企业会计准则》规定将以收付实现制为基础编制的现金流量表列为财务报表之一。

四、会计的基本职能

通过会计的概念我们可以看出，会计的基本职能包括进行会计核算和实施会计监督两个方面。

会计核算职能是指主要运用货币计量形式，通过确认、计量和报告等环节，对特定主体的经济活动进行记账、算账、报账，从数量上连续、系统和完整地反映各个单位的经济活动情况，为加强经济管理和提高经济效益提供会计信息。

会计监督职能是指会计人员在进行会计核算的同时，对特定主体经济活动和相关会计核算的真实性、合法性、合理性进行监督检查。

五、企业会计人员的日常工作

企业会计人员的日常工作由会计的基本职能所决定。会计核算职能通俗地说就是记好账，会计监督职能通俗地说就是理好财。除了记好账、理好财这两项基本工作，会计人员必须要做的工作还包括：协调关系；做好参谋，参与决策。

（一）记好账

记好账，包括记账、算账、编制报表、申报纳税等内容，体现的是会计核算职能。记好账是企业财务管理的基础，是企业财务最基础、最重要的工作之一。会计人员要以实际发生的经济业务为依据，认真贯彻执行和维护国家的财务制度和财经纪律，如实反映企业的财务状况、经营成果和财务收支情况。记账，要做到内容真实、账目清楚、凭据齐全、手续完备、日清月结；算账，要做到速度快且结果准；编制报表，既要做到按期编制不拖延又要确保报表的合法性、公允性和一贯性；申报纳税，要做到按时申报、数据准确、依法纳税。总之，只有记好账，才能及时、准确地提供真实可靠且能满足各方需求的会计信息，这是对会计人员最基本的工作要求。

（二）理好财

理好财，通俗地说就是管好钱、管好物，体现的是会计监督职能。除记好账外，会计人员最重要的工作就是理好财。理好财是全方位的，包含企业所有的经济业务。首先，对企业货币资金的监督即管好钱，是每家企业都非常重视的事，既包括对银行存款和库存现金的资金收支计划进行控制、对筹融资等进行监督管理，也包括对各种往来款项结算特别是应收款项的监督控制等。其次，对企业各种资产的监督即管好物，包括对原材料收发、库存商品出入库等手续是否完备的监督，对资产进行不定期的抽查与盘点，以查明账实是否相符，保证对企业资产安全性与完整性的监督等。在具体的财务操作中，会计人员对不真实、不合法的报销凭证，不予受理；对记载不准确、不完整、手续不完备的原始凭证，予以退回，要求经办人更正补充；发现账簿记录与实物、款项不符的时候，按照有关规定进行处理；无权自行处理的，应当立即向本单位主管领导报告，请求查明原因，做出处理。

（三）协调关系

会计人员的日常工作会涉及很多财务关系，因此会计人员既需要协调好与领导和其他部门之间的关系，也需要协调好企业与外部各供应商、客户之间的关系，还需要协调好企业与银行、税务、审计等部门之间的关系。

会计人员难免与领导或者其他部门在业务上产生分歧，因此会计人员要讲究工作方法，主动与领导或者有关部门沟通协作，取得单位领导和其他部门职工对会计工作的理解和支持。对财务支出较大或容易出现问题的项目，会计人员平时要主动向领导汇报，领导意见不符合国家相关财税制度要求时，要讲究方法、把握机会，做好与领导的沟通工作，争取获得领导的理解和支持。对待单位其他员工，不可高高在上，以监督自居，而要增强服务意识，提高服务质量，以"服务"服人，才能获得其他员工的理解和尊重，以便更好地开展工作，提高会计工作的效率，促进会计目标的实现。

会计人员与供应商、客户进行资金结算、款项收付等业务往来时，要做到以礼相待，讲究信用，使会计工作得到对方的理解、支持与配合，从而树立良好的企业形象。

会计人员要与银行、税务、工商、审计等部门保持联系，自觉接受监督、检查和指导，外部的监督、检查和专业指导能够更好地提高企业的财务管理水平，避免发生不必要的损失。

（四）做好参谋，参与决策

市场环境瞬息万变，这要求会计人员更加及时地提供各种信息，信息滞后会使信息失去价值，造成无法挽回的业务损失。因而，会计人员应根据决策的需要，在会计核算的基础上，重新将企业以往信息资料进行组合、分解，利用趋势预测等方法，为企业生产经营、融资、投资等方案提供决策数据，做决策者的好参谋。

六、企业会计人员需要了解的会计证书

（一）国内的会计证书

目前，国内的会计证书主要包括会计专业技术资格证书、注册会计师证书、税务师证书。

1. 会计专业技术资格证书

会计专业技术资格证书也就是我们平常所说的会计职称，会计专业技术资格证书分为初级会计专业技术资格证书、中级会计专业技术资格证书、高级会计专业技术资格证书。

从 1992 年起，财政部、人力资源社会保障部（原人事部）联合组织开展初、中级会计专业技术资格考试，高级会计专业技术资格从 2007 年开始在全国实行考试与评审相结合的制度。

（1）初级会计专业技术资格，是会计专业职称序列中最低的技术职称，即初级会计职称（又称助理会计师）。考试科目包括《初级会计实务》《经济法基础》。

具有初级会计专业技术资格的会计人员，应当具备会计基本操作能力，能够独立处理一般的会计业务，协助会计主管完成相关财务、会计工作。

（2）中级会计专业技术资格，相当于中级会计职称。考试科目包括《中级会计实务》《财务管理》《经济法》。

具备中级会计专业技术资格的会计人员，一般能够独立负责并组织开展某一领域的会计工作，能够协助会计部门负责人工作，具有担任单位会计机构负责人或会计主管的能力和水平，具备对一般或常规业务的分析处理和专业判断能力。

（3）高级会计专业技术资格，相当于高级会计职称。我国对已取得中级会计职称的会计人员，采用考试与评审相结合的制度来认证其高级会计职称。考试科目为《高级会计实务》。

具备高级会计专业技术资格的会计人员，应当全面系统地掌握会计、财务、财经法规等专业知识，能够从财务视角全面介入企业的经营管理决策，能够担任大型企业总会计师、财务总监等企业高级财务管理领导职位，具备全面参与企事业单位管理活动的能力。

2. 注册会计师证书（CPA）

注册会计师是依法取得注册会计师证书，并接受委托运用专业特长，对企事业单位会计信息进行鉴证，并提供会计、税务、管理咨询等商务服务的执业人员。

《中华人民共和国注册会计师法》规定，国家实行注册会计师全国统一考试制度。注册会计师全国统一考试办法，由国务院财政部门制定，由中国注册会计师协会组织实施。

现行注册会计师全国统一考试分为两个阶段，形成了"6＋1"的新模式。第一阶段为专业阶段，主要考核注册会计师执业所需的基础理论知识，考试科目包括《会计》《审计》《财务成本管理》《经济法》《税法》《公司战略与风险管理》。第二阶段为综合阶段，主要考核考生的综合应用能力，突出实务操作能力，考试科目为《职业能力综合测试》。考生只有在连续5个年度内通过第一阶段的考试，才能参加第二阶段的考试。

取得注册会计师证书的人员，应当具备较全面的专业知识、较高的职业技能、正确的职业价值观、丰富的实务经历，可以接受企事业单位的委托，运用专业特长，为企事业单位提供审计鉴证和会计、税务、管理咨询等商务服务。

3. 税务师证书（TA）

税务师是指通过全国税务师统一考试，取得税务师职业资格证书，同时注册登记、从事涉税鉴证和涉税服务活动的专业技术人员。

现行税务师考试共考五个科目：《税法（一）》《税法（二）》《涉税服务实务》《财务与会计》《涉税服务相关法律》。

取得税务师职业资格证书的人员，应当具备下列职业能力：

（1）熟悉并掌握涉税服务相关的法律、法规和行业制度、准则；

（2）有丰富的税务专业知识，独立开展包括涉税鉴证、申报代理、税收筹划、接受委托审查纳税情况在内的各项涉税专业服务工作；

（3）运用财会、税收专业理论与方法，完成涉税服务业务；

（4）独立解决涉税服务业务中的疑难问题。

（二）国外的会计证书

国外的会计证书中，可在国内参加考试的主要有五种：ACCA（国际注册会计师）、AIA（国际会计师）、CGA（加拿大注册会计师）、CMA（美国注册管理会计师）、ASCPA（澳大利亚注册会计师）。

七、会计信息质量要求

会计信息质量要求主要包括八项：可靠性、相关性、可理解性、可比性、实质重于形式、重要性、谨慎性、及时性。

（一）可靠性

可靠性是对会计工作和会计信息质量最基本的要求，是指企业应当以实际发生的交易或者事项为依据进行确认、计量和报告，如实反映符合确认和计量要求的各项会计要素及其他相关信息，保证会计信息真实可靠、内容完整。

提供会计信息是为了满足会计信息使用者的决策需要，如果企业的会计核算工作不是以实际发生的交易或事项为依据，不能如实地反映企业的实际情况，就会误导会计信息使用者，导致决策失误，会计工作也就失去了存在的意义。因此，在会计核算中要坚持可靠性原则，做到内容真实、数字准确、资料可靠，准确地反映企业的财务状况、经营成果和现金流量，保证会计信息的可靠性。

（二）相关性

相关性是指企业提供的会计信息应当与财务报告使用者的经济决策需要相关，有助于财务报告使用者对企业过去和现在的情况做出评价、对未来的情况做出预测。这一原则也称有用性原则。

相关性是以可靠性为基础的，两者之间并不矛盾，也就是说会计信息应在可靠的前提下，尽可能做到相关，以满足投资者等财务报告使用者的决策需要。

会计信息是否有用、是否具有价值，关键在于其与会计信息使用者的决策需要是否相关，相关的会计信息应当具有预测价值，有助于使用者根据会计信息预测企业未来的发展和投资价值，例如区分流动资产和非流动资产、流动负债和非流动负债等，都可以提高会计信息的预测价值，进而提升会计信息的相关性。

(三) 可理解性

可理解性是指企业提供的会计信息应当清晰明了，便于财务报告使用者理解和使用。

(四) 可比性

可比性是指企业提供的会计信息应当相互可比：同一企业不同时期发生的相同或相似的交易或者事项，应当采用一致的会计政策，不得随意变更。确需变更的，应当在附注中予以说明。不同企业发生的相同或相似的交易或者事项，应当采用规定的会计政策，确保会计信息口径一致、相互可比。

(五) 实质重于形式

实质重于形式是指企业应当按照交易或者事项的经济实质进行会计确认、计量和报告，不应仅以交易或者事项的法律形式为依据。

例如，企业以融资租赁方式租入的固定资产，虽然承租企业对该资产并不拥有法律形式上的所有权，但是由于租赁合同中规定的租赁期相当长，接近于该资产的使用寿命，在租赁期内承租企业有权支配资产并从中受益，租赁期结束时承租企业有优先购买该资产的选择权，因此，从其经济实质来看，企业能够控制该资产并取得该资产创造的未来经济利益，所以，承租企业在进行会计核算时应将以融资租赁方式租入的固定资产视为自己的资产，列入企业的资产负债表。

(六) 重要性

重要性是指企业提供的会计信息应当反映与企业财务状况、经营成果和现金流量有关的所有重要交易或者事项。

重要性的应用很大程度上需要依赖会计人员的职业判断，企业应当从项目的性质和金额两方面结合企业所处环境和实际情况做出判断，对资产、负债、损益等有较大影响，并进而影响财务报告使用者据以做出合理判断的重要会计事项，必须按照规定的会计方法和程序进行处理，并在财务报告中单独予以充分、准确的披露，而对于不重要的会计事项，可以适当地简化处理，在财务报告中可以合并，予以简单的披露。

(七) 谨慎性

谨慎性是指企业对交易或者事项进行会计确认、计量和报告时须保持应有的谨慎，不应高估资产或者收益、低估负债或者费用，这一原则又称稳健性原则。

企业在资产计价及损益确定时，如果有两种或两种以上的方法或金额可供选择，应选择使本期净资产和利润较低的方法或金额。但是，企业不得滥用谨慎性原则设置秘密准备，随意调节利润，即企业不得故意低估资产或者收益、高估负债或者费用。

（八）及时性

及时性是指企业对于已经发生的交易或者事项应当及时进行会计确认、计量和报告，不得提前或者延后。

会计信息的价值在于帮助会计信息使用者做出经营决策，具有较强的时效性。即使是可靠、可比、相关的会计信息，如果不及时提供，也会大大降低会计信息的使用价值，甚至可能误导会计信息使用者。因此，在会计核算过程中应该坚持及时性原则，一是要求及时收集会计信息，即在经济业务发生后，及时收集、整理各种原始单据或凭证；二是及时处理会计信息，即根据《小企业会计准则》的规定，及时处理发生的经济业务，及时编制财务报告；三是及时传递会计信息，即按照国家规定的时限和财务报告使用者的有关要求，及时将编制的财务报告传递给使用者。

八、会计人员怎样提升自己的业务能力

会计信息质量水平的高低，很大程度上取决于会计人员的业务能力，那么，会计人员应该怎样提升自己的业务能力呢？这是每位会计人员都十分关心的事情。在谈这个问题之前，我们先看几个会计工作的小镜头。

镜头一：某公司是一家民营企业，近期经营效益下滑、资金周转困难，面临停产。2024 年 2 月，公司董事长想向银行借款 200 万元，该董事长指示会计小 A 把财务报告做得漂亮一些。会计小 A 按董事长的意图，对 2023 年 12 月的财务报表进行了技术处理，虚拟了几笔往来款项使资产负债率达到了银行要求的 30%，又虚拟了几笔无交易的销售收入使公司利润表由亏转盈。

镜头二：某公司出纳员小 B，由于最近缺钱花，偷偷找来几张发票并冒充领导签字，冒领现金 200 元。一个多月过去了，这一行为没有被发现，小 B 的胆子开始大起来，陆续采用这种方式取出 2 000 多元现金，装入自己的腰包。

镜头三：公司销售部经理为了促进销售和加快资金回笼，草拟了一个新的销售方案，在销售方案讨论会上，总经理征询会计意见，会计看了看销售方案，立即摇头："不行，这样财务没法做账！"

镜头四：A 公司销售给 B 公司一批货物，B 公司会计要求必须先给发票再付款，而 A 公司会计则要求必须收到货款才能开发票，于是，双方会计因先开发票还是先付款的问题争执不下，互不相让。

在上述镜头一和镜头二中，会计人员缺乏基本的会计职业道德，没有丝毫会计职业道德观念和法制观念，内心深处没有构筑起道德防线，或者说道德防线十分脆弱，不堪一击。这两位会计人员违背了"坚持诚信，守法奉公；坚持准则，守责敬业；坚持学习，守正创新"的会计职业道德。同时，镜头二也说明了建立单位内部控制制度的重要性。

在上述镜头三和镜头四中，可能有刚刚参加工作的小会计，也可能有工作多年的老会计，每当遇到类似问题的时候，其第一反应总是认为"不行，这样财务没法做账（或开票、付款等）!"难道真的没法做账（或开票、付款等）吗？其实未必没法做账，之所以很多会计人员回答"不行"，有会计人员会计业务能力不强的原因，也有会计人员拘守旧规的原因，还有会计人员不会协调与沟通的原因。而这些原因都表明会计人员的业务素质有待提升。

会计工作是一项内容丰富、涉及面广、业务烦琐而又极为重要的经济管理工作，具有很强的政策性、专业性、技术性和时效性。因此，会计人员应从以下几个方面提升自己的业务能力。

（一）会计人员应注重培养良好的职业道德和从业理念

会计人员天天与钱打交道，要树立正确的人生观、价值观，时刻牢记财经纪律、遵守"坚持诚信，守法奉公；坚持准则，守责敬业；坚持学习，守正创新"的会计职业道德，保持清醒的头脑和健康的心态，洁身自好，自觉抵制各种社会不良现象，按原则办事，依法做账，诚信做账，坚守会计职业"不做假账"的道德底线。

（二）会计人员应注重提升自身的专业素质和知识层次

会计人员要积极学习专业知识，在工作中精益求精，增强会计工作的活力，以知识服人，以效率服人，以业绩服人，塑造过硬的专业素质。

会计人员除了学习专业知识，还要积极吸收其他方面的知识，包括计算机和网络知识、经济与法律知识、财政税收金融知识等，不断完善知识结构，提升知识层次。

（三）会计人员应注重提高自身的管理技能

会计人员应该是企业的管理者，或企业管理的参与者，会计人员应不断提高自身的管理技能，包括组织和协调能力、分析和决策能力等。要站在会计专业角度，关注公司的采购、生产、销售等经营行为，编制出管理者能看得懂的财务报告，提出管理者感兴趣并且自己认为正确可行的方案。同时，会计人员应该有足够的敏感性，对所有异常给予足够的关注。

（四）会计人员应注重提高创新能力

会计人员要按政策办事，按程序办事，但是不能墨守成规，而要有所创新，要善于发挥主观能动性，寻找好方法，让会计工作有序、高效地运转，让会计工作充满生机、活力。

第二章 看看财务报表的模样

财务报表，是指对企业财务状况、经营成果和现金流量的结构性表述。企业的财务报表至少应当包括资产负债表、利润表、现金流量表、附注四部分。

（1）资产负债表：反映企业在某一特定日期的财务状况（静态），从资产、负债、所有者权益方面反映企业的财务状况是否良好。

（2）利润表：反映企业在一定会计期间的经营成果（动态），主要从收入、成本、费用、利润方面提供企业的利润或亏损情况等经营业绩。

（3）现金流量表：反映企业在一定会计期间现金流入和流出情况（动态），主要反映企业现金及现金等价物的来源、运用及增减变动的情况。

（4）财务报表附注：对在资产负债表、利润表和现金流量表等报表中列示项目的文字描述或明细资料，以及对未能在这些报表中列示项目的说明等，目的是帮助财务报表使用者更好地理解财务报表的内容。

在《小企业会计准则》的规范下，会计人员通过填制会计凭证、登记账簿等一系列会计核算流程，对企业所发生的各种经济业务，进行连续、系统、全面的记录。但是，这些会计记录比较分散，不能集中、概括地说明企业经济活动及其经营成果的全貌，不便于财务报表使用者的理解和使用。因而，需要对日常的会计核算记录进行进一步的加工整理，并按照规定的要求和格式，定期编制财务报表。

可见，会计核算的最终结果是用财务报表来反映和表达的，那财务报表到底是什么样的呢？让我们一起来看看财务报表的模样吧，下面是常见的财务报表的格式（注：在这里只列示资产负债表、利润表和现金流量表，其他更多财务报表相关知识将在第八章进行详细讲解）。

一、资产负债表

资产负债表的格式见表2-1。

表2-1 资产负债表

会小企01表

编制单位： 年 月 日

单位：元

资产	行次	期末余额	年初余额	负债和所有者权益（或股东权益）	行次	期末余额	年初余额
流动资产：				流动负债：			
货币资金	1			短期借款	31		

续表

资产	行次	期末余额	年初余额	负债和所有者权益（或股东权益）	行次	期末余额	年初余额
短期投资	2			应付票据	32		
应收票据	3			应付账款	33		
应收账款	4			预收账款	34		
预付账款	5			应付职工薪酬	35		
应收股利	6			应交税费	36		
应收利息	7			应付利息	37		
其他应收款	8			应付利润	38		
存货	9			其他应付款	39		
其中：原材料	10			其他流动负债	10		
在产品	11			流动负债合计	41		
库存商品	12			非流动负债：			
周转材料	13			长期借款	42		
其他流动资产	14			长期应付款	43		
流动资产合计	15			递延收益	44		
非流动资产：				其他非流动负债	45		
长期债券投资	16			非流动负债合计	46		
长期股权投资	17			负债合计	47		
固定资产原价	18						
减：累计折旧	19						
固定资产账面价值	20						
在建工程	21						
工程物资	22						
固定资产清理	23						
生产性生物资产	24			所有者权益（或股东权益）：			
无形资产	25			实收资本（或股本）	48		
开发支出	26			资本公积	49		
长期待摊费用	27			盈余公积	50		
其他非流动资产	28			未分配利润	51		

续表

资产	行次	期末余额	年初余额	负债和所有者权益（或股东权益）	行次	期末余额	年初余额
非流动资产合计	29			所有者权益（或股东权益）合计	52		
资产总计	30			负债和所有者权益（或股东权益）总计	53		

注：小企业（中外合作经营）根据合同规定在合作期间归还投资者的投资，应在"实收资本（或股本）"项目下增加"减：已归还投资"项目单独列示。

二、利润表

利润表的格式见表2-2。

表2-2 利润表

会小企02表

编制单位：　　　　　　　　年　月　　　　　　　单位：元

项目	行次	本年累计金额	本月金额
一、营业收入	1		
减：营业成本	2		
税金及附加	3		
其中：消费税	4		
环境保护税	5		
城市维护建设税	6		
资源税	7		
土地增值税	8		
城镇土地使用税、房产税、车船税、印花税	9		
教育费附加、矿产资源补偿费、文化事业建设费	10		
销售费用	11		
其中：商品维修费	12		
广告费和业务宣传费	13		
管理费用	14		
其中：开办费	15		
业务招待费	16		

续表

项目	行次	本年累计金额	本月金额
研究费用	17		
财务费用	18		
其中：利息费用（收入以"－"号填列）	19		
加：投资收益（损失以"－"号填列）	20		
二、营业利润（亏损以"－"号填列）	21		
加：营业外收入	22		
其中：政府补助	23		
减：营业外支出	24		
其中：坏账损失	25		
无法收回的长期债券投资损失	26		
无法收回的长期股权投资损失	27		
自然灾害等不可抗力因素造成的损失	28		
税收滞纳金	29		
三、利润总额（亏损总额以"－"号填列）	30		
减：所得税费用	31		
四、净利润（净亏损以"－"号填列）	32		

注：（1）本表"本年累计金额"栏反映各项目自年初起至报告期末止的累计实际发生额。

（2）本表"本月金额"栏反映各项目的本月实际发生额；在编报年度财务报表时，应将"本月金额"栏改为"上年金额"栏，填列上年全年实际发生额。

（3）本表根据最新会计和税法规定做了适当调整。

三、现金流量表

现金流量表的格式见表2-3。

表2-3 现金流量表

会小企03表

编制单位： 年 月 单位：元

项目	行次	本年累计金额	本月金额
一、经营活动产生的现金流量：			
销售产成品、商品、提供劳务收到的现金	1		
收到其他与经营活动有关的现金	2		

续表

项目	行次	本年累计金额	本月金额
购买原材料、商品、接受劳务支付的现金	3		
支付的职工薪酬	4		
支付的税费	5		
支付其他与经营活动有关的现金	6		
经营活动产生的现金流量净额	7		
二、投资活动产生的现金流量：			
收回短期投资、长期债券投资和长期股权投资收到的现金	8		
取得投资收益收到的现金	9		
处置固定资产、无形资产和其他非流动资产收回的现金净额	10		
短期投资、长期债券投资和长期股权投资支付的现金	11		
购建固定资产、无形资产和其他非流动资产支付的现金	12		
投资活动产生的现金流量净额	13		
三、筹资活动产生的现金流量：			
取得借款收到的现金	14		
吸收投资者投资收到的现金	15		
偿还借款本金支付的现金	16		
偿还借款利息支付的现金	17		
分配利润支付的现金	18		
筹资活动产生的现金流量净额	19		
四、现金净增加额	20		
加：期初现金余额	21		
五、期末现金余额	22		

注：（1）本表"本年累计金额"栏反映各项目自年初起至报告期末止的累计实际发生额。

（2）本表"本月金额"栏反映各项目的本月实际发生额；在编报年度财务报表时，应将"本月金额"栏改为"上年金额"栏，填列上年全年实际发生额。

第三章　看着报表学知识，好简单

一、会计要素

会计要素是对会计对象的基本分类，是会计核算对象的具体化。

我们从第二章的财务报表中可以看出企业会计要素分为六大类，即资产、负债、所有者权益（或股东权益）、收入、费用和利润。其中，资产负债表中有三项会计要素，即资产、负债和所有者权益（或股东权益），主要反映企业某一时点的财务状况；利润表中也有三项会计要素，即收入、费用和利润，主要反映企业某一会计期间的经营成果。

（一）资产负债表中的会计要素

1. 资产

企业过去的交易或者事项形成的、由企业拥有或者控制的、预期会给企业带来经济利益的资源。

（1）资产的特征。

① 资产是由企业拥有或者控制的资源。由企业拥有或者控制，是指企业享有某项资源的所有权，或者虽然不享有某项资源的所有权，但该资源能被企业所控制。

 例 3-1

甲公司通过经营租赁方式租入乙公司一辆大货车，由于甲公司对该辆大货车不具有所有权或控制权，这辆大货车就不能作为甲公司的资产进行核算；甲公司通过融资租赁方式租入乙公司一台生产设备，尽管甲公司对这台设备不具有所有权，但是如果租赁合同规定的租赁期相当长，接近于该设备的使用寿命，甲公司具有该设备的使用控制权并享受该设备带来的经济利益，就要将其纳入公司资产进行会计核算。

② 资产预期会给企业带来经济利益。预期会给企业带来经济利益，是指直接或间接导致现金和现金等价物流入企业的潜力。

 例 3-2

车间里的半成品，最终会加工成产成品销售出去，会给企业带来经济利益，属

于企业的资产。而一批原材料因为保管不善，变质腐烂，不能再继续使用，也无法出售，预期不能给企业带来经济利益，因此不再属于企业的资产，要按照规定进行相应的会计处理。

③ 资产是由企业过去的交易或者事项形成的。企业过去的交易或者事项包括购买、生产、建造行为以及其他交易或者事项。预期在未来发生的交易或者事项不形成资产。

例 3 - 3

甲公司两年前购入的现在还在正常使用的电脑，刚刚生产尚未销售的产品等，都属于甲公司的资产。甲公司计划在两天后新购进一台生产设备，价格已经和对方谈好，虽然知道这台设备的价格，但由于购买行为尚未发生，因而不形成甲公司的资产。

(2) 资产的确认条件。企业将一项资源确认为资产，除了需要符合资产的定义，还应同时满足以下两个条件。

① 与该资源有关的经济利益很可能流入企业。能否带来经济利益是资产的一个本质特征，因此，资产的确认还应与对经济利益流入的不确定性程度的判断结合起来，如果编制财务报表时所取得的证据表明，与资源有关的经济利益很可能流入企业，就应当将其确认为资产；反之，不能确认为资产。

例 3 - 4

甲公司赊销一批商品给乙公司，从而形成了对乙公司的应收账款，如果甲公司在销售时确定未来能够收回这笔款项，则甲公司就应当将该笔应收账款确认为一项资产，如果三个月后乙公司因突发事件资金周转出现严重问题，甲公司判断这笔款项无法收回，表明甲公司对乙公司的应收账款已经不符合资产的确认条件，应当作为坏账损失，冲减应收账款的价值。

② 该资源的成本或者价值能够可靠地计量。财务会计系统是一个确认、计量和报告的系统，其中计量起着枢纽作用，可计量性是所有会计要素确认的重要前提，资产的确认也是如此。只有当有关资源的成本或者价值能够可靠地计量时，资产才能予以确认。

例 3-5

甲公司购入一批原材料，购买原材料所支付的资金就是原材料的成本，该批原材料就可以确认为资产。甲公司取得投资者投入的存货，虽然取得的这些存货没有发生实际成本或者发生的实际成本很小，但只要其评估价值能够可靠地计量，也可以认为符合资产可计量性的确认条件。相反，甲公司的自创商誉因其成本不能可靠地计量，不应该确认为资产。

（3）资产的分类。从表 2-1 资产负债表中，我们很容易看出，资产按流动性可以分为两大类，即流动资产和非流动资产。

流动资产是指预计在 1 年内（含 1 年，下同）或超过 1 年的一个正常营业周期内变现、出售或耗用的资产。流动资产主要包括货币资金、短期投资、应收票据、应收账款、预付账款、应收利息、应收股利、其他应收款、存货等。

正常营业周期是指企业从购买用于加工的资产起至实现现金或现金等价物的期间。正常营业周期通常短于 1 年，在 1 年内有几个营业周期。但是，也存在正常营业周期长于 1 年的情况，如房地产开发企业开发用于出售的商品房，造船企业制造用于出售的船只等，在这种情况下，与生产循环有关的原材料、产成品、应收账款等往往超过 1 年才变现、出售或耗用，但仍应划分为流动资产。正常营业周期不能确定的，应当以 1 年（12 个月）作为正常营业周期。

非流动资产是指流动资产以外的资产，主要包括长期债券投资、长期股权投资、固定资产、在建工程、工程物资、生产性生物资产、无形资产、开发支出、长期待摊费用等。

2. 负债

负债是指企业过去的交易或者事项形成的，预期会导致经济利益流出企业的现时义务。

（1）负债的特征。

① 负债是企业过去的交易或者事项形成的现时义务。现时义务是指企业在现行条件下已承担的义务，它是负债的一个基本特征。未来发生的交易或者事项形成的义务，不属于现时义务，不应当确认为负债。

例 3-6

甲公司购买乙公司一批价值 50 万元的原材料，原材料已入库，因为资金暂时周转不开而未付款，这形成了对乙公司的负债。而甲公司与丙公司拟签订赊销 10 万元商品的协议，由于交易尚未发生，不属于过去的交易，不能形成企业的负债。

② 负债的清偿预期会导致经济利益流出企业。预期会导致经济利益流出企业是负债的一个本质特征，如果不会导致企业经济利益流出，就不符合负债的定义。

例 3 - 7

甲公司用现金归还乙公司的材料款，就会导致经济利益流出企业，在归还之前，这笔材料款属于甲公司对乙公司的负债。

(2) 负债的确认条件。

① 与该义务有关的经济利益很可能流出企业。预期会导致经济利益流出企业是负债的一个本质特征。在实务中，履行义务所需流出的经济利益具有不确定性，尤其是与推定义务相关的经济利益通常需要依赖大量的估计。因此，负债的确认应当与对经济利益流出的不确定性程度的判断结合起来，如果有确凿证据表明，与现时义务有关的经济利益很可能流出企业，就应当将其确认为负债；反之，如果企业承担了现时义务，但是导致企业经济利益流出的可能性很小，就不符合负债的确认条件，不应将其确认为负债。

② 未来流出的经济利益的金额能够可靠地计量。负债的确认在考虑经济利益流出企业的同时，对于未来流出的经济利益的金额应当能够可靠地计量。对于与法定义务有关的经济利益流出金额，通常可以根据合同或者法律规定的金额予以确定，考虑到经济利益通常在未来期间流出，有时未来期间较长，有关金额的计量需要考虑货币时间价值等因素的影响。对于与推定义务有关的经济利益流出金额，企业应当根据履行相关义务所需支出的最佳估计数进行估计，并综合考虑货币时间价值、风险等因素的影响。

(3) 负债的分类。从表 2 - 1 资产负债表中，我们很容易看出，负债按流动性可以分为两大类，即流动负债和非流动负债。

流动负债是指预计在 1 年内或者超过 1 年的一个正常营业周期内清偿的债务。流动负债主要包括短期借款、应付票据、应付账款、预收款项、应付职工薪酬、应交税费、应付利息、应付利润、其他应付款等。

非流动负债是指流动负债以外的负债，主要包括长期借款、长期应付款等。

3. 所有者权益（或股东权益）

所有者权益是指企业资产扣除负债后由所有者享有的剩余权益。所有者权益包括实收资本（或股本）、资本公积、盈余公积和未分配利润。

实收资本，是指投资者按照合同协议约定或相关规定投入企业，构成企业注册资本的部分。

资本公积，是指企业收到的投资者出资额超过其在注册资本或股本中所占份额的部分。企业用资本公积转增资本，应当冲减资本公积。企业的资本公积不得用于弥补亏损。

盈余公积，是指企业按照法律规定在税后利润中提取的法定公积金和任意公积金。企业用盈余公积弥补亏损或者转增资本，应当冲减盈余公积。企业的盈余公积还可以用于扩大生产经营。

未分配利润，是指企业实现的净利润，经过弥补亏损、提取法定公积金和任意公积金、向投资者分配利润后，留存在本企业的、历年结存的利润。

所有者权益体现的是所有者在企业中的剩余权益，因此，所有者权益的确认、计量主要取决于资产、负债、收入、费用等其他会计要素的确认和计量。例如，企业接受投资者投入的资产，在该资产符合企业资产确认条件时，就相应地符合了所有者权益的确认条件；当该资产的价值能够可靠地计量时，所有者权益的金额也就可以确定。企业收入增加时，会导致资产增加，相应地会增加所有者权益；企业产生费用时，会导致负债增加，相应地会减少所有者权益。

（二）利润表中的会计要素

1. 收入

收入是指企业在日常生产经营活动中形成的、会导致所有者权益增加、与所有者投入资本无关的经济利益的总流入。收入包括销售商品收入和提供劳务收入。

（1）收入的特征。

① 收入是企业在日常活动中形成的。日常活动是指企业为完成其经营目标所从事的经常性活动以及与之相关的活动。

【温馨提醒】

工业企业制造并销售产品、商业企业销售商品、咨询公司提供咨询服务、软件企业开发软件、租赁公司出租资产等，均属于企业的日常活动，而工业企业处理淘汰的生产设备不属于日常经营活动范围。

② 收入会导致所有者权益增加。收入会导致所有者权益增加，不会导致所有者权益增加的经济利益流入不符合收入的定义。

例 3-8

甲公司向乙公司借款 50 万元用于购买生产设备，虽然导致了经济利益流入 50 万元，但同时也形成了对乙公司的负债，所有者权益并没有增加，因而不应确认为收入。

③ 收入是与所有者投入资本无关的经济利益的总流入。收入应当会导致经济利益的流入，从而导致资产的增加。

例 3-9

甲公司销售商品收到银行存款 50 万元，直接导致 50 万元的经济利益流入，应该确认为收入。

(2) 收入的确认条件。通常，企业应当在发出商品且收到货款或取得收款权利时，确认销售商品收入。这一收入确认原则表明，确认销售商品收入有两个标志：一是物权的转移，表现为发出商品；二是收到货款或取得收款权利。这两个标志是经济利益能够流入企业的最直接的标志，企业销售商品同时满足这两个条件时，通常就应当确认收入。

(3) 各种销售方式下销售商品收入确认的时点。

① 采用现金、支票、汇兑、信用证等方式销售商品，在商品办完发出手续时确认收入。

② 销售商品采用托收承付方式的，在办妥托收手续时确认收入。

③ 销售商品采取预收款方式的，在发出商品时确认收入。

④ 销售商品采用分期收款方式的，在合同约定的收款日期确认收入。

⑤ 销售商品需要安装和检验的，在购买方接受商品以及安装和检验完毕时确认收入。安装程序比较简单的，可在发出商品时确认收入。

⑥ 销售商品采用支付手续费方式委托代销的，在收到代销清单时确认收入。

⑦ 销售商品以旧换新的，销售的商品作为商品销售处理，回收的商品作为购进商品处理。

⑧ 采取产品分成方式取得的收入，在分得产品之日按照产品的市场价格或评估价值确定销售商品收入金额。

2. 费用

费用是指企业在日常生产经营活动中发生的、会导致所有者权益减少、与向所有者分配利润无关的经济利益的总流出。企业的费用包括营业成本、税金及附加、销售费用、管理费用、财务费用等。

（1）费用的特征。

① 费用是企业在日常活动中发生的。费用必须是企业在其日常活动中发生的，这些日常活动的界定与收入定义中涉及的日常活动的界定一致。因日常活动所发生的费用通常包括销售成本（营业成本）、职工薪酬、折旧费、无形资产摊销等。将费用界定为日常活动所发生的，目的是将其与营业外支出相区分，企业非日常活动所形成的经济利益的流出不能确认为费用，而应当计入营业外支出。

② 费用会导致所有者权益的减少。费用的发生会导致经济利益的流出，从而导致资产的减少或者负债的增加，最终会导致所有者权益的减少。

③ 费用是与向所有者分配利润无关的经济利益的总流出。费用的发生会导致经济利益的流出，其表现形式包括现金或者现金等价物的流出，存货、固定资产和无形资产等的流出或者消耗等。企业向所有者分配利润的经济利益的流出属于所有者权益的抵减项目，不应确认为费用。

（2）费用的确认原则。通常，企业的费用应当在发生时确认。应用费用确认原则时，应重点掌握两点：第一，符合费用的定义；第二，费用确认的时点是费用发生之时。费用发生包括以下三种情形。

① 实际支付相关费用，如企业招待客户支付的业务招待费。

② 虽然没有实际支付，但是企业应当承担相应义务。如企业当月使用的自来水和电力，到月末虽然还没有实际支付，但也应在当月作为水电费确认；再如企业经营所用的固定资产，虽然每个月不需要支付折旧费，但也应在月末计提折旧费。

③ 虽然没有实际支付，但是企业为与收入相配比，结转已销售商品的成本或已提供劳务的成本。主要体现为营业成本的确认，表现为登记主营业务成本或其他业务成本。

3. 利润

利润是指企业在一定会计期间的经营成果。包括营业利润、利润总额和净利润。反映的是企业的经营业绩，是业绩考核的重要指标。

（1）营业利润是指营业收入减去营业成本、税金及附加、销售费用、管理费用、财务费用，加上投资收益（或减去投资损失）后的金额。其中，营业收入是指企业销售商品和提供劳务实现的收入总额；投资收益由企业股权投资取得的现金股利（或利润），债券投资取得的利息收入，以及处置股权投资和债券投资取得的处置价款扣除成本或账面余额、相关税费后的净额三部分构成。

（2）利润总额是指营业利润加上营业外收入，减去营业外支出后的金额。

营业外收入是指企业非日常生产经营活动形成的、应当计入当期损益、会导致所有者权益增加、与所有者投入资本无关的经济利益的净流入。企业的营业外收入包括非流动资产处置净收益、政府补助、捐赠收益、盘盈收益、汇兑收益、出租包装物和商品的租金收入、逾期未退包装物押金收益、确实无法偿付的应付款项、已作坏账损失处理后又收回的应收款项、违约金收益等。

营业外支出是指企业非日常生产经营活动发生的、应当计入当期损益、会导致所有者权益减少、与向所有者分配利润无关的经济利益的净流出。企业的营业外支出包括存货的盘亏、毁损、报废损失，非流动资产处置净损失，坏账损失，无法收回的长期债券投资损失，无法收回的长期股权投资损失，自然灾害等不可抗力因素造成的损失，税收滞纳金，罚金，罚款，被没收财物的损失，捐赠支出，赞助支出等。

（3）净利润是指利润总额减去所得税费用后的净额。

（三）会计要素的计量

企业在将符合确认条件的会计要素登记入账并列报于财务报表时，应当按照规定的会计计量属性进行计量，确定其金额。

企业在对会计要素进行计量时，一般应当采用历史成本。在某些特殊情况下，《小企业会计准则》允许采用其他计量属性，比如，投资者投入存货的成本，应当按照评估价值确定；盘盈存货的成本，应当按照同类或类似存货的市场价格或评估价值确定。

二、会计等式

（一）资产＝负债＋所有者权益

从所有企业的资产负债表中，我们可以发现一个有趣的现象，即任何企业某年年末和该年年初的"资产总计"与"负债和所有者权益（或股东权益）总计"两栏相等。

这便体现了会计等式之一：资产＝负债＋所有者权益。这一等式，称为财务状况等式，它反映了资产、负债和所有者权益三个会计要素之间的关系，揭示了企业在某一特定时点的财务状况。具体而言，它表明了企业在某一特定时点所拥有的各种资产以及债权人和投资者对企业资产要求权的基本状况，表明企业所拥有的全部资产，都是由投资者和债权人提供的。

例 3－10

举一个通俗的例子，你自己拿出 100 万元本钱（相当于注册资本），另外向朋友借款 50 万元（相当于负债），购买了 120 万元的产品，这批产品卖了 150 万元，归还朋友 20 万元，此时，你手里的现金是 160 万元（100＋50－120＋150－20），欠朋友 30 万元（50－20），这笔业务你赚了 30 万元（150－120）（相当于未分配利润），则现在你手里的现金 160 万元（资产），就是你欠朋友的 30 万元（负债）、你的本钱 100 万元和盈利 30 万元（所有者权益）之和。

可见，企业的资产来源于所有者投入的资本和企业借入的资金，以及企业在生产经营过程中产生的效益的积累，资产来源于所有者权益和债权人权益两部分，归属于所有者的部分形成所有者权益，归属于债权人的部分形成债权人权益（即企业的负债）。因而，资产与权益（负债＋所有者权益）必然相等。

资产、负债和所有者权益三者之间存在的这种平衡关系，正是复式记账法的理论基础，也是编制资产负债表的依据。

（二）收入－费用＝利润

在表 2－2 利润表中，我们可以发现另一个会计等式，即收入－费用＝利润。

这一会计等式，称为经营成果等式，它反映了收入、费用和利润三个会计要素的关系，揭示了企业在某一特定期间的经营成果。

例 3－11

举一个通俗的例子，你花 100 万元购买了一批产品，最后卖了 140 万元，另外发生产品储藏费用 2 万元，产品在运输途中损耗 1 万元，租赁运输车辆支付租赁费用 4 万元，则这笔业务你的利润为 33 万元（140－100－2－1－4），即收入扣除所发生的各项费用后的净额。

可见，企业一定时期的收入扣除所发生的各项费用后的净额，经过调整后等于利润。在不考虑调整因素的情况下，收入减去费用等于利润，即收入－费用＝利润。

调整因素通常包括处置固定资产净收益（净损失）、固定资产盘盈（盘亏）、出售无形资产收益（损失）、自然灾害损失等以及直接计入当期利润的营业外收入和营业外支出，所以，收入减去费用，并经过调整后，才等于利润。

收入、费用和利润之间的上述关系，是编制利润表的依据。

三、会计科目与账户

（一）会计科目

会计科目是指对会计要素的具体内容进行分类核算的项目，也是设置会计账户的依据。设置会计科目与会计账户是会计核算的一种专门方法。

1. 会计科目的分类

（1）会计科目按其所提供信息的详细程度及其统驭关系，分为总分类科目和明细分类科目。

总分类科目是对会计要素的具体内容进行总括分类形成的项目，应根据统一的会计制度规定设置。我们从表 2-1 中资产负债表"资产""负债和所有者权益（或股东利益）"两列及利润表"项目"列可以看到总分类科目，比如短期投资、应收账款、固定资产、在建工程、短期借款、应付账款、应付职工薪酬、应交税费、营业收入（主营业务收入、其他业务收入）、税金及附加、管理费用等。

明细分类科目是对总分类科目进行详细分类形成的项目，可根据会计制度规定和企业会计核算的实际需要设置。

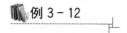 例 3-12

以应交税费——应交增值税（销项税额）科目为例，应交税费为一级科目，应交增值税为二级明细科目，销项税额为三级明细科目，企业在经营不同税率产品时，还可以按税率 9％、13％ 等自行设置四级明细科目。

（2）会计科目按其所反映的经济内容不同，可分为资产类科目、负债类科目、所有者权益类科目、成本类科目、损益类科目等。

2. 会计科目设置的原则

（1）合法性原则：指所设置的会计科目应当符合国家统一的会计制度的规定。

（2）相关性原则：指所设置的会计科目应为提供有关各方所需要的会计信息服务，满足对外报告与对内管理的要求。

（3）实用性原则：指所设置的会计科目应符合单位自身特点，满足单位实际需要。

《小企业会计准则》对总分类科目做了统一设置，一般不需要企业自行设置，企业只需要根据实际需要设置明细科目即可。

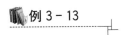

例3－13

例如，管理费用根据企业的具体业务可以设置职工薪酬、职工福利费、业务招待费、差旅费、修理费、办公费、财产保险费、工会经费、研究开发费等二级明细科目。为了便于考核各部门的费用，还可以按部门设置财务部、销售部、生产部、办公室等三级明细科目。

3. 会计明细科目代码设置

会计明细科目代码是企业进行会计明细分类核算的依据，需要在一级会计科目代码的基础上根据本企业的实际需要自行设计。企业常用的代码设置原则为"4级10位码"，其中，一级科目代码为4位，二级、三级、四级科目代码都为2位。

例3－14

以"生产成本"科目为例，其明细科目代码见表3－1。

表3－1　生产成本明细科目代码表

科目代码				科目名称			
一级科目	二级科目	三级科目	四级科目	一级科目	二级科目	三级科目	四级科目
4001				生产成本			
	400101				基本生产成本		
		40010101				一车间	
			4001010101				直接材料
			4001010102				直接人工
			4001010103				制造费用
		40010102				二车间	
			4001010201				直接材料
			4001010202				直接人工
			4001010203				制造费用
	400102				辅助生产成本		
		40010201				锅炉车间	
			4001020101				直接材料
			4001020102				直接人工
			4001020103				制造费用
		40010202				机修车间	
			4001020201				直接材料
			4001020202				直接人工
			4001020203				制造费用

4.《小企业会计准则》规定的会计科目及其核算内容

为了规范小企业会计确认、计量和报告行为，促进小企业可持续发展，发挥小企业在国民经济和社会发展中的重要作用，根据《中华人民共和国会计法》及其他有关法律和法规，财政部印发了《小企业会计准则》，自2013年1月1日起在小企业范围内施行。《小企业会计准则》规定的会计科目及其核算内容见表3-2。

表3-2 《小企业会计准则》规定的会计科目及其核算内容

顺序号	编号	会计科目名称	核算内容	备注
		一、资产类		
1	1001	库存现金	小企业的库存现金	
2	1002	银行存款	小企业存入银行或其他金融机构的各种款项	
3	1012	其他货币资金	小企业的银行汇票存款、银行本票存款、信用卡存款、信用证保证金存款、外埠存款、备用金等其他货币资金	
4	1101	短期投资	小企业购入的能随时变现并且持有时间不准备超过1年（含1年）的投资	
5	1121	应收票据	小企业因销售商品（产成品或材料，下同）、提供劳务等日常生产经营活动而收到的商业汇票（银行承兑汇票和商业承兑汇票）	
6	1122	应收账款	小企业因销售商品、提供劳务等日常生产经营活动应收取的款项	
7	1123	预付账款	小企业按照合同规定预付的款项，包括：根据合同规定预付的购货款、租金、工程款等	预付款项情况不多的小企业，也可以不设置本科目，将预付的款项直接记入"应付账款"科目借方
8	1131	应收股利	小企业应收取的现金股利或利润	
9	1132	应收利息	小企业债券投资应收取的利息	购入的一次还本付息债券投资持有期间的利息收入，在"长期债券投资"科目核算，不在本科目核算
10	1221	其他应收款	小企业除应收票据、应收账款、预付账款、应收股利、应收利息等以外的其他各种应收及暂付款项，包括各种应收的赔款、应向职工收取的各种垫付款项等	小企业出口产品或商品按照税法规定应予退回的增值税款，也通过本科目核算
11	1401	材料采购	小企业采用计划成本进行材料日常核算、购入材料的采购成本	

续表

顺序号	编号	会计科目名称	核算内容	备注
12	1402	在途物资	小企业采用实际成本进行材料、商品等物资的日常核算、尚未到达或尚未验收入库的各种物资的实际采购成本	小企业（批发业、零售业）在购买商品过程中发生的费用（包括运输费、装卸费、包装费、保险费、运输途中的合理损耗和入库前的挑选整理费等），在"销售费用"科目核算，不在本科目核算
13	1403	原材料	小企业库存的各种材料，包括原料及主要材料、辅助材料、外购半成品（外购件）、修理用备件（备品备件）、包装材料、燃料等的实际成本或计划成本	购入的工程用材料，在"工程物资"科目核算，不在本科目核算
14	1404	材料成本差异	小企业采用计划成本进行日常核算的材料计划成本与实际成本的差额	小企业也可以在"原材料""周转材料"等科目设置"成本差异"明细科目
15	1405	库存商品	小企业库存的各种商品的实际成本或售价，包括库存产成品、外购商品、存放在门市部准备出售的商品、发出展览的商品以及寄存在外的商品等	接受来料加工制造的代制品和为外单位加工修理的代修品，在制造和修理完成验收入库后，视同小企业的产成品，也通过本科目核算。 可以降价出售的不合格品，也在本科目核算，但应与合格产品分开记账。 已经完成销售手续，但购买单位在月末未提取的库存产成品，应作为代管产品处理，单独设置代管产品备查簿，不再在本科目核算。 小企业（农、林、牧、渔业）可将本科目改为"1405农产品"科目。 小企业（批发业、零售业）在购买商品过程中发生的费用（包括运输费、装卸费、包装费、保险费、运输途中的合理损耗和入库前的挑选整理费等），在"销售费用"科目核算，不在本科目核算
16	1407	商品进销差价	小企业采用售价进行日常核算的商品售价与进价之间的差额	
17	1408	委托加工物资	小企业委托外单位加工的各种材料、商品等物资的实际成本	

续表

顺序号	编号	会计科目名称	核算内容	备注
18	1411	周转材料	小企业库存的周转材料的实际成本或计划成本，包括包装物、低值易耗品，以及小企业（建筑业）的钢模板、木模板、脚手架等	各种包装材料，如纸、绳、铁丝、铁皮等，应在"原材料"科目内核算；用于储存和保管产品、材料而不对外出售的包装物，应按照价值大小和使用年限长短，分别在"固定资产"科目或本科目核算。 小企业的包装物、低值易耗品，也可以单独设置"1412包装物""1413低值易耗品"科目。 包装物数量不多的小企业，也可以不设置本科目，将包装物并入"原材料"科目核算
19	1421	消耗性生物资产	小企业（农、林、牧、渔业）持有的消耗性生物资产的实际成本	
20	1501	长期债券投资	小企业准备长期（在1年以上，下同）持有的债券投资	
21	1511	长期股权投资	小企业准备长期持有的权益性投资	
22	1601	固定资产	小企业固定资产的原价（成本）。 小企业应当根据《小企业会计准则》规定的固定资产标准，结合本企业的具体情况，制定固定资产目录，作为核算依据	小企业购置计算机硬件所附带的、未单独计价的软件，也通过本科目核算。 小企业临时租入的固定资产和以经营租赁租入的固定资产，应另设备查簿进行登记，不在本科目核算
23	1602	累计折旧	小企业固定资产的累计折旧	
24	1604	在建工程	小企业需要安装的固定资产、固定资产新建工程、改扩建等所发生的成本	小企业购入不需要安装的固定资产，在"固定资产"科目核算，不在本科目核算。 小企业已提足折旧的固定资产的改建支出和经营租入固定资产的改建支出，在"长期待摊费用"科目核算，不在本科目核算
25	1605	工程物资	小企业为在建工程准备的各种物资的成本，包括工程用材料、尚未安装的设备以及为生产准备的工器具等	
26	1606	固定资产清理	小企业因出售、报废、毁损、对外投资等原因处置固定资产所转出的固定资产账面价值以及在清理过程中发生的费用等	

续表

顺序号	编号	会计科目名称	核算内容	备注
27	1621	生产性生物资产	小企业（农、林、牧、渔业）持有的生产性生物资产的原价（成本）	
28	1622	生产性生物资产累计折旧	小企业（农、林、牧、渔业）成熟生产性生物资产的累计折旧	
29	1701	无形资产	小企业持有的无形资产成本	
30	1702	累计摊销	小企业对无形资产计提的累计摊销	
31	1801	长期待摊费用	小企业已提足折旧的固定资产的改建支出、经营租入固定资产的改建支出、固定资产的大修理支出和其他长期待摊费用等	
32	1901	待处理财产损溢	小企业在清查财产过程中查明的各种财产盘盈、盘亏和毁损的价值	所采购物资在运输途中因自然灾害等发生的损失或尚待查明的损耗，也通过本科目核算
		二、负债类		
33	2001	短期借款	小企业向银行或其他金融机构等借入的期限在1年内的各种借款	
34	2201	应付票据	小企业因购买材料、商品和接受劳务等日常生产经营活动开出、承兑的商业汇票（银行承兑汇票和商业承兑汇票）	
35	2202	应付账款	小企业因购买材料、商品和接受劳务等日常生产经营活动应支付的款项	
36	2203	预收账款	小企业按照合同规定预收的款项，包括预收的购货款、工程款等	预收账款情况不多的，也可以不设置本科目，将预收的款项直接记入"应收账款"科目贷方
37	2211	应付职工薪酬	小企业根据有关规定应付给职工的各种薪酬	小企业（外商投资）按照规定从净利润中提取的职工奖励及福利基金，也通过本科目核算
38	2221	应交税费	小企业按照税法等规定计算应交纳的各种税费，包括增值税、消费税、城市维护建设税、企业所得税、资源税、土地增值税、城镇土地使用税、房产税、车船税、环境保护税和教育费附加、矿产资源补偿费等	小企业预扣预缴的个人所得税等，也通过本科目核算
39	2231	应付利息	小企业按照合同约定应支付的利息费用	

续表

顺序号	编号	会计科目名称	核算内容	备注
40	2232	应付利润	小企业向投资者分配的利润	
41	2241	其他应付款	小企业除应付账款、预收账款、应付职工薪酬、应交税费、应付利息、应付利润等以外的其他各项应付、暂收的款项，如应付租入固定资产和包装物的租金、存入保证金等	
42	2401	递延收益	小企业已经收到、应在以后期间计入损益的政府补助	
43	2501	长期借款	小企业向银行或其他金融机构借入的期限在1年以上的各项借款本金	
44	2701	长期应付款	小企业除长期借款以外的其他各种长期应付款项，包括应付融资租入固定资产的租赁费、以分期付款方式购入固定资产发生的应付款项等	
		三、所有者权益类		
45	3001	实收资本	小企业收到投资者按照合同协议约定或相关规定投入的、构成注册资本的部分	小企业（股份有限公司）应当将本科目的名称改为"3001 股本"科目
46	3002	资本公积	小企业收到投资者出资超出其在注册资本中所占份额的部分	
47	3101	盈余公积	小企业（公司制）按照公司法规定在税后利润中提取的法定公积金和任意公积金	小企业（外商投资）按照法律规定在税后利润中提取储备基金和企业发展基金也在本科目核算
48	3103	本年利润	小企业当期实现的净利润（或发生的净亏损）	
49	3104	利润分配	小企业利润的分配（或亏损的弥补）和历年分配（或弥补）后的余额	
		四、成本类		
50	4001	生产成本	小企业进行工业性生产发生的各项生产成本，包括生产各种产品（产成品、自制半成品等）、自制材料、自制工具、自制设备等	小企业对外提供劳务发生的成本，可将本科目改为"4001 劳务成本"科目，或单独设置"4002 劳务成本"科目进行核算
51	4101	制造费用	小企业生产车间（部门）为生产产品和提供劳务而发生的各项间接费用	小企业行政管理部门为组织和管理生产经营活动而发生的管理费用，在"管理费用"科目核算，不在本科目核算

续表

顺序号	编号	会计科目名称	核算内容	备注
52	4301	研发支出	小企业进行研究与开发无形资产过程中发生的各项支出	
53	4401	工程施工	小企业（建筑业）实际发生的各种工程成本	
54	4403	机械作业	小企业（建筑业）及其内部独立核算的施工单位、机械站和运输队使用自有施工机械和运输设备进行机械作业（含机械化施工和运输作业等）所发生的各项费用	
		五、损益类		
55	5001	主营业务收入	小企业确认的销售商品或提供劳务等主营业务的收入	
56	5051	其他业务收入	小企业确认的除主营业务活动以外的其他日常生产经营活动实现的收入，包括出租固定资产、出租无形资产、销售材料等实现的收入	
57	5111	投资收益	小企业确认的投资收益或投资损失	
58	5301	营业外收入	小企业实现的各项营业外收入，包括非流动资产处置净收益、政府补助、捐赠收益、盘盈收益、汇兑收益、出租包装物和商品的租金收入、逾期未退包装物押金收益、确实无法偿付的应付款项、已作坏账损失处理后又收回的应收款项、违约金收益等	小企业收到出口产品或商品按照规定退回的增值税款，在"其他应收款"科目核算，不在本科目核算
59	5401	主营业务成本	小企业确认销售商品或提供劳务等主营业务收入应结转的成本	
60	5402	其他业务成本	小企业确认的除主营业务活动以外的其他日常生产经营活动所发生的支出，包括销售材料的成本、出租固定资产的折旧费、出租无形资产的摊销额等	
61	5403	税金及附加	小企业开展日常生产经营活动应负担的消费税、城市维护建设税、资源税、土地增值税、城镇土地使用税、房产税、车船税、印花税、环境保护税和教育费附加、矿产资源补偿费等相关税费	与最终确认营业外收入或营业外支出相关的税费，在"固定资产清理""无形资产"等科目核算，不在本科目核算

续表

顺序号	编号	会计科目名称	核算内容	备注
62	5601	销售费用	小企业在销售商品或提供劳务过程中发生的各种费用，包括销售人员的职工薪酬、商品维修费、运输费、装卸费、包装费、保险费、广告费和业务宣传费、展览费等费用	小企业（批发业、零售业）在购买商品过程中发生的费用（包括运输费、装卸费、包装费、保险费、运输途中的合理损耗和入库前的挑选整理费等），也在本科目核算
63	5602	管理费用	小企业为组织和管理生产经营发生的其他费用，包括小企业在筹建期间内发生的开办费、行政管理部门发生的费用（包括固定资产折旧费、修理费、办公费、水电费、差旅费、管理人员的职工薪酬等）、业务招待费、研究费用、技术转让费、相关长期待摊费用摊销、财产保险费、聘请中介机构费、咨询费（含顾问费）、诉讼费等费用	小企业（批发业、零售业）管理费用不多的，可不设置本科目，本科目的核算内容可并入"销售费用"科目核算
64	5603	财务费用	小企业为筹集生产经营所需资金发生的筹资费用，包括利息费用（减利息收入）、汇兑损失、银行相关手续费、小企业给予的现金折扣（减享受的现金折扣）等费用	小企业为购建固定资产、无形资产和经过1年期以上的制造才能达到预定可销售状态的存货发生的借款费用，在"在建工程""研发支出""制造费用"等科目核算，不在本科目核算。小企业发生的汇兑收益，在"营业外收入"科目核算，不在本科目核算
65	5711	营业外支出	小企业发生的各项营业外支出，包括存货的盘亏、毁损、报废损失，非流动资产处置净损失，坏账损失，无法收回的长期债券投资损失，无法收回的长期股权投资损失，自然灾害等不可抗力因素造成的损失，税收滞纳金，罚金，罚款，被没收财物的损失，捐赠支出，赞助支出等	
66	5801	所得税费用	小企业根据企业所得税法确定的应从当期利润总额中扣除的所得税费用	小企业根据企业所得税法规定补缴的所得税，也通过本科目核算。小企业按照规定实行企业所得税先征后返的，实际收到返还的企业所得税，在"营业外收入"科目核算，不在本科目核算

（二）账户

账户是根据会计科目设置的，具有一定格式和结构，用于分类、连续地记录经济业务，反映会计要素增减变动情况及其结果的载体。

1. 账户的分类

账户的分类同会计科目的分类相对应。账户按其所提供信息的详细程度及其统驭关系分为总分类账户（简称总账账户或总账）和明细分类账户（简称明细账）；按其所反映的经济内容不同分为资产类账户、负债类账户、所有者权益类账户、成本类账户、损益类账户等。

2. 账户的基本结构

账户的基本结构包括左右两部分，分别反映数额的增减情况。一般来说规定账户的左方为"借方"，账户的右方为"贷方"，即"左借右贷"。如果我们在账户的借方记录经济业务，可以称为"借记某账户"；在账户的贷方记录经济业务，则可以称为"贷记某账户"。账户哪一方登记数额的增加，哪一方登记数额的减少，取决于账户的性质。资产、成本、费用类账户在借方登记增加额、在贷方登记减少额；负债、所有者权益、收入类账户在借方登记减少额、在贷方登记增加额。

需要注意的是：某些资产类账户比较特殊，在借方登记减少额，在贷方登记增加额，这些特殊的账户有个共同的特点，它们均为资产类账户的备抵账户（又称抵减账户），主要包括累计折旧、生产性生物资产累计折旧、累计摊销等。

3. 账户的内容

账户的内容通常包括：账户名称（即会计科目）、记录经济业务的日期、所依据记账凭证的编号、经济业务摘要、增加和减少的金额、金额余额（包括期初余额和期末余额）。

账户中登记本期增加的金额，称为本期增加发生额；登记本期减少的金额，称为本期减少发生额；增减相抵后的差额，称为余额，余额按照时间不同，分为期初余额和期末余额。本期增加发生额、本期减少发生额、期初余额、期末余额统称为会计账户的四个金额要素，对于同一账户而言，它们之间的基本关系为：

期末余额＝期初余额＋本期增加发生额－本期减少发生额

对于资产、成本、费用类账户：

期末余额＝期初余额＋本期借方发生额－本期贷方发生额

对于负债、所有者权益、收入类账户：

期末余额＝期初余额＋本期贷方发生额－本期借方发生额

即"同向相加，反向相减"。

4. 账户的基本格式

会计账户的基本格式，包括账户的全部内容，以便详细、完整地记录企业发生的经济业务。会计账户的基本格式见表3-3。

表3-3　账户名称（会计科目）

年		凭证		摘要	借方金额	贷方金额	借或贷	余额
月	日	字	号					

在企业实际工作过程中，企业可以根据实际需要将会计账户的基本格式简化为简化格式。

简化格式与大写的字母"T"形似，也称为T形账户，其内容中只包括账户名称、增加和减少的金额、期初余额、期末余额，不包括记录经济业务的日期、所依据记账凭证的编号以及经济业务摘要。在企业采用科目汇总表进行会计核算时，在登记总账之前，要先将会计要素增减变动情况登记在T形账户中，再对其进行汇总，并按其结果登记总分类账。会计账户的简化格式如下所示。

借方	账户名称（会计科目）	贷方
资产的增加		资产的减少
负债的减少		负债的增加
所有者权益的减少		所有者权益的增加
成本费用支出的增加		成本费用支出的减少
收入的减少		收入的增加

下面分别对各类账户的简化格式进行说明。

（1）资产类账户的简化格式。资产类账户，在借方登记资产的增加额，在贷方登记资产的减少额，账户余额一般为借方余额。每一会计期间借方合计金额称为本期借方发生额，贷方合计金额称为本期贷方发生额。资产类账户的简化格式如下所示。

借方	账户名称（会计科目）	贷方
期初余额		
本期增加额		本期减少额
本期发生额		本期发生额
期末余额		

（2）权益类账户的简化格式。权益类账户，包括所有者权益类账户和负债类账户，在贷方登记权益的增加额，在借方登记权益的减少额，账户余额一般为贷方余额。权益类账户的简化格式如下所示。

借方	账户名称（会计科目）	贷方
		期初余额
本期减少额		本期增加额
本期发生额		本期发生额
期末余额		

（3）成本、费用、支出类账户的简化格式。成本、费用、支出类账户，在借方登记成本、费用、支出的增加额，在贷方登记成本、费用、支出的减少额或转销额，期末一般没有余额，因为期末要将其余额转入有关所有者权益账户计算当期损益。只有在企业存在半成品等情况下，生产成本等账户期末才可能有借方余额，表示期末资产余额。除季节性的生产性企业外，制造费用账户期末应无余额。成本、费用、支出类账户的简化格式如下所示。

借方	账户名称（会计科目）	贷方
本期增加额		本期减少额或转销额
本期发生额		本期发生额

（4）收入类账户的简化格式。收入类账户在贷方登记收入的增加额，在借方登记收入的减少额或转销额。期末，本期收入的增加额与减少额的差额转入有关所有者权益账户，因此，期末没有余额。收入类账户的简化格式如下所示。

借方	账户名称（会计科目）	贷方
本期减少额或转销额		本期增加额
本期发生额		本期发生额

（5）双重性质账户的简化格式。双重性质账户，是指账户性质不确定，要根据其期末余额的方向来判断其性质的账户。比如，当与同一个企业发生债权与债务的业务往来时，只需将与该企业发生的往来款项合并在同一账户中进行核算即可，而

不必为该企业设置两个账户，若该账户期末余额在借方，反映企业的债权，属于资产类账户；若期末余额在贷方，则反映企业的债务，属于负债类账户。双重性质账户的简化格式如下所示。

借方（应收）	往来款项	贷方（应付）
期初余额		期初余额
本期增加额		本期减少额
本期发生额		本期发生额
期末余额		期末余额

从以上各类账户的结构和格式可以看出，资产和权益两类账户的结构是相反的，成本、费用、支出类账户和收入类账户的结构也是相反的。

5. 会计科目与账户的联系和区别

会计科目与账户都是对会计对象具体内容的科学分类，口径一致且性质相同，会计科目是账户的名称，也是设置账户的依据，账户则是会计科目的具体运用。两者的区别是：会计科目仅仅是账户的名称，不存在结构；而账户则具有一定的格式和结构。会计科目的作用主要是设置账户、填制凭证；而账户的作用主要是提供具体会计科目的增减变动及结余情况的会计资料，并以此为依据编制财务报表。其实在实际会计工作中，并没有必要严格区分会计科目与账户。

四、借贷记账法与会计分录

在设置会计科目和开设账户之后，接下来就是怎样通过账户记录经济业务引起的会计要素具体内容增减变动的情况及其结果，也就是我们常说的记账方法。

所谓记账方法，就是指在交易或者事项发生后，采用一定的记账符号和计量单位，利用文字和数字，根据一定的记账原理和规则，将会计要素的增减变动记录在账簿中的方法。

（一）借贷记账法

根据《小企业会计准则》和国家统一的会计制度的规定，我国采用借贷记账法进行会计核算。借贷记账法，是指以"借""贷"作为记账符号，反映各项会计要素增减变动情况的一种复式记账法。

1. 借贷记账法的记账规则——"有借必有贷，借贷必相等"

"有借必有贷"规则是指：在运用借贷记账法记账时，对非常简单的经济业务，只需要将其登记在一个账户的借方和一个账户的贷方（一借一贷），对有些复杂的经济业务，则需要将其登记在一个账户的借方和多个账户的贷方（一借多贷），或者登记在一个账户的贷方和多个账户的借方（多借一贷），更复杂的经济业务则需要登记在多个账户的借方和多个账户的贷方（多借多贷）。

"借贷必相等"规则是指：运用借贷记账法记账，借贷方的金额必须相等。即对发生的每一笔经济业务，都要以相等的金额，相反的借贷方向，在两个或两个以上相互联系的账户中进行连续、分类地登记。

总之，"有借必有贷，借贷必相等"的记账规则的含义是：将发生的每一笔经济业务，记入一个（多个）账户的借（贷）方，同时记入一个（多个）账户的贷（借）方，并且记入借方的金额合计数与记入贷方的金额合计数必须相等。

2. 借贷记账法是记录经济业务的方法

用"借""贷"反映经济业务时，"借"表示资产、成本和费用的增加以及负债、所有者权益、收入的减少；"贷"表示负债、所有者权益、收入的增加以及资产、成本和费用的减少。

3. 掌握借贷记账法的秘诀，只需一句话

掌握借贷方向是财务专业最基础的知识，对于会计初学者来说，掌握借贷方向是一个重点，同时更是一个难点，在现实生活中，甚至已经通过会计专业技术资格考试的人员中仍有不少人分不清借贷方向，这固然有学习者自身的原因，但也有授课老师讲解不清和教材讲述方式不妥的原因。

大多数授课老师和会计用书讲解借贷记账法时都是讲借方记什么增加（减少），贷方记什么减少（增加），在什么情况下记入借方，在什么情况下记入贷方，借贷方余额表示什么含义等。很多会计初学者就像掉进了"糊涂锅"里，越听越糊涂，理解不了，又记不住，在理解不了的情况下，易混淆且易忘，这令很多会计初学者十分头疼。

那么，怎样才能迅速掌握借贷方向呢？其实很简单，这里我将为读者朋友们讲解我的秘诀，这个秘诀在课堂上是听不到的，在其他会计用书中也不会看到。

秘诀其实很简单，就是不要去管像上述"借贷记账法是记录经济业务的方法"之类的话语（本书写上是为了与秘诀比较，突出秘诀在会计学习中的优势，仅供参考），而仅仅看资产负债表（见表2-1）和利润表（见表2-2）就足够了。

我们可以参照资产负债表和利润表的格式，只需记住一句话：资产负债表左方科目和利润表减项科目金额之增加记入借方。记住这句话，就掌握了借贷方向问题，且终生不会遗忘和混淆。

对这句话讲解如下：（1）资产负债表左方科目（资产）金额之增加记入借方，减少记入贷方；右方科目（负债和权益）金额之增加记入贷方，减少记入借方。（2）利润表的减项科目金额之增加记入借方，减少记入贷方；其他科目金额之增加记入贷方，减少记入借方。利润表的减项科目是指能够使利润减少的成本费用类项目，在利润表中科目之前往往有"减"或"一"标示，其他科目是指利润表中除减项科目之外的其他科目。对于那些累计折旧、累计摊销等抵减类科目的方向可以根据其分录对应科目，如管理费用、生产成本等反向推之。

会计初学者可以将资产负债表和利润表两份报表置于书桌上，这样掌握借贷记账法是不是非常省事了呢？熟能生巧，相信很快你就可以摆脱两份报表，对各科目运用自如。

4. 借贷记账法应用举例

例 3 - 15

甲公司销售商品开具增值税专用发票，专用发票注明不含税金额 530 973.45 元，销项税额 69 026.55 元，收到银行存款 600 000.00 元。

销售商品收到银行存款这笔业务，涉及银行存款、主营业务收入和应交税费三个科目，且这三个科目发生金额均为增加。银行存款为资产负债表左方科目（资产类科目），则其金额增加记入借方，主营业务收入为利润表其他科目（收入类科目），则其金额增加记入贷方，应交税费为资产负债表右方科目（负债类科目），则其金额增加记入贷方，这项经济业务的登记结果如下：

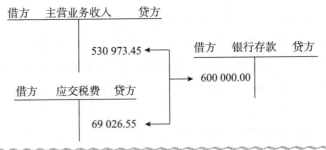

例 3 - 16

甲公司生产车间领用原材料 20 602.02 元。

生产车间领用原材料应计入生产成本，生产成本（成本类科目）最终要转到库存商品中，列示在资产负债表的存货项目中，可以看作是资产负债表左方科目，所以其金额应记入借方，原材料列示在资产负债表左方科目存货（资产类科目）中，所以减少应记入贷方，这项经济业务的登记结果如下所示：

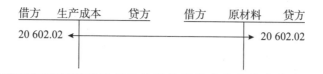

借方　生产成本　贷方　　　借方　原材料　贷方
20 602.02 ◄——————————————► 20 602.02

例 3-17

甲公司 2 月管理用固定资产计提折旧 369.00 元。

管理用固定资产计提折旧涉及科目为管理费用和累计折旧，管理费用为利润表减项科目（费用类科目），其金额增加记入借方，则累计折旧金额记入相反方向（贷方）。也可以这样理解，累计折旧为固定资产抵减项目所以其金额增加应该记入贷方，这项经济业务的登记结果如下：

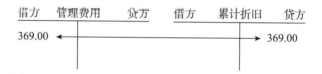

借方　管理费用　贷方　　　借方　累计折旧　贷方
369.00 ◄——————————————► 369.00

5. 借贷记账法下的账户对应关系

从以上几个例子我们看到，采用借贷记账法，每一项经济业务都涉及应借和应贷的相互关系。相关账户之间这种相互依存、相互对照的关系，称为账户对应关系。存在对应关系的账户，称为对应账户。例如，生产车间领用原材料 20 602.02 元用于生产产品，这项经济业务，应记入"生产成本"账户借方 20 602.02 元和"原材料"账户贷方 20 602.02 元，这项经济业务使"生产成本"和"原材料"这两个账户之间形成应借、应贷的相互关系，这两个账户就是对应账户。

利用账户的对应关系和对应账户，可以了解经济业务的内容和会计要素具体项目增减变动的来龙去脉，又可以检查账户中所记录的经济业务的合法性和合理性。

例 3-18

通过借记"银行存款"账户 100 万元和贷记"实收资本——A"账户 100 万元，便可以了解这笔经济业务的内容是企业的所有者 A 将款项存入企业的开户银行，即向企业投入资金。

例 3 - 19

通过借记"应付账款——甲公司"账户 20 万元和贷记"库存现金"账户 20 万元，便可以了解这笔经济业务的内容是以库存现金 20 万元偿还甲公司贷款，同时，又可以对这笔经济业务的合法性和合理性进行检查，很明显这笔经济业务违反了国家现金管理制度的规定。该笔款项超过了现金开支范围，必须通过银行办理结算。

（二）会计分录

我们可以发现，经济业务发生之后直接登记账户的方法比较烦琐，在企业业务繁多的情况下，操作非常不便且易出错，为了清晰地反映账户之间的对应关系，保证账户对应关系的准确性，我们找到了一种较为简便的方法——编制会计分录。

1. 会计分录的构成要素

会计分录（简称分录）是指对每笔经济业务列示出其应借、应贷账户名称及其金额的一种记录。会计分录有三个构成要素：

（1）账户名称，即会计科目；

（2）记账符号，即借和贷；

（3）应记金额。

2. 会计分录的分类

按照所涉及账户的多少，会计分录分为简单会计分录和复合会计分录。

（1）简单会计分录，是指只涉及一个账户借方和另一个账户贷方的会计分录，即一借一贷的会计分录，参见例 3 - 21 第（1）笔业务的会计分录。

（2）复合会计分录，是指由两个以上（不含两个）对应账户组成的会计分录，即一借多贷、一贷多借或多借多贷的会计分录，参见例 3 - 21 第（13）笔业务的会计分录。

在实际工作中，会计分录是根据记载各笔经济业务的原始凭证，在具有一定格式的记账凭证中编制的。编制会计分录是会计工作的初始阶段。会计分录是记账的直接依据，会计分录错了，必然影响整个会计记录的准确性。所以会计分录必须如实地反映经济业务内容，准确确定应借、应贷的账户名称及其金额。

3. 会计分录的编制步骤

一般应按以下步骤编制会计分录：

（1）分析经济业务事项涉及的是资产（费用、成本）类科目，还是负债或所有者权益（收入）类科目；

（2）确定涉及哪些账户，其金额是增加还是减少（记入借方还是贷方）；

（3）确定记入哪个（或哪些）账户的借方，哪个（或哪些）账户的贷方；

（4）确定应借、应贷账户名称是否正确，借贷方金额是否相等。

4. 会计分录的书写格式

会计分录有其规范的书写格式，必须按照规定书写：

（1）上下结构，上借下贷；

（2）记账符号后加冒号，冒号后面写会计科目和金额，会计科目和金额错开写；

（3）记账符号"贷"和贷方会计科目及贷方金额要与上方的"借"方会计科目和借方金额向右错开一格；

（4）一借多贷、多借一贷、多借多贷的分录，借方或贷方会计科目的名称和金额数字必须对齐，以便检查是否试算平衡；

（5）总分类科目和明细科目之间要用横线连接。

5. 编制会计分录应用举例

 例 3－20

我们以例 3－15、例 3－16、例 3－17 为例，分别编制会计分录：

（1）例 3－15：

借：银行存款	600 000.00
贷：主营业务收入	530 973.45
应交税费——应交增值税（销项税额）	69 026.55

（2）例 3－16：

借：生产成本	20 602.02
贷：原材料	20 602.02

（3）例 3－17：

借：管理费用	369.00
贷：累计折旧	369.00

为了更好地帮助读者掌握会计分录的编制方法，再以甲公司 2024 年 4 月发生的经济业务为例进行说明：

 例 3－21

甲公司（小规模纳税人）2024 年 4 月发生下列经济业务：

（1）4月3日，甲公司收到股东王某投资款500 000元，存入银行。

企业接受投资者以银行存款方式投入资本，一方面，会使企业实收资本（所有者权益）增加，应记入"实收资本"账户的贷方；另一方面，会使企业银行存款（资产）增加，应记入"银行存款"账户的借方。

借：银行存款　　　　　　　　　　　　　　　　　　　　500 000

贷：实收资本——王某　　　　　　　　　　　　　　500 000

（2）4月5日，甲公司向银行借入款项200 000元，期限为半年，已转入公司的存款账户。

企业从银行取得半年期借款时，一方面，会使企业的短期借款（负债）增加，应记入"短期借款"账户的贷方；另一方面，企业向银行借入资金，应先转入"银行存款"账户，使企业的银行存款（资产）增加，应记入"银行存款"账户的借方。

借：银行存款　　　　　　　　　　　　　　　　　　　　200 000

贷：短期借款　　　　　　　　　　　　　　　　　　200 000

（3）4月7日，甲公司从乙公司购入A材料2 000千克，每千克40元，B材料1 000千克，每千克20元，共计100 000元，材料已验收入库，货款尚未支付。

企业购入原材料，因银行存款不足或其他原因，货款尚未支付，一方面，会使企业的原材料（资产）增加，应记入"原材料"账户的借方；另一方面，会使企业的应付账款（负债）增加，应记入"应付账款"账户的贷方。

借：原材料——A材料　　　　　　　　　　　　　　　　80 000

　　　　——B材料　　　　　　　　　　　　　　　　20 000

贷：应付账款——乙公司　　　　　　　　　　　　100 000

（4）4月9日，甲公司以银行存款向乙公司支付前欠货款100 000元。

企业以银行存款支付前欠货款，一方面，会使企业的应付账款（负债）减少，应记入"应付账款"账户的借方；另一方面，会使企业的银行存款（资产）减少，应记入"银行存款"账户的贷方。

借：应付账款——乙公司　　　　　　　　　　　　　　100 000

贷：银行存款　　　　　　　　　　　　　　　　　　100 000

（5）4月10日，甲公司以银行存款偿还到期的短期借款40 000元。

企业以银行存款偿还到期的短期借款，一方面，会使企业的短期借款（负债）减少，应记入"短期借款"账户的借方；另一方面，会使企业的银行存款（资产）减少，应记入"银行存款"账户的贷方。

借：短期借款　　　　　　　　　　　　　　　　　　　　40 000

贷：银行存款　　　　　　　　　　　　　　　　　　40 000

（6）4 月 10 日，甲公司按销售合同规定以银行存款预付丙公司购货款 120 000 元。

企业在购入原材料前，按销售合同规定，预先向销货方支付一定的定金，一方面，会使企业的预付账款（资产）增加，形成企业的债权，应记入"预付账款"账户的借方；另一方面，会使企业的银行存款（资产）减少，应记入"银行存款"账户的贷方。

借：预付账款——丙公司　　　　　　　　　　　　　120 000
　　贷：银行存款　　　　　　　　　　　　　　　　　　120 000

（7）4 月 14 日，丙公司按合同要求发来 A 材料 4 000 千克，每千克 40 元，B 材料 3 000 千克，每千克 20 元，C 材料 1 000 千克，每千克 40 元，共计 260 000 元，已验收入库。甲公司用银行存款支付剩余货款 140 000 元。

在实际工作中，预付账款采用"多退少补"方式进行结算，有预付账款的先冲减预付账款，不足部分用银行存款支付，多余部分则退回。当企业收到销货方发来的原材料时，一方面，会使企业的原材料（资产）增加，应记入"原材料"账户的借方；另一方面，会使企业的预付账款（资产）减少，应记入"预付账款"的贷方，不足部分用银行存款支付，会使企业的银行存款（资产）减少，记入"银行存款"账户的贷方。

借：原材料——A 材料　　　　　　　　　　　　　　160 000
　　　　——B 材料　　　　　　　　　　　　　　　　60 000
　　　　——C 材料　　　　　　　　　　　　　　　　40 000
　　贷：预付账款——丙公司　　　　　　　　　　　　120 000
　　　　银行存款　　　　　　　　　　　　　　　　　140 000

（8）4 月 16 日，甲公司从银行提取现金 2 000 元，以备使用。

企业从银行提取现金，一方面，会使企业的库存现金（资产）增加，应记入"库存现金"账户的借方；另一方面，会使企业的银行存款（资产）减少，应记入"银行存款"账户的贷方。

借：库存现金　　　　　　　　　　　　　　　　　　2 000
　　贷：银行存款　　　　　　　　　　　　　　　　　　2 000

（9）4 月 20 日，甲公司以现金 800 元支付零星办公费用。

企业以现金支付零星办公费用，一方面，会使企业的管理费用（费用）增加，应记入"管理费用"账户的借方；另一方面，会使企业的库存现金（资产）减少，应记入"库存现金"账户的贷方。

借：管理费用　　　　　　　　　　　　　　　　　　800
　　贷：库存现金　　　　　　　　　　　　　　　　　　800

（10）4月22日，甲公司按合同规定，向丁公司销售甲产品和乙产品，共计取得销售收入103 000元，并开具了增值税专用发票，相关款项已存入银行。

企业销售产品收到货款，一方面，会使企业的银行存款（资产）增加，应记入"银行存款"账户的借方；另一方面，会使企业的主营业务收入（收入）和应交税费（负债）增加，应分别记入"主营业务收入"和"应交税费"账户的贷方。

借：银行存款　　　　　　　　　　　　　　　　　　　　103 000
　　贷：主营业务收入　　　　　　　　　　　　　　　　100 000
　　　　应交税费——应交增值税　　　　　　　　　　　　　3 000

根据税法规定：

①自2023年1月1日至2027年12月31日，对月销售额10万元以下（含本数）的增值税小规模纳税人，免征增值税。

②自2023年1月1日至2027年12月31日，增值税小规模纳税人适用3%征收率的应税销售收入，减按1%征收率征收增值税。

③纳税人可选择放弃减税并开具增值税专用发票。

本例中纳税人放弃减税开具了3%的增值税专用发票。

（11）4月24日，甲公司用1 000元现金购买办公用品，其中800元办公用品交由车间使用，200元办公用品交由行政管理部门使用。

用现金购买办公用品交由车间和行政管理部门使用，一方面，会使车间的制造费用（成本）和行政管理部门的管理费用增加，应分别记入"制造费用""管理费用"账户的借方；另一方面，会使企业的库存现金减少，应记入"库存现金"账户的贷方。

借：制造费用　　　　　　　　　　　　　　　　　　　　　　800
　　管理费用　　　　　　　　　　　　　　　　　　　　　　200
　　贷：库存现金　　　　　　　　　　　　　　　　　　　1 000

（12）4月27日，甲公司以银行存款向"希望工程"捐赠10 000元。

以银行存款向"希望工程"捐赠，属于与企业生产经营活动没有直接关系的支出，一方面，会使企业支出增加，应记入"营业外支出"账户的借方；另一方面，会使企业的银行存款减少，应记入"银行存款"账户的贷方。

借：营业外支出　　　　　　　　　　　　　　　　　　　10 000
　　贷：银行存款　　　　　　　　　　　　　　　　　　10 000

（13）4月30日，甲公司结转本月从仓库领用原材料的实际成本242 000元，领用原材料种类及用途，见表3-4。

表 3-4 原材料领用汇总表

2024 年 4 月 30 日

用途	A 材料			B 材料			C 材料			金额合计（元）
	数量（千克）	单位成本（元/千克）	金额（元）	数量（千克）	单位成本（元/千克）	金额（元）	数量（千克）	单位成本（元/千克）	金额（元）	
甲产品耗用	3 000	40	120 000	1 000	20	20 000				140 000
乙产品耗用	2 000	40	80 000	500	20	10 000				90 000
车间一般耗用							200	40	8 000	8 000
管理部门耗用							100	40	4 000	4 000
合计	5 000	40	200 000	1 500	20	30 000	300	40	12 000	242 000

领用原材料，一方面，会使生产车间和企业管理部门的成本费用增加，应分别记入"生产成本""制造费用""管理费用"账户的借方；另一方面，会使企业的库存材料减少，应记入"原材料"账户的贷方。

> 借：生产成本——甲产品　　　　　　　　　　　140 000
> 　　　　　　——乙产品　　　　　　　　　　　　90 000
> 　　制造费用　　　　　　　　　　　　　　　　　8 000
> 　　管理费用　　　　　　　　　　　　　　　　　4 000
> 　　贷：原材料——A 材料　　　　　　　　　　200 000
> 　　　　　　　——B 材料　　　　　　　　　　　30 000
> 　　　　　　　——C 材料　　　　　　　　　　　12 000

（14）4 月 30 日，甲公司计提本月职工工资 36 000 元，其中公司行政管理人员工资 8 000 元，生产车间管理人员工资 4 000 元，甲产品生产车间工人工资 15 000 元，乙产品生产车间工人工资 9 000 元。

计提本月职工工资，一方面，会使工资作为劳动耗费增加企业的成本、费用，应按其用途归集，生产车间工人工资应记入"生产成本"账户的借方，生产车间管理人员工资应记入"制造费用"账户的借方，企业管理人员工资应记入"管理费用"账户的借方；另一方面，在工资尚未实际发放时形成了对职工的一种债务，即引起应付职工薪酬的增加，应记入"应付职工薪酬"账户的贷方。

借：生产成本——甲产品   15 000

       ——乙产品   9 000

    制造费用   4 000

    管理费用   8 000

  贷：应付职工薪酬——职工工资   36 000

（15）4月30日，银行代发工资。

银行代发工资，一方面，会使应付职工薪酬减少，应记入"应付职工薪酬"账户的借方；另一方面，会使企业的银行存款减少，记入"银行存款"账户的贷方。

借：应付职工薪酬——职工工资   36 000

  贷：银行存款   36 000

（16）4月30日，甲公司用银行存款支付本月电费6 000元，其中车间用电4 000元，行政管理部门用电2 000元。

支付本月电费，一方面，会使车间和行政管理部门的费用增加，应分别记入"制造费用""管理费用"账户的借方；另一方面，会使企业的银行存款减少，应记入"银行存款"账户的贷方。

借：制造费用   4 000

  管理费用   2 000

  贷：银行存款   6 000

（17）4月30日，甲公司按规定计提本月固定资产折旧费12 000元，其中车间用固定资产计提折旧10 000元，行政管理部门用固定资产计提折旧2 000元。

按规定企业必须每月计提折旧费用，折旧是指固定资产在生产过程中逐渐损耗的那部分价值，因计提折旧而减少的价值并不直接冲减固定资产的原值，而是设置"累计折旧"账户作为"固定资产"账户的抵减账户进行核算，因此，该账户虽然属于资产类账户，但结构与"固定资产"账户的结构相反，其金额的增加记贷方，减少记借方。企业每月计提折旧时，一方面，会使企业的折旧费用增加，应记入"累计折旧"账户的贷方；另一方面，按固定资产的用途，生产用固定资产和管理用固定资产的折旧费用应分别记入"制造费用""管理费用"账户的借方。

借：制造费用   10 000

  管理费用   2 000

  贷：累计折旧   12 000

（18）4月30日，甲公司将本月发生的制造费用26 800元，按机器工时比例法在甲、乙产品之间进行分配并转入甲、乙产品的生产成本。

按机器工时比例法编制制造费用分配表，见表3-5。

表3-5 制造费用分配表   金额单位：元

生产成本	机器工时	分配金额（分配率：10）
甲产品	1 400	14 000
乙产品	1 280	12 800
合计	2 680	26 800

制造费用是产品成本的组成部分，月末应将"制造费用"账户的贷方余额转入"生产成本"账户的借方，以便计算产品的生产成本。一方面，会使制造费用减少，应记入"制造费用"账户的贷方；另一方面，会使生产成本增加，应记入"生产成本"账户的借方。

借：生产成本——甲产品   14 000

　　　　　——乙产品   12 800

　　贷：制造费用   26 800

（19）4月30日，本月生产的甲、乙两种产品全部完工并验收入库，结转其实际生产成本。

产品生产完工并验收入库，一方面，会使企业的库存商品增加，应按完工产品在生产过程中所发生的实际成本记入"库存商品"账户的借方；另一方面，将原计入"生产成本"账户借方的该批产品成本通过"生产成本"账户的贷方转出。

借：库存商品——甲产品   169 000

　　　　　　——乙产品   111 800

　　贷：生产成本——甲产品   169 000

　　　　　　　　——乙产品   111 800

（20）4月30日，结转本月已售甲、乙产品的成本80 000元。

结转销售成本，一方面，会使企业的主营业务成本增加，应记入"主营业务成本"账户的借方；另一方面，会使企业的库存商品减少，应记入"库存商品"账户的贷方。

借：主营业务成本   80 000

　　贷：库存商品   80 000

（21）4月30日，甲公司计提本月应交的城市维护建设税210元、教育费附加90元、地方教育附加60元。

计提附加税，一方面，会使企业的费用增加，应记入"税金及附加"账户的借方；另一方面，在尚未缴纳之前，会使企业的负债增加，应记入"应交税费"账户的贷方。

借：税金及附加   360
　　贷：应交税费——应交城市维护建设税   210
　　　　　　——应交教育费附加   90
　　　　　　——应交地方教育附加   60

（22）4月30日，将本例中涉及的损益类账户的余额结转到"本年利润"账户。

当企业某个会计期间的所有收入、费用等损益类科目都归集完毕后，为了反映该会计期间内最终的经营成果，期末要将各损益类账户的余额转入"本年利润"账户。收入类账户的贷方余额，转入"本年利润"账户的贷方，费用类账户的借方余额转入"本年利润"账户的借方，结转后各损益类账户应无余额。结转后，"本年利润"账户贷方余额为－7 360元，即企业的利润总额为－7 360元。

借：本年利润   107 360
　　贷：主营业务成本   80 000
　　　　税金及附加   360
　　　　管理费用   17 000
　　　　营业外支出   10 000
借：主营业务收入   100 000
　　贷：本年利润   100 000

【温馨提醒】

通过以上举例，总结会计分录编制方法的20字口诀：确定科目，明确方向，上借下贷，借贷错开，金额相等。

五、总分类账户与明细分类账户的平行登记

在实际工作中，会计分录是在具有一定格式的记账凭证中编制的。仅有记账凭证并不能系统地反映某一账户的业务发生过程和结果，企业会计还需要以记账凭证作为记账依据，登记总分类账户与明细分类账户，以满足企业生产经营管理对会计资料的需求。

在实际工作中，为了满足各方面对会计资料的不同需求，企业既需要提供总括的核算资料，也需要提供明细的核算资料，如"原材料"账户反映了企业在一定期间内原材料的收发结存情况，仅泛泛地了解原材料总量的变化情况是不够的，还必须详细了解各种原材料的收发结存情况，只有这样才能全面了解企业能否满足生产

经营的需要，合理安排不同原材料的采购计划，因此在"原材料"总分类账户下，应按照原材料的类别、品种、规格设置明细分类账户，进行明细分类核算。因此，在会计工作中，要同时设置总分类账户与明细分类账户，并且总分类账户与其所属的明细分类账户必须采用平行登记的方法，以便于核对账户记录，确保会计核算资料的正确性和完整性。

所谓平行登记，是指对所发生的每笔经济业务，都要以记账凭证为依据，将其记入有关的总分类账户，同时，将其记入总分类账户所属的明细分类账户。

总分类账户与明细分类账户平行登记要求做到"同依据、同方向、同期间、同金额"，即所依据记账凭证相同、借贷方向相同、所属会计期间相同、记入总分类账户的金额与记入其所属明细分类账户的合计金额相等。

按照平行登记方法登账，总分类账户和明细分类账户之间的关系如下：

（1）总分类账户期初余额＝所属明细分类账户期初余额合计；

（2）总分类账户本期发生额＝所属明细分类账户本期发生额合计；

（3）总分类账户期末余额＝所属明细分类账户期末余额合计。

总分类账户和明细分类账户之间的这种关系，是检查总分类账户和明细分类账户登记是否完整和准确的重要方法。

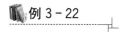 例 3－22

现以"原材料"账户为例来说明总分类账户和明细分类账户的平行登记和相互核对。2024 年 4 月 1 日甲公司的"原材料"期初结存为已知条件，根据例 3－21 甲公司原材料收发业务登记原材料总分类账户和明细分类账户，登记结果见表 3－6、表 3－7、表 3－8、表 3－9。

表 3－6 原材料明细分类账

数量单位：千克
金额单位：元

明细账户：A 材料

| 2024年 | | 凭证 | | 摘要 | 收入 | | | 发出 | | | 结存 | | |
月	日	字	号		数量	单价	金额	数量	单价	金额	数量	单价	金额
4	1			期初结存							1 000	40	40 000
4	7		3	购入原材料	2 000	40	80 000				3 000	40	120 000
4	14		7	购入原材料	4 000	40	16 0000				7 000	40	280 000
4	30		13	领用原材料				5 000	40	200 000	2 000	40	80 000
				本月合计	6 000		240 000	5 000		200 000	2 000	40	80 000

表3-7 原材料明细分类账

明细账户：B材料

数量单位：千克
金额单位：元

2024年		凭证		摘要	收入			发出			结存		
月	日	字	号		数量	单价	金额	数量	单价	金额	数量	单价	金额
4	1			期初结存							1 500	20	30 000
4	7		3	购入原材料	1 000	20	20 000				2 500	20	50 000
4	14		7	购入原材料	3 000	20	60 000				5 500	20	110 000
4	30		13	领用原材料				1 500	20	30 000	4 000	20	80 000
				本月合计	4 000		80 000	1 500		30 000	4 000	20	80 000

表3-8 原材料明细分类账

明细账户：C材料

数量单位：千克
金额单位：元

2024年		凭证		摘要	收入			发出			结存		
月	日	字	号		数量	单价	金额	数量	单价	金额	数量	单价	金额
4	1			期初结存							15	40	600
4	14		7	购入原材料	1 000	40	40 000				1 015	40	40 600
4	30		13	领用原材料				300	40	12 000	715	40	28 600
				本月合计	1 000		40 000	300		12 000	715	40	28 600

表3-9 总分类账

账户名称：原材料

单位：元

2024年		凭证		摘要	借方金额	贷方金额	借或贷	余额
月	日	字	号					
4	1			期初余额			借	70 600
4	7		3	购入原材料	100 000		借	170 600
4	14		7	购入原材料	260 000		借	430 600
4	30		13	领用原材料		242 000	借	188 600
4	30			本月合计	360 000	242 000	借	188 600

我们按照"同依据、同方向、同期间、同金额"的平行登记要求登记完毕总分类账户及其明细分类账户后，可以通过编制总分类账户与明细分类账户发生额及余额对照表将总分类账户与明细分类账户进行核对，见表3-10所示。

表 3－10　总分类账户与明细分类账户发生额及余额对照表

2024 年 4 月

账户名称	期初余额	借方发生额	贷方发生额	期末余额
原材料总分类账	70 600	360 000	242 000	188 600
原材料明细分类账	70 600	360 000	242 000	188 600
其中：A 材料	40 000	240 000	200 000	80 000
B 材料	30 000	80 000	30 000	80 000
C 材料	600	40 000	12 000	28 600

通过核对，可以检查总分类账户及其明细分类账户平行登记结果是否正确，如不正确，要立即查明原因予以更正。

六、试算平衡表

试算平衡，是指根据资产和权益的恒等关系和借贷记账法的记账规则来检查所有账户记录是否正确、完整的一种方法。

在借贷记账法下，每一项经济业务都是按照"有借必有贷，借贷必相等"的记账规则编制会计分录的，因此借贷双方的发生额必然相等。在一个会计期间内，所有会计分录都记入有关账户后，所有账户的本期借方发生额合计数与本期贷方发生额合计数也必然是相等的。根据借贷记账法下的账户结构可以看出，余额在借方的账户都是企业的资产类账户，余额在贷方的账户都是企业的权益类账户，按照"资产＝负债＋所有者权益"的会计等式可以看出，所有资产类账户的借方余额合计和权益类账户的贷方余额合计也必然是相等的。

由此可见，借贷记账法试算平衡包括发生额试算平衡和余额试算平衡两种。

1. 发生额试算平衡

发生额试算平衡，是根据"有借必有贷，借贷必相等"记账规则，检查所有账户的借贷方本期发生额是否正确的方法。其计算公式如下：

所有账户本期借方发生额合计＝所有账户本期贷方发生额合计

2. 余额试算平衡

余额试算平衡，是根据资产与权益的平衡关系，检查所有账户的借方期末（初）余额和贷方期末（初）余额合计是否正确的方法。其计算公式如下：

所有账户借方期末（初）余额合计＝所有账户贷方期末（初）余额合计

例 3-23

在实际工作中，通常同时使用发生额试算平衡和余额试算平衡，在月末结算各个账户的本月发生额和月末余额后，合并编制总分类账户本期发生额和余额试算平衡表，见表 3-11，其中期初余额为已知条件，本期发生额是根据例 3-21 涉及的会计分录编制而成的。

表 3-11 总分类账户本期发生额和余额试算平衡表

编制单位：甲公司 2024 年 4 月 凭证编号：1～22 号

账户名称（会计科目）	期初余额		本期发生额		期末余额	
	借方	贷方	借方	贷方	借方	贷方
库存现金	1 600		2 000	1 800	1 800	
银行存款	102 000		803 000	454 000	451 000	
原材料	70 600		360 000	242 000	188 600	
预付账款			120 000	120 000		
库存商品	56 000		280 800	80 000	256 800	
固定资产	278 000				278 000	
累计折旧		46 000		12 000		58 000
短期借款		40 000	40 000	200 000		200 000
应付账款		20 000	100 000	100 000		20 000
应付职工薪酬			36 000	36 000		
应交税费		2 200		3 360		5 560
生产成本			280 800	280 800		
制造费用			26 800	26 800		
实收资本		400 000		500 000		900 000
本年利润			107 360	100 000		−7 360
主营业务收入			100 000	100 000		
主营业务成本			80 000	80 000		
税金及附加			360	360		
管理费用			17 000	17 000		
营业外支出			10 000	10 000		
合计	508 200	508 200	2 364 120	2 364 120	1 176 200	1 176 200

【温馨提醒】

通过编制试算平衡表，若发现发生额和余额借贷双方不平衡，则说明在记账过程中存在差错，应及时找出差错及其原因，并予以更正，否则无法继续进行编制财务报表等后续工作。若发现发生额和余额借贷双方平衡，则说明记账工作基本正确，但不能肯定账户记录一定无误，要检查有无出现漏记、重记或将借贷方向记反等并不影响账户平衡的错误。

第四章　会计凭证，会计分录的化身

会计凭证，是用来记录经济业务的发生或完成情况的书面证明，是登记会计账簿的依据。取得、填制和审核会计凭证是会计基础工作的重要内容。为了正确使用和填制会计凭证，有必要对会计凭证进行分类，会计凭证按照填制程序和用途可分为原始凭证和记账凭证。

原始凭证是填制会计分录的依据，记账凭证是会计分录的载体，记账凭证是会计分录更加详细的表达，因而，可以说会计凭证其实就是会计分录的化身。

大家可以这样理解：会计分录就是记账凭证的简化形式，原始凭证就是会计分录填制的依据，原始凭证作为附件粘贴在记账凭证之后。下面我们详细谈一下原始凭证和记账凭证。

一、原始凭证

原始凭证，又称单据，是指在经济业务发生或完成时取得或填制的，用以记录或证明经济业务的发生或完成情况的原始凭据，是会计核算的重要原始资料，是填制记账凭证和登记账簿的依据。凡是能够表明会计经济业务发生或完成情况的单据均为原始凭证。有的经济业务只需一张原始凭证即可清楚、完整地记录；有的经济业务需要几张原始凭证才能证明其发生或完成情况；有的原始凭证本身还需要相关的单据做补充和说明。

（一）原始凭证的种类

原始凭证可以按照取得的来源、填制手续和格式进行分类。

1. 按取得的来源分类

原始凭证按取得的来源可分为自制原始凭证和外来原始凭证。

（1）自制原始凭证，是指由本单位内部经办业务的部门和人员在执行或完成某项经济业务时填制的，仅供内部使用的原始凭证。例如，仓库保管人员填制的收料单、领料部门填制的领料单、出差人员填制的差旅费报销单、产成品入库时填制的产品入库单、计提折旧时编制的折旧计算表等。

（2）外来原始凭证，是指与其他单位发生经济业务时，从其他单位或个人直接取得的原始凭证。例如，购买材料取得的增值税专用发票、支付相关款项时取得收款方开具的收据和银行转来的结算凭证、出差人员报销的车票等。

2. 按填制手续分类

原始凭证按填制手续可分为一次凭证、累计凭证和汇总凭证。

（1）一次凭证，是指填制手续一次完成，一次只记录一笔经济业务的原始凭证。一次凭证是一次有效的凭证，已填列的凭证不能重复使用。外来的原始凭证大都是一次凭证，自制原始凭证也有许多是一次凭证，例如，收料单（见表 4-1）、领料单（见表 4-2）、银行结算凭证、电子发票（见图 4-1）等都是一次凭证。

表 4-1　收料单

会计科目：原材料　　　　　　　　　供应单位：　　　　　　　　　收料仓库：
材料类别：　　　　发票号数：　　　　年　月　日　　　　编　号：

原材料编号	原材料名称	单位	规格	数量		实际成本				计划成本	
				应收	实收	买价		采购费用	合计	单价	金额
						单价	金额				
合计											

供应部门负责人：　　　　　　　　　保管员：　　　　　　　　　采购员：

表 4-2　领料单

领料单位：　　　　　　　　　　　　　　　　编　号：
用　途：　　　　　　　　　年　月　日　　　发料仓库：

材料编号	材料类别	名称	规格	计量单位	数量		金额		备注
					请领	实发	单价	金额	
合计									

主管：　　　记账：　　　　　领料单位负责人：　　　　领料人：　　　　发料人：

图 4-1　电子发票

（2）累计凭证，是在一定时期内，多次记录重复发生的同类型经济业务的原始凭证，累计凭证的填制手续不是一次完成的，而是把经常发生的相同经济业务连续填制在同一张凭证上，可以随时计算累计数及结余数，并按照费用限额、定额、计划、预算对费用、消耗等进行控制，填制手续一般要到期末才能完成，期末依据累计凭证的实际发生额记账。采用累计凭证，可以减少凭证的填制手续，起到控制费用支出、节约开支的作用，制造业的限额领料单就是典型的累计凭证。一般格式的限额领料单见表 4-3。

表 4-3　限额领料单

材料类别：　　　　　　　　　　　　　　　　　　　　　编　　　号：
领料部门：　　　　　　　　　　　　　　　　　　　　　发料仓库：
用　　途：　　　　　　　　　　　年　　　月

材料编号	材料名称及规格	计量单位	领用限额	计划单位成本	备注		
日期	实发				限额结余	退库	
	数量	金额	发料人	领料人		数量	领料单编号
合计							

供应部门：　　　　　　　　　　　　生产计划部门：　　　　　　　　　　　　仓库：

（3）汇总凭证，是将一定时期内记录同类经济业务的若干张原始凭证汇总填制的原始凭证。例如，工资结算汇总表、发出材料汇总表（见表4-4）、原材料领用汇总表（见表4-5）、差旅费报销单等。

表4-4　发出材料汇总表

年　　月　　　　　　　　　　　　　　　　　　　　单位：元

应借科目	应贷科目			
	原材料			
	原材料及主要材料	辅助材料	燃料	合计
生产成本——基本生产成本 1日至15日 16日至月末				
合计				
生产成本——辅助生产成本 1日至15日 16日至月末				
合计				
制造费用 1日至15日 16日至月末				
合计				
管理费用 1日至15日 16日至月末				
合计				
总计				
备注：				

表4-5　原材料领用汇总表

年　　月　　　日　　　　　　　　　　　　　　　金额单位：元

用途	A材料			B材料			C材料			合计
	数量 （千克）	单位 成本	金额	数量 （千克）	单位 成本	金额	数量 （千克）	单位 成本	金额	
A产品耗用										
B产品耗用										
车间一般耗用										
管理部门耗用										
合计										

记账：　　　　　　　　　　　　复核：　　　　　　　　　　　　制单：

3. 按格式分类

原始凭证按照格式可以分为通用凭证和专用凭证。

（1）通用凭证，是指由有关部门统一印制、在一定范围内（全国、某一地区、某一行业等）使用的具有统一格式和使用方法的原始凭证。这些凭证一般单位不能自行印制。如增值税专用发票、各省市统一印制的定额发票、全国统一的异地结算银行凭证等。

（2）专用凭证，是指由单位自行印制、仅在本单位内部使用的原始凭证。这些凭证由单位根据实际需要自行印制，往往没有统一的格式和使用方法，不同的单位会有不同的格式。如单位自行印制的费用报销单、领料单、折旧计算表、工资费用分配表等。

（二）原始凭证的填制要求

1. 记录真实、手续完备

必须真实、准确地填写填制日期、业务内容、数量、单价、金额等内容。手续要完备，如自制原始凭证必须有经办业务部门和人员的签章、主管领导的签字，外来原始凭证必须有对方单位的公章（或财务专用章、发票专用章）、本单位领导和经办人员签字，对外开出的原始凭证必须加盖本单位公章（或财务专用章、发票专用章）。

2. 内容完整、清楚、规范

原始凭证的内容必须逐项填写，不可遗漏。原始凭证应按规定的格式填写，字迹必须清晰、工整，不得随意涂改、刮擦、挖补。

原始凭证有错误的，应当按规定方法更正，并在更正处加盖出具单位印章，但是原始凭证金额有错误的，应当由出具单位重开，不得在原始凭证上更正。有关现金、银行存款收支业务的凭证，如果填写错误，不能直接在原始凭证上更正，应当作废重填。

3. 编号连续、及时填制

预先编号的原始凭证，必须按照编号顺序填写，发生隔号或填写错误时，不得撕毁，应当加盖"作废"戳记作废，保存备查。

及时填制原始凭证，不得提前或拖延。

4. 书写严谨、数字规范

（1）阿拉伯数字应当逐个填写，不得连笔写。阿拉伯金额数字前面应当书写货币币种符号或者货币名称简写和币种符号。币种符号与阿拉伯金额数字之间不得留有空白。凡阿拉伯数字前写有币种符号的，数字后面不再写货币单位。

（2）所有以元为单位（其他货币种类为货币基本单位，下同）的阿拉伯数字，除表示单价等情况外，一律填写到角、分；无角、分的，角位和分位可写"00"，或者符号"-"；有角无分的，分位应当写"0"，不得用符号"-"代替。

（3）汉字大写数字金额如零、壹、贰、叁、肆、伍、陆、柒、捌、玖、拾、佰、仟等，一律用正楷或者行书体书写，不得用0、一、二、三、四、五、六、七、八、九、十、百、千等代替，不得任意自造简化字。大写金额数字到元或者角为止的，在"元"或者"角"字之后应当写"整"字或者"正"字；大写金额数字有分的，"分"字后面不写"整"或者"正"字。

（4）大写金额数字前未印有货币名称的，应当加填货币名称，货币名称与金额数字之间不得留有空白。

（5）阿拉伯金额数字中间有"0"时，汉字大写金额要写"零"字；阿拉伯数字金额中间连续有几个"0"时，汉字大写金额中可以只写一个"零"字；阿拉伯金额数字元位是"0"，或者数字中间连续有几个"0"、元位也是"0"但角位不是"0"时，汉字大写金额可以只写一个"零"字，也可以不写"零"字。

（6）凡填写大写和小写金额的原始凭证，大写与小写金额必须相符。

（三）原始凭证的审核

取得的原始凭证必须经过会计人员的审核，只有经审核无误后的原始凭证，才能作为编制记账凭证和登记账簿的依据。原始凭证的审核内容主要包括：

（1）审核原始凭证的合法性、合理性。经济业务是否符合国家有关政策、法规、制度的规定，有无违反财务制度，经济业务是否符合企业生产经营活动的需要，是否符合有关计划和预算，是否按成本费用开支范围办事，是否贯彻专款专用原则，是否存在贪污盗窃、虚报冒领、伪造凭证等违纪行为。

（2）审核原始凭证的完整性。原始凭证的内容是否齐全，有无漏记项目、有关签章是否齐全等。

（3）审核原始凭证的正确性。原始凭证中的有关数量、单价、金额是否准确无误，书写是否规范，联次是否正确，有无刮擦、涂改、挖补等。

（4）审核原始凭证的真实性。日期是否真实、业务内容是否真实、数据是否真实等。

（四）不符合规定的原始凭证的处理方法

（1）对于真实、合法、合理但内容不完整、手续不完备、填写有错误的原始凭证，会计人员应退回给经办人员，要求经办人员补办手续或进行更正。

（2）对于不真实、不合法、不合理的原始凭证，会计人员不予办理，涉及弄虚作假、严重违法的原始凭证应当予以扣留，并及时向单位负责人或有关部门报告。

（五）原始凭证中容易出现的错误与舞弊

原始凭证中容易出现的错误与舞弊主要有：

（1）单位抬头不是本单位。

（2）摘要记载过于简单或含糊不清。

（3）数量、单价与金额不符。

（4）无收款单位签章。

（5）开具阴阳发票。

（6）重复报销。如一式几联的原始凭证，只能以一联作为报销凭证，有的业务人员故意使用不同联次多次报销。

（7）在整理和粘贴原始凭证过程中实施舞弊。如利用单位原始凭证粘贴、整理不规范的弱点，在进行粘贴、整理时，采用移花接木的手法，故意将个别原始凭证抽出，待之后重复报销；或在汇总原始凭证金额时，故意多汇总或少汇总，以达到贪污差额的目的。

（8）模仿领导笔迹签字冒领。

（9）涂改原始凭证上的时间、数量、单价、金额或添加内容和金额。

二、记账凭证

记账凭证又称记账凭单或分录凭单，是指会计人员根据审核无误的原始凭证对经济业务事项的内容加以归类，并据以确定会计分录、登记账簿的会计凭证。

在实际工作中，为了便于登记账簿，需要将来自不同单位、种类繁多、数量庞大、格式不一的原始凭证加以归类、整理，填制具有统一格式的记账凭证，确定会计分录并将相关的原始凭证附在记账凭证后。

（一）记账凭证的种类

记账凭证按照用途可分为专用记账凭证和通用记账凭证。

1. 专用记账凭证

专用记账凭证按其反映经济业务的内容分为收款凭证、付款凭证和转账凭证。

（1）收款凭证。收款凭证是指用于记录现金和银行存款收款业务的记账凭证。收款凭证又可分为现金收款凭证和银行存款收款凭证。现金收款凭证是根据现金收入业务的原始凭证（如现金收据、以现金结算的发票记账联等）编制的收款凭证；银行存款收款凭证是根据银行存款收入业务的原始凭证（如银行进账通知单等）填制的收款凭证。收款凭证格式如表 4-6。

表 4-6　收款凭证

借方科目：银行存款　　　　　　　2024 年 4 月 3 日　　　　　　　银收字第 01 号

摘要	贷方科目		金额	记账
	一级科目	明细科目		
收到股东投资款	实收资本	王某	500 000.00	√
合计			500 000.00	

会计主管：朱慧　　记账：何花　　出纳：娜娜　　审核：何花　　制单：丹丹

附件 1 张

（2）付款凭证。付款凭证是指用于记录现金和银行存款付款业务的记账凭证。付款凭证又可分为现金付款凭证和银行存款付款凭证。现金付款凭证是根据现金付出业务的原始凭证（如以现金结算的发票联等）编制的付款凭证；银行存款付款凭证是根据银行存款付出业务的原始凭证（如现金支票、转账支票存根等）填制的付款凭证。付款凭证格式见表 4-7。

表 4-7　付款凭证

贷方科目：银行存款　　　　　　　2024 年 4 月 30 日　　　　　　银付字第 15 号

摘要	借方科目		金额	记账
	一级科目	明细科目		
支付工资薪酬	应付职工薪酬	职工工资	36 000.00	√
合计			36 000.00	

会计主管：朱慧　　记账：何花　　出纳：娜娜　　审核：何花　　制单：丹丹

附件 2 张

（3）转账凭证。转账凭证是指用于记录不涉及现金和银行存款业务的记账凭证。根据不需要收付现金或银行存款的各项转账业务的原始凭证（如企业内部的领料单、出库单、固定资产折旧计提表等）填制转账凭证。转账凭证格式见表 4-8。

表 4-8　转账凭证

2024 年 4 月 30 日　　　　　　　　　　　　　　转字第 19 号

摘要	一级科目	明细科目	借方金额	贷方金额	记账
产成品入库	库存商品	甲产品	169 000		√
产成品入库	库存商品	乙产品	111 800		√
产成品入库	生产成本	甲产品		169 000	√
产成品入库	生产成本	乙产品		111 800	√
合计			280 800	280 800	

会计主管：朱慧　　记账：何花　　　　审核：何花　　　　制单：丹丹

附件 1 张

2. 通用记账凭证

通用记账凭证是指用于记录所有经济业务的会计凭证。通用记账凭证不区分现金、银行存款、转账业务。通常适用于经济业务较简单、规模较小、收付业务较少的单位。通用记账凭证的格式与转账凭证基本相同，见表4-9。

表4-9　记账凭证

2024年4月30日　　　　　　　　　　　　　　　　　记字第19号

摘要	一级科目	明细科目	借方金额	贷方金额	记账	
产成品入库	库存商品	甲产品	169 000		√	附件1张
产成品入库	库存商品	乙产品	111 800		√	
产成品入库	生产成本	甲产品		169 000	√	
产成品入库	生产成本	乙产品		111 800	√	
合计			280 800	280 800		

会计主管：朱慧　　　记账：何花　　　审核：何花　　　制单：丹丹

上述收款凭证、付款凭证、转账凭证、通用记账凭证都是复式凭证，是实际工作中普遍应用的记账凭证。复式凭证可以集中反映一项经济业务的科目对应关系，便于分析对照，了解有关经济业务的全貌，减少凭证数量。另外还有一种单式凭证，这种记账凭证只填列经济业务事项所涉及的一个会计科目及其金额，填列借方科目的称为借项记账凭证，填列贷方科目的称为贷项记账凭证，这种单式凭证现在很少使用，不展开叙述。

（二）记账凭证的填制要求

记账凭证必须具备以下基本内容：填制凭证的日期，凭证编号，经济业务摘要，会计科目，金额，附件张数，填制凭证人员、稽核人员、记账人员、会计机构负责人、会计主管人员签名或者盖章。收款和付款记账凭证还应当由出纳人员签名或者盖章。填制记账凭证要严格按照规定的格式和内容进行，必须做到记录真实、内容完整、填制及时、书写清楚。

（1）填制日期。记账凭证是在哪一天填制的，填制日期就填哪一天，而非一定要与原始凭证日期相同。记账凭证应及时填制，填制日期一般应稍晚于原始凭证日期或与原始凭证日期相同。

（2）凭证编号。记账凭证必须连续编号，企业可以按收款、付款、转账三类业务分别进行编号，也可以进一步将业务细分为现收、现付、银收、银付、转账五类，分别进行编号。一笔经济业务需要填制两张以上记账凭证的，可以采用分数编号法编号。

（3）经济业务摘要。"摘要"栏是对经济业务内容的简要说明，在填写"摘要"时，文字应当简明、全面、清楚，能够正确、完整地反映经济活动和资金变化的来龙去脉，切忌含糊不清。如购入原材料要写明品名、数量、单价；支付款项要注明现金、支票、汇票等；冲销前期凭证，应写明冲销的凭证日期、凭证号码和业务内容。

（4）会计科目及其记账方向。会计科目应当根据经济业务的内容确定，必须正确使用，不得随意改变、简化会计科目的名称，有关的二级或明细科目也要填写齐全。会计科目借贷方向要正确、对应关系要清晰。

（5）附件张数。除结账和更正错误的记账凭证可以没有附件（原始凭证）外，其他记账凭证必须附有原始凭证。

记账凭证可以根据一张原始凭证填制，也可以根据若干张同类原始凭证汇总编制，还可以根据原始凭证汇总表填制。但是，不同类别的原始凭证不能汇总填制在一张记账凭证上，否则会使会计科目对应关系不清晰，不方便查阅。

一张原始凭证若涉及几张记账凭证，应把原始凭证附在一张主要的记账凭证后，并在其他相关记账凭证上注明该主要记账凭证的编号或者将该原始凭证的复印件附在其他相关记账凭证后。

一张原始凭证所列费用若需要与其他单位共同承担，应由保存该原始凭证的单位开具"原始凭证分割单"给其他应承担费用的单位作为附件。"原始凭证分割单"必须具备原始凭证的基本内容：凭证名称、填制凭证日期、填制凭证单位名称或者填制人姓名、经办人的签名或者盖章、接受凭证单位名称、经济业务内容、数量、单价、金额等，并标明费用分摊情况。

每张记账凭证都要注明附件张数，以便日后核对。

（6）在填制记账凭证时发生错误，应当重新填制。已经登记入账的记账凭证，在当年内发现填写错误时，可以用红字填写一张与原内容相同的记账凭证，在摘要栏注明"注销某月某日某号凭证"字样，同时再用蓝字重新填制一张正确的记账凭证，注明"订正某月某日某号凭证"字样。如果会计科目没有错误，只是金额错误，也可以将正确数字与错误数字之间的差额，另编一张调整的记账凭证，调增金额用蓝字，调减金额用红字。发现以前年度记账凭证有错误的，应当用蓝字填制一张更正的记账凭证。

（7）记账凭证填制完成后，如有空行，应当自金额栏最后一笔金额数字下的空行处至合计数上的空行处划线注销。

（8）填制记账凭证，字迹必须清晰、工整，数字规范，相关要求同原始凭证。实行会计电算化的单位，对于机制记账凭证，要认真审核，做到会计科目使用正确，数字准确无误。打印出的机制记账凭证要加盖制单人员、审核人员、记账人员及会计机构负责人、会计主管人员印章或者签字。

（三）记账凭证的审核

所有填制好的记账凭证，都必须经由其他会计人员审核。只有审核无误的记账凭证，才能作为登记账簿的依据。记账凭证的审核内容主要包括：

（1）记账凭证是否附有原始凭证，所附原始凭证的内容与记账凭证的内容是否一致。

（2）会计科目是否正确，对应关系是否清晰，金额是否正确。

（3）记账凭证中的项目是否填制完整，摘要是否清楚，有关人员的签章是否齐全。

（四）记账凭证中容易出现的错误与舞弊

记账凭证中容易出现的错误与舞弊主要包括：

（1）会计科目运用错误。

（2）合计金额计算错误。

（3）记账凭证与所附原始凭证内容不符。

（4）在汇总凭证中实施舞弊。例如，在汇总若干费用报销单据时，故意多汇总，使付款凭证上的金额大于所附原始凭证的合计金额，以达到贪污差额的目的。又如，在汇总若干张收款原始凭证时，故意少汇总，使收款凭证上的金额小于所附原始凭证的实际金额，以达到贪污差额的目的。

（5）记账凭证中的"摘要"失真，编造虚假的记账凭证。

第五章　会计账簿，续写记账凭证的故事

通过会计凭证，我们可以逐笔记录企业每天发生的经济业务，便于明确经济责任，但是会计凭证数量繁多、缺乏系统性，难以直观地反映各个会计科目的发生额和余额，难以提供一定时期内经济活动的详细情况，难以反映一定时点的财务状况和一定时期的经营成果，因此，需要设置会计账簿，以全面、系统、连续地核算和监督企业的经济活动及其财务收支情况。

会计账簿，是指由一定格式的账页组成的，以经过审核的会计凭证为依据，全面、系统、连续地记录各项经济业务的簿籍，简称账簿。

因此，我们可以说，会计账簿，只是续写记账凭证的故事。学会了填制和审核记账凭证，会计账簿的登记就是一件相当容易的事情了。

一、会计凭证、会计账簿与会计账户的关系

会计凭证、会计账簿与会计账户之间有着十分密切的关系。会计账户是根据会计科目设置的，根据会计凭证记载的会计科目进行登记，会计账簿中的每一账页就是会计账户的存在形式和载体，若干账页组成了账簿。具体来说：

（1）将所发生的会计事项归类，然后把归类的会计事项用会计科目记录在会计凭证上。

（2）在会计账簿上按不同的会计科目开设会计账户记录会计事项的发生。

（3）将会计凭证上记载的会计科目登记到会计账户中。

（4）会计凭证、会计账簿和会计账户之间是基础递进关系，相互勾稽，相辅相成。

二、会计账簿的设置

新建单位在成立后和已有单位在年度开始时，会计人员均应根据企业具体情况和将来可能发生的会计业务和会计处理程序，设置能满足企业核算工作需求的会计账簿，即会计人员平常所说的"建账"。

（一）建账时需要遵循的原则

任何一家企业在成立之初，都会面临一个同样的问题，那就是建账。建账看似是一个非常简单的问题，但是从建账过程可以看出一个会计人员对会计业务的熟练程度、日常的账务处理能力以及对企业所属行业业务的熟悉情况。那么企业应该如何建账呢？

无论什么类型、什么规模、什么行业的企业，在建账时都要遵循以下原则：

（1）与企业规模相适应。企业规模与业务量成正比，规模大的企业，业务量就大，账务处理程序也更复杂，所需的会计人员也更多，会计人员分工更明细，会计账簿的册数也自然更多。企业规模小，业务量也就小，有的企业，财务处理程序简单，一个会计可以处理所有经济业务，就没有必要设置许多账簿，所有的明细账可以合并成一两本。

（2）以满足经营管理需要为前提。建立账簿是为了满足企业经营管理需要，为经营管理提供有用的会计信息，所以在建账时要以满足经营管理需要为前提，防止漏设该设的账簿，不能为经营者提供足够、详细的信息。同时也要避免重复设账，造成资源浪费，降低工作效率。

（3）依据账务处理程序。企业业务量大小不同，所采用的账务处理程序也不同。企业一旦选择了账务处理程序，也就确定了如何设置账簿，若采用的是日记总账账务处理程序，则必须设置一本日记总账，再考虑设置其他账簿；若采用的是多栏式日记账账务处理程序，则必须设置四本多栏式日记账，分别记录现金收付和银行存款收付业务，然后再考虑设置其他账簿；若采用的是记账凭证账务处理程序，则企业的总账要根据记账凭证序时登记，会计人员就需要准备一本序时登记的总账。

（二）建账的基本程序

（1）按照需用的各种账簿的格式要求，购置所需要的账簿；使用财务软件核算的企业不需要购置账簿，但要对会计账簿进行初始化设置。

所需要的账簿至少有四类：库存现金日记账、银行存款日记账、总分类账、活页明细账。

无论什么企业，都离不开货币资金的核算，所以都必须设置现金和银行存款日记账，另外还需设置相关的总账和明细账。明细账有许多账页格式，如借贷余三栏式、多栏式、数量金额式等，在选择时要选择能满足企业经营管理需要的格式的账页、所需要的封面和装订钉或装订线。另外，建账初始，还必须要购置记账凭证、记账凭证封面、记账凭证汇总表、记账凭证装订线、装订工具。对 Excel 软件操作不熟练的会计，还应购买空白资产负债表、利润表（损益表）、现金流量表等相关财务报表（能够熟练操作 Excel 软件的会计和使用财务软件核算的企业的会计，可以自行设置 Excel 电子报表表格，不必购买空白财务报表）。另外，记账凭证包括收款凭证、付款凭证、转账凭证、记账凭证（通用），可以根据情况选择购买，我推荐大家使用记账凭证（通用），好用方便。

活页明细账主要包括：原材料明细分类账（收、发、存，数量金额式）、原材料多栏式明细分类账（收、发、存，数量金额式）、库存商品明细分类账（收、发、存，数量金额式）、周转材料明细分类账（在库、在用）、材料成本差异明细账、委托加工物资明细账、固定资产明细分类账（登记固定资产原价与计算折旧）、生产成本明细账、制造费用明细账、管理费用明细账、销售费用明细账、应付职工薪酬明细账、应交增值税明细账等。

不同的企业在建账时所需要购置的账簿是不同的，要依企业类型、企业规模、经济业务的复杂程度、会计人员多少、采用的核算形式以及电算化程度来确定。

就企业类型来讲，工业企业设置明细账的类型最多，商业企业则不必设置如生产成本明细账、制造费用明细账等账簿，而房地产等特殊行业则需要设置特殊的明细账，如开发成本明细账等。

就企业规模来讲，小企业的几种明细账可以合并为一册（但是专用式的明细账不可合并），大企业每种明细账则要单设一册甚至几册。

就电算化程度来讲，以手工记账为主的企业，账册要准备的多一些，采用财务软件记账的企业可以根据需要准备账册，大多数账册可以从财务软件中自动生成，只需打印装订即可。

专用式的明细账主要包括：固定资产明细账、销售明细账、多栏式明细账（主要是成本费用类科目使用）、数量金额明细账（主要是存货类科目使用）、周转材料明细账、应交增值税明细账等，这些专用式的明细账一般不能合并，而除专用式的明细账以外的其他明细账就可以根据需要合并，如应收账款、应付账款、其他应收款、其他应付款等一些只有金额的科目可以按往来账大类设置一个账本。

（2）启用会计账簿，应当在账簿封面上写明单位名称和账簿名称。在账簿扉页上应当附启用表，内容包括：启用日期、账簿页数、记账人员和会计机构负责人、会计主管人员姓名，并加盖名章和单位公章。记账人员或者会计机构负责人、会计主管人员发生工作调动时，应当注明交接日期、接办人员或者监交人员姓名，并由交接双方人员签名或者盖章。

启用订本式账簿，应当按第一页到最后一页的顺序编定页数，不得跳页、缺号。使用活页式账页，应当按账户顺序编号，并需定期装订成册。装订后再按实际使用的账页顺序编定页码。另加目录，记明每个账户的名称和页次。

（3）严格按照《小企业会计准则》中会计科目表的顺序（便于记账和查询）、科目名称，建立总账账户；再根据总账账户的明细核算要求建立明细账户。

会计科目应当根据企业的实际情况来确定，不要全部照搬，否则很多用不到的科目将使得账簿空页码较多，有碍翻查。一般企业用到的会计科目大致只是会计科目表中科目数量的 1/3～2/3。但也应注意会计科目之间要留有空页，防止出现新业务需要新设会计科目，导致页码顺序错乱，不利于查找。

在建立总账账户和明细账账户后，要按会计科目表编号顺序编写总账和明细账账户目录及账内各科目页码。这样比较有利于查找。

原有单位在年度开始时要重新建账，上年度账簿应在科目最后一笔业务记录（本年累计栏）的下一行盖"结转下年"章，建完新账账户后，应将上年账户余额结转过来，日期写1月1日，摘要栏写"上年结转"，金额栏填写上年结存余额。

一般来说，总账、日记账和多数明细账应每年更换一次。但有些财产物资明细账和债权债务明细账，如固定资产、原材料、应收账款、应付账款等账簿，由于固定资产、材料品种、规格和往来单位较多，更换新账抄写工作量大，因此可以跨年使用，另外各种备查簿也可以连续使用。

会计人员应估计每个账户的业务量大小，用口取纸将每个账户分开，并在口取纸上写明每个账户的会计科目名称，以便在登记时能够及时找到账页。以明细账为例，明细账账页从第1页到第3页登记短期投资业务，我们就在目录中填写"短期投资……1～3"，并且在明细账账页的第一页贴上口取纸，口取纸上写清楚"短期投资"；第4页到第10页为应收票据业务，我们就在目录中写清楚"应收票据……4～10"并且在账页的第4页贴上写有"应收票据"的口取纸，"应收票据"下再列客户名称和页次，依此类推，明细账就建好了。

（三）建账举例——工业企业建账

工业企业，也称制造业企业，这类企业主要从事产品的制造、加工、销售，财务流程最为完整，财务核算也最为复杂。工业企业会计核算一方面涉及的内容多，另一方面又涉及成本归集分配问题，这也是许多会计图书都以工业企业为例讲述会计业务的原因，工业会计相比其他行业难度较高，用会计人员自己的话说，"会了工业会计，别的企业会计都不怕""在工业企业做会计一年相当于在别的企业做十年"，所以工业企业建账是最复杂、也是最具有代表意义的。因此，我们以工业企业为例说明如何建账。

1. 总分类账

企业涉及的会计科目都要有相应的总账科目与之对应，一般企业只需要设置一本总账即可，因为总账登记的一般都是一级科目，每月只需登记1～3次即可，摘要可以写"1—10日汇总""本月汇总"。

如果业务量确实很大，企业核算要求又比较高、比较细，相应账户就设置得多，有的公司存货所占比重较大，还需要配合成本计算设置成本总账就属于这种情况。原材料、在途物资、材料采购、委托加工物资、周转材料、自制半成品、产成品等存货要根据账户设置相应的总账。基本生产成本、辅助生产成本等成本计算账户也要设置相应的总账。这种情况下就需要多设置几本总账。

为了方便登记总账，在设置总账账页时，最好按资产、负债、所有者权益、收入、费用的顺序（即按资产负债表和利润表的顺序）来分页，在口取纸选择上也可将资产、负债、所有者权益、收入、费用按不同颜色区分开来，便于登记和查找总账。

总账可以根据科目汇总表进行登记，也可以根据汇总记账凭证进行登记，还可以根据记账凭证逐笔进行登记。本书推荐根据科目汇总表进行登记，这种方法可以提高效率，简单实用。

总账一般采用三栏式（见表5-1），也可采用双栏式（见表5-2）、棋盘式，其中三栏式是普遍采用的基本格式，双栏式仅适用于期末没有余额的账户（收入、费用等过渡性账户）；棋盘式有利于体现账户间的对应关系，但账页庞大，工作量大，仅适用于业务量小、运用科目也很少的企业，因此很少有企业使用棋盘式，不在此列出其格式。本书推荐使用三栏式总分类账。

表5-1　三栏式总分类账

第　　　页
会计科目或编号

年		凭证		摘要	借方金额	贷方金额	借或贷	余额
月	日	字	号					

表5-2　双栏式总分类账

第　　　页
会计科目或编号

年		凭证		摘要	借方金额	贷方金额
月	日	字	号			

2. 现金日记账和银行存款日记账

现金日记账和银行存款日记账是企业必备的两种账簿。现金日记账账本一般购买一本就可以了。银行存款日记账则需要根据企业银行存款账户的多少和发生业务的多少决定，也可以先购买一本，若不够，用完这一本后再购入新账本也不迟。现金日记账格式见表5-3。

表5-3 现金日记账

年		凭证		对方科目	摘要	借方金额	贷方金额	余额
月	日	字	号					

银行存款日记账的格式与现金日记账基本相同，有时为了便于提供数据和进行查对、汇总，也可以相应增加一栏，列示每笔收支业务所采用的结算方式，其基本格式可参照现金日记账。

3. 明细分类账

明细分类账，简称明细账。每一个总账科目都对应着一个或几个明细科目，各个明细账的期末余额之和应与其总账的期末余额相等。

明细账的设置不仅要满足企业自身管理的需要，还要满足税务、工商、银行、统计等各部门对企业信息资料的需要。

需设置的明细账和设置项目举例如下。

（1）资产类。短期投资根据投资种类如股票、债券、基金等设置明细账，应收账款、预付账款根据客户名称设置明细账，其他应收款根据应收部门、个人、项目设置明细账，原材料根据原材料的种类、品名设置明细账，长期股权投资根据被投资单位设置明细账，固定资产根据固定资产的种类、型号设置明细账（固定资产明细分类账每年可不必更换新的账页）。

以原材料明细账为例，见表5-4。

表5-4 原材料明细账

明细科目：

年		凭证		摘要	收入			发出			结存		
月	日	字	号		数量	单价	金额	数量	单价	金额	数量	单价	金额

（2）负债类。短期借款根据短期借款的种类或对象设置明细账，长期借款根据借款种类、贷款人和币种等明细科目设置明细账，应付账款、预收账款根据客户名称设置明细账，其他应付款根据应付的内容设置明细账，应付职工薪酬根据工资、

职工福利、社会保险费、住房公积金、工会经费、职工教育经费等明细科目结合所属部门设置明细账，应交税费根据税费的种类设置明细账。以应付职工薪酬明细账、应交增值税明细账为例，见表5-5、表5-6。

表5-5 应付职工薪酬明细账

明细科目：

年		凭证		摘要	借方金额	贷方金额	借或贷	余额
月	日	字	号					

表5-6 应交增值税明细账

年		凭证		摘要	借方金额			贷方金额				借或贷	余额
月	日	字	号		合计	进项税额	已交税金	合计	销项税额	出口退税	进项税额转出		

（3）成本类。

①制造费用明细账的设置。制造费用科目应按车间、部门设置多栏式明细账，按费用项目（职工薪酬、折旧费、修理费、办公费、水电费、机物料消耗、劳动保护费、低值易耗品摊销费、季节性和修理期间的停工损失等）设置专栏进行明细分类核算。制造费用明细账基本格式见表5-7。

表5-7 制造费用明细账

车间名称：

年		凭证		摘要	借方金额				余额
月	日	字	号		合计	职工薪酬	折旧费	机物料消耗	……	

②生产成本明细账的设置。生产成本科目应设置基本生产成本和辅助生产成本两个明细科目。基本生产成本科目用以核算生产产品的基本生产车间发生的费用；辅助生产成本科目用以核算动力、修理、运输等为生产服务的辅助生产车间发生的

费用。基本生产成本明细科目应按照基本生产车间和成本核算对象（产品的品种、类别、订单、批别、生产阶段等）设立三级明细，并按规定的成本项目（直接人工、直接材料、制造费用）在各三级明细中设立专栏核算。"辅助生产成本"明细科目应按辅助生产提供的劳务和产品（动力、修理、运输、自制工具、自制材料等）为成本计算对象，设立三级明细，并按规定的成本项目（直接人工、直接材料、制造费用）在各三级明细中设立专栏核算。各企业可根据自身情况设置生产成本明细账，生产成本明细账基本格式见表5-8。

表5-8　生产成本明细账

产品名称：

年		凭证		摘要	借方金额					余额
月	日	字	号		合计	直接材料	直接人工	制造费用	其他直接费用	

生产成本明细账的贷方，基本只在期末结转一次完工产品成本时使用，因此简化格式可不设贷方，生产成本从借方转出或冲销的发生额可在借方用红字（负数）登记。

（4）损益类。明细账包括主营业务收入、主营业务成本、销售费用、管理费用、财务费用、其他业务收入、其他业务成本、营业外收入、营业外支出、投资收益等。主营业务收入与主营业务成本可根据产品的品种、批别、类别设置明细账，销售费用、管理费用、财务费用按照费用的种类设置明细账，其他业务收入和其他业务成本根据业务内容设置明细账，营业外收入、营业外支出根据收入与支出的种类设置明细账，投资收益则根据投资的性质与投资的种类设置明细账。以管理费用明细账为例，见表5-9。

表5-9　管理费用明细账

年		凭证		摘要	借方金额						余额
月	日	字	号		合计	职工薪酬	折旧费	办公费	差旅费	水电费	……	

【温馨提醒】

　　需要说明的是，企业应当根据自身的实际需要增减明细账的设置。以工业企业特有的两类明细账为例。

　　采用实际成本计价的企业设置原材料明细账，核算各种原材料的实际成本。而采用计划成本计价的企业，要增设材料采购明细账和材料成本差异明细账。按材料的品种、规格、型号登记材料采购的计划成本和发出材料的计划成本，并根据实际成本和计划成本的差异反映材料成本差异。材料成本差异明细账是原材料的备抵账户，与原材料相同，也是按材料的品种、规格、型号设置，反映各类或各种材料实际成本与计划成本的差异。

　　在规模较小，成本核算要求较低的企业，只需设置生产成本明细账，而对产品成本核算要求较高的企业，需分别设置基本生产成本明细账（也称产品成本明细分类账或产品成本计算表）和辅助生产成本明细账。基本生产成本明细账还要根据车间、品种、批别、生产步骤再设置明细账。辅助生产成本明细账应根据配电、机修等辅助生产部门设置。

　　对产品成本核算要求较高的企业，其成本流程和核算比较复杂，所以在企业建账时，为了提高工作效率，规范成本计算过程，达到准确核算的目的，需要设计一些常用的计算表格，如材料费用分配表、工资费用分配表、折旧费用分配表、废品损失计算表、辅助生产费用分配表、产品生产成本表（见表5-10）、产品成本计算表等相关成本计算表格。推荐使用 Excel 软件设计表格，相互关联的表格设在同一个文件里，在每一个表内设置公式，在工作表之间也设置公式，并用不同颜色标注，没有公式部分可以填写数字，需要的数字就能够自动生成了，达到事半功倍的效果。为了避免有公式区域被不慎改动，除了设置不同颜色加以区分外，强烈建议使用"隐藏公式"和"保护工作表"功能将有公式区域的公式隐藏并保护起来。

表5-10　产品生产成本表

单位名称：　　　　　　　　年　　月　　日　　　　　　　单位：元

项目	行次	上年实际	本月实际	本年累计实际
生产费用：				
直接材料	1			
其中：原材料	2			
燃料及动力	3			
直接人工	4			
制造费用	5			
生产费用合计	6			

续表

项目	行次	上年实际	本月实际	本年累计实际
加：在产品、自制半成品期初余额	7			
减：在产品、自制半成品期末余额	8			
产品生产成本合计	9			

4. 会计备查账簿

根据规定，所有企业都必须设置法定的会计账簿，包括总账、明细账、日记账和备查账簿。但是，有些企业不设置或很少设置备查账簿，这是会计基础工作弱化的表现，既不利于企业正确组织会计核算，也会影响对企业经济活动的控制与监督。

备查账簿的作用是对序时账簿和分类账簿进行补充说明。备查账簿的设置，主要包括下列情形：

（1）所有权不属于企业，但由企业暂时使用或代为保管的财产物资，例如代管商品备查簿。

（2）对同一业务需要进行多方面登记的备查账簿，一般适用于大宗、贵重物资，如固定资产保管登记卡等。

（3）需要予以反映的经营管理上的事项的备查簿，如发票备查簿、应收票据备查簿等。

因此，会计人员应该根据本企业的实际情况，设置必要的会计备查账簿，其设置方式可以灵活机动，不拘一格。常见的备查账簿包括：

（1）发票备查簿。详细登记增值税专用发票、普通发票的领购、填开、作废、缴销、结存等情况。

（2）应收票据备查簿。逐笔登记商业汇票的种类、编号、出票日期、票面金额、交易合同号、付款人、承兑人、背书人的姓名或单位名称、到期日期、背书转让日、贴现日期、贴现率、贴现额、收回日期、收回金额、退票情况等资料。商业汇票到期结清票款或退票后，在备查簿中应予以注销。应收票据备查簿格式如表5-11所示。

表5-11　应收票据备查簿

种类	编号	出票日期	出票人	票面金额	到期日期	利率	付款人	承兑人	背书人	贴现			收回		注销	备注
										贴现日期	贴现率	贴现额	日期	金额		

（3）出租出借包装物备查簿。包装物出租、出借和收回时，应在备查簿中进行登记。

（4）低值易耗品备查簿。在库、在用低值易耗品，使用部门退回仓库的低值易耗品，应在备查账簿中进行登记，以加强实物管理，在低值易耗品损坏时及时做账务处理。

（5）代管商品备查簿。逐笔登记已经完成销售手续，但购买单位在月末未提取的库存商品。

（6）分期收款发出商品备查簿。详细记录分期收款发出商品的数量、成本、售价、代垫运杂费、已收取的货款和尚未收取的货款等情况。

（7）租入租出固定资产备查簿。登记租入和租出的固定资产名称、规格型号、原价、租赁开始日、租赁到期日、对方单位名称等信息。出租固定资产登记簿格式如表5-12所示。

表5-12　出租固定资产登记簿

资产名称	规格型号	合同号	承租单位	租赁开始日	租期	租赁到期日	租金	原价	折旧	备注

（8）应付票据备查簿。详细登记商业汇票的种类、编号、出票日期、到期日期、票面金额、交易合同号、收款人姓名或单位名称、付款日期和金额等资料，商业汇票到期结清票款后，在备查簿中应予以注销。

（9）企业所得税调整事项备查簿。详细记录发生企业所得税调整事项的原因、金额、预计转回期限、已转回金额等信息。

（10）短期投资的市场价格、存货的市场价格、应收账款账龄、固定资产折旧均需要建立备查簿，以弥补由于历史成本计量可能不能真实反映资产价值的不足。

（11）固定资产保管登记卡。其他行业可以参照工业企业建账，建账过程基本相同，只是使用的会计科目和核算方法存在差异，只要广大会计人员做到举一反三，融会贯通，任何行业的建账都不是难事。

三、会计账簿的记账规则

会计人员应当根据审核无误的会计凭证登记会计账簿。登记账簿的基本要求是：

（1）登记会计账簿时，应当将会计凭证日期、编号、业务内容摘要、金额和其他有关资料逐项登记，做到数字准确、摘要清楚、登记及时、字迹工整。

（2）登记完毕后，要在记账凭证上签名或者盖章，并注明已经登账的符号，表示已经记账。

（3）账簿中书写的文字和数字上面要留有适当空格，不要写满格，一般应占格距的1/2。

（4）登记账簿要用蓝黑墨水或者碳素墨水书写，不得使用圆珠笔（银行的复写账簿除外）或者铅笔书写。

（5）下列情况，可以使用红色墨水记账：

① 按照红字冲账的记账凭证，冲销错误记录；

② 在不设借贷等栏的多栏式账页中，登记减少数；

③ 在三栏式账户的余额栏前，如未印明余额方向的，在余额栏内登记负数余额；

④ 根据国家统一的会计制度的规定可以用红字登记的其他会计记录。

（6）各种账簿按页次顺序连续登记，不得跳行、隔页。如果发生跳行、隔页，应当将空行、空页划线注销，或者注明"此行空白""此页空白"字样，并由记账人员签名或者盖章。

（7）凡需结出余额的账户，结出余额后，应当在"借或贷"栏内写明"借"或者"贷"字样。没有余额的账户，应当在"借或贷"栏内写"平"字，并在余额栏内用"Q"表示。

现金日记账和银行存款日记账必须逐日结出余额。

（8）每一账页登记完毕结转下页时，应当结出本页合计数及余额，写在本页最后一行和下页第一行有关栏内，并在摘要栏内注明"过次页"和"承前页"字样；也可以将本页合计数及金额只写在下页第一行有关栏内，并在摘要栏内注明"承前页"字样。

对需要结计本月发生额的账户，结计"过次页"的本页合计数应当为自本月初起至本页末止的发生额合计数；对需要结计本年累计发生额的账户，结计"过次页"的本页合计数应当为自年初起至本页末止的累计数；对既不需要结计本月发生额也不需要结计本年累计发生额的账户，可以只将每页末的余额结转次页。

（9）实行会计电算化的单位，总账和明细账应当定期打印。发生收款和付款业务的，在录入收款凭证和付款凭证的当天必须打印出现金日记账和银行存款日记账，并保证与库存现金核对无误。

（10）账簿记录发生错误，不准涂改、挖补、刮擦或者用药水消除字迹，不准重新抄写，必须按照下列方法进行更正：

① 登记账簿时发生错误，应当将错误的文字或者数字划红线注销，但必须使原

有字迹仍可辨认；然后在划线上方填写正确的文字或者数字，并由记账人员在更正处盖章。对于数字错误，应当将数字全部划红线更正，不得只更正其中的错误数字。对于文字错误，可只划去错误的部分。

② 由于记账凭证错误而使账簿记录发生错误，应当按更正的记账凭证登记账簿。

四 、 对账

企业应当定期对会计账簿记录的有关数字与库存实物、货币资金、有价证券、往来单位或者个人等进行核对，保证账证相符、账账相符、账实相符。对账工作每年至少进行一次。

（1）账证核对。核对会计账簿记录与原始凭证、记账凭证的时间、凭证字号、内容、金额是否一致，记账方向是否相符。

（2）账账核对。核对不同会计账簿之间的账簿记录是否相符，包括核对总账有关账户的余额，核对总账与明细账，核对总账与日记账，核对会计部门的财产物资明细账与财产物资保管和使用部门的有关明细账等。

（3）账实核对。核对会计账簿记录与财产等实有数额是否相符。包括核对现金日记账账面余额与现金实际库存数，定期核对银行存款日记账账面余额与银行对账单余额，核对各种财产明细账账面余额与财产实存数额，将各种应收、应付款明细账账面余额与有关债务、债权单位或者个人进行核对等。

五 、 结账

（1）结账前，必须将本期内所发生的各项经济业务全部登记入账。

（2）结账时，应当结出每个账户的期末余额。需要结出当月发生额的，应当在摘要栏内注明"本月合计"字样，并在下面通栏划单红线。需要结出本年累计发生额的，应当在摘要栏内注明"本年累计"字样，并在下面通栏划单红线；12月末的"本年累计"就是全年累计发生额。全年累计发生额下面应当通栏划双红线。年度终了结账时，所有总账账户都应当结出全年发生额和年末余额。

（3）年度终了，要把各账户的余额结转到下一会计年度，并在摘要栏内注明"结转下年"字样；在下一会计年度新建有关会计账簿的第一行余额栏内填写上年结转的余额，并在摘要栏内注明"上年结转"字样。

第六章　差错查找与更正，让差错现出原形

有些人说"记账容易查账难"，意思是说会计记账不慎出现的差错，虽然有时金额不大，性质也不严重，但是查起来却很费时费力，甚至有时为查一笔错账，要花费很大精力，加班加点直到深夜。因此，我们要求尽量不要出现差错，俗话说"亡羊补牢不如防患于未然"，就是这个道理，所以要以预防为主。但是万一出现差错，也不要着急上火，要平心静气，仔细分析可能出错的原因和地方，运用合理的查错账方法，找到查错账的捷径，减少查错账的时间，从而将更多的时间和精力用在财务分析和财务管理上。因此，在实际工作中我们要尽力避免错账的发生，也要善于把握错账发生的规律，善于总结查找错账的方法，将错账及时发现并更正。

一、会计差错的类型及预防措施

会计差错是会计人员由于工作失误（比如粗心大意）或业务水平不高造成在会计核算的计量、确认、记录等方面出现非主观差错。

常见的由于会计人员工作失误导致的会计差错包括：

（1）抄写错误。

（2）错记借贷方向，红蓝字错用。

（3）错记账户。

（4）漏记、重记。

根据在实际工作中发生的此类会计差错的各种情形，总结几条预防发生错账的方法：

（1）精神集中。会计人员在工作时精神必须高度集中，绝不可以在聊天时工作或在工作时聊天。

（2）书写规范。编制记账凭证、登记账簿、登记科目汇总表、编制财务报表时数字书写都要标准、规范、清晰，不要写模糊数字，导致其他人员误认误记，比如"6"写得像"0"，"7"写得像"1"。

（3）时刻提醒。对"反向、红蓝、移位、颠倒、错格、串户"等差错的发生保持警惕，可以有效减少差错发生概率。

（4）加强复核。设置复核岗位，会计人员少的企业也要进行相互复核或自我复核。复核必须从编制记账凭证、登记科目汇总表、记账、结账、到编制财务报表层层进行复核。

（5）内部控制。建立健全会计内部控制制度，加强会计质量监督。

常见的由于会计人员业务水平不高导致的会计差错包括：

（1）账户分类以及计算错误。例如，根据《小企业会计准则》的规定，固定资产的大修理支出应计入长期待摊费用，会计人员却将其计入了制造费用，导致账户分类上的错误。

（2）资本性支出与收益性支出划分错误。例如，企业购入的计算机，符合固定资产确认条件，但在记账时却将其计入了管理费用，导致账户分类上的错误，并导致在资产负债表和利润表上固定资产和管理费用的分类有误，即多列支当期费用，少计提累计折旧，从而虚减当期利润。

（3）误用会计政策。例如，根据《小企业会计准则》的规定，为购建固定资产而发生的借款费用，在固定资产尚未交付使用前发生的费用，应资本化，计入所购建固定资产的成本。在固定资产交付使用后发生的费用，计入当期损益。如果企业将固定资产尚未交付使用前发生的借款费用，也计入当期损益，则属于误用会计政策。

（4）对会计事项存在误解。例如，企业应按建造合同规定的方法对某项建造工程确认营业收入，但该企业按确认商品销售收入的原则确认收入。

（5）漏记已完成的交易或事项。例如，企业采用预收账款方式销售一批商品，商品已经发出，商品销售收入确认条件已经满足，但企业会计人员在期末时未将已实现的销售收入入账。

（6）会计期间内的业务区分不当。例如，在采用委托代销销售方式下，尚未收到货款，发出代销货物也没有超过 180 天，应在收到代销单位的代销清单时，确认销售收入的实现，若企业在发出委托代销商品时即确认收入，则为提前确认尚未实现的收入。

（7）会计估计错误。例如，企业在估计某项固定资产的尚可使用年限时，多估计或少估计了固定资产的尚可使用年限，从而造成会计估计错误。

由于此类会计差错发生的原因是会计人员业务水平不高，所以预防此类错账的方法只能是：强化后续教育，加强会计知识学习，掌握最新财税政策，不断提高自身业务水平。

二、会计差错的查找方法

这里主要讲述因工作失误而导致的会计差错的查找方法。

在日常的会计核算中，会计差错时有发生。通常按照以下步骤查找差错：

第一步，确认差错的金额。

第二步，确认错在借方还是贷方。

第三步，根据产生差错的具体情况，分析产生差错的可能原因，采取相应的最佳查找方法，减少查账工作量，提高查账工作效率。

选择最佳查找方法是关键的一步，查找会计差错的方法有很多，现将常用的几种方法介绍如下。

（一）顺查法（亦称正查法）

顺查法是按照账务处理的顺序（记账凭证—账簿—财务报表）进行查找的一种方法。即首先检查记账凭证是否正确，然后将记账凭证、原始凭证同账簿记录逐笔核对，最后检查有关账户的发生额和余额是否正确。这种检查方法的优点是检查的范围大，不易遗漏；缺点是工作量大，需要花费的时间比较长。所以在实际工作中，这种方法并不常用，只有在采用其他方法都查找不到错误的情况下才采用这种方法。

（二）逆查法（亦称反查法）

这种方法与顺查法相反，是按照账务处理的相反顺序（财务报表—账簿—记账凭证）进行查找的一种方法。即先检查有关账户的余额和发生额是否正确，然后再检查有关账簿记录，最后将记账凭证与原始凭证逐笔核对，确定有关记账凭证的填制是否正确。这种方法的优缺点与顺查法基本相同。

（三）抽查法

抽查法是根据出现差错的具体情况分段、有重点地抽取一部分账簿记录进行局部检查的一种方法。这种方法更有针对性、审查范围小，可以节省时间，减少工作量。

例6-1

在核对账目时经常遇到仅相差几分钱的错账，这类错账一般来说是数字书写不规范而发生的差错，这类错账就可以采用抽查法查找。某公司应收账款科目总账中的合计数为235 626.32元，明细账中的合计数为235 626.23元，差错是在角位、分位上，只要查找元以下的尾数即可，元以上的数字就不用逐项或逐笔地查找了；同理，如果差错是整数的千位、万位，只需查找千位、万位数即可。

（四）除二法

记账时稍有不慎，就容易将借贷方记反或红蓝字记反。总账一方记反账，在试算平衡时发现借贷双方不平衡，出现差额。此时，有一个特定的规律就是这个差额一定是偶数，能被 2 整除，所得的商数在账簿上有记录，如果借方大于贷方，则说明将贷方错记为借方；反之，则说明将借方错记为贷方。如果明细账记反了，而总账记录正确，则总账发生额试算平衡，可用总账与明细账核对的方法进行查找。

由于将差数除以 2 得到的商就是错账数，所以称这种查账方法为除二法，这是一种最常见且简便的查错账方法。

 例 6 - 2

某公司 12 月资产负债表借贷双方余额不平衡，其错账差数是 300.68 元，这个差数是偶数，300.68/2＝150.34，这样只要去查找 150.34 元这笔账是否将借贷方向记反就可以了。如果其错账差数是 300.67 元，这个差数是奇数，那就不是记反账，就不能用"除二法"来检查了。

（五）除九法

（1）两数前后颠倒。两数前后颠倒是指在登记账簿时把相邻的两个数字互换了位置。如 63 错记为 36，或把 69 错记为 96。把错误数与正确数之中的大数减去小数的差额叫作错账差数，我们可以看到一个规律：错账差数能够被 9 整除，并且错账差数用 9 除得的商是错数前后两数之差。

• 差数是 9 那么错数前后两数之差是 1（9/9）。如 10、21、32、43、54、65、76、87、89 及其各"颠倒数"。

• 差数是 18，那么错数前后两数之差是 2（18/9）。如 20、31、42、53、64、75、86、97 及其各"颠倒数"。

....

• 差数是 72，那么错数前后两数之差是 8（72/9），如 80、91 及其各"颠倒数"。

• 差数是 81，那么错数前后两数之差是 9（81/9），如 90 及其"颠倒数"。

 例 6 - 3

某公司总账借贷科目平衡，但总账与明细账不等，应收账款的总账科目余额为 968.26 万元，而明细账合计数为 1 040.26 万元。有关应收账款明细账的资料如下：

客户　金额（万元）

A　　　600.35

B　　　180.23

C   146.20

D   113.48

合计   1 040.26

查找步骤：

第一步，求错账差数：1 040.26－968.26＝72。

第二步，错账差数用 9 除：72/9＝8。

第三步，根据"错账差数用 9 除得的商是错数前后两数之差"在明细账中查找有无相邻两数相差"8"的数字。经查，B 客户应收账款"180.23"符合条件，可能是将"108.23"误写为"180.23"。

第四步，检查 B 客户有关记账凭证，发现明细账有误，将 B 客户应收账款更正为"108.23"，并重新加总，应收账款合计数为"968.26"。

(2) 隔位数字颠倒。隔位数字颠倒的一个规律是：隔位数字颠倒的错账差数都是 99 的倍数，错账差数中间数字必然是 9，错账差数除以 9 所得的商数必须是两位相同的数，如 22，33，44，55，66……并且错账差数除以 99 所得的商是三位数中前后两数之差。

• 隔位数字之差是 1，那么数字颠倒后的差数是 99，如 201 与 102、291 与 192、324 与 423、495 与 594、695 与 596 的差数都是 99。除以 9 所得的商数为 11。

• 隔位数字之差是 2，那么数字颠倒后的差数是 99×2＝198，如 321 与 123、654 与 456、765 与 567、705 与 507 的差数都是 198。除以 9 所得的商数为 22。

……………

• 隔位数字之差是 8，那么数字颠倒后的差数是 99×8＝792，如 901 与 109、991 与 199 的差数都是 792。除以 9 所得的商数为 88。

• 隔位数字之差是 9，那么数字颠倒后的差数是 99×9＝891，如 990 与 99 的差数是 891。除以 9 所得的商数为 99。

例 6-4

某公司总账借贷科目平衡，但应收账款总账与明细账相差 297 万元，有关应收账款明细账的资料如下：

客户   金额（万元）

A   451.35

B   182.23

C   467.20

查找方法：

错账差数 297 除以 99 所得的商数为 3，根据"错账差数除以 99 所得的商是三位数中前后两数之差"，于是可以锁定错误发生在 A 客户 451.35 或 C 客户 467.20 中，其他客户不必检查，节约了时间。

（3）数字移位。数字移位又称错位，俗称大小数，应记的位数被前移或后移，即小记大或大记小。例如，把 1 900 记成 190（大变小）；或把 190 记成 1 900（小变大）。这是日常工作中较容易发生的差错，它的一个规律为：错账差数和错账差数每个数字之和都是 9 的倍数，将错账差数除以 9 所得的商数再乘以 10，得到的数与账上的错误恰好相等。

例6-5

某公司将 6 000 元的应收账款错记为 600，错账差数为 5 400，错账差数和错账差数每个数字之和都是 9 的倍数，将错账差数除以 9 所得的商为 600，只要查找数字 600 就可以查到数字移位的错误了。

数字移位危害很大，向前移一位相应数额就虚增了 9 倍，向后移一位相应数额就虚减了 90%，如不及时查处将严重影响会计核算的正确性，甚至带来巨大的财产损失。因此，对此错账必须高度警惕，要及早发现并纠正，确保会计核算的正确性，防止产生不必要的损失。

（六）差数法

根据错账差数推测与差错有关的记录并直接查找的方法叫作差数法。这种方法主要适用于漏记、重记、串户等差错的查找。

（1）漏记或重记。因记账疏忽而漏记或重记一笔账，只要直接查找到差数所属的账就查到了错账，这类错账最容易发生在本期内相同数字的账发生了若干笔时。

① 漏记的查找。

•总账一方漏记。在试算平衡时，借贷双方发生额不平衡，出现一个差额，在总账与明细账进行核对时，某一总账所属明细账的借（或贷）方发生额合计数与总账的借（或贷）方发生额也出现一个差额，这两个差额正好相等。而且在总账与明细账中有与这个差额相等的发生额，则说明总账一方的借（或贷）漏记，借（或贷）方哪一方的数额小，漏记就在哪一方。

明细账一方漏记。总账试算平衡，但某一总账借（或贷）方发生额大于其所属各明细账借（或贷）发生额之和，则说明明细账一方可能漏记。

② 重记的查找。

• 总账一方重记。在试算平衡时，借贷双方发生额不平衡，出现一个差额；在总账与明细账进行核对时，某一总账所属明细账的借（或贷）方发生额合计数小于该总账的借（或贷）方发生额，也出现一个差额，这两个差额正好相等，而且在总账与明细账中有与这个差额相等的发生额记录，则说明总账借（或贷）方重记，借（或贷）方哪一方的数额大，重记就在哪一方。

明细账一方重记。总账试算平衡，但某一总账借（或贷）方发生额小于其所属明细账借（或贷）方发生额之和，则说明明细账一方可能重记。

 **例 6-6**

某公司总账试算平衡，但应收账款总账借方发生额大于应收账款各明细账借方发生额之和，错账差数是 1 000 元，本期内应收账款借方发生额为 1 000 元的账有 6 笔，则只需要查找借方发生额为 1 000 元的 6 笔明细账是否有漏记就可以了。

说明：发生重记或漏记，没有明显的错误特征，只能用顺查法或逆查法逐笔查找。

（2）串户。串户有两种情况：记账串户和科目汇总串户。

① 记账串户。

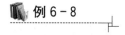 **例 6-7**

某公司 12 月资产负债表是平衡的，但总账与分类明细账核对时发现应收账款与应付账款各发生差数 6 600 元，可以运用差数法到应收账款或应付款账户中直接查找 6 600 元的业务是否记账串户。果然，记账凭证是"借：应收账款——某公司 6 600 元"，而记账时误记为"借：应付账款——某公司 6 600 元"。

② 科目汇总串户。

例 6-8

某公司进行科目汇总时误将"借：应收账款——某公司 6 600 元"作为"借：应付账款——某公司 6 600 元"汇总了，在总账与分类明细账核对时这两个科目同时发生差数 6 600 元，经过查对记账凭证，记账没有发生串户，那么必定是科目汇总时发生差错。

（七）源头法

有时候，核查了半天本期发生额都没有查出问题，但报表就是不平衡，在这种情况下不妨追查一下上期结转数字，核对一下在结转记账时是否发生差错，也许问题恰恰出在"源头"上。

三、会计差错的更正原则

（一）针对性原则

更正会计差错首先要认真判断属于哪类差错，针对不同类型的差错，对症下药，选用不同的更正方法。

（二）规范化原则

要按规范纠正会计差错，严禁采用涂改、挖补、刮擦等不规范的做法。财政部发布的《小企业会计准则》《会计基础工作规范》和国家税务总局发布的《增值税日常稽查办法》等法律法规是会计差错更正必须遵守的法律法规。只有遵守这些统一的规定，会计工作才符合规范化原则，更正后的会计信息才符合可比性的质量要求。而不规范的做法则会导致账务混乱，很不利于纠错。

（三）及时性原则

错账查出后必须及时纠正，从而消除错误的会计信息，真实地反映会计核算情况，维护和保证会计信息质量，为报表使用者的决策提供更有价值的参考。

（四）符合性原则

更正会计差错，往往需要做出新的账务处理，新的账务处理必须符合会计原理和核算程序。只有符合会计原理和核算程序，才能反映账务处理的来龙去脉，清晰地呈现账务处理的思路，保证账务核算准确，使账务处理具有连续性和完整性。

四、会计差错的更正方法

《小企业会计准则》第八十八条规定，小企业对会计政策变更、会计估计变更和会计差错更正应当采用未来适用法进行会计处理。

根据《会计基础工作规范》的规定，已经登记入账的记账凭证，在当年内发现填写错误时，可以用红字填写一张与原内容相同的记账凭证，在摘要栏注明"注销某月某日某号凭证"字样，同时再用蓝字重新填制一张正确的记账凭证，注明"订正某月某日某号凭证"字样；如果会计科目没有错误，只是金额错误，也可以将正确数字与错误数字之间的差额，另编一张调整的记账凭证，调增金额用蓝字，调减金额用红字。发现以前年度记账凭证有错误的，应当用蓝字填制一张更正的记账凭证。

参照《会计基础工作规范》的相关规定，总结更正会计差错的技术方法包括划线更正法、补记差额法、差额红字冲正法、补结余额法、红字注销法、蓝字更正法、综合调整法等；更正账簿差错的方法包括划线更正法、补记差额法、差额红字冲正法、补结余额法等；更正记账凭证差错的方法包括红字注销法、蓝字更正法、综合调整法等。详细说明如下：

（1）划线更正法。在错账的数字上划一条红线注销，然后在错账上方记上正确的数字，并在红线末端加盖记账人印章。

（2）补记差额法。发现错账连续几次少记差额，若用划红线方法更正，已结余额必须全部划红线重结余额，严重影响账册的整洁清晰，所以建议采用补记差额法，在补记账的摘要栏说明"补记某月某日某号凭证少记差额"。

（3）差额红字冲正法。发现错账连续几次多记差额，若用划红线方法更正，已结余额必须全部划红线重结余额，严重影响账册的整洁清晰，所以建议采用差额红字冲正法，在相同方向将多记差额用红字冲正，在补记账的摘要栏说明"冲销某月某日某号凭证多记差额"。

（4）补结余额法。发现错账仅属余额错结，如错结余额不多可用划红线方法更正，如已错结余额账很多，用划红线方法更正将严重影响账册的整洁清晰，建议采用补结余额法，在补记账的摘要栏说明"某月某日某号凭证错结余额特更正"。

（5）红字注销法。如果会计科目没有错误，只是金额多记，可以将正确数字与错误数字之间的差额，另编一张调整的记账凭证，用红字调减金额，在摘要栏说明"冲销某月某日某号凭证多记金额"。

（6）蓝字更正法。如果会计科目没有错误，只是金额少记，可以将正确数字与错误数字之间的差额，另编一张调整的记账凭证，用蓝字调增金额，在摘要栏说明"更正某年某月某日某号凭证少记金额"。

（7）综合调整法。发现错误的会计分录，先将错误会计分录用红字冲销，在摘要栏说明"冲销某月某日某号凭证"，而后用蓝字编制正确的会计分录，在摘要栏说明"订正某月某日某号凭证"。

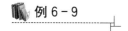 **例 6 - 9**

2024 年 4 月，发现 2024 年 2 月管理部门固定资产应计提折旧 10 000 元，实际计提折旧 1 000 元，发现差错，应及时调整：

(1) 蓝字更正法：

借：管理费用 9 000

贷：累计折旧 9 000

(2) 综合调整法：

借：管理费用 1 000（红字）

贷：累计折旧 1 000（红字）

借：管理费用 10 000（蓝字）

贷：累计折旧 10 000（蓝字）

总之，更正会计差错首先要确定差错类型，然后根据差错类型及时、科学、合理地选取规范的会计差错更正方法，严禁采用涂改、挖补、刮擦等不规范的更正方法。当然，会计差错更正只是纠错的补救措施，加强日常财务管理和监督工作，预防控制会计差错的发生才是纠错的根本之道。最后，希望大家在实际工作中不断总结经验，掌握并灵活运用查账技巧，使工作更加得心应手，同时要提高工作效率，尽量避免差错，将更多的时间用于财务管理。

第七章 账务处理程序，选择最适合你的

我国常用的账务处理程序（会计核算形式）一般有以下五种：

（1）记账凭证账务处理程序。

（2）汇总记账凭证账务处理程序。

（3）科目汇总表账务处理程序。

（4）多栏式日记账账务处理程序。

（5）日记总账账务处理程序。

这里主要讲前三种账务处理程序，后两种账务处理程序使用的企业较少，本书不展开讲述。

一、记账凭证账务处理程序

记账凭证账务处理程序是指根据原始凭证或汇总原始凭证编制记账凭证，然后直接根据记账凭证逐笔登记总分类账的一种账务处理程序。

这是最基本的账务处理程序，其他各种账务处理程序都是以它为基础发展演化而成的。

（一）记账凭证账务处理程序需要设置的凭证与账簿

采用记账凭证账务处理程序时，需要设置三类记账凭证，即收款凭证、付款凭证和转账凭证，以便据以登记总账。

在这种账务处理程序下，需要设置的账簿主要包括特种日记账（现金日记账和银行存款日记账）和分类账（总分类账和明细分类账）。其中特种日记账一般采用三栏式；总分类账采用三栏式，并按照各个总账科目（一级科目）开设账页；明细分类账则可视业务特点和管理需要，采用三栏式、数量金额式或多栏式。

（二）记账凭证账务处理程序的基本步骤

记账凭证账务处理程序一般包括以下七个基本步骤：

（1）根据原始凭证编制汇总原始凭证。

（2）根据审核无误的原始凭证或者汇总原始凭证，编制记账凭证（包括收款凭证、付款凭证和转账凭证三类）。

（3）根据收款凭证、付款凭证逐笔登记现金日记账和银行存款日记账。

（4）根据原始凭证、汇总原始凭证和记账凭证编制有关的明细分类账。

（5）根据记账凭证逐笔登记总分类账。

（6）期末，将现金日记账、银行存款日记账的余额和各种明细分类账的余额合计数，分别与总分类账中有关账户的余额进行核对。

（7）期末，根据经审核无误的总分类账和明细分类账的记录编制财务报表。

（三）记账凭证账务处理程序的优缺点和适用范围

1. 优点

采用记账凭证账务处理程序，简单明了，易于理解，总分类账可以较详细地记录和反映企业发生的经济业务。

2. 缺点

总分类账是根据记账凭证逐笔登记的，工作量较大。

3. 适用范围

记账凭证账务处理程序适用于规模较小、经济业务较少的企业。

二、汇总记账凭证账务处理程序

汇总记账凭证账务处理程序是指根据原始凭证或汇总原始凭证编制记账凭证，定期根据记账凭证分类编制汇总记账凭证，即汇总收款凭证、汇总付款凭证和汇总转账凭证，再根据汇总记账凭证登记总分类账的一种账务处理程序。

（一）汇总记账凭证账务处理程序需要设置的凭证与账簿

采用汇总记账凭证账务处理程序时，除设置收款凭证、付款凭证和转账凭证，还应设置汇总收款凭证、汇总付款凭证和汇总转账凭证。

账簿的设置与记账凭证账务处理程序基本相同。

（二）汇总记账凭证账务处理程序的基本步骤

汇总记账凭证账务处理程序一般包括以下八个基本步骤：

（1）根据原始凭证编制汇总原始凭证。

（2）根据原始凭证或汇总原始凭证，编制记账凭证。

（3）根据收款凭证、付款凭证逐笔登记现金日记账和银行存款日记账。

（4）根据原始凭证、汇总原始凭证和记账凭证，登记各种明细分类账。

（5）根据各种记账凭证编制有关汇总记账凭证。

（6）根据各种汇总记账凭证登记总分类账。

（7）期末，将现金日记账、银行存款日记账和明细分类账的余额同有关总分类账的余额进行核对。

（8）期末，根据经审核无误的总分类账和明细分类账的记录编制财务报表。

（三）汇总记账凭证账务处理程序的优缺点和适用范围

1. 优点

减轻了登记总分类账的工作量，便于记账凭证的归类整理，账户之间的对应关系明确。

2. 缺点

增加了填制汇总记账凭证的工作，较为烦琐；不利于会计核算的日常分工。

3. 适用范围

适用于规模较大、经济业务较多的企业。

三、科目汇总表账务处理程序

科目汇总表账务处理程序是指定期将所有记账凭证汇总编制成科目汇总表，据以登记总分类账的一种账务处理程序。

科目汇总表账务处理程序在实际工作中应用较为广泛，是企业最常用的一种账务处理程序，也是笔者最为推崇的一种。

（一）科目汇总表账务处理程序需要设置的账簿

企业应设置现金日记账、银行存款日记账、各种总分类账和明细分类账。

现金日记账、银行存款日记账的账页一般采用三栏式。由于据以登记总分类账的科目汇总表只汇总填列各科目的借方发生额和贷方发生额，而不反映它们的对应关系，所以在这种账务处理程序下，总分类账一般采用不设"对方科目"的三栏式格式。各种明细分类账根据所记录的经济业务内容和经营管理上的要求，可采用三栏式、数量金额式或多栏式账页。

（二）科目汇总表的编制方法

科目汇总表是指根据记账凭证定期汇总编制，以表格形式列示有关总分类账账户的本期发生额合计数，并据以登记总分类账的一种汇总记账凭证。

根据一定时期内（一般为每月）的全部记账凭证，按照相同的会计科目归类，定期汇总每个会计科目的借方发生额和贷方发生额，并将发生额填入科目汇总表的相应栏目内。由于借贷记账法的记账规则是"有借必有贷，借贷必相等"，所以在编制的科目汇总表内，全部总账科目的借方发生额合计数与贷方发生额合计数相等。

（三）科目汇总表账务处理程序的基本步骤

科目汇总表账务处理程序一般包括以下七个基本步骤：

（1）根据原始凭证或原始凭证汇总表，编制记账凭证（收款凭证、付款凭证和转账凭证或通用记账凭证等）。

（2）根据收款凭证和付款凭证，逐笔登记现金日记账和银行存款日记账。

（3）根据记账凭证及其所附的原始凭证或原始凭证汇总表登记各种明细分类账。

（4）根据一定时期内的全部记账凭证，编制科目汇总表。

（5）根据定期编制的科目汇总表，登记总分类账。

（6）月末，将现金日记账、银行存款日记账的余额和各种明细分类账的余额合计数，分别与总分类账中有关账户的余额进行核对。

（7）月末，根据经审核无误的总分类账和各种明细分类账的记录编制财务报表。

（四）科目汇总表账务处理程序的优缺点和适用范围

1. 优点

采用科目汇总表账务处理程序，既可以大大减少登记总分类账的工作量，还可以定期就科目汇总表进行试算平衡，便于及时发现问题，采取措施。

2. 缺点

科目汇总表是按总账科目汇总编制的，不能反映账户之间的对应关系，只能作为登记总分类账和试算平衡的依据，不便于分析和检查经济业务的来龙去脉，不便于查对账目。

3. 适用范围

科目汇总表账务处理程序适用于业务量大、规模大的大中型企业，尤其适用于经济业务较多的企业。

目前，在实际会计工作中，不管规模大小，不管业务多少，不管行业类别，大多数企业采用这种核算程序，其他四种核算程序很少使用。

第八章 财务报表编制，只需一点点时间

在第二章中，我们已经看到了资产负债表、利润表、现金流量表的格式，下面我们就分别看看这三大报表的编制方法以及财务报表附注的编写，最后分享给大家快速、准确编制财务报表的秘诀。

一、资产负债表的编制

资产负债表的编制，参见表 8-1 所示的资产负债表项目内容与填列方法。

表 8-1 资产负债表项目内容与填列方法

项目	内容	填列方法
货币资金	反映企业库存现金、银行存款、其他货币资金的合计数	根据"库存现金""银行存款""其他货币资金"科目的期末余额合计填列
短期投资	反映企业购入的能随时变现并且持有时间不准备超过1年的股票、债券和基金投资的余额	根据"短期投资"科目的期末余额填列
应收票据	反映企业收到的未到期收款也未向银行贴现的应收票据（银行承兑汇票和商业承兑汇票）	根据"应收票据"科目的期末余额填列
应收账款	反映企业因销售商品、提供劳务等日常生产经营活动应收取的款项	根据"应收账款"的期末余额分析填列。如"应收账款"科目期末为贷方余额，应当在"预收账款"项目列示
预付账款	反映企业按照合同规定预付的款项，包括根据合同规定预付的购货款、租金、工程款等	根据"预付账款"科目的期末借方余额填列。如"预付账款"科目期末为贷方余额，应当在"应付账款"项目列示。属于超过1年期以上的预付账款的借方余额应当在"其他非流动资产"项目列示
应收股利	反映企业应收取的现金股利或利润	根据"应收股利"科目的期末余额填列
应收利息	反映企业债券投资应收取的利息。小企业购入一次还本付息债券应收的利息，不包括在本项目内	根据"应收利息"科目的期末余额填列
其他应收款	反映企业除应收票据、应收账款、预付账款、应收股利、应收利息等以外的其他各种应收及暂付款项，包括各种应收的赔款、应向职工收取的各种垫付款项等	根据"其他应收款"科目的期末余额填列

续表

项目	内容	填列方法
存货	反映企业期末在库、在途和在加工中的各项存货的成本，包括各种原材料、在产品、半成品、产成品、商品、周转材料（包装物、低值易耗品等）、消耗性生物资产等	根据"材料采购""在途物资""原材料""材料成本差异""生产成本""库存商品""商品进销差价""委托加工物资""周转材料""消耗性生物资产"等科目的期末余额分析填列
其他流动资产	反映企业除以上流动资产项目外的其他流动资产（含1年内到期的非流动资产）	根据有关科目的期末余额分析填列
长期债券投资	反映企业准备长期持有的债券投资的本息	根据"长期债券投资"科目的期末余额分析填列
长期股权投资	反映企业准备长期持有的权益性投资的成本	根据"长期股权投资"科目的期末余额填列
固定资产原价	反映企业固定资产的原价（成本）	根据"固定资产"科目的期末余额填列
累计折旧	反映企业固定资产的累计折旧	根据"累计折旧"科目的期末余额填列
固定资产账面价值	反映企业固定资产原价扣除累计折旧后的余额	根据"固定资产"科目的期末余额减去"累计折旧"科目的期末余额后的金额填列
在建工程	反映企业尚未完工或虽已完工但尚未办理竣工决算的工程成本	根据"在建工程"科目的期末余额填列
工程物资	反映企业为在建工程准备的各种物资的成本	根据"工程物资"科目的期末余额填列
固定资产清理	反映企业因出售、报废、毁损、对外投资等原因处置固定资产所转出的固定资产账面价值以及在清理过程中发生的费用等	根据"固定资产清理"科目的期末借方余额填列。如"固定资产清理"科目期末为贷方余额，以"－"号填列
生产性生物资产	反映企业生产性生物资产的账面价值	根据"生产性生物资产"科目的期末余额减去"生产性生物资产累计折旧"科目的期末余额后的金额填列
无形资产	反映企业无形资产的账面价值	根据"无形资产"科目的期末余额减去"累计摊销"科目的期末余额后的金额填列
开发支出	反映企业正在进行的无形资产研究开发项目满足资本化条件的支出	根据"研发支出"科目的期末余额填列
长期待摊费用	反映企业尚未摊销完毕的已提足折旧的固定资产的改建支出、经营租入固定资产的改建支出、固定资产的大修理支出和其他长期待摊费用	根据"长期待摊费用"科目的期末余额分析填列

续表

项目	内容	填列方法
其他非流动资产	企业除以上非流动资产以外的其他非流动资产	根据有关科目的期末余额分析填列
短期借款	反映企业向银行或其他金融机构等借入的期限在1年内的、尚未偿还的各种借款本金	根据"短期借款"科目的期末余额填列
应付票据	反映企业因购买材料、商品和接受劳务等日常生产经营活动开出、承兑的商业汇票（银行承兑汇票和商业承兑汇票）尚未到期的票面金额	根据"应付票据"科目的期末余额填列
应付账款	反映企业因购买材料、商品和接受劳务等日常生产经营活动尚未支付的款项	根据"应付账款"科目的期末余额填列。如"应付账款"科目期末为借方余额，应当在"预付账款"项目列示
预收账款	反映企业根据合同规定预收的款项，包括预收的购货款、工程款等	根据"预收账款"科目的期末贷方余额填列。如"预收账款"科目期末为借方余额，应当在"应收账款"项目列示。属于超过1年期以上的预收账款的贷方余额应当在"其他非流动负债"项目列示
应付职工薪酬	反映企业应付未付的职工薪酬	根据"应付职工薪酬"科目期末余额填列
应交税费	反映企业期末未交、多交或尚未抵扣的各种税费	根据"应交税费"科目的期末贷方余额填列。如"应交税费"科目期末为借方余额，以"—"号填列
应付利息	反映企业尚未支付的利息费用	根据"应付利息"科目的期末余额填列
应付利润	反映企业尚未向投资者支付的利润	根据"应付利润"科目的期末余额填列
其他应付款	反映企业除应付账款、预收账款、应付职工薪酬、应交税费、应付利息、应付利润等以外的其他各项应付、暂收的款项，包括应付租入固定资产和包装物的租金、存入保证金等	根据"其他应付款"科目的期末余额填列
其他流动负债	反映企业除以上流动负债以外的其他流动负债（含1年内到期的非流动负债）	根据有关科目的期末余额填列
长期借款	反映企业向银行或其他金融机构借入的期限在1年以上的、尚未偿还的各项借款本金	根据"长期借款"科目的期末余额分析填列
长期应付款	反映企业除长期借款以外的其他各种应付未付的长期应付款项，包括应付融资租入固定资产的租赁费、以分期付款方式购入固定资产发生的应付款项等	根据"长期应付款"科目的期末余额分析填列

续表

项目	内容	填列方法
递延收益	反映企业收到的、应在以后期间计入损益的政府补助	根据"递延收益"科目的期末余额分析填列
其他非流动负债	反映企业除以上非流动负债项目以外的其他非流动负债	根据有关科目的期末余额分析填列
实收资本（或股本）	反映企业收到投资者按照合同协议约定或相关规定投入的、构成小企业注册资本的部分	根据"实收资本（或股本）"科目的期末余额分析填列
资本公积	反映企业收到投资者投入资本超出其在注册资本中所占份额的部分	根据"资本公积"科目的期末余额填列
盈余公积	反映企业（公司制）的法定公积金和任意公积金，小企业（外商投资）的储备基金和企业发展基金	根据"盈余公积"科目的期末余额填列
未分配利润	反映企业尚未分配的历年结存的利润	根据"利润分配"科目的期末余额填列。未弥补的亏损，在本项目内以"－"号填列

二、利润表的编制

利润表的编制，参见表8-2所示的利润表项目内容与填列方法。

表8-2　利润表项目内容与填列方法

项目	内容	填列方法
营业收入	反映企业销售商品和提供劳务所实现的收入总额	根据"主营业务收入"科目和"其他业务收入"科目的发生额合计填列
营业成本	反映企业所销售商品的成本和所提供劳务的成本	根据"主营业务成本"科目和"其他业务成本"科目的发生额合计填列
税金及附加	反映企业开展日常生产活动应负担的消费税、城市维护建设税、资源税、土地增值税、城镇土地使用税、房产税、车船税、印花税、环境保护税和教育费附加、矿产资源补偿费等	根据"税金及附加"科目的发生额填列
销售费用	反映企业销售商品或提供劳务过程中发生的费用	根据"销售费用"科目的发生额填列
管理费用	反映企业为组织和管理生产经营发生的其他费用	根据"管理费用"科目的发生额填列

续表

项目	内容	填列方法
财务费用	反映企业为筹集生产经营所需资金发生的筹资费用	根据"财务费用"科目的发生额填列
投资收益	反映企业股权投资取得的现金股利（或利润）、债券投资取得的利息收入和处置股权投资和债券投资取得的处置价款扣除成本或账面余额、相关税费后的净额	根据"投资收益"科目的发生额填列。如为投资损失，以"—"号填列
营业利润	反映企业当期开展日常生产经营活动实现的利润	根据营业收入扣除营业成本、税金及附加、销售费用、管理费用和财务费用，加上投资收益后的金额填列。如为亏损，以"—"号填列
营业外收入	反映企业实现的各项营业外收入金额，包括非流动资产处置净收益、政府补助、捐赠收益、盘盈收益、汇兑收益、出租包装物和商品的租金收入、逾期未退包装物押金收益、确实无法偿付的应付款项、已作坏账损失处理后又收回的应收款项、违约金收益等	根据"营业外收入"科目的发生额填列
营业外支出	反映企业发生的各项营业外支出金额，包括存货的盘亏、毁损、报废损失，非流动资产处置净损失，坏账损失，无法收回的长期债券投资损失，无法收回的长期股权投资损失，自然灾害等不可抗力因素造成的损失，税收滞纳金，罚金，罚款，被没收财物的损失，捐赠支出，赞助支出等	根据"营业外支出"科目的发生额填列
利润总额	反映企业当期实现的利润总额	根据营业利润加上营业外收入减去营业外支出后的金额填列。如为亏损总额，以"—"号填列
所得税费用	反映企业根据企业所得税法确定的应从当期利润总额中扣除的所得税费用	根据"所得税费用"科目的发生额填列
净利润	反映企业当期实现的净利润	根据利润总额扣除所得税费用后的金额填列。如为净亏损，以"—"号填列

三、现金流量表的编制

现金流量表的编制方法有三种：工作底稿法、T形账户法、分析填列法。

我们知道，在实际工作中，按照工作底稿法、T形账户法编制现金流量表，需要资产负债表、利润表、明细分类账等大量的基础数据，需要会计人员在平时按月做好基础数据的准备工作，工作量之大可想而知。因此，在实际工作中，很少有人用这两种方法编制现金流量表。基于此，我们在这里只讲解一种方法——分析填列法。采用这种方法编制现金流量表速度较快，因此这种方法是实际工作中会计人员最喜欢且最常用的。

就分析填列法而言，许多采用前两种方法填列比较困难的经营活动产生的现金流量项目都可以用公式来完成，这样就简单多了，如"销售产成品、商品，提供劳务收到的现金""收到其他与经营活动有关的现金""购买原材料、商品，接受劳务支付的现金""支付其他与经营活动有关的现金"等项目，而其他的投资或筹资活动项目由于每年仅发生几笔，只需简单分析即可填列。

下面我们就来看看分析填列法下的现金流量表各项目的填列方法。

现金流量表的编制，参见表8-3所示的经营活动产生的现金流量项目内容及填列方法、表8-4所示的投资活动产生的现金流量项目内容及填列方法、表8-5所示的筹资活动产生的现金流量项目内容及填列方法。

表8-3　经营活动产生的现金流量项目内容及填列方法

项目	内容	填列方法
销售产成品、商品，提供劳务收到的现金	反映企业本期销售产成品、商品，提供劳务收到的现金。主要包含下列项目：（1）本期收到本期销售产成品、商品，提供劳务的现金；（2）本期收到前期销售产成品、商品，提供劳务的现金；（3）本期预收的货款等。说明：（1）收到的增值税销项税额不构成本项目的内容，而应在"收到其他与经营活动有关的现金"项目反映；（2）销售材料收到的现金、代购代销业务收到的现金也构成本项目内容；（3）本期因退回销售的产成品和商品而支付的现金，应从本项目中扣除	根据"库存现金""银行存款""主营业务收入"等科目的本期发生额分析填列。销售产成品、商品，提供劳务收到的现金＝营业收入＋（应收票据期初余额－应收票据期末余额）＋（应收账款期初余额－应收账款期末余额）＋（预收账款期末余额－预收账款期初余额）－本期收到非现金资产抵债减少的应收账款、应收票据的金额－本期发生的现金折扣－本期发生的票据贴现利息（不附追索权）＋收到的带息票据的利息±其他特殊调整业务。说明：上述公式中的项目均为不含税额
收到其他与经营活动有关的现金	反映企业本期收到的其他与经营活动有关的现金。主要包含下列项目：（1）收到的增值税销项税额；（2）收到的各种税费返还及政府补助的其他现金；（3）经营租赁收到的现金；（4）由个人赔款和保险理赔的现金收入；（5）收到的捐赠现金；（6）收到的押金、保证金、违约金等	根据"库存现金""银行存款"等科目的本期发生额分析填列。收到其他与经营活动有关的现金＝营业外收入相关明细本期贷方发生额＋其他业务收入相关明细本期贷方发生额＋其他应收款相关明细本期贷方发生额＋其他应付款相关明细本期贷方发生额＋银行存款利息收入＋收到的增值税销项税额

续表

项目	内容	填列方法
购买原材料、商品，接受劳务支付的现金	反映企业本期购买原材料、商品，接受劳务支付的现金。主要包含下列项目：（1）本期购买原材料、商品，接受劳务支付的现金；（2）本期支付前期购买原材料、商品，接受劳务的未付款项；（3）本期支付的预付款项等。 说明：（1）支付的增值税进项税额不构成本项目的内容，而应在"支付的税费"项目反映；（2）代购代销业务支付的现金也构成本项目的内容；（3）本期发生的购货退回收到的现金，应从本项目中扣除；（4）支付的已资本化在存货中的借款费用不构成本项目的内容，而应在"偿还借款利息支付的现金"项目反映	根据"库存现金""银行存款""其他货币资金""原材料""库存商品"等科目的本期发生额分析填列。 购买原材料、商品，接受劳务支付的现金＝营业成本＋（存货期末余额－存货期初余额）＋本期发生的增值税进项税额＋（应付票据期初余额－应付票据期末余额）＋（应付账款期初余额－应付账款期末余额）＋（预付账款期末余额－预付账款期初余额）－本期以非现金资产抵债减少的应付账款、应付票据的金额＋本期支付的应付票据的利息－本期取得的现金折扣＋本期毁损的外购商品成本－本期销售产品成本和期末存货中产品成本中所包含的不属于购买商品、接受劳务支付现金的费用（如当期列入生产成本、制造费用的职工薪酬、折旧费和固定资产修理费等除材料以外的其他费用）±其他特殊调整业务 说明：上述公式中的项目均为不含税额
支付的职工薪酬	反映企业本期向职工支付的薪酬。主要包含下列项目：（1）支付的职工工资、奖金、津贴、补贴、福利、工会经费、职工教育经费、五险一金等费用；（2）因与职工解除劳动关系给予的现金补偿；（3）其他与获得职工提供的服务相关而支付的现金等。 说明：这里的职工包括企业中从事在建工程的人员和从事无形资产开发项目的人员	根据"库存现金""银行存款""应付职工薪酬"科目的本期发生额填列
支付的税费	反映企业本期支付的税费。主要包含下列项目：（1）本期发生并支付的税费；（2）本期支付以前各期发生的税费；（3）本期预交的税费等。 说明：（1）支付的税收滞纳金也构成本项目的内容；（2）预扣预缴的个人所得税也构成本项目的内容；（3）本期退回的税费不构成本项目的内容，而应在"收到其他与经营活动有关的现金"项目反映	根据"库存现金""银行存款""应交税费"等科目的本期发生额填列

续表

项　目	内　容	填列方法
支付其他与经营活动有关的现金	反映企业本期支付的其他与经营活动有关的现金。即企业支付的除"购买原材料、商品，接受劳务支付的现金""支付的职工薪酬""支付的税费"三个项目以外的现金。 说明：企业（批发业、零售业）在购买商品过程中支付的运输费、包装费、装卸费、保险费等，也构成本项目的内容	根据"库存现金""银行存款"等科目的本期发生额分析填列。 支付其他与经营活动有关的现金＝"管理费用"中除职工薪酬和未支付现金等费用外的其他费用＋"制造费用"中除职工薪酬和未支付现金等费用外的其他费用＋"销售费用"中除职工薪酬和未支付现金等费用外的其他费用＋"财务费用"中支付的结算手续费＋"其他应收款"中支付的职工差旅费等其他费用＋"其他应付款"中支付的租金等其他费用＋"营业外支出"中支付的罚款等其他费用

表8-4　投资活动产生的现金流量项目内容及填列方法

项目	内容	填列方法
收回短期投资、长期债券投资和长期股权投资收到的现金	反映企业出售、转让或到期收回短期投资、长期股权投资而收到的现金，以及收回长期债券投资本金而收到的现金，不包括长期债券投资收回的利息。到期收回的短期债权性投资和长期债券投资的利息收入不构成本项目的内容，而应在"取得投资收益收到的现金"项目反映	根据"库存现金""银行存款""短期投资""长期股权投资""长期债券投资"等科目的本期发生额分析填列
取得投资收益收到的现金	反映企业因权益性投资和债权性投资取得的现金股利或利润和利息收入。取得的股票股利不产生现金流量，不构成本项目的内容	根据"库存现金""银行存款""投资收益"等科目的本期发生额分析填列
处置固定资产、无形资产和其他非流动资产收回的现金净额	反映企业处置固定资产、无形资产和其他非流动资产取得的现金，减去为处置这些资产而支付的有关税费等后的净额	根据"库存现金""银行存款""固定资产清理""无形资产""生产性生物资产"等科目的本期发生额分析填列
短期投资、长期债券投资和长期股权投资支付的现金	反映企业进行权益性投资和债权性投资支付的现金，包括企业取得短期股票投资、短期债券投资、短期基金投资、长期债券投资、长期股权投资支付的现金。企业购买股票和债券时，实际支付的价款中包含的已宣告但尚未领取的现金股利或已到付息期但尚未领取的债券利息，不构成本项目的内容，而应在"支付其他与经营活动有关的现金"项目反映	根据"库存现金""银行存款""短期投资""长期债券投资""长期股权投资"等科目的本期发生额分析填列

续表

项目	内容	填列方法
购建固定资产、无形资产和其他非流动资产支付的现金	反映企业购建固定资产、无形资产和其他非流动资产支付的现金，包括购买机器设备、无形资产、生产性生物资产支付的现金、建造工程支付的现金等现金支出。为购建固定资产、无形资产和其他非流动资产而发生借款费用资本化部分不构成本项目的内容，而应在"偿还借款利息支付的现金"项目反映；支付给在建工程和无形资产开发项目人员的薪酬不构成本项目的内容，而应在"支付的职工薪酬"项目反映	根据"库存现金""银行存款""固定资产""在建工程""无形资产""研发支出""生产性生物资产""应付职工薪酬"等科目的本期发生额分析填列

表8-5 筹资活动产生的现金流量项目内容及填列方法

项目	内容	填列方法
取得借款收到的现金	反映企业举借各种短期、长期借款收到的现金	根据"库存现金""银行存款""短期借款""长期借款"等科目的本期发生额分析填列
吸收投资者投资收到的现金	反映企业收到的投资者作为资本投入的现金	根据"库存现金""银行存款""实收资本""资本公积"等科目的本期发生额分析填列
偿还借款本金支付的现金	反映企业以现金偿还各种短期、长期借款的本金	根据"库存现金""银行存款""短期借款""长期借款"等科目的本期发生额分析填列
偿还借款利息支付的现金	反映企业以现金偿还各种短期、长期借款的利息。以现金偿还的除利息费用以外的辅助费用等其他借款费用也构成本项目的内容	根据"库存现金""银行存款""应付利息"等科目的本期发生额分析填列
分配利润支付的现金	反映企业向投资者实际支付的利润	根据"库存现金""银行存款""应付利润"等科目的本期发生额分析填列

四、财务报表附注的编写

附注是对在资产负债表、利润表和现金流量表等报表中列示项目的文字描述或明细资料，以及对未能在这些报表中列示项目的说明等。附注与资产负债表、利润表、现金流量表等报表具有同等的重要性，是财务报告的重要组成部分。报表使用者要想了解企业的财务状况、经营成果和现金流量，应当全面阅读附注。

企业应当按照《小企业会计准则》的规定披露附注信息，主要包括下列内容：

（1）遵循准则的声明。企业应当声明编制的财务报表符合《小企业会计准则》

的要求，真实、完整地反映了企业的财务状况、经营成果和现金流量等有关信息。

（2）短期投资、应收账款、存货、固定资产项目的说明。

①短期投资的披露格式见表8-6。

表8-6　短期投资明细表

项目	期末账面余额	期末市价	期末账面余额与市价的差额
1. 股票			
2. 债券			
3. 基金			
4. 其他			
合计			

②应收账款按账龄结构披露的格式见表8-7。

表8-7　应收账款明细表

账龄结构	期末账面余额	年初账面余额
1年以内（含1年）		
1年至2年（含2年）		
2年至3年（含3年）		
3年以上		
合计		

③存货的披露格式见表8-8。

表8-8　存货明细表

存货种类	期末账面余额	期末市价	期末账面余额与市价的差额
1. 原材料			
2. 在产品			
3. 库存商品			
4. 周转材料			
5. 消耗性生物资产			
……			
合计			

④固定资产的披露格式见表8-9。

表 8 - 9　固定资产明细表

项目	原价	累计折旧	期末账面价值
1. 房屋、建筑物			
2. 机器			
3. 机械			
4. 运输工具			
5. 设备			
6. 器具			
7. 工具			
……			
合计			

（3）应付职工薪酬、应交税费项目的说明。

①应付职工薪酬的披露格式见表 8 - 10。

表 8 - 10　应付职工薪酬明细表

会小企 01 表附表 1

编制单位：　　　　　　　　　　　年　　月　　　　　　　　　单位：元

项目	期末账面余额	年初账面余额
1. 职工工资		
2. 奖金、津贴和补贴		
3. 职工福利费		
4. 社会保险费		
5. 住房公积金		
6. 工会经费		
7. 职工教育经费		
8. 非货币性福利		
9. 辞退福利		
10. 其他		
合计		

②应交税费的披露格式见表 8 - 11。

表 8-11 应交税费明细表

会小企 01 表附表 2

编制单位： 年 月 单位：元

项目	期末账面余额	年初账面余额
1. 增值税		
2. 消费税		
3. 环境保护税		
4. 城市维护建设税		
5. 企业所得税		
6. 资源税		
7. 土地增值税		
8. 城镇土地使用税		
9. 房产税		
10. 车船税		
11. 教育费附加		
12. 矿产资源补偿费		
13. 文化事业建设费		
14. 预扣预缴的个人所得税		
……		
合计		

（4）利润分配的说明见表 8-12。

表 8-12 利润分配表

会小企 01 表附表 3

编制单位： 年度 单位：元

项目	行次	本年金额	上年金额
一、净利润	1		
加：年初未分配利润	2		
其他转入	3		
二、可供分配的利润	4		
减：提取法定公积金	5		
提取任意公积金	6		
提取职工奖励及福利基金*	7		
提取储备基金*	8		

续表

项目	行次	本年金额	上年金额
提取企业发展基金*	9		
利润归还投资**	10		
三、可供投资者分配的利润	11		
减：应付利润	12		
四、未分配利润	13		

　* 提取职工奖励及福利基金、提取储备基金、提取企业发展基金这 3 个项目仅适用于小企业（外商投资）按照相关法律规定提取的 3 项基金。

　**利润归还投资这个项目仅适用于小企业（中外合作经营）根据合同规定在合作期间归还投资者的投资。

（5）用于对外担保的资产名称、账面余额及形成的原因；未决诉讼、未决仲裁以及对外提供担保所涉及的金额。

（6）发生严重亏损的，应当披露持续经营的计划、未来经营的方案。

（7）对已在资产负债表和利润表中列示项目与企业所得税法规定存在差异的纳税调整过程。参见《中华人民共和国企业所得税年度纳税申报表》（见第二十四章）。

（8）其他需要说明的事项。

五、快速准确编制财务报表的秘诀

当然，使用财务软件的企业是没有必要使用这种方法的，但是，现在还有很多企业仍然采用手工记账，因此，此法仍是大部分会计人员提高工作效率的好武器。哪怕是一直在使用财务软件的会计人员，采用这个方法自己设置一个简易的财务报表自动生成模板，也可以加深对报表间关系的印象，巩固财务报表理论知识。

扫描下方二维码即可获取快速准确编制财务报表的秘诀，本书第二十三章的综合案例就是用这个秘诀自动生成的报表，然后又用这款财务软件验证了一遍。

快速准确编制财务报表的秘诀

第九章　企业纳税事项知多少，懂税务的会计才是好会计

俗话说，会计税务不分家，在税务处理越来越受重视的今天，税务处理能力的高低已经成为衡量一个会计人员业务能力的重要标志之一。人们普遍认为不懂税务的会计不是一个好会计，每一个合格的会计人员都必须掌握一定的税务知识。

为了满足广大会计人员对税务知识的需求，帮助广大会计人员快速掌握足够的税法知识，笔者对于会计人员日常工作中应当掌握和需要注意的税务事项进行了整理汇总，并设计了简洁直观的表格，以期使读者读起来有轻松、简单之感，从而更加容易地掌握税法知识。

建议读者将本章内容与第二篇"实战篇"、第三篇"综合篇"涉税内容及案例结合起来阅读。本章暂不举例，案例均分布在第二篇和第三篇中。本章内容主要是帮助会计人员搭建起一个较完整、系统的税法知识体系。读者可以简单浏览、粗读本章内容，大概了解相关税法知识，然后结合第二篇和第三篇涉税内容及案例进一步打好税法基础。最终在实际工作中加以实践，灵活运用，精通税法，成为财税高手。

本章内容以二维码的形式提供，以便在税收政策变动时及时更新相关内容，力求让大家了解最新的税收政策。

一、增值税

（一）一般纳税人增值税常见纳税事项

一般纳税人增值税会计明细科目（专栏）及核算说明以及一般纳税人主要纳税事项，见二维码。

一般纳税人增值税会计明细科目（专栏）及核算说明

一般纳税人主要纳税事项

2026 年 1 月 1 日起施行的《中华人民共和国增值税法》（简称《增值税法》）对本书内容的影响，见二维码。

《增值税法》对本书内容的影响

(二) 小规模纳税人增值税常见纳税事项

小规模纳税人增值税处理比较简单。

小规模纳税人只需设置应交增值税明细科目，不需要在应交增值税明细科目中设置专栏。每个月应交增值税额一般为"应交税费——应交增值税"的贷方发生额。

1. 小规模纳税人采购等业务的账务处理

由于小规模纳税人实行简易办法计算缴纳增值税，其购买货物、服务、无形资产或者不动产，所支付的增值税额应直接计入相关成本费用或资产。在编制会计分录时，应按支付的全部价款和增值税额，借记"材料采购""原材料""制造费用""管理费用""销售费用""其他业务成本""无形资产""固定资产"等科目，贷记"银行存款""应付账款""应付票据"等科目。

2. 销售货物或提供应税行为的账务处理

小规模纳税人销售货物或提供应税行为，应按实现的销售收入（不含税）与按规定收取的增值税额合计，借记"银行存款""应收账款""应收票据"等科目，按实现的不含税销售收入，贷记"主营业务收入""其他业务收入"等科目，按规定收取的增值税额，贷记"应交税费——应交增值税"科目。发生的销货退回，做相反的会计分录。

一般情况下，小规模纳税人增值税征收率为 3%，征收率的调整，由国务院决定。

3. 缴纳增值税的账务处理

小规模纳税人按规定的纳税期限缴纳税款时，借记"应交税费——应交增值税"科目，贷记"银行存款"等科目。收到退回多缴的增值税时，做相反的会计分录。

4. 免征增值税的账务处理

在取得销售收入时，应当按照税法的规定计算应交增值税，并确认为应交税费，在达到增值税制度规定的免征增值税条件时，将有关应交增值税转入当期损益。

各种情形下小规模纳税人减免增值税发票开具及纳税申报，见二维码。

各种情形下小规模纳税人减免增值税发票开具及纳税申报

二、消费税

(一) 消费税常见纳税事项及税目税率

消费税常见纳税事项及税目税率分别见二维码。

消费税常见纳税事项

消费税税目税率表

遇税率调整的，按新税率执行。

（二）应税消费品增值税、消费税计税依据对照表（见二维码）

应税消费品增值税、消费
税计税依据对照表

三、企业所得税

（一）企业所得税常见纳税事项

企业所得税主要纳税事项明细表，见二维码。

企业所得税主要纳税事项
明细表

（二）增值税、企业所得税、消费税视同销售范围和计税依据的区别

增值税与企业所得税关于"视同销售"的范围区别主要是资产内部处置的不同，属于内部处置的增值税视同销售行为一般不属于企业所得税视同销售行为，例如，某公司在建工程领用自产品应视同销售缴纳增值税，但不视同销售缴纳企业所得税，再如，某公司所属的单独核算但不具有独立法人资格的境内分支机构之间的货物转移、生产加工性耗用等情形，需要视同销售缴纳增值税，而不视同销售缴纳企业所得税。另外，增值税与企业所得税与消费税也存在区别。对企业所得、增值税、消费税视同销售范围和计税依据的区别的总结，见二维码。

增值税、企业所得税、
消费税视同销售范围和
计税依据的区别

四、城镇土地使用税

城镇土地使用税主要纳税事项见二维码。

城镇土地使用税主要纳税事项

五、房产税

房产税主要纳税事项见二维码。

房产税主要纳税事项

六、印花税

印花税主要纳税事项以及税目税率表分别见二维码。

印花税主要纳税事项

印花税税目税率表

七、城市维护建设税和教育费附加

（一）城市维护建设税

城市维护建设税主要纳税事项见二维码。

城市维护建设税主要纳税
事项

（二）教育费附加

凡缴纳增值税、消费税的单位和个人，均为教育费附加的纳费义务人。凡代征增值税、消费税的单位和个人，亦为代征教育费附加的义务人。以纳税人实际缴纳的增值税、消费税税额之和为计费依据，与城市维护建设税计税依据一样。教育费附加费率为3％，地方教育附加费率为2％。

八、个人所得税

各类所得应纳税所得额及税率见二维码。

各类所得应纳税所得额及
税率表

个人所得税其他事项，见第十四章、第二十章。

九、其他税费常见纳税事项

其他税费常见纳税事项见二维码。

其他税费常见纳税事项

十、企业常见税收优惠事项

【温馨提醒】

减免税政策代码目录（有效）近900条，这里只列示一小部分常见的优惠政策，最新最全面的优惠政策可以通过微信公众号与笔者联系获取。

笔者还整理了《一表详解小微企业"六税两费"减免政策及案例》《一表掌握最新增值税加计抵减政策及实操》《一表精通固定资产税前扣除政策及实操详解》《一表掌握最新增值税期末留抵退税政策及解读》《增值税简易计税方法、发票类型及计税公式汇总表》《建筑服务、销售不动产、不动产经营租赁增值税政策及发票开具一览表》等众多资料，并随政策不断更新，均可通过微信公众号与笔者联系获取。

企业常见税收优惠事项见二维码。

企业常见税收优惠事项

第二篇　实战篇

身临其境亲体验　日常业务精而全
会计岗位轮流做　什么会计都会干

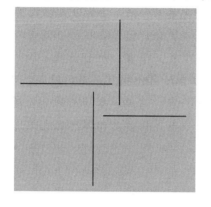

在本篇中，我们将以工业企业（一般纳税人）为例讲述各个会计岗位的业务处理（这些业务基本包含了《小企业会计准则》中的各类业务内容和一般企业常见的各类税务处理事项），使读者能够在最短的时间内掌握各个会计岗位的日常业务，不仅明白怎样进行财税处理，还清楚业务的基本流程和来龙去脉（这是很多会计初学者欠缺而又特别想学习的，很多会计人员缺乏实践经验，也正是缺乏这部分实际操作）。本篇将每个会计岗位的业务内容、注意事项、容易出现的问题和重点疑难问题分别进行阐述，并辅以例题，帮助读者加深理解。读者在学习过程中，可以结合各个会计岗位的日常业务处理内容想象其账务处理过程，必然有身临其境之感，进而轻松掌握会计和税务专业技能，不论何种企业，不论什么会计岗位都能轻松应对。

财务制度健全、内部控制完善的企业，会计分工比较明确，会计岗位设置较多。而在很多企业会计分工并不明确，会计岗位也被合并设置，一个企业设置两三个会计岗位较为常见，很多小企业甚至只设置一个会计岗位和一个出纳岗位，虽然这不符合内部控制中规定的不相容会计岗位相互分离的规定，但是我们无法回避的是，这种现象在大多数企业中普遍存在。因此，本篇中的会计岗位在实际操作中可以根据情况进行合并设置或者分立设置，岗位之间具体业务内容也可以根据实际情况加以调整。

第十章　现金出纳与会计

一、现金出纳与会计日常业务处理

（一）提取现金

根据公司资金安排和库存现金余额情况开具现金支票——到银行提取现金——将现金存入保险柜备用——根据支票存根编制记账凭证。

借：库存现金（按支票存根记载金额）

贷：银行存款——开户行及账号

【温馨提醒】

（1）提取大额现金时必须通知保安人员随行，距离银行路途较远时，还要用专车接送，注意保密，确保资金安全。

（2）现金一般从"基本存款户"中提取，一般规定结算账户不能提取现金，如有特殊情况经领导批准方可。

（二）收取现金

收到现金——填写收据（金额开具正确、大小写一致），收款人签字（盖章）并加盖"现金收讫"章——将收据（付款人联）加盖公司财务章给付款人——将收据（记账联）传至往来账会计编制记账凭证。

借：库存现金

贷：应收账款/其他应收款

【温馨提醒】

收到现金，当面点清金额，并注意现金的真伪，若收到假币应予以没收。

（三）支付现金

1. 支付小额款项（大额款项通过银行转账支付）

编制付款审批单——报请主管领导批准——根据付款审批单（总经理、财务经理签字）付款──→取得对方单位收据──→根据业务内容传至相关会计编制记账凭证。

> 借：应付账款/其他应付款/管理费用/销售费用/制造费用/原材料/周转材料等
>
> 贷：库存现金

【温馨提醒】

（1）签字人员由公司财务制度规定，这里以"总经理、财务经理签字"为例说明，下同。

（2）一般不办理大面额现金的支付业务，大额款项通过转账或汇兑手续支付，特殊情况需审批。

（3）支付现金，应该当面点清金额，当面由接收现金者确认现金真伪，多付或少付金额，由相应责任人负责。

2. 员工费用报销

审核费用支付凭单（如维修费、水电费、差旅费报销单等）──→领款人签名（盖章）──→付款并在费用支付凭单上加盖"现金付讫"章──→传至成本费用会计编制记账凭证。

> 借：管理费用/销售费用/制造费用等
>
> 贷：库存现金

【温馨提醒】

员工费用报销的审核项目包括以下内容：

（1）费用支付是否符合财税相关法规和企业财务管理制度规定，费用报销项目和金额是否合理，是否详细记录每笔业务开支的实际情况。若不符合规定，不予报销。

（2）费用支付凭单上的签字是否齐全（经办人、证明人、总经理和财务经理等），若不齐全，不予报销，退回补签。

（3）附在费用支付凭单后的原始票据是否有涂改。若有，问明原因或不予报销。

（4）是否存在使用不合规票据（如收据）报销的情况，除印有财政监制章的行政事业性收据以外的其他收据不得报销，也不得税前扣除。

（5）费用支付凭单金额与原始凭证金额是否相符，大、小写金额是否相符。

（6）费用支付凭单项目内容与原始凭证是否相符，如有些企业报销办公费使用的却是餐费发票，有些企业报销购买手机费用使用的却是品名为电视机的发票。

（7）报销审批付款流程。下面的报销审批付款流程仅供参考，实际工作中应根据公司规模大小、岗位设置情况和内控需要等进行适当调整。

① 经办人：根据本单位实际业务需要，在费用事项发生后，按照报销流程管理要求分类粘贴原始凭证，填写报销单，交部门负责人审核。经办人对其发生费用的真实性、合理性、合法性、完整性负全责，严禁虚报、假公济私。

② 部门负责人：按管理及责任权限对本部门发生费用的真实性、合理性进行审核并签字，对费用是否符合部门计划、预算负责。审核不通过的单据予以退回。

③ 财务经理：财务经理（或授权财务人员）根据财务制度要求、标准对报销凭证的相关内容进行审核；复核报销的金额、是否有备用金或其他借款，是否从报销款中扣回相关借款；根据本单位的各项具体管理制度结合税法相关规定对票据的合法性、合规性、真实性、相关性及节税等方面进行审核并签字。审核不通过的单据予以退回。

④ 副总经理：行政副总经理再次对公司费用的合理性进行审核，分管副总经理再次对分管业务事项的费用的合理性进行审核。

⑤ 财务总监：财务总监根据公司的相关规定、本单位的制度，对财务经理（或授权财务人员）审核后的报销凭证进行整体审核，并结合本单位月度、年度预算的使用情况和实际资金情况，签署预付款意见。对不符合要求，有损本单位利益的单据要坚决予以拒绝和退回，如有弄虚作假的，扣留单据上报总经理并追究有关人员责任。

⑥ 总经理：总经理根据公司月度、年度预算及资金实际情况对财务总监审核后的报销凭证进行审核，裁断财务总监的预付款意见，对整个报销的合法性、合规性负责。

⑦ 董事长：对报销总金额超过 10 000 元（企业根据自身要求自行确定额度）或者总经理认为需要董事长审批的费用进行审批；总经理的报销费用，由财务总监审核后，交由董事长审批。董事长的报销费用由财务总监和总经理审核。

⑧ 出纳：审核报销单是否完成上述签字流程，是否为本人签字，对审批签字手续不全的单据坚决予以退回。对报销金额再次进行复核，复核金额（付款金额）只能小于等于报销人申报金额，对复核金额大于申报金额的，退回给经办人重新办理（或按申报金额办理）。

3. 发放公司员工工资奖金福利等

取得人力资源部门（人事部门）开具的工资发放明细表（含奖金、补助等各种以现金形式应该支付给公司员工的款项）——→ 审核是否有人力资源部门章和人力资源部门经理签字，总经理、财务经理签字──→公司员工签字领取──→在工资发放明细表上加盖"现金付讫"章──→将工资发放明细表传至工资会计编制记账凭证。

4. 支付临时工（个人）的工资、劳务费、装卸费等临时性支出

审核费用支付凭单──→经办人、收款人签名（盖章）──→付款并同时代扣个人所得税──→在费用支付凭单上加盖"现金付讫"章──→传至工资会计、往来账会计或成本费用会计编制记账凭证。

（四）公司员工借款与还款

1. 员工借款

审核借款单（财务经理签字，大额借款需要总经理签字）──→审核是否还清前欠借款（前欠借款未还清者，拒绝再借）──→审核借款额度──→登记还款时间──→编制记账凭证。

> 借：其他应收款──员工部门──员工姓名
>   贷：库存现金

2. 员工还款

开具还款收据──→收款──→编制记账凭证。

> 借：库存现金
>   贷：其他应收款──员工部门──员工姓名

3. 借款人报销费用

审核费用支付凭单及所付发票等费用单据、借款人借款情况，若报销费用大于借款金额，先冲销借款，再将差额支付给借款人；若报销费用小于借款金额，先将差额收回，再冲销借款。

> 借：管理费用等（按应报销金额）
>   库存现金（若报销费用小于借款金额，将差额收回）
>   贷：其他应收款──员工部门──员工姓名（按实际借出现金）
>   库存现金（若报销费用大于借款的金额，将差额支付给借款人）

【温馨提醒】

（1）一般情况下，员工外出借款无论金额大小，都须总经理签字，电话请示的要及时补签。若未批准借款，引起纠纷，后果由相关责任人自负。

（2）定期清理各部门人员借款情况，编制"个人借款情况明细表"（内容包含所属部门、借款人姓名、借款金额、还款期限等），提醒借款人按时归还借款，对于逾

期仍未还款者可以根据实际情况直接从借款人的工资或报销费用中扣还。

（五）存款

把每日收到的现金交存银行——填写现金缴款单（或现金存款凭条）和现金一起交给银行——按现金缴款单（银行收款凭证联）记载金额编制记账凭证。

借：银行存款

　　贷：库存现金

（六）日清月结

及时登记现金日记账，要做到日清月结，随时清点库存现金，不得挪用现金或以白条抵库，确保账账相符，账实相符。如有差额，应及时查明原因，无法查明原因的库存现金短缺或溢余应及时处理。

（七）抽查盘点

财务部应当定期和不定期地进行现金盘点，确保现金账面余额与实际库存相符。每月至少要对库存现金抽查盘点一次，及时查明现金盘盈或盘亏的原因，对现金管理情况和出现的问题，提出改进意见，编制库存现金盘点报告表，报主管领导批准后进行处理。

1. 库存现金短缺

借：待处理财产损溢——待处理流动资产损溢

　　贷：库存现金（实际短缺金额）

批准后：

借：其他应收款（应由责任人赔偿部分）

　　营业外支出（差额）

　　贷：待处理财产损溢——待处理流动资产损溢

2. 库存现金溢余

借：库存现金（实际溢余金额）

　　贷：待处理财产损溢——待处理流动资产损溢

批准后：

借：待处理财产损溢——待处理流动资产损溢

　　贷：其他应付款（应支付而尚未支付部分）

　　营业外收入（差额）

二、现金出纳和会计日常工作中的常见问题

（一）库存现金过多

未遵守库存现金限额规定，超过库存限额的现金未能及时存入银行，导致库存现金过多，存在被盗等潜在的不安全因素。大量使用现金进行日常结算，不仅麻烦还存在舞弊风险。

（二）未做到日清月结

出纳对库存现金未做到日清月结，月末又未及时与会计对账，未能及时发现库存现金是否存在账实不符等问题及其原因，待到库存现金盘盈或盘亏金额过大时再查找原因将会变得更为困难，甚至个别出纳利用管理漏洞挪用库存现金公司未能及时发现，造成无法弥补的损失。

（三）库存现金账面出现负数

正常情况下，库存现金余额是不会出现负数的，出现负数给人的第一印象就是做假账，而出现这种情况一般都是因为挑选了部分单据做"外账"。

例 10 - 1

某市税务局发布通告，一公司采取"两套账"的方式隐瞒销售收入，追缴其少缴税费（包括增值税、企业所得税、城市维护建设税、教育费附加、地方教育附加、印花税、水利建设基金），并按规定加收滞纳金，处以少缴税款两倍罚款，共计1.05亿元！该公司现金日记账中就多次出现负数，明显是由会计挑选单据做账引起的。

（四）未按规定使用现金

不属于现金开支范围的业务应当通过银行办理转账结算。企业应当根据《现金管理暂行条例》的规定，结合企业的实际情况，确定现金的开支范围。

（1）现金使用的范围严格按照国务院颁布的《现金管理暂行条例》的相关规定执行。企业可在下列范围内使用现金：

① 职工工资，津贴；

② 个人劳务报酬；

③ 根据国家规定颁发给个人的科学技术、文化艺术、体育等各种奖金；

④ 各种劳保、福利费用以及国家规定的对个人的其他支出；

⑤ 向个人收购农副产品和其他物资的价款；

⑥ 出差人员必须随身携带的差旅费；

⑦ 结算起点（1 000 元）以下的零星支出；

⑧ 中国人民银行确定需要支付现金的其他支出。

（2）除以上规定外，支付给个人的款项，超过使用现金限额的部分，应当以支票或者银行本票支付；确需全额支付现金的，经开户银行审核后，予以支付现金。

（五）微信、支付宝支付的税务风险点

现在，有一些企业通过个人微信和支付宝进行收付款，虽然方便，但也给企业带来了风险。

（1）个人微信和支付宝收付款记录与个人的消费记录容易混淆，可能存在少计或未计收入的情况，存在账外账的风险。

（2）通过个人微信和支付宝给员工发放工资，存在漏报个人所得税或偷逃个人所得税的风险。

（3）长期通过个人微信和支付宝进行收付款，企业资金流不清晰，不利于企业的财务管理和长期发展，存在个人挪用、贪污、卷款逃跑的风险。

（4）股东长期通过个人微信和支付宝进行收付款，会导致企业与自然人股东的个人财产难以区分，如果将来企业资不抵债，股东个人将要承担无限连带责任，用个人资产偿还企业债务。

防范风险的方法：以企业的名义开通微信和支付宝账号，这与企业银行账号的性质是相同的，属于对公账户，可以正常进行交易。特殊情况下，偶尔使用个人微信和支付宝账户收取款项的，为了避免漏计收入，应该及时将资金转入对公账户。使用个人微信和支付宝账户付款的，应该及时索取凭证以用于入账。

例 10－2

某公司通过微信和支付宝账号收取收入未记账，导致少计收入 3 400 多万元，造成少缴增值税、企业所得税、城市维护建设税等税费 600 多万元，被税务机关追缴税款并加收滞纳金，处以 300 多万元罚款。

（六）现金支付的税务风险点

随着科学技术的发展，在日常经营业务中，越来越多企业采用非现金方式支付相关款项，但是企业也常涉及现金支付，企业采用现金支付存在以下四个税务风险。

（1）在无法取得合法扣税凭证时，现金支付方式无法证实支出的真实性，其支出不允许税前扣除。

根据《国家税务总局关于发布〈企业所得税税前扣除凭证管理办法〉的公告》（国家税务总局公告 2018 年第 28 号）第十四条的规定，企业在补开、换开发票、其他外部凭证过程中，因对方注销、撤销、依法被吊销营业执照、被税务机关认定为非正常户等特殊原因无法补开、换开发票、其他外部凭证的，可凭以下资料证实支出真实性后，其支出允许税前扣除：

① 无法补开、换开发票、其他外部凭证原因的证明资料（包括工商注销、机构撤销、列入非正常经营户、破产公告等证明资料）；

② 相关业务活动的合同或者协议；

③ 采用非现金方式支付的付款凭证；

④ 货物运输的证明资料；

⑤ 货物入库、出库内部凭证；

⑥ 企业会计核算记录以及其他资料。

上述①～③为必备资料。

例 10 - 3

某公司用现金支付 50 000 元的宣传费，凭一份普通发票、宣传活动协议、宣传活动照片、宣传册、收据等入账，做出如下会计处理：

　　借：销售费用——业务宣传费　　　　　　　　　　　　　50 000

　　　　贷：库存现金　　　　　　　　　　　　　　　　　　　　50 000

两年后，被税务机关发现，该份普通发票抬头为其关联企业名称，非本单位名称，原来是当时宣传企业开错了发票，而企业会计人员审核不够仔细。

税务机关发现企业取得不合规发票并告知企业在 60 日内换开符合规定的发票，若因对方特殊原因无法换开发票的，企业应当自被告知之日起 60 日内提供可以证实其支出真实性的相关资料。然而，企业会计人员发现该宣传企业已经注销，虽然有协议、照片等资料，但是因为当时是采用现金进行支付的而无法提供采用非现金方式支付的付款凭证，最终只能进行纳税调整，补缴企业所得税。

（2）采用现金方式支付残疾职工工资，不能享受残疾职工工资 100％加计扣除优惠政策。

采用现金方式支付残疾职工工资，符合《现金管理暂行条例》的规定，能够在税前扣除，但是不能享受残疾职工工资 100％加计扣除的优惠政策。

根据《财政部 国家税务总局关于安置残疾人员就业有关企业所得税优惠政策问题的通知》（财税〔2009〕70 号）第三条的规定，企业享受安置残疾职工工资 100％加计扣除应同时具备如下条件：

① 依法与安置的每位残疾人签订了 1 年以上（含 1 年）的劳动合同或服务协议，并且安置的每位残疾人在企业实际上岗工作。

② 为安置的每位残疾人按月足额缴纳了企业所在区县人民政府根据国家政策规定的基本养老保险、基本医疗保险、失业保险和工伤保险等社会保险。

③ 定期通过银行等金融机构向安置的每位残疾人实际支付了不低于企业所在区县适用的经省级人民政府批准的最低工资标准的工资。

④ 具备安置残疾人上岗工作的基本设施。

📚 例 10－4

某公司全年用现金支付 10 位残疾人工资 26 万元，企业所得税汇算清缴时只能据实扣除残疾人工资 26 万元，而无法享受加计扣除残疾人工资 26 万元优惠政策。若公司定期通过银行支付残疾人工资 26 万元，且同时符合财税〔2009〕70 号文件规定的条件，则可以在据实扣除残疾人工资 26 万元的基础上再加计扣除 26 万元。

（3）采用现金方式向单位支付手续费及佣金不得税前扣除。

《财政部 国家税务总局关于企业手续费及佣金支出税前扣除政策的通知》（财税〔2009〕29 号）第二条规定，企业应与具有合法经营资格中介服务企业或个人签订代办协议或合同，并按国家有关规定支付手续费及佣金。除委托个人代理外，企业以现金等非转账方式支付的手续费及佣金不得在税前扣除。

📚 例 10－5

某公司用现金支付一家中介服务企业 6 万元佣金，会计上可以计入销售费用，但是税法上不允许税前扣除。

（4）大额现金支付，引发税务稽查风险。

大额现金支付，不符合经营常规，很难证明业务的真实性，很多企业账面上的大额现金支付，都是为了少缴税而做的虚假支付，很有可能存在虚开发票或虚列成本费用问题，极易引发税务稽查风险。

第十一章 银行出纳与会计

一、银行出纳与会计日常业务处理

(一) 收到货款

企业网银收款：查询银行账户收款明细——→确认收款单位/项目——→与应收款明细表或收款项目明细表核对——→确认金额是否无误并标注收款及收款日期——→取回单与收款凭证——→传至往来账会计编制记账凭证。

其他方式收款：审查收到的支票、汇票等银行票据——→填写进账单——→交主管会计背书——→送交银行——→取回单，将回单第一联与回执粘贴在一起——→编制回款登记表、登记银行票据登记簿——→传至往来账会计编制记账凭证。

借：银行存款

贷：应收账款——客户名称

【温馨提醒】

(1) 审查银行票据，主要是审查其真实性、准确性、完整性、有效期等事项。

(2) 原则上通过银行结算不能开具收据，但是在确认银行存款进账时因交款方要求确需开具收据的，应该在收据上加盖"转账"章。

(3) 对方通过电汇、信汇支付货款的，收款方不用填写进账单，收到对方汇款通知后，直接到银行查询是否到账，取回银行单据（客户收账通知、中国人民银行支付系统专用凭证等）即可。

(二) 支付货款

企业网银付款：审核付款审批单——→开启企业网银进行付款填单操作——→单据交授权操作权限人进行付款确认——→转款完毕加盖"转账"章——→传至往来账会计编制记账凭证。

其他票据方式付款：审核付款审批单——→确定银行结算方法，填写银行票据——→登记银行票据登记簿——→支票提交收款方收承或提交银行进行转账操作——→将支票存根等银行票据存根粘贴到付款审批单上，没有存根的银行票据应在付款审批单上注明票据号，加盖"转账"章──→传至往来账会计编制记账凭证。

借：应付账款──供应商名称

贷：银行存款

其他货币资金

【温馨提醒】

1. 我国的银行结算方法

我国的银行结算方法包括：现金支票、转账支票、银行本票、银行汇票、商业承兑汇票、银行承兑汇票、信汇、电汇、托收承付等。扫描右侧二维码可了解银行常用的十种结算方式。

银行常用的十种结算方式

2. 结算区域

支票、本票只适用于本地结算（目前在某些地方支票也可以异地结算），汇票、信汇、电汇、托收承付适用于异地结算，商业承兑汇票与银行承兑汇票适用于本地与异地结算。

3. 购买票据和结算凭证

（1）购买支票。企业在向其开户银行购买支票时，向银行工作人员索取一式三联的票据和结算凭证领用单，填写完成并在第二联上加盖预留银行签章，交于工作人员，经工作人员核对无误后，收取支票工本费和手续费，领购人在签收登记簿上签收便可以领取支票。

一般情况下，每个账户一次只能领购一本支票即25份支票，确需领购两本以上的，可以向银行申请。银行在出售时应在每张支票上加盖本行行号和存款人账号，并记录支票号码。

（2）购买商业汇票。在向其开户银行购买商业承兑汇票时，向银行工作人员索取一式三联的票据和结算凭证领用单，填写完成并在第二联上加盖预留银行签章，交于工作人员，经工作人员核对无误后，收取手续费，领购人在签收登记簿上签收便可以领用商业承兑汇票。

（3）购买其他结算凭证。企业在向其开户银行购买其他结算凭证时，向银行工作人员索取一式三联的票据和结算凭证领用单，填写完成并在第二联上加盖预留银行签章，交于工作人员，经工作人员核对无误后，收取工本费，领购人便可以领用所领购的结算凭证；用现金购买的，第二联注销。

4. 操作方法

（1）转账支票和现金支票，需携银行预留签章，至银行购买，购票后需在企业账户余额范围内开具支票、加盖预留签章，到银行柜台办理。转账支票办理转账部分银行会要求提供付款依据，即购货合同等。

（2）本票，需要到银行申请开立，携带签章到银行柜台办理。

（3）汇票，需要向银行提出开票申请（有规定格式的申请单据），到银行办理，汇票收款人可以是企业也可以是个人，收款人拿到汇票后就可以到自己的开户行进行解付（如果是个人，需要携带身份证，如果是企业，需要在汇票背面指定位置签章）。

（4）银行承兑汇票、商业承兑汇票，都需要企业向银行提出申请，到银行办理，取回后交收款人，收款人于汇票到期日将汇票提交至本单位的开户行，由开户行向汇票签发人开户行或签发行提请付款。

（5）电汇与信汇，由付款人向银行购买信汇、电汇单，填写盖章后交银行办理。

（6）填写银行票据时，要做到票据要式完整：票据项目填写完整、准确、清楚；票据收款单位名称应与合同、发票一致；禁止签发金额空白、收款单位空白的支票；禁止签发空头支票。

5. 背书

支票、商业承兑汇票、银行承兑汇票都可以背书转让，也就是收款人作为持票人，在票据背面的背书人栏签章，之后取得票据的人作为被背书人在被背书人栏签章，即可获得票据载明的收款权利。当然，票据也可以禁止背书，具体做法是：出票人禁止背书的，在票据正面写明禁止背书并签章；背书人禁止背书的，要在票据背面写明禁止背书并签章。

6. 正确填写票据和结算凭证的方法

（1）出票日期（大写）。票据的出票日期必须使用中文大写，大写数字写法如下：零、壹、贰、叁、肆、伍、陆、柒、捌、玖、拾。为防止变造票据的出票日期，在填写月、日时，月为壹、贰和壹拾的，日为壹至玖和壹拾、贰拾和叁拾的，应在其前加"零"；日为拾壹至拾玖的，应在其前加"壹"。如1月15日，应写成零壹月壹拾伍日；10月20日，应写成零壹拾月零贰拾日。

票据出票日期使用小写数字填写的，银行不予受理。大写日期未按要求规范填写的，银行可予受理，但由此造成损失的，由出票人自行承担。

举例："2009年8月7日"写作"贰零零玖年捌月零柒日"，捌月前零字可写也可不写，柒日前零字必写。

（2）人民币（大写）。

① 中文大写金额数字应用正楷或行书填写，壹、贰、叁、肆、伍、陆、柒、捌、玖、拾、佰、仟、万、亿、元、角、分、零、整（正）等字样。不得用一、二

（两）、三、四、五、六、七、八、九、十、念、毛、另（或0）填写，不得自造简化字。如果金额数字书写中使用繁体字，如元写作圆的，也应受理。

② 中文大写金额数字到"元"为止的，在"元"之后，应写"整"（或"正"）字，在"角"之后可以不写"整"（或"正"）字。大写金额数字有"分"的，"分"后面不写"整"（或"正"）字。

③ 中文大写金额数字前应标明"人民币"字样，大写金额数字应紧接"人民币"字样填写，不得留有空白。大写金额数字前未印"人民币"字样的，应加填"人民币"三字。在票据和结算凭证大写金额栏内不得预印固定的"仟、佰、拾、万、仟、佰、拾、元、角、分"字样。

（3）人民币小写。

① 阿拉伯小写金额数字前面，均应填写人民币符号"￥"。阿拉伯小写金额数字要认真填写，不得连写。

② 阿拉伯小写金额数字中有"0"时，中文大写应按照汉语语言规律、金额数字构成和防止涂改的要求进行书写。

举例：阿拉伯数字中间有"0"时，中文大写金额要写"零"字。如￥1 409.50，应写成人民币壹仟肆佰零玖元伍角。

阿拉伯数字中间连续有几个"0"时，中文大写金额可以只写一个"零"字。如￥6 007.14，应写成人民币陆仟零柒元壹角肆分。

阿拉伯金额数字万位或元位是"0"，或者数字中间连续有几个"0"，万位、元位也是"0"，但千位、角位不是"0"时，中文大写金额可以只写一个"零"字，也可以不写"零"字。如￥1 680.32，应写成人民币壹仟陆佰捌拾元零叁角贰分，或者写成人民币壹仟陆佰捌拾元叁角贰分；又如￥107 000.53，应写成人民币壹拾万柒仟元零伍角叁分，或者写成人民币壹拾万零柒仟元伍角叁分。

阿拉伯金额数字角位是"0"，而分位不是"0"时，中文大写金额"元"后面应写"零"字。如￥16 409.02，应写成人民币壹万陆仟肆佰零玖元零贰分；又如￥325.04，应写成人民币叁佰贰拾伍元零肆分。

7. 会计核算

将款项存入银行以取得银行汇票、银行本票、信用卡时，借记"其他货币资金——银行汇票存款/银行本票存款/信用卡存款"科目；向银行开立信用证，交纳保证金时，借记"其他货币资金——信用证保证金存款"科目；将款项汇往采购地银行开立采购专户，借记"其他货币资金——外埠存款"科目；向证券公司划出资金时，按实际划出的金额借记"其他货币资金——存出投资款"科目；购买股票、债券等时，按实际发生的金额借记"短期投资"科目等。以外埠存款为例，某公司 2024 年 12 月发生以下两笔业务。

（1）12 月 20 日，将款项 100 000 元汇往采购地银行开立采购专户，账务处理如下：

借：其他货币资金——外埠存款　　　　　　　　　　　100 000.00

　　贷：银行存款　　　　　　　　　　　　　　　　　　100 000.00

（2）12 月 21 日，收到采购员交来材料供应单位发票账单等报销凭证时，增值税专用发票上注明的价款为 79 646.02 元，税额为 10 353.98 元。根据增值税专用发票票面金额和税额记账，并将多余的外埠存款转回当地银行，账务处理如下：

借：原材料　　　　　　　　　　　　　　　　　　　　79 646.02

　　应交税费——应交增值税（进项税额）　　　　　　10 353.98

　　贷：其他货币资金——外埠存款　　　　　　　　　　90 000.00

借：银行存款　　　　　　　　　　　　　　　　　　　10 000.00

　　贷：其他货币资金——外埠存款　　　　　　　　　　10 000.00

8. 企业微信和支付宝收付款

税务总局所得税司在对《企业所得税税前扣除凭证管理办法》（以下简称《管理办法》）基本概念解析中明确：《管理办法》第十四条规定的六项资料中，第三项必备资料为"采用非现金方式支付的付款凭证"。在对方法律主体消失或者处于"停滞"状态的情况下，现金方式支付的真实性将无从考证，为此《管理办法》对支付方式做出了限制性规定。采用非现金方式支付的付款凭证是一个相对宽泛的概念，既包括银行等金融机构的各类支付凭证，也包括支付宝、微信支付等第三方支付账单或支付凭证等。

财务部设置企业微信和支付宝账户，绑定企业指定的银行账号，打印收款二维码图片，在二维码边上加盖财务专用章，经常检查以防止被偷换。

企业微信和支付宝收付款项，通过"其他货币资金——微信和支付宝存款"核算。尽量避免使用个人微信和支付宝收付款项，特殊情况下，偶尔使用的，应留存凭证并及时转存企业微信和支付宝。

银行存款转入企业微信和支付宝余额：

借：其他货币资金——微信和支付宝存款

　　贷：银行存款

使用微信和支付宝付款时：

借：预付账款/应付账款/其他应付款/管理费用等

　　贷：其他货币资金——微信和支付宝存款

使用微信和支付宝收款时：

借：其他货币资金——微信和支付宝存款

　　贷：预收账款/应收账款/其他应收款/主营业务收入等

将微信和支付宝余额转存银行时：

　　借：银行存款

　　　　财务费用——第三方收款手续费

　　　　贷：其他货币资金——微信和支付宝存款

第三方收款即微信、支付宝、银联收款通道即时或 T＋1 到账：

　　借：银行存款

　　　　财务费用——第三方收款手续费

　　贷：主营业务收入/其他业务收入等

　　　　应交税费——应交增值税（销项税额）（一般纳税人科目）

　　　　应交税费——应交增值税（小规模纳税人科目）

（三）银行结算账户发放工资

方式一：根据工资付款审批单（经总经理、财务经理签字）开具支票——填写进账单——连同工资表、员工账户信息等资料送交银行——将支票存根粘贴到付款审批单上——加盖"转账"章——登记银行票据登记簿——传至工资会计编制记账凭证。

方式二：根据工资付款审批单（经总经理、财务经理签字）——银行备款——依据工资表编制银行代发明细表——交代发银行进行工资批量代发操作并取回单与付款凭证——加盖"转账"章——传至工资会计编制记账凭证。

方式三：企业网银批量代发操作：根据工资付款审批单（经总经理、财务经理签字）——银行备款——登录企业网银进行批量代发，依据模板上传代发工资明细表——授权人进行网银授权——确认代发成功——取回单与付款凭证——加盖"转账"章——传至工资会计编制记账凭证。

【温馨提醒】

单位从其银行结算账户支付给个人银行结算账户的款项，每笔超过 5 万元的，应向其开户银行提供代发工资协议和收款人清单等付款依据，从单位银行结算账户支付给个人银行结算账户的款项应纳税的，税收代扣单位付款时应向其开户银行提供完税证明。

（四）签发银行承兑汇票

1. 提出申请

企业因资金短缺且在约定时间内需支付商品交易款项时，可向其开户银行提出办理银行承兑汇票申请。

【温馨提醒】

一般情况下银行会要求企业存入与票据金额等值的保证金至票据到期时解付，也有些银行要求企业存入票据金额百分之几十的保证金，但银行必须为企业提供银行承兑汇票授信，企业在授信额度范围内使用信用额度，如果没有银行授信则不具备开具银行承兑汇票的资格。

---

2. 银行承兑

银行受理同意承兑后，签订承兑协议，出具银行承兑汇票。

3. 出票

企业签发银行承兑汇票，付款单位出纳员在填制银行承兑汇票时，应当逐项填写银行承兑汇票中的签发日期，收款人和承兑申请人（即付款单位）的单位全称、账号、开户银行，汇票金额大、小写，汇票到期日等内容，并在银行承兑汇票的第一联、第二联、第三联的"汇票签发人盖章"处加盖预留银行印鉴及负责人和经办人印章。目前手工填写的票据较少，多为软件打印票据。

银行承兑汇票一式三联。第一联为卡片，由承兑银行作为底卡进行保存；第二联由收款人开户银行向承兑银行收取票款时作联行往来账付出传票；第三联为存根联，由签发单位编制有关凭证。

4. 交纳手续费

企业应向承兑银行交纳手续费，付款单位办理承兑手续应向承兑银行支付手续费，由开户银行从付款单位存款账户中扣收。按照现行规定，银行承兑手续费按银行承兑汇票票面金额的万分之五计收，每笔手续费不足 10 元的，按 10 元计收。

5. 汇票流通使用

（1）企业持银行承兑汇票与收款人办理款项结算，交付汇票给收款人；

（2）收款人可根据交易的需要，将银行承兑汇票转让给其他债权人；

（3）收款人可根据需要，持银行承兑汇票向银行申请质押或贴现，以获得资金。

6. 请求付款

在付款期到期前 10 日内，收款人持银行承兑汇票向开户银行办理委托收款，向承兑银行收取票款。超过付款期的，收款人开户行不再受理银行承兑汇票的委托收款，但收款人可持有关证明文件直接向承兑银行提示付款。

纸质银行承兑汇票的承兑期限最长不超过 6 个月，电子银行承兑汇票的承兑期限最长不超过 1 年。

应付票据核算详见第十二章往来账会计。

（五）票据贴现

审查票据是否符合贴现条件，准备贴现所需材料——持未到期的银行承兑汇票或商业承兑汇票到银行——填制《银行承兑汇票贴现申请书》或《商业承兑汇票贴现申请书》，提交材料——银行审批（银行按照规定的程序确认拟贴现汇票和交易背景的真实性、合法性，计算票据贴现的利息和金额，按照实付贴现金额发放贴现贷款）——收到贴现贷款——编制记账凭证。

　　借：银行存款（实际收到的金额）
　　　　财务费用（贴现息）
　　　贷：应收票据/短期借款（应收票据的票面余额）

【温馨提醒】

（1）本流程以中国银行为例（各银行流程不一定相同，请咨询相应银行）。

（2）票据贴现是收款人或持票人将未到期的银行承兑汇票或商业承兑汇票向银行申请贴现，银行按票面金额扣除贴现利息后将余款支付给收款人的一项银行授信业务。票据一经贴现便归贴现银行所有，贴现银行到期可凭票直接向承兑人收取票款。

（3）贴现条件。

① 按照《中华人民共和国票据法》和中国人民银行发布的《支付结算办法》规定签发的有效汇票，基本要素齐全。

② 单张汇票金额不超过 1 000 万元。

③ 汇票的签发和取得必须遵循诚实守信原则，并以真实合法的交易关系和债务关系为基础。

（4）需要提供的材料。

① 未到期的承兑汇票，贴现申请人的企业法人资格证明文件及有关法律文件。

② 经年审合格的企业（法人）营业执照（复印件）。

③ 企业法人代表证明书或授权委托书，董事会决议及公司章程。

④ 贴现申请人的近期财务报表。

⑤ 贴现申请书。

⑥ 贴现申请人与出票人之间的商品交易合同复印件及合同项下的增值税专用发票复印件。

（5）持未到期的商业汇票向银行贴现，银行在不附追索权的情况下贷记"应收票据"科目，银行在附追索权的情况下则贷记"短期借款"科目。

不附追索权：小企业与银行签订的协议中规定，在贴现的商业汇票到期而债务人未能按期偿还时，申请贴现的企业不负任何偿还责任，即银行无追索权的，视同出售票据进行会计处理。

附追索权：小企业与银行签订的协议中规定，在贴现的商业汇票到期而债务人未能按期偿还时，申请贴现的企业负有向银行还款的责任，即银行有追索权的，视同企业以票据质押取得银行借款。实质上，与贴现商业汇票有关的风险和报酬并未发生实质性转移，商业汇票可能产生的风险仍由申请贴现的企业承担。

（六）银行承兑汇票到期托收

持票人将银行承兑汇票背书栏补齐，在最后被背书栏加盖本单位预留印鉴——填写托收凭证、填完后在第二联左下角指定处加盖本单位预留印鉴——连同银行承兑汇票一并交到开户银行柜台，柜台将第一联作为回单交还托收人，并将所委托托收汇票寄到开票行进行查询。如无误到期即可解付。

借：银行存款

贷：应收票据

【温馨提醒】

（1）各银行的托收凭证样式是统一的，但是印刷不同，因而不能通用。

（2）凭证需要填写的内容有：①委托日期。即该凭证送交银行柜台的日期。②付款人全称。即票面显示的"付款行全称"栏内的付款行行名。银行承兑汇票和商业承兑汇票的承兑人不同，银行承兑汇票的承兑人是银行。③付款人账号。付款人账号栏不填，由银行查询并填写。④付款人地址。若票面有付款行详细地址则按地址填写；若没有，需要查询该付款行隶属于何省何市（或县）。⑤付款人开户行。"付款人开户行"栏与"付款人"栏一样，均为承兑行行名。⑥收款人全称。即收款单位。⑦收款人账号。即收款单位送交托收银行本单位账号。⑧收款人地址。即收款单位隶属省、市（县）。⑨收款人开户行。即收款单位送交托收行行名。⑩金额。票面金额大写、小写。⑪款项内容。即"货款"等。⑫托收凭据名称。即"银行承兑汇票"并需填写托收的承兑汇票右上角的号码。⑬附寄单证张数。此栏有些银行不要求填写，有些银行要求填写，所附寄的即为本需托收汇票，一般写"一张"。托收凭证共五联，要求复印填写，每张填写内容一致。

（3）汇票后的被背书栏理论上由每手背书人填写，但在实务操作中到期托收的汇票后被背书栏常常是空白的，需要由到期托收人逐栏填补以前各家被背书栏。这样做风险非常大，若将某家名称填错，需要追溯至该家，由该家出具证明并在同张证明上加盖公章和预留印鉴三个印章。银行承兑汇票的流通期最长为 6 个月，在这期间，完全可能经手几十家。一旦写错，需要追溯证明的时候，对方企业很可能和本企业没有任何业务联系，连联系方式都无法找到，就算找到联系方式，对方也可能置之不理导致托收方无法托收。所以，除了"慎之又慎"别无他法，在填写之前，请先凝神静气，在填写之时，请全神贯注。

（4）付款人无力支付票款，或到期不能收回应收票据，应按照商业汇票的票面金额，借记"应收账款"科目，贷记"应收票据"科目。

（七）缴纳税款

（1）凭税务会计填写的付款审批──开具转账支票、填写进账单并向银行缴税账户转账──凭回单及支票存根登记银行票据登记簿──传税务会计编制记账凭证。企业已签署银税三方划缴协议的，则在银行缴税账户余额充足的情况下直接在电子税务局点击"三方协议缴款"进行扣款操作即可。

借：银行存款──开户行及账号（缴税账户）

贷：银行存款──开户行及账号（其他账户）

（2）收到税务会计传来的完税凭证──编制记账凭证。

借：应交税费──未交增值税

　　　　──应交增值税（已交税金）

　　　　──应交企业所得税/应交个人所得税/应交环境保护税/应交城市维护建设税/应交教育费附加/应交地方教育附加/应交房产税/应交城镇土地使用税/应交车船税等

　　税金及附加──印花税

贷：银行存款

"银联缴款""银行端缴款"也可以进行税款的缴纳操作。

（八）存款利息

取得银行存款利息通知单——→编制记账凭证。

　　借：银行存款

　　　　贷：财务费用（普通存款利息）

　　　　　　在建工程（购建固定资产的专门借款发生的存款利息，在所购建的固定资产达到预定可使用状态之前，应冲减在建工程成本）

银行利息在每季度第三个月份的20—25日进行计息结算。

（九）月末事项

及时取得各银行账户对账单，定期核对银行日记账与银行对账单，编制银行存款余额调节表，编制本月资金计划使用情况表。

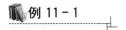 例 11-1

2024年2月银行存款日记账余额为20 800元，银行对账单余额为24 400元，经核查有如下未达账项：

（1）公司于月末存入银行的转账支票3 500元，银行未入账。

（2）公司于月末开出转账支票2 100元，银行未入账。

（3）委托银行代收的外埠货款6 800元，银行已收并已经入账，公司未收到银行收款通知，未入账。

（4）银行代付电费1 800元，公司未收到银行的付款通知，未入账。

据以上未达账项，编制银行存款余额调节表，见表11-1。

表11-1　银行存款余额调节表

金额单位：元

开户行	×××		账号	×××	
项目	金额		项目	金额	
公司银行存款日记账余额	20 800		银行对账单余额	24 400	
加：银行已收、公司未收款	6 800		加：公司已收、银行未收款	3 500	
减：银行已付、公司未付款	1 800		减：公司已付、银行未付款	2 100	
调节后余额	25 800		调节后余额	25 800	

会计：×××　　　　　　　　　　　　　　　　　　　　　　　　出纳：×××

资料来源：吴银花，栾庆忠. 出纳业务真账实操. 北京：中国市场出版社，2014.

二、银行出纳和会计日常工作中的常见问题

（一）开立银行结算账户问题

1. 单位银行结算账户的分类

单位银行结算账户按用途分为基本存款账户、一般存款账户、专用存款账户、临时存款账户。

基本存款账户是存款人因办理日常转账结算和现金收付业务需要开立的银行结算账户。单位银行结算账户的存款人只能在银行开立一个基本存款账户。基本存款账户是存款人的主办账户。存款人日常经营活动的资金收付及其工资、奖金和现金的支取，应通过该账户办理。

一般存款账户是存款人因借款或其他结算需要，在基本存款账户开户银行以外的银行营业机构开立的银行结算账户。一般存款账户用于办理存款人借款转存、借款归还和其他结算的资金收付。该账户可以办理现金缴存，但不得办理现金支取。

专用存款账户是存款人按照法律法规的规定，对其特定用途资金进行专项管理和使用而开立的银行结算账户。专用存款账户用于办理各项专用资金的收付。

临时存款账户是存款人因临时需要并在规定期限内使用而开立的银行结算账户，主要有设立临时机构、异地临时经营活动、注册验资三种情况。临时存款账户应根据有关开户证明文件确定的期限或存款人的需要确定其有效期限。存款人在账户的使用过程中需要延长期限的，应在有效期限内向开户银行提出申请，并由开户银行报中国人民银行当地分支行核准后办理展期。临时存款账户的有效期最长不得超过2年。

核准类银行结算账户包括：基本存款账户、临时存款账户（因注册验资和增资验资开立的除外）、预算单位专用存款账户、合格境外机构投资者在境内从事证券投资开立的人民币特殊账户和人民币结算资金账户（简称 QFII 专用存款账户）。

2. 单位银行结算账户的开立

存款人申请开立银行结算账户时，应填制《开立单位银行结算账户申请书》。

（1）临时存款账户。存款人申请开立临时存款账户，应向银行出具下列证明文件：

① 设立临时机构，应出具其驻在地主管部门同意设立临时机构的批文。

② 建筑施工及安装单位，应出具其营业执照正本或其隶属单位的营业执照正本，以及施工及安装地建设主管部门核发的许可证或建筑施工及安装合同、基本存

款账户开户许可证。

③ 从事临时经营活动的单位，应出具其营业执照正本以及临时经营地工商行政管理部门的批文、基本存款账户开户许可证。

④银行验资户属于临时存款账户的一种，开立验资户应出具工商行政管理部门核发的企业名称预先核准通知书或有关部门的批文。注册验资的临时存款账户在验资期间只收不付，注册验资资金的汇缴人应与出资人的名称一致。存款人因注册验资或增资验资开立临时存款账户后，需要在临时存款账户有效期届满前退还资金的，应出具工商行政管理部门的证明；无法出具证明的，应于账户有效期届满后办理销户退款手续。

（2）基本存款账户。待取得企业法人营业执照、组织机构代码证、税务许可证等资料后就可以申请将验资账户转成基本存款账户，基本存款账户需经当地中国人民银行核准后颁发正式的开户许可证。

（3）一般存款账户。存款人可以根据情况申请开立一般存款账户，应向银行出具开立基本存款账户规定的证明文件、基本存款账户开户许可证和相关证明文件；存款人因向银行借款需要，应出具借款合同；存款人因其他结算需要，应出具有关证明。

（4）专用存款账户。存款人申请开立专用存款账户，应向银行出具其开立基本存款账户规定的证明文件、基本存款账户开户登记证和与专用资金相关的证明文件。

3. 单位银行结算账户的预留签章

存款人为单位的，其预留签章为该单位的公章或财务专用章加其法定代表人（单位负责人）或其授权的代理人的签名或者盖章。存款人在申请开立单位银行结算账户时，其申请开立的银行结算账户的账户名称、出具的开户证明文件上记载的存款人名称以及预留银行签章中公章或财务专用章的名称应保持一致，但下列情形除外：

（1）因注册验资开立的临时存款账户，其账户名称为工商行政管理部门核发的《企业名称预先核准通知书》或政府有关部门批文中注明的名称，其预留银行签章中公章或财务专用章的名称应是存款人与银行在银行结算账户管理协议中约定的出资人名称；

（2）预留银行签章中公章或财务专用章的名称依法可使用简称的，账户名称应与其保持一致。

4. 严禁违反规定开立和使用银行账户

企业应当严格按照《支付结算办法》《人民币银行结算账户管理办法》等国家有关规定，加强对银行账户的管理，严格按照规定开立账户，办理存款、取款和结算等业务。银行账户的开立应当符合企业经营管理实际需要，不得随意开立多个账户，禁止企业内设管理部门自行开立银行账户。

（二）银行对账单及银行回单问题

银行对账单及银行回单长期不取，未定期核对银行日记账与银行对账单，出现未达账项未编制银行存款余额调节表，未收到原始凭据直接凭银行对账单做账等现象在财务制度不健全的小企业中尤为普遍。建议在年终结算前，取回所有银行回单并及时进行账务处理，保证银行存款核算正确。建议将银行对账单、银行存款余额调节表单独装订存放，以免遗失。

（三）不熟悉企业各银行户头情况

不熟悉企业各银行户头情况（开户银行名称、银行账号、银行资金余额），导致有时会签发空头支票。银行账户开立太多，有些企业甚至有十几个银行账户，有些银行距离企业较远，日常到银行办理业务和月末对账比较浪费时间，有的账户余额很大而不进行相关财务安排，而有的账户中长期只有几百元钱，甚至达不到规定存款金额，白白缴纳账户管理费。对于非经常性账户，在相应业务结束后，应及时清户注销。

银行账户较多的企业需编制银行账户管理台账，并每天对常用账户进行查询确认其交易情况，对于非常用账户每月也应进行查询，确认是否有扣年费、管理费等情况，以便全面掌握各账户的余额等情况，及时进行账务处理。对长期未使用的账户，也需申请进行转款操作，以避免因长期未使用被银行冻结账户。

（四）违反规定签发票据

企业未严格遵守银行结算纪律，签发没有资金保证的票据或远期支票，套取银行信用；签发、取得和转让不具有真实交易关系和债权债务关系的票据。

（五）票据及有关印章的管理不规范

（1）各种空白支票、作废的票据随意乱放，保管措施不到位。

（2）各种票据的购买、保管、领用、背书转让、注销等环节的职责权限和处理程序不明确，没有专门设置登记簿进行记录，不能有效防止空白票据遗失或被盗。

（3）印章的管理不规范。财务专用章应当由专人保管，个人名章应当由本人或其授权人员保管，不得由一个人保管支付款项所需的全部印章。

（六）银行存款日记账登记不规范

登记银行存款日记账不及时，各银行账户混记，不能清楚地反映各账户银行存款余额，将导致不能及时了解企业资金的运作情况以合理调度资金。

（七）银行存款记账常见的舞弊问题

（1）制造余额差错伺机舞弊。会计人员故意算错银行存款日记账余额，以此掩饰其利用转账支票套购商品、擅自提现等行为，或在月底银行存款日记账试算不平衡时，乘机制造余额差错，伺机贪污。这种手法看似非常容易被察觉，但如果本年内未曾复核查明，以后期间除非再全部检查银行存款日记账，否则很难发现。

（2）混用"库存现金"和"银行存款"科目。在账务处理中，会计人员将银行存款收支业务同库存现金收支业务混在一起编制记账凭证，用银行存款的收入代替库存现金的收入，或用库存现金的支出代替银行存款的支出，套取库存现金并占为己有。

（3）公款私存。将公款转入自己的银行户头，从而侵吞利息或挪用单位资金进行炒股等活动。主要手法有：①将现金收入以个人名义存入银行；②截留并瞒报收回的应收款项；③虚拟支付款项将银行存款从单位银行账户转入个人账户；④业务活动中的回扣、好处费、劳务费等不入账，入个人腰包等。

（4）出借转账支票。会计人员非法将转账支票借给他人用于私人营利性业务的结算，或将空白转账支票为他人做抵押。

（5）转账套现。会计人员或有关人员通过外单位的银行账户为其套取现金。这种手法既能达到贪污的目的，又能达到转移资金的目的。在这种手法下，外单位账面上"应收账款"和"银行存款"等科目以相同的金额一收一付，而本单位为外单位套取现金，并从中牟取回扣。

收到该单位的转账支票存入银行时：

借：银行存款

贷：应付账款

提取现金时：

借：库存现金

贷：银行存款

付现金给外单位时：

借：应付账款

贷：库存现金

为了掩盖套取现金的事实，有些单位不进行上述账务处理，而是直接入账，分录为：

借：银行存款

　　贷：库存现金

（6）截留银行存款收入。会计人员利用业务上的漏洞和可乘之机，故意漏记银行存款收入，伺机将银行存款转出、转存，占为已有。这种手法大多发生在银行代为收款的业务中，银行收款后通知企业，会计人员将收账通知单隐匿后不记日记账，之后再开具现金支票提出存款。

（7）重复登记银行存款支出款项。会计人员利用实际支付款项时取得的银行结算凭证和有关的付款原始凭证，分别登记银行存款日记账，使得一笔业务报账两次，再利用账户余额平衡原理，采取提现不入账的手法，将款项占为已有。

（8）出租或出借银行账户。企业出租或出借银行账户，是为其他单位或个人提供本单位银行户头上的账号并为其办理转账结算，套取现金的一种违纪行为。若收取对方的好处费则为"出租"，否则为"出借"。企业出租或出借银行账户后，为了掩盖事实真相，对于对方单位或个人在短时间内通过企业银行账户办理的一收一付银行存款业务，故意不在本单位"银行存款总账""银行存款日记账"和所对应的账户（实际上对应关系也不正常）上登记。这时，核对"银行对账单"发现"银行对账单"上有一收一付的账目，而"银行存款日记账"上无此记录。

（9）套取利息。会计人员利用账户余额平衡原理，采取支取存款利息不记账手法将存款利息占为已有。月终结算利息时，只记贷款利息而不记存款利息，银行存款日记账余额就会小于实有额，然后再支取存款利息不记账，银行存款日记账和银行对账单的余额就自动平衡了，存款利息也就被贪污了。这种手法，在对账单和调节表由出纳一人经管的单位很难被发现。

（10）通过银行结算划回的银行存款不及时、足额入账。

（11）伪造支票头，虚构资金流。企业在银行办理业务之前不填写支票头，银行办理业务完毕后再根据企业的需要随意编造支票头，伪造资金流，造成支票头用途、金额与实际业务严重不符，达到自己不可告人的目的。有的企业甚至使用作废了的支票头做账。

三、银行出纳和会计日常工作中的疑难问题

（一）外币业务的核算

有些企业还可能发生外币业务，外币业务的核算通常是一个难点。

企业通常应选择人民币作为记账本位币，企业发生外汇业务时，应将有关外汇金额折算为记账本位币金额记账。

外币业务折算汇率的确定：（1）交易发生日的即期汇率，通常指中国人民银行公布的当日人民币外汇牌价的中间价；（2）当期平均汇率。

1. 购入外汇

借：银行存款——××外汇账户（取得的外汇根据当日市场汇率折算的记账
   本位币金额）
 财务费用（差额，或贷记）
  贷：银行存款（实际支付的记账本位币金额）

2. 卖出外汇

借：银行存款（实际收到的记账本位币金额）
 财务费用（差额，或贷记）
  贷：银行存款——××外汇账户（卖出的外汇根据当日市场汇率折算的记
    账本位币金额）

3. 购入原材料、商品或引进设备，以外汇结算

借：原材料/库存商品/固定资产
 应交税费——应交增值税（进项税额）
  贷：银行存款——××外汇账户（根据即期汇率或即期汇率的近似汇率将
    支付的外汇折算的记账本位币金额）/应付账款——××
    外汇账户（根据即期汇率或当期平均汇率将应支付的外
    汇折算的记账本位币金额）
   银行存款——人民币户（以人民币支付税金）

4. 销售商品或产品，以外汇结算

借：银行存款——××外汇账户（收到的外汇根据即期汇率或当期平均汇率折算
   的记账本位币金额）/应收账款——××外汇账户（应收的外
   汇根据即期汇率或当期平均汇率折算的记账本位币金额）等
  贷：主营业务收入等

5. 借入外汇借款

借：银行存款——××外汇账户（根据借入外汇时的市场汇率折算的记账本
   位币金额）
  贷：短期借款——××外汇账户/长期借款——××外汇账户等

6. 接受外汇资本投资

借：银行存款——××外汇账户（根据收到出资额当日的即期汇率折算的记
   账本位币金额）
  贷：实收资本

【温馨提醒】

企业收到投资者以外币投入的资本，应当采用交易发生日即期汇率折算，不得采用合同约定汇率和交易当期平均汇率折算。

7. 资产负债表日折算为记账本位币

（1）外币货币性项目分为货币性资产和货币性负债，货币性资产包括库存现金、银行存款、应收账款、其他应收款等；货币性负债包括短期借款、应付账款、其他应付款、长期借款、长期应付款等。

外币货币性项目，采用资产负债表日的即期汇率折算。因资产负债表日即期汇率与初始确认时或者前一资产负债表日即期汇率不同而产生的汇兑差额，计入当期损益，分情况处理：筹建期间发生的汇兑损益，计入长期待摊费用；与购建固定资产有关的外汇专门借款的汇兑损益，在满足借款费用资本化条件至固定资产达到预定可使用状态之前的期间内发生的，计入在建工程；除上述情况外，汇兑损失均计入当期财务费用，汇兑收益均计入当期营业外收入。

当为汇兑收益时：

借：银行存款——××外汇账户/应收账款——××外汇账户等

　　贷：营业外收入

借：长期借款——××外汇账户

　　贷：在建工程

当为汇兑损失时：

借：财务费用

　　贷：银行存款——××外汇账户/应收账款等——××外汇账户

借：在建工程

　　贷：长期借款——××外汇账户

（2）外币非货币性项目是指除外币货币性项目以外的项目，包括存货、长期股权投资、固定资产、无形资产等。

以历史成本计量的外币非货币性项目，仍采用交易发生日的即期汇率折算，不改变其记账本位币金额。

8. 外币财务报表折算

企业对外币财务报表进行折算时，应当采用资产负债表日的即期汇率对外币资产负债表、利润表和现金流量表的所有项目进行折算。

（二）银行承兑汇票的审查

1. 审查票据票面

票面无污损、无残缺、无涂改、记载要素完整、印章齐全、字迹和印章均清晰、书写规范。

票面注有"不得转让""委托收款""质押"字样的票据不能办理贴现。

背书人在汇票上记载"不得转让"字样，其后手再背书转让的，原背书人对后手的被背书人不承担保证责任。

背书记载"委托收款"字样的，被背书人有权代背书人行使被委托的汇票权利。但是，被背书人不得再以背书转让汇票权利。

汇票可以设定质押，质押时应当以背书记载"质押"字样。被背书人依法实现其质权时，可以行使汇票权利。

2. 审查票据内容正确性

付款人名称、收款人名称、出票日期、银行名称及账号、大小写金额、印章等记载要素必须正确无误。名称必须为全称。

3. 审查背书连续性

《中华人民共和国票据法》第三十一条规定，以背书转让的汇票，背书应当连续。持票人以背书的连续，证明其汇票权利；非经背书转让，而以其他合法方式取得汇票的，依法举证，证明其汇票权利。背书连续，是指在票据转让中，转让汇票的背书人与受让汇票的被背书人在汇票上的签章依次前后衔接。即第一个背书人必须是票据正面记载的收款人，以后的每一个背书人必须是上一个被背书人，最后一个被背书人必须是持票人，最后一个背书人必须是购货单位。

背书不连续会引起不必要的经济纠纷，给企业造成损失。当最后一个背书人不是购货单位时，税务机关通常怀疑企业存在虚开代开发票行为，这会给企业带来不必要的麻烦。

正确的背书形式参见表 11 - 2。

表 11 - 2　正确的背书形式

被背书人：乙公司	被背书人：丙公司	被背书人：丁公司	被背书人：丁公司开户银行
甲公司签章	乙公司签章	丙公司签章	丁公司签章 委托收款

【温馨提醒】

不小心收到背书不连续的银行承兑汇票怎么办?

《中华人民共和国票据法》第三十一条规定,非经背书转让,而以其他合法方式取得汇票的,依法举证,证明其汇票权利。

因此,背书不连续的银行承兑汇票并不当然无效,持票人所持票据虽然在形式上背书不连续,但若持票人能提供证明票据实质上背书连续的其他证据,证明票据相关的商品交易的真实性和背书实质上的连续性,保证对因此引起的一切纠纷承担责任等,充分证明其为真正的合法权利人,仍可享有和主张票据权利。

尽管如此,还是建议大家不要接收这种背书不连续的票据,以免给企业带来不必要的麻烦和损失。

4. 审查票据有效性

银行承兑汇票的承兑期限最长不得超过 6 个月,提示付款期限为自汇票到期日起 10 日内。银行承兑汇票超过汇票到期日不得背书转让。

银行承兑汇票是否已挂失止付、禁止流通,可通过银行柜台向出票行发送查询函,出票行会就汇票是否挂失止付或者冻结给予答复,还会告知汇票在什么时候被哪家银行查询过。

5. 承兑汇票的真伪

可通过商业银行大额支付系统、中国票据网、传真、实地等方式查询承兑汇票的真伪。

(三) 不应收取的银行承兑汇票

最后再次提醒大家,有如下特征的银行承兑汇票不要收取,以免给企业造成不必要的麻烦和损失:

(1) 背书人的签章不清晰;

(2) 盖在汇票与粘贴单连接处的骑缝章不清晰;

(3) 盖在汇票与粘贴单连接处的骑缝章位置错误,正确的做法是盖章时连接处的缝应该穿过骑缝章的中心;

(4) 骑缝章与前面背书人签章有重叠;

(5) 背书人的签章盖在背书栏外;

(6) 被背书人名称书写有误或有涂改或未写在被背书人栏;

(7) 背书不连续,如背书人的签章与前手被背书人的名字或签章不一致;

（8）汇票票面有严重污渍，导致票面一些字迹、签章无法清晰辨别；

（9）汇票票面有破损或撕裂；

（10）汇票票面字迹不够清楚，或有涂改；

（11）汇票票面项目填写不齐全；

（12）汇票票面金额大小写不一致；

（13）出票日期和票据到期日未大写，或不规范；

（14）承兑期限超过6个月；

（15）出票人的签章与出票人名称不一致；

（16）汇票收款人与第一背书人签章不一致；

（17）粘贴单不是银行统一格式；

（18）连续背书转让时，日期填写不符合前后逻辑关系，如后手背书日期比前手早。

上述（1）～（9）项较为常见，（10）～（18）项较为少见。不应收取的银行承兑汇票的特征远不止上述18种，很难一一列举，还是需要财务人员仔细检查核对、把好关，对于存有疑虑的银行承兑汇票，最好交给银行查询一下。

第十二章　往来账会计

一、往来账会计日常业务处理

（一）付款

编制"付款审批单"——▶报财务经理、总经理审批——▶出纳付款——▶签收出纳传来的"付款审批单"及现金或银行付款凭证、收款单位和收款人的收款证明——▶编制记账凭证。

借：应付账款——客户名称/预付账款——客户名称
　　贷：库存现金/银行存款/应付票据/应收票据

【温馨提醒】

编制"付款审批单"，财务部门应当对采购合同约定的付款条件以及采购发票、结算凭证、检验报告、计量报告和验收证明等相关凭证的真实性、完整性、合法性及合规性进行严格审核。"付款审批单"应当根据企业付款制度、资金付款计划、生产和采购计划、发票取得时间、应付供应商账款余额等相关情况认真编制。

支付现金的原始凭证，必须有收款单位和收款人的收款证明。

（二）收款

收到现金出纳传来的现金收据、银行出纳传来的银行进账单、银行承兑汇票等——▶编制记账凭证。

借：库存现金/银行存款/应收票据
　　贷：应收账款——客户名称/预收账款——客户名称

（三）登记应收账款台账

及时登记应收账款台账，并对每一位客户应收账款余额增减变动情况和信用额度使用情况进行分析评价。

（四）月末对账

月末编制应付账款科目余额表和应收账款科目余额表——▶与采购、销售部门对账，保证往来账的真实性、完整性与准确性。对不符账项要及时查明原因并进行处理。每月选择一定数量的客户（大额、业务频繁的、容易出现差错的）与对方会计部门对账，对不符账项及时查明原因并进行处理。

（五）监控大额预付账款

定期（一般为月末）对大额预付账款进行追踪核查。对预付账款的期限、占用款项的合理性、不可收回风险等进行综合判断；对有疑问的预付账款及时采取措施，尽量降低预付账款资金风险和形成损失的可能性。

（六）分析账龄、催款、付款

分析应收账款账龄，编制应收账款账龄分析表，催促销售部门及时收回货款，避免呆账、坏账的发生，对催收记录（包括往来函电）要妥善保存，对账龄较长的客户要防止销售部门业务员截留回款，如有异常应查明原因上报分管领导。

分析应付账款账龄，编制应付账款账龄分析表，按照账龄长短先后顺序编制"付款审批单"。将经常催付款的客户情况及时上报，可先行安排付款，以免引起诉讼。

（七）处置坏账损失

企业对确定发生的各项坏账，应当查明原因，明确责任，并在履行规定的审批程序后做出会计处理。

企业应收及预付款项符合下列条件之一的，减除可收回的金额后确认无法收回的应收及预付款项，作为坏账损失：

（1）债务人依法宣告破产、关闭、解散、被撤销，或者被依法注销、吊销营业执照，其清算财产不足清偿的。

（2）债务人死亡，或者依法被宣告失踪、死亡，其财产或者遗产不足清偿的。

（3）债务人逾期三年以上未清偿，且有确凿证据证明已无力清偿债务的。

（4）与债务人达成债务重组协议或法院批准破产重整计划后，无法追偿的。

（5）因自然灾害、战争等不可抗力导致无法收回的。

（6）国务院财政、税务主管部门规定的其他条件。

应收及预付款项的坏账损失应当于实际发生时计入营业外支出，同时冲减应收及预付款项。

借：营业外支出

贷：应收账款/预付账款/其他应收款等

企业核销的坏账应当进行备查登记，做到账销案存。已核销的坏账又收回时应当及时入账,计入营业外收入,防止形成账外款。

(八) 确实无法偿付的应付款项

确实无法偿付的应付款项计入营业外收入。

应付款项包括应付票据、应付账款、预收账款、应付职工薪酬、其他应付款、长期应付款等。

确实无法偿付的应付款项,通常包括三种情形:

(1) 债权人放弃收款权利,如债权人进行破产清算,未清理该项债权。

(2) 债权人在债务人发生财务困难的情况下做出让步,减免债务人部分债务本金或利息,降低债务人应付利息的利率等。

(3) 债权人丧失相关权利。比如企业收了另一方的定金,但是对方违约,在这种情况下对方丧失了对该定金的所有权,则企业无须返还定金,形成了营业外收入。

二、往来账会计日常工作中的常见问题

(一) 往来明细账中很多往来单位款项余额为几元几角

这是由于收付款项时不计发票的角、分尾数,又不及时进行账务处理造成的零星尾差现象,从而不仅导致工作量增加还不方便对账,建议收付款时最好依发票金额,不要扣减零星的尾数,对已经形成的零星余额单位账户做核销处理,由于金额较小,可以通过"营业外收入""营业外支出"处理。

(二) 其他应收款余额过大

这种情况一般为股东借款,依据相关规定股东借款数额较大,超过一定期限未及时结清的股东借款应视同分红处理。

(三) 往来明细账金额与实际不符

与客户长期不对账,出现差错时,难以查明原因;长期不采取有力措施清收欠款,出现坏账时,不及时进行账务处理;收到货款,未及时入账,私自截留挪作他用。

(四) 重分类错误

编制资产负债表时,未进行重分类或重分类错误,应收账款对应预收账款,预付账款对应应付账款,其他应收款对应其他应付款,且重分类应根据相关科目及其明细科目进行，如应收账款中甲公司为借方余额 2 000 元，乙公司为贷方余额 5 000 元，则资产负债表上应收账款应列示 2 000 元，预收账款应列示 5 000元。

编制资产负债表时，预收账款科目中属于超过 1 年期以上的预收账款的贷方余额应当在"其他流动负债"项目列示。

（五）应收账款与其他应收款混用

其他应收款一般反映企业发生的非购销业务的应收债权，如企业发生的各种赔款、借款等业务。有的企业将应收账款和其他应收款混用，无法清楚地反映企业的实际经营状况。有的企业甚至利用其他应收款账户反映超出经营范围的业务、套取现金从事其他违法活动。应付账款和其他应付款同样存在类似的混用现象。

（六）坏账损失税务处理问题

未严格审查客户及借款人的信用，造成应收款项可能出现坏账。坏账实际发生损失时，不进行账务处理，长期挂账，虚增资产，或者仅做账务处理而未及时向税务机关申报，使得不能在企业所得税前扣除。

《企业资产损失所得税税前扣除管理办法》（2011 年）规定：

（1）企业应收及预付款项坏账损失应依据以下相关证据材料确认：

① 相关事项合同、协议或说明；

② 属于债务人破产清算的，应有人民法院的破产、清算公告；

③ 属于诉讼案件的，应出具人民法院的判决书或裁决书或仲裁机构的仲裁书，或者被法院裁定终（中）止执行的法律文书；

④属于债务人停止营业的，应有工商部门注销、吊销营业执照证明；

⑤ 属于债务人死亡、失踪的，应有公安机关等有关部门对债务人个人的死亡、失踪证明；

⑥ 属于债务重组的，应有债务重组协议及其债务人重组收益纳税情况说明；

⑦属于自然灾害、战争等不可抗力而无法收回的，应有债务人受灾情况说明以及放弃债权申明。

（2）企业逾期三年以上的应收款项在会计上已作为损失处理的，可以作为坏账损失，但应说明情况，并出具专项报告。

（3）企业逾期一年以上，单笔数额不超过五万元或者不超过企业年度收入总额万分之一的应收款项，会计上已经作为损失处理的，可以作为坏账损失，但应说明情况，并出具专项报告。

(七) 利用应收票据虚构资金流向

根据《国家税务总局关于加强增值税征收管理若干问题的通知》(国税发〔1995〕192号)第一条第三项规定,纳税人购进货物或应税劳务,支付运输费用,所支付款项的单位,必须与开具抵扣凭证的销货单位、提供劳务的单位一致,才能够申报抵扣进项税额,否则不予抵扣。某些企业为了达到票货款一致,在资金运作上大做文章。

银行承兑汇票具有信用好、承兑性强、流通性强、灵活性高、节约资金成本等一系列优点,是当前企业贸易结算的重要方式,但是它的一系列优点也为某些企业虚开增值税发票所利用,在虚开发票的资金流环节中起到承上启下的作用,在虚开发票的犯罪活动中起着牵线搭桥的作用。主要方式有:

(1) 利用真银行承兑汇票虚构资金流向。增值税专用发票的受票方为了掩饰假进项发票的真相,在支付资金时,开出银行承兑汇票,注明银行承兑汇票受票方为增值税专用发票开票方,然后再由增值税专用发票开票方背书给第三方、第四方返回原企业或其下属机构或另外设立的私人银行账号,完成了假资金结算。

(2) 增值税专用发票的开票方虚假背书,将银行承兑汇票转回增值税专用发票受票方。增值税专用发票受票方将其持有的银行承兑汇票交给开票方,由增值税专用发票开票方的财务部门在承兑汇票背面加盖财务印章并复印,原件由增值税专用发票受票方持有,增值税专用发票的开票方凭复印件入账,银行承兑汇票持有人就是支配人,也就是说资金也回流到了增值税专用发票受票方,由其支配使用。

(3) 直接利用虚假银行承兑汇票入账。增值税专用发票开票方直接将过期银行承兑汇票复印件反复复印、修改入账,虚构了企业的资金流向。

三、往来账会计日常工作中的疑难问题

(一) 应收票据和应付票据的核算

应收票据和应付票据的核算,由于不仅涉及往来账会计还涉及银行出纳、销售会计等各会计岗位,因此对于企业会计来说,应收票据和应付票据的核算是一个难点。这里就在往来账会计业务中举例说明应收票据和应付票据的核算。

1. 应收票据的核算

例 12 - 1

某公司 2024 年 12 月发生以下应收票据业务：

(1) 12 月 2 日，因销售商品收到承兑汇票 600 000 元。

借：应收票据　　　　　　　　　　　600 000.00（应收票据的面值）

　　贷：主营业务收入　　　　　　　　530 973.45（实现的营业收入）

　　　　应交税费——应交增值税（销项税额）

　　　　　　　　　　　　　　　　69 026.55（增值税专用发票上注明的增值税额）

(2) 12 月 3 日，收到承兑汇票抵偿 A 公司的应收账款 1 000 000 元。

借：应收票据　　　　　　　　　　　1 000 000.00（应收票据面值）

　　贷：应收账款——A 公司　　　　　　　　　　1 000 000.00

(3) 12 月 5 日，企业销售商品给 A 公司，价税合计 625 000 元，尚未收到相关货款。

借：应收账款　　　　　　　　　　　625 000.00（应收金额）

　　贷：主营业务收入　　　　　　　　553 097.35（实现的销售收入）

　　　　应交税费——应交增值税（销项税额）　　　　71 902.65

(4) 12 月 6 日，持未到期的应收票据（不带息票据）100 000 元向银行贴现，取得银行存款 99 800 元，贴现息 200 元。

借：银行存款　　　　　　　　　　　99 800.00（实际收到的金额）

　　财务费用　　　　　　　　　　　200.00（贴现息）

　　贷：应收票据　　　　　　　　　　100 000.00（应收票据的票面余额）

(5) 12 月 6 日，持未到期的应收票据（带息票据）500 000 元向银行贴现，取得银行存款 497 139.50 元。

借：银行存款　　　　　　　　　　　497 139.50（实际收到的金额）

　　财务费用

　　2 860.50（实际收到的金额小于票据账面余额的差额，大于则记贷方）

　　贷：应收票据　　　　　　　　　　500 000.00（应收票据的账面余额）

(6) 12 月 8 日，贴现的商业承兑汇票到期，当承兑人的银行账户余额不足支付汇票本息 300 000 元时，申请贴现的企业收到银行退回的应收票据、支款通知和拒绝付款理由书或付款人未付票款通知书。

借：应收账款　　　　　　　　　　　300 000.00（所付本息）

　　贷：银行存款　　　　　　　　　　300 000.00（所付本息）

另外，若申请贴现企业的银行存款账户余额不足，则银行做逾期贷款处理。

借：应收账款（转作贷款的本息）

贷：短期借款（转作贷款的本息）

（7）12 月 9 日，将持有的 A 公司的应收票据 400 000 元背书转让，以取得所需材料 358 407.08 元（不含税），另外用银行存款支付 5 000 元。

借：原材料 358 407.08（按应计入取得物资成本的价值）

应交税费——应交增值税（进项税额） 46 592.92

贷：应收票据 400 000.00（应收票据账面余额）

银行存款 5 000.00（实际支付的金额，实际收到金额则记借方）

（8）12 月 9 日，B 公司的应收票据 500 000 元到期，收回本息。

借：银行存款 499 794.75（实际收到的金额）

财务费用 205.25（差额）

贷：应收票据 500 000.00（应收票据的账面余额）

（9）12 月 12 日，C 公司的应收票据 600 000 元到期，因 C 公司无力支付票款，收到银行退回的商业承兑汇票、委托收款凭证、未付票款通知书或拒绝付款理由书等。

借：应收账款 600 000.00（应收票据的账面余额）

贷：应收票据 600 000.00（应收票据的账面余额）

【温馨提醒】

到期不能收回的带息应收票据，转入"应收账款"科目核算后，期末不再计提利息，其应计提的利息，在有关备查簿中进行登记，待实际收到时冲减收到当期的财务费用。尚未到期的应收票据应于期末按应收票据的票面价值和确定的利率计提利息。

借：应收票据

贷：财务费用

2. 应付票据的核算

（1）收款单位将收到的银行承兑汇票，存入银行保证金。

借：其他货币资金——银行承兑汇票保证金（保证金户）

贷：银行存款——××银行（结算户）

（2）付款单位按规定向银行支付手续费。

借：财务费用

贷：银行存款

（3）用银行承兑汇票购货或付款。

借：库存商品——名称/原材料——名称

应交税费——应交增值税（进项税额）

贷：应付票据

或　　借：应付账款——公司名称

贷：应付票据

（4）到期承兑解付时，保证金转回。

借：银行存款——××银行（结算户）

贷：其他货币资金——银行承兑汇票保证金（保证金户）

（5）承兑解付。

借：应付票据

贷：银行存款——××银行（结算户）

有的银行承兑解付保证金不转回，直接从保证金户划款。

借：应付票据

贷：其他货币资金——银行承兑汇票保证金（保证金户）

（6）银行承兑汇票到期无力支付票款。

借：应付票据

贷：短期借款

（二）应收债权的质押、出售

应收债权的质押、出售业务不经常发生，大部分会计对此比较陌生，因而这是一个难点，这里举例说明。

例 12-2

某公司 2024 年 12 月发生以下应收债权的质押、出售业务：

（1）12 月 12 日，以应收债权"应收账款——C"1 000 000 元为质押取得银行借款 998 000 元。

借：银行存款　　　　　　　　　998 000.00（实际收到的款项）

财务费用　　　　　　　　　2 000.00（实际支付的手续费）

贷：短期借款　　　　　　1 000 000.00（银行借款本金）

（2）12 月 14 日，将应收债权"应收账款——D"597 000 元出售给银行，取得银行存款 570 043.30 元，企业、债务人及银行之间签订不附追索权的协议，协议中约定预计将发生的销售退回和销售折让的金额为 26 000 元，支付的相关手续费金额为 50.50 元。

借：银行存款　　　　　　　　　　570 043.30（实际收到的款项）

　　其他应收款　　　　　　　　　　　　26 000.00

（协议中约定预计将发生的销售退回和销售折让的金额，包括现金折扣）

　　财务费用　　　　　　　　　　50.50（应支付的相关手续费的金额）

　　营业外支出　906.20（借方差额；若为贷方差额则计入营业外收入）

　　贷：应收账款　　　　　　597 000.00（售出应收债权的账面余额）

【温馨提醒】

出售应收债权过程中如附有追索权，即在有关应收债权到期无法从债务人处收回时，银行有权向出售应收债权的企业追偿，或按照协议约定，企业有义务按照约定金额向银行回购部分应收债权，则应以应收债权为质押取得借款的会计处理原则执行。

（3）12 月 16 日，实际发生与所售应收债权相关的销售退回及销售折让 26 000 元，恰等于原已计入其他应收款的金额，实际发生的销售退回及销售折让的金额为 24 570 元（含税），现金折扣为 1 430 元。

借：主营业务收入　21 743.36（实际发生的销售退回及销售折让的金额）

　　财务费用　　　　　　　　　　1 430.00（现金折扣）

　　应交税费——应交增值税（销项税额）

　　　　　　　　　　2 826.64（可冲减的增值税销项税额）

　　贷：其他应收款　　　　　　　　　　26 000.00

　　　（原计入其他应收款的预计销售退回和销售折让金额）

【温馨提醒】

实际发生的与所售应收债权相关的销售退回及销售折让与原已计入其他应收款的金额存在差额时，差额为应补付给银行或应向银行收回的销售退回及销售折让款，通过"其他应付款"或"银行存款"科目核算。

（三）对账技巧

对账是一件看似简单、实则麻烦的事情，特别是在往来客户和供应商数量多、业务发生频繁、结算方式不同的情况下，对账工作可以说是一件苦差事，这里为大家讲解对账的技巧，希望能够提高大家对账工作的效率。对账工作通常可以分为四个步骤：

第一步，对账准备。双方对账之前应当事先约好，以防对方外出或有其他业务，白跑一趟。对账之前，应做好以下准备工作：

（1）与供销部门对账，确认全部经济业务已经入账。

（2）对发生额异常和摘要异常的业务进行自查确认。

（3）准备好往来明细账、相关记账凭证及原始凭证、对账手续（相关领导的签批、财务专用章、对账单）等。

第二步，核对余额。核对往来科目余额，若对账双方的往来科目余额相符，一般情况下说明双方账目准确无误。

第三步，差额分析。如果双方往来科目余额不相符，计算其差额。

（1）检查有无与差额金额相同的业务，若一方有而另一方没有，则可能存在一方记账而另一方尚未记账的问题，调节未达账项即可。

（2）检查有无与差额的二分之一金额相同的业务，若有，则可能存在记账方向错误的问题。

第四步，缩小范围。若不存在上述两种情形，应查找双方明细账中最后一次余额相符的业务，缩小检查范围，提高效率。一般在该业务之前的账目是正确的，只需核对该业务之后的账目。

对于该业务之后的账目，可以分月核对其发生额，发生额相同，则此月份账目一般无误，只需核对发生额不符的月份，进一步缩小检查范围。

对于发生额不符的月份，核对借方发生额或者贷方发生额，尽可能缩小检查范围，若借（贷）方发生额核对相符，则说明贷（借）方发生额存在问题，只需逐笔核对贷（借）方发生额即可。对于发生额核对不符的业务，应查找其原始凭证，确定正确金额。

【温馨提醒】

（1）对账双方应同时核对账目，对方不提供明细账目的，一般不予对账，以防对方篡改账目。

（2）与多年无业务往来的供应商对账，对账者提供的对账资料必须加盖供应商公章或者提供加盖公章的介绍信，否则不予对账。因为多年无业务往来的供应商是否存续尚未可知，以防这是不具有索偿权利的个人行为。

（3）对方账目资料不齐全或者丢失，双方余额又不符的，怎样处理？这是对账中的疑难问题，一味不予对账并不能解决问题，只会使遗留问题越来越多，甚至会影响双方的业务关系。在这种情况下，一般应暂以双方余额的较小者为准出具对账单，并对双方暂时无法共同认定的业务进行说明，说明这些业务暂时无法认定的原因，以及以后取得证据后重新调整账目的权利，双方在对账单上签字并加盖公章。

以上都是外部对账技巧，现在来讲一下内部对账技巧，即与供销部门的对账。与供销部门对账一般不会出现无法认定的事项，差额一般都是由于入账时间有差异或填制不慎造成的单纯数字性差错。

往来账会计与供销部门对账有一定技巧，在平时的往来账项记录中，两个部门都要做到：（1）往来账项所涉及的单位名称必须严格使用全称；（2）不要手工记账，要使用 Excel 办公软件进行往来账项的记录工作；（3）往来账项结算单据及时传递至往来账会计，会计及时记录。这样月末对账就很简单了，将往来账会计和供销部门的两个往来账项余额表分别按照"单位名称"进行排序，这样两个表的往来单位就按相同的顺序排列起来了，这样我们就可以设置公式，将两个表的"余额"列相减，相减为零者正确，相减不为零者再核对本月发生额，这样月末与供销部门的对账工作很快就可以完成了。

第十三章 材料会计

一、材料会计日常业务处理

（一）材料采购（发票已到）

1. 实际成本法核算

审查采购员传来的采购发票、运费发票、购货清单、材料入库单（财务联）、采购订单（或采购合同，紧急需求、小额零星采购等特殊采购业务可以没有订单或合同）等与材料采购有关的原始凭证——将发票抵扣联抽出传至税务会计认证——编制记账凭证。

借：原材料——材料名称/周转材料（包装物、低值易耗品）
　　应交税费——应交增值税（进项税额）
　　贷：应付账款——客户名称/预付账款——客户名称/银行存款等

【温馨提醒】

（1）记账凭证摘要栏须注明材料名称及数量，并正确选取明细科目，注意客户名称要使用全称，防止出现因客户名称相近而串户的现象。

（2）采购发票必须真实、合法、有效。除特殊情形外，一般纳税人须取得增值税专用发票，按照增值税专用发票上注明的税额进行进项税额抵扣，并将增值税专用发票上注明的金额计入采购成本。发票数量、金额与材料入库单数量、金额要一致。

（3）免税农产品收购发票或者销售发票，按照"农产品买价×9％"计算进项税额抵扣，将"农产品买价×（1－9％）"计入采购成本中。买价，包括纳税人购进农产品在农产品收购发票或者销售发票上注明的价款和按规定缴纳的烟叶税。

另外，农产品涉及的发票开具情境比较多，农产品扣税凭证抵扣情况比较复杂，详见第九章和第二十章。

（4）运输费用发票必须重视备注栏的审核，运输费用发票应将起运地、到达地、车种、车号以及运输货物信息等内容填写在发票备注栏，如内容较多可另附清单。铁路运输企业受托代征的印花税款信息，可填写在发票备注栏。中国铁路总公司及其所属运输企业（含分支机构）提供货物运输服务，可自 2015 年 11 月 1 日起使用增值税专用发票和增值税普通发票，所开具的铁路货票、运费杂费收据可作为发票清单使用。运费杂费需填写材料入库单（只写金额不写数量），并计入相应材料的采购成本。

（5）下列项目的进项税额不得从销项税额中抵扣，不能抵扣的进项税额计入材料采购成本：

① 用于简易计税方法计税项目、免征增值税项目、集体福利或者个人消费的购进货物、加工修理修配劳务、服务、无形资产和不动产。其中涉及的固定资产、无形资产、不动产，仅指专用于上述项目的固定资产、无形资产（不包括其他权益性无形资产）、不动产。

纳税人的交际应酬消费属于个人消费。

② 非正常损失的购进货物，以及相关的加工修理修配劳务和交通运输服务。

③ 非正常损失的在产品、产成品所耗用的购进货物（不包括固定资产）、加工修理修配劳务和交通运输服务。

④ 非正常损失的不动产，以及该不动产所耗用的购进货物、设计服务和建筑服务。

⑤ 非正常损失的不动产在建工程所耗用的购进货物、设计服务和建筑服务。

纳税人新建、改建、扩建、修缮、装饰不动产，均属于不动产在建工程。

⑥ 购进的贷款服务、餐饮服务、居民日常服务和娱乐服务。

⑦ 财政部和国家税务总局规定的其他情形。

第④项、第⑤项所称货物，是指构成不动产实体的材料和设备，包括建筑装饰材料和给排水、采暖、卫生、通风、照明、通讯、煤气、消防、中央空调、电梯、电气、智能化楼宇设备及配套设施。

非正常损失，是指因管理不善造成货物被盗、丢失、霉烂变质，以及因违反法律法规造成货物或者不动产被依法没收、销毁、拆除的情形。

已经抵扣的原材料发生上述情形的，应做进项税额转出处理。

（6）材料的采购成本，包括购买价款、相关税费、运输费、装卸费、保险费以及在外购材料过程中发生的其他直接费用，但不含按照税法规定可以抵扣的增值税进项税额。相关人员应关注材料采购价格是否偏高，是否高于采购限价，关注价格波动情况，发现异常及时报告主管领导。

2. 计划成本法核算

审查采购员传来的采购发票、运费发票、购货清单、材料入库单（财务联）、采购订单（或采购合同，紧急需求、小额零星采购等特殊采购业务可以没有订单或合同）等与材料采购有关的原始凭证——将发票抵扣联抽出传至税务会计认证——计算实际成本与计划成本的差额——→编制记账凭证。

借：材料采购（实际成本）

应交税费——应交增值税（进项税额）

贷：应付账款——客户名称/预付账款——客户名称/银行存款等

借：原材料——材料名称/周转材料（计划成本）

材料成本差异

贷：材料采购（实际成本）

（二）材料采购（发票未到）

每月月末审核仓库材料明细账（原材料、周转材料），核查登记入库材料的数量、单价、金额是否与财务账相符，若仓库账大于财务账，则可能存在货到发票未到的情况——→抽出材料入库单稽核联与采购员传来的财务联进行配对（发票未收到时，采购员不会将财务联传到财务部门，材料已收到要办理入库手续，所以仓库会把稽核联传到财务部门，这样未配上的稽核联材料入库单属于仓库已验收入库但发票未到的情况）——→将未配上的材料入库单稽核联作为附件，按材料入库单金额暂估入库并编制记账凭证。

借：原材料——材料名称/周转材料（包装物、低值易耗品）

贷：应付账款——暂估

下月初，用红字冲回此凭证，收到发票后正常入账，若还未收到发票，月末凭未配上的稽核联材料入库单重新做暂估入库处理。

【温馨提醒】

（1）由于公司要求仓库与财务结账时间一致，一般不会出现财务联未配上的情况，若出现则为仓库漏记，提请仓库补记入账。

（2）在发票未到的情况下，价格通常暂时无法确定，可先由仓库保管员根据合同价、计划价、最近一段时间的价格、当前市价等进行估价，填写材料入库单，待收到发票后，暂估价与实际价的差额由仓库保管员补填蓝字或红字材料入库单进行调整，将补填材料入库单稽核联留仓库记账，补填材料入库单与估价材料入库单财务联一并附在发票后报账，保证发票和所附材料入库单金额之和一致。

（3）材料入库单稽核联与财务联一一配对工作量很大，会计人员可以使用财务软件进行配对，没有财务软件的可以自行设计 Excel 电子表格进行配对，以提高工作效率。

（三）车间、部门领料

1. 实际成本法核算

审核材料领用单填写规范，签字手续完备，材料领用单须经部门、车间负责人审核、分管领导签字──→核对材料领用单与领料明细表（由仓库保管员分车间、部门、材料品种编制）数量金额是否相符──→与各车间、部门核对领料数量──→核对无误后，月末按各车间、部门、材料品种编制材料成本分配表──→编制记账凭证──→传成本会计审核。

　　借：生产成本──基本生产成本（生产车间直接耗用的原材料）

　　　　生产成本──辅助生产成本（机修、供电等辅助车间领用）

　　　　制造费用（车间耗用的机、物、料等间接费用）

　　　　管理费用（管理部门领用）

　　　　销售费用（销售部门领用）

　　　贷：原材料──材料名称/周转材料（包装物、低值易耗品）

2. 计划成本法核算

采用计划成本法核算时，根据材料成本分配表编制的记账凭证与上述相同，只是金额不再是实际成本而是计划成本。然后，再编制材料成本差异计算表，将计划成本调整为实际成本。

在领用材料实际成本大于计划成本（超支）时：

　　借：生产成本──基本生产成本（生产车间直接耗用的原材料）

　　　　生产成本──辅助生产成本（机修、供电等辅助车间领用）

　　　　制造费用（生产部门领用非直接材料）

　　　　管理费用（管理部门领用）

　　　　销售费用（销售部门领用）

　　　贷：材料成本差异──原材料/周转材料（包装物、低值易耗品）

在领用材料实际成本小于计划成本（节约）时，做相反分录。

（四）销售原材料和周转材料

审核销售材料批件（生产部长签字、分管领导签字）、材料出库单──→开具收据、发票──→传出纳收款──→凭发票记账联、收据编制记账凭证。

　　借：银行存款（已收的价款）/应收账款（应收的价款）

　　　贷：其他业务收入（实现的销售收入）

　　　　　应交税费──应交增值税（销项税额）

借：其他业务成本（出售材料的实际成本）

  贷：原材料——材料名称/周转材料（包装物、低值易耗品）

（五）与仓库对账

督促仓库保管员登记材料仓库明细账并与实物进行核对，审核材料仓库明细账，将材料仓库明细账余额分类汇总并与材料财务账核对。

（六）盘点

定期（年末、季度末、月末）对原材料、包装物、低值易耗品等实物进行盘点——▶财务经理监督，材料会计、仓库保管员盘点——▶编制实物盘点明细表——▶及时报告盘盈、盘亏结果——▶根据企业处理决定编制记账凭证。

1. 盘盈

借：原材料——材料名称/周转材料（包装物、低值易耗品）

  贷：待处理财产损溢

借：待处理财产损溢

  贷：营业外收入

2. 盘亏或毁损

借：待处理财产损溢

  贷：原材料——材料名称/周转材料（包装物、低值易耗品）

    应交税费——应交增值税（进项税额转出）

查明原因，按管理权限报经批准后，根据造成存货盘亏或毁损的原因，分情况进行处理：

借：原材料（残料价值）

  其他应收款（可收回的保险赔偿或过失人赔偿，实际收到时计入银行存款或库存现金）

  营业外支出（借方差额）

  贷：待处理财产损溢

【温馨提醒】

（1）盘盈的各种材料、产成品、商品、现金等，应当按照同类或类似存货的市场价格或评估价值，借记"原材料""库存商品""库存现金"等科目，贷记"待处理财产损溢——待处理流动资产损溢"科目。盘亏、毁损、短缺的各种材料、产成品、商品、现金等，应当按照其账面余额，借记"待处理财产损溢——待处理流动资产损溢"

科目，贷记"材料采购""在途物资""原材料""库存商品""库存现金"等科目。涉及增值税进项税额的，还应进行相应的账务处理。

原材料盘亏属于非正常损失的部分要进行增值税进项税额转出处理。非正常损失，是指因管理不善造成货物被盗、丢失、霉烂变质，以及因违反法律法规造成货物或者不动产被依法没收、销毁、拆除的情形。自然灾害等其他损失均不属于非正常损失，不用进行增值税进项税额转出处理。

若确定原材料购入时原抵扣的进项税额，直接转出即可；若不能确定则需要计算出原材料应该转出的进项税额，需要注意相应运费的进项税额也要一并转出，计算公式为：

$$进项税额转出＝(材料成本－运费)×13\%＋运费×9\%$$

若原材料是免税农产品：

$$进项税额转出＝原材料成本/(1－9\%)×9\%$$

（2）仓库盘点流程如下：

① 财务部事先准备好盘点表（已经编号并且连号）。

② 定期盘点，盘点期间除紧急用料外，暂停一切库存的收、发、移动操作。

③ 仓库、财务部门分别指定每一个存储区域的盘点负责人，要求每一个区域都有相应的盘点员和财务人员，将盘点表发放给每一个盘点区域的盘点人员，由仓库人员进行盘点，由财务人员负责监盘复核。

④ 财务部门收取所有的盘点表，要求所有盘点表连号，没有遗漏，并进行汇总。

⑤ 对比库存账，比较差异，由仓库对差异项进行复盘。

⑥ 再次对复盘结果进行汇总，并与库存账比较差异，分析差异原因，整理成详细的书面报告，同时提出差异调整申请。

⑦ 财务经理及总经理对差异调查报告及差异调整申请进行审批。

⑧ 仓库根据审批情况做库存差异调整，财务部根据审批情况做库存财务账差异调整。

二、材料会计日常工作中的常见问题

（一）原材料数量及金额出现负数

这种情况发生在原材料已到发票未到时，没有按照规定进行暂估入账处理，若所得税汇算清缴期限内未取得相关发票，可能被税务局调增应纳税所得额缴纳所得税或给予处罚。有的企业虽对原材料进行暂估入账处理，但把相关的进项税额也暂估在原材料成本内，若该批材料当年耗用，对当年的销售成本核算正确性将造成影响。其他存货也存在类似情形。

（二）未核算原材料数量或核算不准确

原材料未设数量金额式明细账，不进行数量核算，或者设置数量金额式明细账但数量核算不准确，会导致企业更难掌握盘盈、盘亏、毁损、变质等情况，无法保证成本核算的正确性。其他存货也存在类似情形。

（三）存货成本核算不准确

外购存货的成本包括购买价款、相关税费、运输费、装卸费、保险费以及在外购存货过程发生的其他直接费用，但不含按照税法规定可以抵扣的增值税进项税额。

有些企业将运输费、装卸费、保险费等可归属于存货采购成本的费用直接计入当期损益，造成存货成本核算不准确。还有些企业将存货采购费用全部计入主要存货的采购成本，而不按存货的数量或买价等的比例分摊计入各种存货的采购成本，造成主要存货的采购成本偏大，其他辅助存货的采购成本偏小，进而造成存货成本核算不准确。

存货有多种取得方式，其价值的确定也各有不同，详见表13-1。

表 13-1　存货取得方式与存货成本的确定

存货取得方式	存货成本的确定	备注
外购存货	企业物资从采购到入库前所发生的全部支出，包括购买价款、相关税费、运输费、装卸费、保险费以及在外购存货过程中发生的其他直接费用，但不含按照税法规定可以抵扣的增值税进项税额	经过1年期以上的制造才能达到预定可销售状态的存货发生的借款费用，也计入存货的成本。借款费用，是指企业因借款而发生的利息及其他相关成本。包括：借款利息、辅助费用以及因外币借款而发生的汇兑差额等
通过进一步加工取得存货	直接材料、直接人工以及按照一定方法分配的制造费用	
委托加工材料	发出材料实际成本、支付的加工费用、运输费、装卸费、保险费等。需要缴纳消费税的委托加工物资：（1）收回后直接用于销售的，应将受托方代收代缴的消费税计入委托加工物资成本；（2）收回后用于连续生产应税消费品的，按受托方代收代缴的消费税借记"应交税费——应交消费税"科目	

续表

存货取得方式	存货成本的确定	备注
投资者投入存货	按照评估价值确定	下列费用不应计入存货成本，应在其发生时计入当期损益：（1）非正常消耗的直接材料、直接人工和制造费用，如自然灾害等发生的直接材料无助于使该存货达到目前场所和状态，不应计入存货成本，而应确认为当期损益；（2）企业在存货采购入库后发生的仓储费用；（3）企业（批发业、零售业）在购买商品过程中发生的运输费、装卸费、包装费、保险费、运输途中的合理损耗和入库前的挑选整理费等
提供劳务的成本	与提供劳务直接相关的人工费、材料费和应分摊的间接费用	
盘盈存货	按照同类或类似存货的市场价格或评估价值确定。确定市场价格的顺序：该项存货的市场价格、该类存货的市场价格、类似存货的市场价格。市场价格优先，无法取得市场价格再使用评估价值	
接受捐赠的存货	按照取得资产同类或类似资产的市场价格，考虑新旧程度后确定，不存在市场价格的采用评估价值确认	

（四）随意变更存货计价方法和周转材料摊销方法

根据《小企业会计准则》的规定，小企业应当采用先进先出法、加权平均法或者个别计价法确定发出存货的实际成本。计价方法一经选用，不得随意变更。

对于性质和用途相似的存货，应当采用相同的成本计算方法确定发出存货的成本。

对于不能替代使用的存货、为特定项目专门购入或制造的存货以及提供的劳务，采用个别计价法确定发出存货的成本。

对于周转材料，采用一次转销法进行会计处理，在领用时按其成本计入生产成本或当期损益；金额较大的周转材料，也可以采用分次摊销法进行会计处理。出租或出借周转材料，不需要结转其成本，但应当进行备查登记。

但在实际会计工作中，许多企业为了调节利润，随意变更存货计价方法和周转材料摊销方法，人为调节费用、调节利润的现象相当普遍。

（五）计划成本法核算不实

1. 人为调整计划成本

为了自身利益，有的企业制定材料计划成本没有任何依据，随意调整材料计划成本，造成计划成本严重偏离实际成本，失去了计划成本法的意义。

2. 人为调整材料成本差异率

为了调节利润，有的企业随意调整材料成本差异率。为了少缴企业所得税，人为提高材料成本差异率，多分摊材料成本差异，虚增生产成本和销售成本，虚减利润，达到少缴企业所得税的目的。为了获得奖励，人为降低材料成本差异率，少分摊材料成本差异，虚减生产成本和销售成本，虚增利润，骗取奖金。

（六）以物易物、以物抵债、以物投资等业务不做处理

根据税法规定，以物易物、以物抵债、以物投资等业务应视同销售并缴纳增值税、所得税等相关税费，但在实际会计工作中，有的企业对此类业务不做账务处理，隐瞒利润、逃避纳税。甚至有的企业将这些材料做生产产品假出库处理，虚增生产成本和销售成本，调节利润。

（七）随意调节材料领用

有的企业材料领用不按实际材料出库数量、金额核算，而是根据当期利润大小随意调节，这类企业往往先确定一个目标利润，再倒推出领用材料金额，进行账务处理。这类企业直接材料成本占产成品生产成本的比例在各月之间波动往往较大。

（八）未定期与仓库对账

未定期与仓库对账，原材料数量出现差异时未及时查明原因并更正。应当至少每月与仓库核对一次，可以采用编制"财务与保管存货库存数差异调节表"的方式分析差异原因，及时进行相关账务处理。

（九）未定期盘点原材料

未定期对原材料进行盘点，未能及时发现和处理原材料盘盈、盘亏、毁损、变质等情况，对损耗率明显偏高的原材料未采取措施予以控制。也有些企业虽然进行了盘点，但是出于自身利益需要，未进行正确的账务处理。在经济效益较好时，只做盘亏处理，不做盘盈处理；而在经济效益不好时，只做盘盈处理，不做盘亏处理，随意调节利润。

（十）存货损失的税务处理

企业发生的存货损失，按照规定的程序和要求向主管税务机关申报后方可税前扣除，未经申报的损失，不得税前扣除。

根据《企业资产损失所得税税前扣除管理办法》（2011年）第二十六条、第二十七条、第二十八条的规定：

存货盘亏损失，为其盘亏金额扣除责任人赔偿后的余额，应依据以下证据材料确认：

（1）存货计税成本确定依据；

（2）企业内部有关责任认定、责任人赔偿说明和内部核批文件；

（3）存货盘点表；

（4）存货保管人对于盘亏的情况说明。

存货报废、毁损或变质损失，为其计税成本扣除残值及责任人赔偿后的余额，应依据以下证据材料确认：

（1）存货计税成本的确定依据；

（2）企业内部关于存货报废、毁损、变质、残值情况说明及核销资料；

（3）涉及责任人赔偿的，应当有赔偿情况说明；

（4）该项损失数额较大的（指占企业该类资产计税成本 10% 以上，或减少当年应纳税所得、增加亏损 10% 以上），应有专业技术鉴定意见或法定资质中介机构出具的专项报告等。

存货被盗损失，为其计税成本扣除保险理赔以及责任人赔偿后的余额，应依据以下证据材料确认：

（1）存货计税成本的确定依据；

（2）向公安机关的报案记录；

（3）涉及责任人和保险公司赔偿的，应有赔偿情况说明等。

三、材料会计日常工作中的疑难问题

（一）存货发出和领用的三种核算方法

原材料和库存商品（成本费用会计核算）都属于存货，这里一并讲述。

企业应当采用先进先出法、加权平均法或者个别计价法确定发出存货的实际成本。计价方法一经选用，不得随意变更。

1. 个别计价法

个别计价法，把每一种存货的实际成本作为计算发出存货成本和期末存货成本的基础，对于不能替代使用的存货，为特定项目专门购入或制造的存货以及提供的劳务，通常使用此法确定发出存货的成本。在实际工作中，越来越多的企业使用计算机财务信息系统进行会计处理，个别计价法可以广泛地用于发出存货的计价，并且该方法确定的存货成本最为准确。

2. 先进先出法

先进先出法是指按照存货收发的顺序，假定先购入的存货先发出（销售或耗用），并按此实物流转程序计算发出存货的成本。

例 13－1

某企业 A 材料有关资料如下：

10 月 1 日：结余 6 500 千克，单位成本 4.2 元/千克，总成本 27 300 元。

10 月 3 日：购入 1 200 千克，单位成本 4.4 元/千克，总成本 5 280 元。

10 月 6 日：领用 7 000 千克。

10 月 16 日：购入 4 000 千克，单位成本为 4.6 元/千克，总成本 18 400 元。

10 月 26 日：领用 3 000 千克。

按照先进先出法，10 月 6 日领用的材料，其实际成本确定如下：

$$(6\ 500 \times 4.2) + (500 \times 4.4) = 29\ 500 (元)$$

10 月 26 日领用的材料，其实际成本确定如下：

$$(700 \times 4.4) + (2\ 300 \times 4.6) = 13\ 660 (元)$$

$$本月发出存货实际成本 = 29\ 500 + 13\ 660 = 43\ 160 (元)$$

3. 加权平均法

加权平均法，是指在月末根据月初结存及本月购入存货的实际成本和数量，计算本月发出存货的实际成本。其计算公式为：

$$存货加权平均单位成本 = \frac{月初结存存货实际成本 + 本月购入存货实际成本}{月初结存存货数量 + 本月购入存货数量}$$

$$本月发出存货实际成本 = 本月发出存货数量 \times 存货加权平均单位成本$$

例 13－2

承例 13－1，按照加权平均法，可计算如下：

$$全月加权平均单位成本 = \frac{27\ 300 + 5\ 280 + 18\ 400}{6\ 500 + 1\ 200 + 4\ 000} = 4.36 (元/千克)$$

$$本月发出存货实际成本 = (7\ 000 + 3\ 000) \times 4.36 = 43\ 600 (元)$$

（二）计划成本法核算——材料成本差异的财务处理方法与技巧

1. 计划成本法的特点

材料采用计划成本法核算，是指材料的收发及结存，无论总分类核算还是明细分类核算，均按照计划成本计价，其特点是：日常购入、领用、发出的材料均按材料的计划成本计价，平时购入材料的实际成本与计划成本的差异，通过"材料成本差异"科目调整。月末，领用、发出的材料通过"材料成本差异"科目分配，将领用、发出材料的计划成本调整为实际成本。

2. 科目设置

材料采用计划成本法核算，需要设置的会计科目有"原材料""材料采购""材料成本差异"等。

"原材料"科目核算企业采用计划成本进行材料日常核算而购入材料的计划成本。

"材料采购"科目核算企业采用计划成本进行材料日常核算而购入材料的采购成本（实际成本）。

"材料成本差异"科目核算企业采用计划成本进行日常核算的材料计划成本与实际成本的差额，为原材料科目的调整科目。

"材料成本差异"科目期末借方余额，反映企业库存材料等的实际成本大于计划成本的差异；贷方余额反映企业库存材料等的实际成本小于计划成本的差异。

【温馨提醒】

企业也可以在"原材料""周转材料"等科目设置"成本差异"明细科目。

3. 材料成本差异的主要账务处理

（1）入库材料发生的材料成本差异，实际成本大于计划成本的差异，借记本科目，贷记"材料采购"科目；实际成本小于计划成本的差异做相反的会计分录。入库材料的计划成本应当尽可能接近实际成本。除特殊情况外，计划成本在年度内不得随意变更。

（2）结转发出材料应负担的材料成本差异，按实际成本大于计划成本的差异，借记"生产成本""管理费用""销售费用""委托加工物资""其他业务成本"等科目，贷记本科目；实际成本小于计划成本的差异做相反的会计分录。

【温馨提醒】

发出材料应负担的成本差异应当按期（月）分摊，不得在季末或年末一次计算。

发出材料应负担的成本差异，除委托外部加工发出材料可按期初成本差异率计算外，应使用当期的实际成本差异率计算；期初成本差异率与本期成本差异率相差不大的，也可按期初成本差异率计算。计算方法一经确定，不得随意变更。

4. 材料成本差异率的计算公式

$$\text{本期材料成本差异率} = \frac{\text{期初结存材料的成本差异} + \text{本期验收入库材料的成本差异}}{\text{期初结存材料的计划成本} + \text{本期验收入库材料的计划成本}} \times 100\%$$

$$\text{期初材料成本差异率} = \frac{\text{期初结存材料的成本差异}}{\text{期初结存材料的计划成本}} \times 100\%$$

$$\text{发出材料应负担的成本差异} = \text{发出材料的计划成本} \times \text{材料成本差异率}$$

5. 财务处理难点与技巧

"材料成本差异"的金额与借贷方向问题，是计划成本法的难点所在，笔者将举例来说明"材料成本差异"科目的财务处理技巧。

例 13 - 3

某工业企业为增值税一般纳税人，原材料采用计划成本法核算。2024 年 12 月 6 日，购入一批 A 材料，取得的增值税专用发票上注明金额为 100 000 元，进项税额为 13 000 元。以银行存款支付运费 5 450 元，取得的增值税专用发票上注明金额为 5 000 元，进项税额为 450 元，以现金支付装卸费 450 元，取得增值税普通发票，该批 A 材料当日已验收入库，已知该批 A 材料计划成本为 100 000 元，货款尚未支付。2024 年 12 月 19 日，购入一批 A 材料，尚未取得增值税专用发票等凭证，已知该批 A 材料计划成本为 90 000 元，货款尚未支付。

（1）2024 年 12 月 6 日，购入 A 材料时：

A 材料实际成本 = 100 000 + 5 000 + 450 = 105 450（元）

进项税额 = 13 000 + 450 = 13 450（元）

原材料材料成本差异 = 105 450 - 100 000 = 5 450（元）

借：材料采购	105 450
应交税费——应交增值税（进项税额）	13 450
贷：应付账款	113 000
银行存款	5 450
库存现金	450

（2）2024 年 12 月 6 日，A 材料验收入库时：

借：原材料——A 材料	100 000
材料成本差异	5 450
贷：材料采购	105 450

（3）2024 年 12 月 19 日，购入 A 材料时，由于尚未取得发票，按材料计划成本

暂估入账，不产生材料成本差异。

　　借：原材料——A 材料　　　　　　　　　　　　　　90 000

　　　　贷：应付账款——暂估　　　　　　　　　　　　　　　90 000

　　财务处理技巧："材料采购"按实际成本计量，"原材料"按计划成本计量，"材料成本差异"按计划成本与实际成本的差异计量，根据借贷平衡原理确定"材料成本差异"的方向。

例 13 - 4

　　承例 13 - 3，该公司 12 月月初结存 A 材料的计划成本为 200 000 元，成本差异为节约 10 000 元，当月入库 A 材料的计划成本为 100 000 元，成本差异为超支 5 450 元。当月各车间、部门共领用 A 材料 260 000 元，其中：生产车间领用 249 000 元，机修、供电等辅助车间领用 9 000 元，生产部门领用 1 000 元，管理部门领用 600 元，销售部门领用 400 元。

　　（1）领用材料。

　　　借：生产成本——基本生产成本　　　　　　　　　　249 000

　　　　　生产成本——辅助生产成本　　　　　　　　　　　9 000

　　　　　制造费用　　　　　　　　　　　　　　　　　　1 000

　　　　　管理费用　　　　　　　　　　　　　　　　　　　600

　　　　　销售费用　　　　　　　　　　　　　　　　　　　400

　　　　　贷：原材料——A 材料　　　　　　　　　　　　　260 000

　　（2）结转领用材料的成本差异。

$$本期材料成本差异率 = \frac{-10\ 000 + 5\ 450}{200\ 000 + 100\ 000} \times 100\% = -1.52\%$$

$$发出材料应负担的成本差异 = 260\ 000 \times (-1.52\%) = -3\ 952（元）$$

各成本费用账户金额按照比例分配：

　　　借：材料成本差异——A 材料　　　　　　　　　　　3 952.00

　　　　　贷：生产成本——基本生产成本　　　　　　　　　3 784.80

　　　　　　　生产成本——辅助生产成本　　　　　　　　　　136.80

　　　　　　　制造费用　　　　　　　　　　　　　　　　　　15.20

　　　　　　　管理费用　　　　　　　　　　　　　　　　　　　9.12

　　　　　　　销售费用　　　　　　　　　　　　　　　　　　　6.08

财务处理技巧：

（1）很多教材和老师的方法是告诉学员"材料成本差异超支计入贷方，节约计入借方"，许多会计学习者便死记硬背，一到实际应用和会计考试中便会忘记和混淆。笔者在这里告诉大家怎样用理解的方法掌握"材料成本差异"结转时的方向问题，掌握了这个方法，会计学习者会终生不忘。

"材料成本差异"按计划成本与实际成本的差异计量，当发出材料实际成本大于计划成本（超支）时，相应的成本费用必然应该增大，即借记成本费用，根据借贷平衡原理确定应该贷记"材料成本差异"科目；当发出材料实际成本小于计划成本（节约）时，相应的成本费用必然应该减少，即贷记成本费用，根据借贷平衡原理确定应该借记"材料成本差异"科目。

（2）实际会计工作中，我们可以通过编制如表13-2所示的材料成本差异计算表来进行计算以提高核算效率，在表中可以设置计算公式，每月月末只需要填写前5项数据，后两项数据即可自动生成。

表13-2　材料成本差异计算表

单位：元

月份	期初结存材料成本差异	本期验收入库材料成本差异	期初结存材料计划成本	本期验收入库材料计划成本	发出材料计划成本	本期材料成本差异率	发出材料应负担的成本差异
	①	②	③	④	⑤	⑥=（①+②）÷（③+④）	⑦=⑤×⑥
1							
2							
⋮							
11							
12	−10 000	5 450	200 000	100 000	260 000	−1.52%	−3 952

说明：1—11月数据略。

（三）材料成本分配

材料会计一般通过编制材料成本分配表分配材料成本：用于构成产品实体的原材料及主要材料和有助于产品形成的辅助材料，列入"直接材料"项目；用于生产的燃料列入"燃料和动力"项目；用于维护生产设备和管理生产的各种材料列入

"制造费用"项目。不应计入产品成本而属于期间费用的材料费用则应列入"管理费用""销售费用"科目。用于购置和建造固定资产、其他资产的材料费用，不得列入产品成本，也不得列入期间费用。

生产车间发生的直接用于产品生产的原材料和主要材料一般分产品领用，根据领料凭证直接计入某种产品的生产成本即可。但是对于几种产品共同耗用的材料成本，则应采用适当的分配方法，分别计入各种产品的生产成本。

分配直接材料成本的方法：

（1）在消耗定额比较准确的情况下，通常采用材料定额消耗量比例或材料定额成本比例进行分配，计算公式如下：

$$分配率=\frac{材料实际总消耗量（或实际成本）}{\sum 各种产品材料定额消耗量（或定额成本）}$$

$$\begin{array}{l}某种产品应分配的\\材料数量（或成本）\end{array}=该产品的材料定额消耗量（或定额成本）\times 分配率$$

（2）不同规格的同类产品，如果产品的结构大小相近，也可以按产量或重量比例进行分配。

$$分配率=\frac{待分配费用}{分配标准}$$

$$分配额=某产品耗用的标准\times 分配率$$

这里以按材料消耗定额法分配直接材料为例说明。

例 13-5

材料消耗定额，A、B 产品共同耗用原材料，直接领用的原材料均为已知数据，填列在材料成本分配表中，据此编制如表 13-3 所示的材料成本分配表和记账凭证。

有关数据的计算如下：

$$分配率=\frac{应分配材料费}{定额消耗用量}=\frac{600\,000}{100\,000}=6（元/千克）$$

A 产品直接材料=定额消耗用量×分配率=48 000×6=288 000（元）

B 产品直接材料=定额消耗用量×分配率=52 000×6=312 000（元）

表 13 - 3　材料成本分配表

金额单位：元

应借科目			分配共同耗用的原材料					直接领用的原材料	耗用原材料总额
总账及二级科目	明细科目	成本或费用项目	产量（件）	单位消耗定额（千克）	定额消耗用量（千克）	分配率（元/件）	应分配材料费		
生产成本——基本生产成本	A产品	直接材料	2 000	24	48 000		288 000	912 000	1 200 000
	B产品	直接材料	4 000	13	52 000		312 000	688 000	1 000 000
	小计				100 000	6	600 000	1 600 000	2 200 000
生产成本——辅助生产成本	锅炉车间	直接材料						120 000	120 000
	供电车间	直接材料						80 000	80 000
	小计							200 000	200 000
制造费用	基本车间	机物料消耗						60 000	60 000
管理费用								2 000	2 000
销售费用								1 000	1 000
合计							600 000	1 863 000	2 463 000

会计分录如下：

```
借：生产成本——基本生产成本——A产品——直接材料        1 200 000
                         ——B产品——直接材料         1 000 000
             ——辅助生产成本——锅炉车间               120 000
                         ——供电车间               80 000
    制造费用——基本车间                              60 000
    管理费用                                       2 000
    销售费用                                       1 000
    贷：原材料——材料名称                                      2 463 000
```

（四）周转材料的摊销

周转材料，是指小企业能够多次使用、逐渐转移其价值但仍保持原有形态且不确认为固定资产的材料，包括包装物、低值易耗品以及小企业（建筑业）的钢模板、木模板、脚手架等。

对于周转材料，采用一次转销法进行会计处理，在领用时按其成本计入生产成本或当期损益；金额较大的周转材料，也可以采用分次摊销法进行会计处理。出租或出借周转材料，不需要结转其成本，但应当进行备查登记。

在领用低值易耗品或包装物等周转材料时，可以在每次领用时编制记账凭证，也可以到月末汇总编制记账凭证，相关摊销方法与账务处理见表13-4。

表13-4 周转材料摊销方法与账务处理一览表

摊销方法	业务内容	账务处理
一次转销法	领用	将其全部价值计入相关的成本费用： 借：管理费用/生产成本/销售费用/其他业务成本等 　　贷：周转材料——低值易耗品 　　　　　　——包装物
	报废	残料价值应冲减相关的成本费用： 借：原材料 　　贷：管理费用/生产成本/销售费用/其他业务成本等
分次摊销法	领用	按其账面价值，将在库周转材料转为在用周转材料： 借：周转材料——包装物——在用 　　　　　　——低值易耗品——在用 　　贷：周转材料——包装物——在库 　　　　　　——低值易耗品——在库
	摊销	按摊销额计入相关的成本费用： 借：管理费用/生产成本 　　贷：周转材料——包装物——摊销 　　　　　　——低值易耗品——摊销
	报废	补提摊销额计入相关的成本费用： 借：管理费用/生产成本/销售费用/其他业务成本等 　　贷：周转材料——包装物——摊销 　　　　　　——低值易耗品——摊销 同时，按报废包装物和低值易耗品的残料价： 借：原材料 　　贷：管理费用/生产成本/销售费用/其他业务成本等 并转销全部已提摊销额： 借：周转材料——包装物——摊销 　　　　　　——低值易耗品——摊销 　　贷：周转材料——包装物——在用 　　　　　　——低值易耗品——在用

【温馨提醒】

企业的周转材料符合存货的定义和确认条件的，按照使用次数分次计入成本费用，余额较小的，可在领用时一次计入成本费用，以简化核算，但为加强实物管理，应当在备查簿中进行登记。

（五）出售、出租、出借包装物的核算

1. 随同商品出售的包装物

借：销售费用（不单独计价）

　　其他业务成本（单独计价）

　　贷：周转材料——包装物（按实际成本）

2. 出租、出借包装物，在领用时应结转成本

借：其他业务成本（出租包装物）

　　销售费用（出借包装物）

　　贷：周转材料——包装物（按实际成本）

3. 收到出租、出借包装物的租金、押金

借：库存现金/银行存款

　　贷：其他业务收入（出租包装物和商品的租金收入）/营业外收入（逾期未
　　　　退包装物押金收益）

借：库存现金/银行存款

　　贷：其他应付款（收到出租、出借包装物的押金）

退回押金做相反会计分录。

（六）其他原材料取得方式的核算

1. 自制并已验收入库的原材料

借：原材料

　　贷：生产成本（按生产过程中发生的实际成本）

2. 投资者投入的原材料

借：原材料（按评估价值）

　　应交税费——应交增值税（进项税额）

　　贷：实收资本/资本公积等

3. 接受捐赠的原材料

捐赠方提供了有关凭据的，按凭据上标明的金额加上应支付的相关税费作为实际成本；捐赠方未提供有关凭据的，按其市价或同类、类似材料的市场价格估计的金额，加上应支付的相关税费，作为实际成本：

借：原材料

　　应交税费——应交增值税（进项税额）

　　贷：营业外收入

（七）委托加工物资的核算

委托加工物资有原材料也有库存商品，不管是原材料还是库存商品，核算方法相同。

（1）发给外单位加工的物资，按实际成本：

　　借：委托加工物资
　　　　贷：原材料/库存商品等

【温馨提醒】

如果采用计划成本（工业企业）或售价核算（商业企业）原材料或库存商品，还应同时结转材料成本差异或商品进销差价。

（2）支付加工费用、应负担的运杂费等：

　　借：委托加工物资
　　　　应交税费——应交增值税（进项税额）
　　　　贷：银行存款等

（3）需要缴纳消费税的委托加工物资，收回后直接用于销售的，应将受托方代收代缴的消费税计入委托加工物资成本：

　　借：委托加工物资
　　　　贷：应付账款/银行存款等

（4）收回后用于连续生产应税消费品的委托加工物资，按规定准予抵扣的，按受托方代收代缴的消费税：

　　借：应交税费——应交消费税
　　　　贷：应付账款/银行存款等

应税消费品销售时，计提消费税：

　　借：税金及附加
　　　　贷：应交税费——应交消费税

消费税按照企业计提的消费税和受托方代收代缴的消费税的差额缴纳。

（5）企业收回委托外单位加工，加工完成并验收入库的物资和剩余的物资，按加工收回物资的实际成本和剩余物资的实际成本：

　　借：原材料/库存商品等
　　　　贷：委托加工物资

第十四章　工资会计

一、工资会计日常业务处理

(一) 月末分配工资

取得人力资源部门开具的工资发放明细表——审核是否有人力资源部门的部门章以及人力资源部门的经理、财务经理、总经理签字——编制工资成本分配汇总表——编制记账凭证。

借：生产成本（生产车间生产人员的职工薪酬）

　　制造费用（生产车间管理人员的职工薪酬）

　　管理费用（管理人员的职工薪酬）

　　销售费用（销售人员的职工薪酬）

　　在建工程（由在建工程负担的职工薪酬）

　　研发支出（由研发支出负担的职工薪酬）

　　贷：应付职工薪酬——职工工资

　　　　　　　　　　——奖金、津贴和补贴

　　　　　　　　　　——职工福利费

　　　　　　　　　　——社会保险费（企业承担的职工社保费用部分）

　　　　　　　　　　——住房公积金

　　　　　　　　　　——工会经费

　　　　　　　　　　——职工教育经费

【温馨提醒】

工资会计应该审核：是否有考勤记录，是否有劳动合同，工资薪金制度，工资薪金是否符合行业和地区水平，是否扣缴了个人所得税，工资数额与劳动合同和考勤记录是否吻合。

职工福利费、工会经费和职工教育经费可以在实际支付时进行计提。

会计与税法规定有差异，详见第九章、第二十章。

（二）发放工资

根据工资发放明细表开具扣款收据——→根据出纳传来的银行转账支票存根编制记账凭证。

借：应付职工薪酬——工资

贷：银行存款/库存现金

其他应付款——社会保险费（预扣预缴的职工个人负担的社保费用部分）

其他应收款——代垫费用（水电费、医药费等代垫费用）

应交税费——应交个人所得税

【温馨提醒】

（1）以现金方式发放工资，需要职工签字领取；通过银行存款发放工资则不需要职工签字。

随工资发放而代扣代缴的社会保险费、预扣预缴的个人所得税等，代垫的水电费、医药费等，扣款收据由工资会计开具，由于直接代扣，并未实际经出纳付款，而是直接从职工手中收取现金，收据可以没有付款人签字（盖章），收据应和工资发放明细表同时作为附件记账。

（2）预扣预缴的职工个人负担的社会保险费部分，代垫的水电费、医药费等不属于公司的成本费用，直接从职工薪酬中扣款。

（三）上交社会保险费和代缴个人所得税

取得社会保险费缴费收据和个人所得税完税凭证、出纳传来的银行转账支票存根——→编制记账凭证。

借：应付职工薪酬——社会保险费（企业承担的职工社会保险费部分）

其他应付款——社会保险费（职工个人负担的社会保险费部分）

应交税费——应交个人所得税

贷：银行存款

（四）代垫各种费用

取得水电费等费用的发票或收据、出纳传来的银行转账支票存根——→编制记账凭证。

借：其他应收款——代垫费用

贷：银行存款

（五）自产产品用于职工福利

审查自产产品出库单和公司批准的福利发放表——→编制记账凭证。
借：生产成本/管理费用等
　　贷：应付职工薪酬——非货币性福利
借：应付职工薪酬——非货币性福利
　　贷：主营业务收入
　　　　应交税费——应交增值税（销项税额）
借：主营业务成本
　　贷：库存商品

（六）外购商品用于职工福利

审查商品发票和公司批准的福利发放表——→编制记账凭证。
借：生产成本/管理费用等
　　贷：应付职工薪酬——非货币性福利
借：应付职工薪酬——非货币性福利
　　贷：银行存款/应付账款等

（七）将拥有的汽车等资产无偿提供给部门经理等职工使用，或租赁住房等资产供职工无偿使用

审核公司批准文件、汽车发票、房屋租赁合同、租赁发票等——→编制记账凭证。
借：管理费用/生产成本等
　　贷：应付职工薪酬——非货币性福利
借：应付职工薪酬——非货币性福利
　　贷：累计折旧
　　　　其他应付款（租金）

（八）解除与职工的劳动关系给予的补偿

审核人力资源部门开具的解除劳动关系名单和补偿金额审批表——→编制记账凭证。
借：管理费用
　　贷：应付职工薪酬——辞退福利

（九）日常零星工资性支出

收到人力资源部门开具的零星工资支出证明单——→编制记账凭证——→传现金出

纳付款。

　　借：应付职工薪酬
　　　　贷：库存现金

二、工资会计日常工作中的常见问题

（一）利用工资费用，调节当期利润

　　某些企业为了调节当期利润，人为地随意分配工资费用，从而达到调节利润的目的。比如，某企业将应计入在建工程的工资支出计入生产成本，虚增产品成本，随着产品的销售，必然会导致当年的利润减少；再比如，某些企业将应计入生产成本的工资计入管理费用，达到虚减当期利润的目的。

（二）工资表虚列职工姓名、伪造签名或无签名

　　某些会计人员利用企业内部控制不健全这一漏洞，通过虚列职工姓名、伪造签名等方式进行贪污。

　　也有某些企业为了达到少交或不交个人所得税的目的，通过虚列职工姓名、虚列工资数额、伪造签名等方式编造虚假的工资表。

　　以现金形式发放的工资表应当有职工签名，有的企业工资表上没有职工签名，这会给人虚列工资之感。

（三）不通过"应付职工薪酬"核算，直接在成本费用中列支

　　有的企业为了少交个人所得税，只将基本工资通过"应付职工薪酬"核算。而将发放的加班费、职工福利、补贴、奖金、以实物形式发放的非货币性工资薪酬等直接通过生产成本、管理费用等科目核算，不通过"应付职工薪酬"核算，不计算缴纳个人所得税。

三、工资会计日常工作中的疑难问题

（一）分配工资成本问题

　　工资会计分配工资成本，既涉及生产成本、制造费用的核算，又为成本会计核算提供基础，因此，分配工资成本不仅较为重要，还是工资会计工作中的难点所在。

　　工资会计一般通过编制工资成本分配汇总表来分配工资，工资分配有计件工资

制和计时工资制两种情况。

1. 计件工资制

在计件工资制下，生产工人工资通常是根据各种产品的产量凭证计算工资并直接计入各种产品的生产成本，因此，工资无须在各种产品之间进行分配。

2. 计时工资制

在计时工资制下，生产多种产品的，需要采用一定的分配方法在各种产品之间进行工资成本分配。

$$直接人工分配率 = \frac{本期发生的直接人工}{\sum 各种产品实际工时(或定额工时)}$$

$$某产品负担的直接人工 = 该种产品实际工时(或定额工时) \times 直接人工分配率$$

这里以计时工资制为例说明如何分配工资成本。

 例 14-1

编制如表 14-1 所示的工资成本分配汇总表和记账凭证。

有关数据的计算如下，其余相关数据均为已知数据填列在表 14-1 中：

$$直接人工分配率 = \frac{250\,000}{500\,000} = 0.5(元/工时)$$

A 产品应负担的直接人工 = 260 000 × 0.5 = 130 000(元)

B 产品应负担的直接人工 = 240 000 × 0.5 = 120 000(元)

表 14-1　工资成本分配汇总表

金额单位：元

应借科目		分配标准	工资		
总账及二级科目	明细科目	工时	直接生产人员	管理人员工资	工资合计
生产成本——基本生产成本	A产品	260 000	130 000		130 000
	B产品	240 000	120 000		120 000
	小计	500 000	250 000		250 000
生产成本——辅助生产成本	锅炉车间			40 000	40 000
	供电车间			60 000	60 000
	小计			100 000	100 000

续表

应借科目		分配标准	工资		
总账及二级科目	明细科目	工时	直接生产人员	管理人员工资	工资合计
制造费用	基本车间			5 000	5 000
	锅炉车间			4 000	4 000
	供电车间			3 000	3 000
	小计			12 000	12 000
管理费用				10 000	10 000
销售费用				5 000	5 000
合计			250 000	127 000	377 000

账务处理如下：

借：生产成本——基本生产成本——A 产品——直接人工　　　130 000

　　　　　　　　　　　　　　　——B 产品——直接人工　　　120 000

　　　　　　　——辅助生产成本　　　　　　　　　　　　　100 000

　　制造费用——基本车间　　　　　　　　　　　　　　　　5 000

　　　　　　——锅炉车间　　　　　　　　　　　　　　　　4 000

　　　　　　——供电车间　　　　　　　　　　　　　　　　3 000

　　管理费用　　　　　　　　　　　　　　　　　　　　　　10 000

　　销售费用　　　　　　　　　　　　　　　　　　　　　　5 000

　　贷：应付职工薪酬　　　　　　　　　　　　　　　　　　377 000

（二）综合所得个人所得税预扣预缴

虽然劳务报酬所得不属于工资、薪金所得，但是习惯上工资会计也核算劳务报酬所得，而且现行税法是四项劳动性所得综合征税，所以我们一并讲解。

1. 四项劳动性所得综合征税的个人所得税预扣预缴方法

扣缴义务人向居民个人支付工资、薪金所得，劳务报酬所得，稿酬所得，特许权使用费所得时，按以下方法预扣预缴个人所得税，并向主管税务机关报送《个人所得税扣缴申报表》。年度预扣预缴税额与年度应纳税额不一致的，由居民个人于次年 3 月 1 日至 6 月 30 日向主管税务机关办理综合所得年度汇算清缴，多退少补。

（1）扣缴义务人向居民个人支付工资、薪金所得时，应当按照累计预扣法计算预扣税额，并按月办理全员全额扣缴申报。具体计算公式如下：

$$本期应预扣\atop 预缴税额 = \left(累计预扣预缴\atop 应纳税所得额\right. × 预扣率 - \left.速算\atop 扣除数\right) - 累计\atop 减免税额 - 累计已预扣\atop 预缴税额$$

$$累计预扣预缴\atop 应纳税所得额 = 累计\atop 收入 - 累计\atop 免税收入 - 累计\atop 减除费用 - 累计\atop 专项扣除 - 累计\atop 附加扣除 - 累计专项\atop$$

$$- 累计依法确定的\atop 其他扣除$$

其中：累计减除费用按照 5 000 元/月乘以纳税人当年截至本月在本单位的任职受雇月份数计算。

上述公式中，计算居民个人工资、薪金所得预扣预缴税额的预扣率、速算扣除数，按表 14-2 所示的个人所得税预扣率表一执行。

表 14-2 个人所得税预扣率表一

（居民个人工资、薪金所得预扣预缴适用）

级数	累计预扣预缴应纳税所得额	预扣率（%）	速算扣除数（元）
1	不超过 36 000 元的	3	0
2	超过 36 000 元至 144 000 元的部分	10	2 520
3	超过 144 000 元至 300 000 元的部分	20	16 920
4	超过 300 000 元至 420 000 元的部分	25	31 920
5	超过 420 000 元至 660 000 元的部分	30	52 920
6	超过 660 000 元至 960 000 元的部分	35	85 920
7	超过 960 000 元的部分	45	181 920

【温馨提醒】

非居民个人取得工资、薪金所得，劳务报酬所得，稿酬所得和特许权使用费所得，依照表 14-2 按月换算后计算应纳税额，见表 14-3。

表 14-3 个人所得税税率表一

（综合所得适用）

级数	全月应纳税所得额	税率（%）	速算扣除数（元）
1	不超过 3 000 元的	3	0
2	超过 3 000 元至 12 000 元的部分	10	210
3	超过 12 000 元至 25 000 元的部分	20	1 410
4	超过 25 000 元至 35 000 元的部分	25	2 660
5	超过 35 000 元至 55 000 元的部分	30	4 410
6	超过 55 000 元至 80 000 元的部分	35	7 160
7	超过 80 000 元的部分	45	15 160

例 14-2

某职员 2020 年入职，2024 年每月应发工资均为 10 000 元，每月减除费用为 5 000元，"三险一金"等专项扣除为 1 500 元，享受子女教育专项附加扣除 1 000 元，没有减免收入及减免税额等情况，以前 3 个月为例，应当按照以下方法计算各月预扣预缴税额：

1 月预扣预缴税额＝(10 000－5 000－1 500－1 000)×3％＝75(元)

2 月预扣预缴税额＝(10 000×2－5 000×2－1 500×2－1 000×2)×3％
　　　　　　　　　－75
　　　　　　　　＝75(元)

3 月预扣预缴税额＝(10 000×3－5 000×3　1 500×3－1 000×3)×3％
　　　　　　　　　75－75
　　　　　　　　＝75(元)

进一步计算可知，该纳税人全年累计预扣预缴应纳税所得额为 30 000 元，一直适用 3％的税率，因此各月应预扣预缴的税额相同。

例 14-3

某职员 2020 年入职，2024 年每月应发工资均为 30 000 元，每月减除费用为 5 000元，"三险一金"等专项扣除为 4 500 元，享受子女教育、赡养老人两项专项附加扣除共计 2 000 元，没有减免收入及减免税额等情况，以前 3 个月为例，应当按照以下方法计算各月应预扣预缴税额：

1 月预扣预缴税额＝(30 000－5 000－4 500－2 000)×3％＝555(元)

2 月预扣预缴税额＝(30 000×2－5 000×2－4 500×2－2 000×2)×10％
　　　　　　　　　－2 520－555
　　　　　　　　＝625(元)

3 月预扣预缴税额＝(30 000×3－5 000×3－4 500×3－2 000×3)×10％
　　　　　　　　　－2 520－555－625
　　　　　　　　＝1 850(元)

上述计算结果表明，由于 2 月份累计预扣预缴应纳税所得额为 37 000 元，已适用 10％的税率，因此 2 月份和 3 月份应预扣预缴税额有所增高。

【温馨提醒】

(1) 预扣预缴税额增多，实发工资减少，会计人员应向员工做好解释工作！

(2) 在实际计算税额时，单位办税人员将本月的收入、专项扣除等金额录入税务机关提供的免费软件后，可以直接计算出本月应该预缴的税额。之所以采用这种预扣税额方法，主要是考虑到税改后工资、薪金所得计入综合所得，按年计税、税额多退少补，如果还按照税改前的方法预缴税额，将有较多纳税人年终需要补税或者退税。而采用累计预扣法，将有效解决这一问题，对于大部分只有一处工资、薪金所得的纳税人，纳税年度终了时预扣预缴的税额基本等于年度应纳税额，年终将无须再办理汇算清缴申报；同时，即使纳税人需要补税或者退税，金额也相对较小，不会占用纳税人过多资金。

---

(2) 扣缴义务人向居民个人支付劳务报酬所得、稿酬所得、特许权使用费所得，按次或者按月预扣预缴个人所得税。具体预扣预缴方法如下：

劳务报酬所得、稿酬所得、特许权使用费所得以收入减除费用后的余额为收入额。其中，稿酬所得的收入额减按 70% 计算。

劳务报酬所得、稿酬所得、特许权使用费所得每次收入不超过 4 000 元的，减除费用按 800 元计算；每次收入 4 000 元以上的，减除费用按 20% 计算。

劳务报酬所得、稿酬所得、特许权使用费所得，以每次收入额为预扣预缴应纳税所得额。劳务报酬所得适用 20%～40% 的超额累进预扣率（见表 14-4 个人所得税预扣率表二），稿酬所得、特许权使用费所得适用 20% 的比例预扣率。

$$劳务报酬所得应预扣预缴税额 = 预扣预缴应纳税所得额 \times 预扣率 - 速算扣除数$$

$$稿酬所得、特许权使用费所得应预扣预缴税额 = 预扣预缴应纳税所得额 \times 20\%$$

表 14-4 个人所得税预扣率表二

（居民个人劳务报酬所得预扣预缴适用）

级数	预扣预缴应纳税所得额	预扣率（%）	速算扣除数（元）
1	不超过 20 000 元的	20	0
2	超过 20 000 元至 50 000 元的部分	30	2 000
3	超过 50 000 元的部分	40	7 000

劳务报酬所得应预扣预缴税额计税方法如表 14-5 所示。

表 14-5 劳务报酬所得应预扣预缴税额计税方法

情况	个人所得税计税公式
每次收入不足 4 000 元的	应纳税额＝应纳税所得额×20％＝(每次收入额－800)×20％
每次收入 4 000 元以上的	应纳税额＝应纳税所得额×20％＝每次收入额×(1－20％)×20％
每次收入的应纳税所得额超过 20 000 元的	应纳税额＝应纳税所得额×适用税率－速算扣除数＝每次收入额×(1－20％)×适用税率－速算扣除数

例 14-4

假如某居民个人取得劳务报酬所得为 2 000 元，请计算这笔所得应预扣预缴税额。

$$应纳税所得额＝2\ 000－800＝1\ 200(元)$$
$$应预扣预缴税额＝1\ 200×20％＝240(元)$$

例 14-5

假如某居民个人取得稿酬所得 40 000 元，请计算这笔所得应预扣预缴税额。

$$应纳税所得额＝(40\ 000－40\ 000×20％)×70％＝22\ 400(元)$$
$$应预扣预缴税额＝22\ 400×20％＝4\ 480(元)$$

例 14-6

假如某非居民个人取得劳务报酬所得 20 000 元，请计算这笔所得应预扣预缴税额。

$$应预扣预缴税额＝(20\ 000－20\ 000×20％)×20％－1\ 410＝1\ 790(元)$$

例 14-7

假如某非居民个人取得稿酬所得 10 000 元，请计算这笔所得应预扣预缴税额。

$$(10\ 000－10\ 000×20％)×70％×10％－210＝350(元)$$

2. 单位或个人为纳税义务人负担预缴个人所得税额的预扣预缴方法

(1) 预扣税后工资、薪金所得。个人所得税预扣率表一(不含税)，见表 14-6。

表 14-6 个人所得税预扣率表一（不含税）

（居民个人工资、薪金所得预扣预缴适用）

级数	累计预扣预缴应纳税所得额（不含税）	预扣率（%）	速算扣除数（元）
1	不超过 34 920 元的	3	0
2	超过 34 920 元至 132 120 元的部分	10	2 520
3	超过 132 120 元至 256 920 元的部分	20	16 920
4	超过 256 920 元至 346 920 元的部分	25	31 920
5	超过 346 920 元至 514 920 元的部分	30	52 920
6	超过 514 920 元至 709 920 元的部分	35	85 920
7	超过 709 920 元的部分	45	181 920

单位或个人为纳税义务人代付工资、薪金所得的个人所得税额时，应将纳税义务人取得的不含税收入换算为应纳税所得额，计算征收个人所得税。计算公式如下：

$$累计预扣预缴应纳税所得额=\left(\begin{array}{l}不含税累计收入额-累计减除费用-累计专项扣除-累计专项附加扣除\\-累计依法确定的其他扣除-速算扣除数\end{array}\right)\div(1-税率)$$

式中，税率是指不含税所得（不含税累计收入额-累计减除费用-累计专项扣除-累计专项附加扣除-累计依法确定的其他扣除）按个人所得税预扣率表一（不含税）不含税级距对应的税率。

$$累计应预扣预缴税额=累计预扣预缴应纳税所得额\times 适用税率-速算扣除数$$

式中，税率是指累计预扣预缴应纳税所得额按个人所得税预扣率表一含税级距对应的税率。

$$本期应预扣预缴税额=累计应预扣预缴税额-累计减免税额-累计已预扣预缴税额$$

$$本期税前工资总额=本期不含税收入额+本期应预扣预缴税额$$

例 14-8

某职员 2020 年入职，2024 年每月应发不含税工资均为 30 000 元，每月减除费用为 5 000 元，"三险一金"等专项扣除为 4 500 元，享受子女教育、赡养老人两项专项附加扣除共计 2 000 元，没有减免收入及减免税额等情况，以前 2 个月为例，应当按照以下方法计算各月应预扣预缴税额：

$$\text{1月不含税累计预扣预缴应纳税所得额}=30\,000-5\,000-4\,500-2\,000$$
$$=18\,500(元)(对应税率为3\%)$$

$$\text{累计预扣预缴应纳税所得额}=(30\,000-5\,000-4\,500-2\,000-0)\div(1-3\%)$$
$$=19\,072.16(元)$$

1月应预扣预缴税额$=(19\,072.16\times3\%-0)-0=572.16(元)$

1月含税工资为30 572.16元。

$$\text{2月不含税累计预扣预缴应纳税所得额}=30\,000\times2-5\,000\times2-4\,500\times2-2\,000\times2$$
$$=37\,000(元)(对应税率为10\%,速算扣除数为2\,520)$$

$$\text{累计预扣预缴应纳税所得额}=(30\,000\times2-5\,000\times2-4\,500\times2-2\,000\times2-2\,520)$$
$$\div(1-10\%)$$
$$=38\,311.11(元)$$

2月应预扣预缴税额$=(38\,311.11\times10\%-2\,520)-0-572.16$
$$=738.95(元)$$

2月含税工资为30 738.95元。

验算：

1月预扣预缴税额$=(30\,572.16-5\,000-4\,500-2\,000)\times3\%$
$$=572.16(元)$$

2月预扣预缴税额$=(30\,572.16+30\,738.95-5\,000\times2-4\,500\times2$
$$-2\,000\times2)\times10\%-2\,520-572.16$$
$$=738.95(元)$$

(2) 预扣税后劳务报酬所得。个人所得税预扣率表二（不含税），见表14-7。

表14-7　个人所得税预扣率表二（不含税）

（居民个人劳务报酬所得预扣预缴适用）

级数	不含税劳务报酬收入额	预扣率	速算扣除数（元）
1	不超过16 000元的	20%	0
2	超过16 000元至37 000元的部分	30%	2 000
3	超过37 000元的部分	40%	7 000

单位或个人为纳税义务人代付劳务报酬的个人所得税额时，应将纳税义务人取

得的不含税收入额换算为应纳税所得额，计算征收个人所得税。为了规范此类情况下应纳税款的计算方法，现将计算公式明确如下：

① 不含税收入为 3 360 元（即含税收入 4 000 元）以下的：

预扣预缴应纳税所得额＝（不含税收入－800）÷（1－税率）

式中，税率是指不含税所得按不含税级距对应的税率（国税发〔2000〕192 号）。

② 不含税收入为 3 360 元（即含税收入 4 000 元）以上的：

$$\text{预扣预缴应纳税所得额}=\left[\left(\text{不含税收入}-\text{速算扣除数}\right)\times(1-20\%)\right]\div\left[1-\text{税率}\times(1-20\%)\right]$$

预扣预缴税额＝预扣预缴应纳税所得额×适用税率－速算扣除数

式中，税率是指应纳税所得额按含税级距对应的税率。

 **例 14－9**

退休工程师王某为某企业提供技术服务，一次取得技术服务收入 30 000 元，该企业应预扣预缴个人所得税 5 200 元（30 000×（1－20％）×30％－2 000）。

例 14－10

李某为某企业提供一项工程设计，该企业按照合同规定向李某支付工程设计费（税后）54 600 元。该企业应预扣预缴个人所得税 15 400 元（（54 600—7 000）×（1－20％）÷[1－40％×（1－20％）]×40％－7 000）。

（三）综合所得个人所得税年度汇算清缴

居民个人取得综合所得，按年计算个人所得税；有扣缴义务人的，由扣缴义务人按月或者按次预扣预缴税款；需要办理汇算清缴的，应当在取得所得的次年 3 月 1 日至 6 月 30 日内办理汇算清缴。

1. 取得综合所得需要办理汇算清缴的情形

（1）从两处以上取得综合所得，且综合所得年收入额减除专项扣除的余额超过 6 万元；

（2）取得劳务报酬所得、稿酬所得、特许权使用费所得中一项或者多项所得，且综合所得年收入额减除专项扣除的余额超过 6 万元；

（3）纳税年度内预缴税额低于应纳税额；

（4）纳税人申请退税。

【温馨提醒】

以上为《中华人民共和国个人所得税法实施条例》第二十五条的规定。在办理汇算清缴时，我们还要关注最新文件，判断是否需要办理汇算清缴。

2. 无需办理汇算的情形

根据《财政部 税务总局关于延续实施个人所得税综合所得汇算清缴有关政策的公告》（财政部 税务总局公告 2023 年第 32 号）的规定，2024 年 1 月 1 日至 2027 年 12 月 31 日居民个人取得的综合所得，年度综合所得收入不超过 12 万元且需要汇算清缴补税的，或者年度汇算清缴补税金额不超过 400 元的，居民个人可免于办理个人所得税综合所得汇算清缴。居民个人取得综合所得时存在扣缴义务人未依法预扣预缴税款的情形除外。

3. 需要办理汇算的情形

符合下列情形之一的，纳税人需办理汇算：

（1）已预缴税额大于汇算应纳税额且申请退税的；

（2）年度取得的综合所得收入超过 12 万元且汇算需要补税金额超过 400 元的。

因适用所得项目错误或者扣缴义务人未依法履行扣缴义务，造成年度少申报或者未申报综合所得的，纳税人应当依法据实办理汇算。

4. 需要办理汇算清缴的所得

需要办理汇算清缴的所得包括以下四类：

（1）工资薪金所得：以取得的全部所得作为收入额；

（2）劳务报酬所得：以收入减除 20% 的费用后的余额作为收入额；

（3）特许权使用费所得：以收入减除 20% 的费用后的余额作为收入额；

（4）稿酬所得：以收入减除 20% 的费用后的余额作为收入额，同时，收入额减按 70% 计算，即稿酬所得收入额＝稿酬所得×（1－20%）×70%。

5. 纳税人可以扣除的费用

纳税人可以扣除的费用主要包括以下五类：

（1）基本减除费用，60 000 元/年。

（2）专项扣除，包括居民个人按照国家规定的范围和标准缴纳的基本养老保险、基本医疗保险、失业保险等社会保险费和住房公积金等。

（3）专项附加扣除，包括子女教育、继续教育、大病医疗、住房贷款利息或者住房租金、赡养老人、3 岁以下婴幼儿照护等支出，具体内容见表 14-8。

表 14 - 8 专项附加扣除具体内容

项目	内容	标准	方法	备注
子女教育	学前教育和学历教育	每个子女每年 24 000 元（每月 2 000元）的标准定额扣除	受教育子女的父母可以选择分别按扣除标准的 50% 扣除；也可以选择由其中一方按扣除标准的 100% 扣除。具体扣除方式在一个纳税年度内不得变更	（1）子女年满 3 周岁当月至小学入学前，不论是否在幼儿园学习；（2）子女正在接受小学、初中教育，高中阶段教育（普通高中、中等职业、技工教育）；（3）子女正在接受高等教育（大学专科、大学本科、硕士研究生、博士研究生。特别提示：因病或其他非主观原因休学但学籍保留的期间，以及施教机构按规定组织实施的寒暑假等假期，可连续扣除。备查资料：境内接受教育：不需要特别留存资料；境外接受教育：境外学校录取通知书、留学签证等相关教育资料
继续教育	学历（学位）继续教育	每月 400 元定额扣除	如果子女已就业，且正在接受本科以下学历继续教育，可以选择由父母按照子女教育扣除，也可以由子女本人选择按照继续教育扣除	同一学历（学位）继续教育的扣除期限最长不能超过 48 个月
	技能人员职业资格继续教育、专业技术人员职业资格继续教育	在取得相关证书的当年，按照 3 600 元/年定额扣除	纳税人扣除	职业资格具体范围，以人力资源和社会保障部公布的国家职业资格目录为准。取得相关职业资格继续教育证书上载明的发证（批准）日期的所属年度，即为可以扣除的年度。备查资料：技能人员、专业技术人员职业资格证书等

续表

项目	内容	标准	方法	备注
大病医疗	在一个纳税年度内，即每年1月1日至12月31日，纳税人发生的与基本医保相关的医药费用支出，扣除医保报销后个人负担（指医保目录范围内的自付部分）累计超过15 000元的部分，由纳税人在办理年度汇算清缴时，在80 000元限额内据实扣除	可以按照每年80 000元限额内据实扣除	纳税人发生的医药费用支出可以选择由本人或者其配偶扣除。未成年子女发生的医药费用支出可以选择由其父母一方扣除	备查资料：患者医药服务收费及医保报销相关票据原件或复印件，或者医疗保障部门出具的医药费用清单等。医疗保障部门应当向患者提供在医疗保障信息系统记录的本人年度医药费用信息查询服务
住房贷款利息	纳税人本人或配偶，单独或共同使用商业银行或住房公积金个人住房贷款，为本人或其配偶购买中国境内住房，发生的首套住房贷款利息支出	在实际发生贷款利息的年度，按照每月1 000元的标准定额扣除，扣除期限最长不超过240个月（20年）	经夫妻双方约定，可以选择由其中一方扣除，具体扣除方式在一个纳税年度内不能变更。夫妻双方婚前分别购买住房发生的首套住房贷款，其贷款利息支出，婚后可以选择其中一套购买的住房，由购买方扣除100%的标准，也可以由夫妻双方对各自购买的住房分别按扣除标准的50%扣除，具体扣除方式在一个纳税年度内不能变更	住房贷款利息支出是否符合政策，可查阅贷款合同（协议），或者向办理贷款的银行、住房公积金中心咨询。备查资料：住房贷款合同、贷款还款支出凭证
住房租金	纳税人在主要工作城市没有自有住房而发生的住房租金支出。纳税人在主要工作城市租房，且同时符合以下条件：（1）本人及配偶在主要工作的城市没有自有住房。（2）已经实际发生了住房租金支出。	（1）直辖市、省会（首府）城市、计划单列市以及国务院确定的其他城市扣除标准为每月1 500元；	如夫妻双方主要工作城市相同的，只能由一方扣除住房租金支出，由签订租赁住房合同的承租人扣除；	主要工作城市是指纳税人任职受雇的直辖市、计划单列市、副省级城市、省级人民政府所在地城市（地区、州、盟）全部行政区域范围；纳税人无任职受雇单位的，为受理其综合所得汇算清缴的税务机关所在城市

续表

项目	内容	标准	方法	备注
住房租金	（3）本人及配偶在同一纳税年度内，没有享受住房贷款利息专项附加扣除政策。也就是说，住房贷款利息与住房租金两项扣除政策只能享受其中一项，不能同时享受	（2）除上述所列城市外，市辖区户籍人口超过100万的城市扣除标准为每月1100元； （3）市辖区户籍人口不超过100万（含）的城市扣除标准为每月800元	如夫妻双方主要工作城市不同，且且无住房的，可按规定标准分别进行扣除	纳税人及其配偶在一个纳税年度内不能同时享受住房贷款利息和住房租金专项附加扣除。 备查资料： 住房租赁合同、协议等有关资料
赡养老人	纳税人赡养一位及以上被赡养人的赡养支出，被赡养人年满60周岁（含）	每月3000元	纳税人为独生子女的，按照每月3000元的标准定额扣除； 纳税人为非独生子女的，可以由兄弟姐妹分摊每月3000元的扣除额度，但每人分摊的额度不能超过每月1500元。约定分摊的方式的方式：均摊、约定分摊、指定分摊。约定或者指定分摊的须签订书面分摊协议，指定分摊优先于约定分摊。具体分摊方式和扣定分摊，具体分摊方式在一个纳税年度内不能变更	被赡养人是指年满60岁的父母，以及子女均已去世的年满60岁的祖父母、外祖父母。 备查资料： 采取约定或指定分摊的，须留存书面分摊协议
3岁以下婴幼儿照护	照护3岁以下婴幼儿子女的相关支出	每个婴幼儿每月2000元	父母可以选择由其中一方按扣除标准的100%扣除，也可以选择由双方分别按扣除标准的50%扣除。具体扣除方式在一个纳税年度内不能变更	3岁以下婴幼儿专项附加扣除享受的时间限为婴幼儿出生的当月至年满3周岁的前一个月。 备查资料： 子女的出生医学证明等。 自2023年1月1日起实施

（4）其他扣除，包括个人缴付符合国家规定的企业年金、职业年金，个人购买符合国家规定的商业健康保险、税收递延型商业养老保险的支出，以及国务院规定可以扣除的其他项目。

专项扣除、专项附加扣除和依法确定的其他扣除，以居民个人一个纳税年度的应纳税所得额为限额；一个纳税年度扣除不完的，不结转以后年度扣除。

（5）公益性捐赠，个人将其所得对教育、扶贫、济困等公益慈善事业进行捐赠，捐赠额未超过纳税人申报的应纳税所得额30％的部分，可以从其应纳税所得额中扣除；国务院规定对公益慈善事业捐赠实行全额税前扣除的，从其规定。

6. 综合所得的年度汇算清缴的办理

综合所得的年度汇算清缴，通过个人所得税 App 办理即可，简单方便，只要准确输入专项附加扣除信息，其他基本上都是自动取数，自动计算，纳税人核对无误就可以进行申报了。这里不再举例说明。

大家可以进入"小栾税缘""丰收税务"公众号搜索"个人所得税 App 填报操作指南""个人所得税汇算清缴"等关键词获取相应实操知识。

第十五章　费用会计

一、费用会计日常业务处理

1. 企业日常费用

企业日常费用是指企业正常经营活动中经常发生的费用，主要包括差旅费、交通费、通信费、办公费、广告与业务宣传费、招待费、租赁费、水电费、油费等。

审核费用发票、收据等原始凭证与费用支出凭单是否一致，原始凭证是否真实、完整、合法，金额是否正确──→审核审批手续是否完备──→审核部门、个人费用支出额度（如超计划额度，可拒绝报销）──→编制记账凭证──→传出纳付款。

借：销售费用——明细科目（销售部费用）

　　管理费用——明细科目（除销售部以外的管理部门费用）

　　应交税费——应交增值税（进项税额）

　　贷：库存现金/银行存款/其他应收款（个人借款）

【温馨提醒】

（1）根据部门性质，相应记入"销售费用""管理费用"等科目。

① 销售费用，核算企业在销售商品或提供劳务过程中发生的各种费用，包括：销售人员的工资薪酬、商品维修费、运输费、装卸费、包装费、保险费、广告费和业务宣传费、展览费等费用。

企业（批发业、零售业）在购买商品过程中发生的费用（包括：运输费、装卸费、包装费、保险费、运输途中的合理损耗和入库前的挑选整理费等），也记入"销售费用"科目。

② 管理费用，核算企业为组织和管理生产经营发生的其他费用，包括：企业在筹建期间内发生的开办费、行政管理部门发生的费用（包括：固定资产折旧费、修理费、办公费、水电费、差旅费、管理人员的工资薪酬等）、业务招待费、研究费用、技术转让费、相关长期待摊费用摊销、财产保险费、聘请中介机构费、咨询费（含顾问费）、诉讼费等费用。

企业（批发业、零售业）管理费用不多的，可不设置"管理费用"科目，其核算内容可并入"销售费用"科目核算。

（2）为了考核各部门费用指标，可以分部门设置明细科目，如"管理费用——

销售部——通信费""管理费用——财务部——通信费"。

（3）费用支出须取得合规的费用扣除凭证，填写规范，抬头为本单位全称，大小写一致，无涂改痕迹，否则不得在企业所得税前扣除。

（4）费用支出必须真实，需要取得足够的证明凭据。费用报销和在企业所得税前扣除，并非只要有发票就可以。详见本章第二节。

（5）费用审核依据企业制定的费用控制办法（差旅费开支范围及标准、通信费报销限额标准、招待费标准等），其要点包括：计划额度内费用须经部门负责人、分管领导、财务经理审批；计划外费用须经总经理审批。

（6）报销人有前期欠款时，报销费用一律先冲抵欠款，开具还款收据。

（7）支付现金坚持"先签字再付款"的原则。

（8）一般情况下，费用须在取得发票之日起1个月内报销，以便及时入账。

（9）不能用错会计科目，比如，某些会计人员将招待费记入"在建工程""制造费用"等科目是不符合会计准则的，而且这将给企业所得税纳税调整带来很大的麻烦。

（10）报销凭证的填写要求：

① 必须按费用报销单要求填写相关内容。

② 报销事项的内容、用途说明必须清晰准确，并注明费用归属（属于哪个单位或项目，便于分类核算或转账），必要时附清单详细说明。

③ 凡是费用需要在企业和各单位之间分摊的，报销人应该根据原始凭证抬头与费用归属关系，分别归集后，填写相应的报销凭证。

④ 报销金额大小写必须一致，不得涂改，不得使用铅笔、圆珠笔、红色墨水笔填写。

⑤ 会计人员在审核时按相关制度规定有权去除不符合要求的票据（如白条、不符合要求的发票等），可以核销报销金额；但审核金额超过原报销金额时，应退回经办人重填或按申报金额报销。

（11）进项税额抵扣问题，详见第二十章。

2. 企业特殊费用

（1）筹建期间的开办费。企业筹建期间发生的开办费（包括：相关人员的工资薪酬、办公费、培训费、差旅费、印刷费、注册登记费以及不计入固定资产成本的借款费用等费用）直接计入管理费用。

借：管理费用——开办费

应交税费——应交增值税（进项税额）

贷：银行存款等

（2）生产车间费用。收到水电费、维修费等生产车间费用发票——编制记账凭证——传成本会计复核。

借：制造费用——生产车间——费用明细科目

应交税费——应交增值税（进项税额）

贷：库存现金/银行存款/应付账款

（3）销售商品负担的运费。审核运输发票是否合法，金额是否正确——审核审批手续是否完备——编制记账凭证。

借：销售费用——运费

应交税费——应交增值税（进项税额）

贷：库存现金/银行存款/应付账款

【温馨提醒】

（1）除批发业、零售业外的企业若是购进货物，则不应计入销售费用，而应计入货物成本。

（2）货物运输途中发生损失，收取运输单位的赔偿款是否需要发票？

购销货物委托运输单位运输，运输单位销售运输服务，购销货物方购买运输服务，所以收取运输单位的货物损失赔偿不属于运输服务的增值税价外费用，不需要取得发票，根据合同、损失证明、收付款凭证等资料在企业所得税前扣除即可。

若是购买货物运输途中发生损失，由销售方赔偿，购买方作为收款方，也不需要取得发票。

（4）劳务费。审核接受供应单位（个人）提供的劳务费发票，个人须由税务局代开发票——审核签字手续是否完整——编制记账凭证。

借：生产成本/管理费用等

应交税费——应交增值税（进项税额）

贷：应付账款等

3. 财务费用

签收出纳会计传来的利息收入、利息支出、手续费结算单、发票等单据——登记资金计划——编制记账凭证。

借：财务费用——利息收入（红字）/利息支出/手续费/汇兑损失

贷：银行存款

【温馨提醒】

（1）财务费用核算企业为筹集生产经营所需资金发生的筹资费用，包括：利息费用（减利息收入）、汇兑损失、银行相关手续费、企业给予的现金折扣（减享受的现金折扣）等费用。

（2）企业为购建固定资产、无形资产和经过1年期以上的制造才能达到预定可销售状态的存货发生的借款费用，在"在建工程""研发支出""制造费用"等科目核算，不在财务费用科目核算。

（3）企业发生的汇兑收益，在"营业外收入"科目核算，不在财务费用科目核算。

（4）为了方便我们实际工作，发生的"财务费用——利息收入"最好用红字记在借方，而不是用蓝字记在贷方，这样汇总的科目发生额及编制的科目余额表可以直接用来编制财务报表，否则财务费用科目的借方发生额和贷方发生额就会比财务报表都多出与利息收入相等的数额，编制财务报表时较为麻烦，而且在使用会计软件记账时，会造成生成的财务报表不正确。其他成本费用类科目也推荐使用红字借记的方法。

4. 其他费用

其他费用，在其他岗位会计中讲解，如固定资产折旧费、无形资产摊销费、研发费用在资产会计中讲解，低值易耗品费用摊销在材料会计中讲解，工资薪酬、职工福利费、教育经费、工会经费在工资会计中讲解，税金及附加在税务会计中讲解。

二、费用会计日常工作中的常见问题

（一）费用扣除凭证审核

费用扣除凭证，包括发票、收据、合同（协议）及支付凭证、计算表、分配表、财政票据、法院判决书等，最常见的费用扣除凭证就是发票。

《中华人民共和国发票管理办法》第二十条规定，不符合规定的发票，不得作为财务报销凭证，任何单位和个人有权拒收。

由此可见，只有符合规定的发票才可以作为财务报销凭证，因此，审核发票是费用报销中的关键一步。

费用报销是费用在企业所得税前扣除的基础，费用不能报销，何谈税前扣除？

费用报销中最重要的一项工作就是审核发票。

在这里总结一下发票审核四步法。①

第一步：真伪审核。

新系统开具的增值税发票，可登录国家税务总局全国增值税发票查验平台查验真伪，其他发票，可登录各省市税务局网站查验真伪。

数电票通过电子发票服务平台或者国家税务总局全国增值税发票查验平台进行查验。

第二步：票面审核。

（1）审核票面各项要素是否填写完整、准确。

（2）审核发票抬头是否为本单位全称，名称必须与营业执照上的名称完全一致，一字不差。

（3）发票票面印有纳税人识别号且购买方有纳税人识别号或统一社会信用代码的，纳税人识别号一栏必须填写无误；若无，则不需要填写，无须审核。

（4）若为增值税专用发票，"地址、电话"以及"开户行及账号"两栏信息必须准确完整。若为增值税专用发票以外的发票，"地址、电话"以及"开户行及账号"两栏可以不填写，若填写的话必须填写准确。

数电票无"地址、电话"以及"开户行及账号"两栏，不需要填写。

（5）在发票要求盖章处加盖发票专用章，增值税专用发票、增值税普通发票一般要求盖在"销售方（章）"栏（备注栏）附近，不要偏离太多。不能加盖公章、财务专用章。

OFD版电子发票、数电票等无"销售方（章）"栏，不需要盖章。

（6）纸质增值税专用发票不要压线错格。

（7）审核"货物或应税劳务、服务名称"（数电票为"项目名称"）栏，名称要和实际一致，并准确选择税收编码。

（8）汇总开具发票的，审核是否附销货清单。专用发票销货清单必须从开票新系统开具；普通发票暂时没有强制要求必须从新系统开具，附有购货清单或小票也是可以的。

数电票无须开具销货清单。

（9）审核税率栏是否按照税法规定准确填写适用税率或征收率，有无开错税率情形。

（10）其他栏次填写要求。"规格型号""单位""数量""单价"栏可按实际业务

---

① 若想学习更多发票知识，提升自己，请参考：栾庆忠.增值税发票税务风险解析与应对：实战案例版.2版.北京：中国人民大学出版社，2020.

填写，无此项目可不填。"收款人""复核"栏可按实际需要填写，"开票人"栏为必填项。

审核不动产发票、成品油发票等有特殊要求的发票的"单位"栏是否符合规定。例如：销售不动产，纳税人自行开具或者由税务机关代开增值税发票时，应在发票"货物或应税劳务、服务名称"栏填写不动产名称及房屋产权证书号码（无房屋产权证书的可不填写），"单位"栏填写面积单位。成品油发票"单位"栏应选择"吨"或"升"。

（11）审核运输服务、建筑服务、销售不动产等备注栏具有特殊要求的发票的备注栏是否按照税法要求填写。例如：提供建筑服务，纳税人自行开具或者由税务机关代开增值税发票时，应在发票的备注栏注明建筑服务发生地县（市、区）名称及项目名称。接受货物运输服务，使用增值税专用发票和增值税普通发票，开具发票时应将起运地、到达地、车种、车号以及运输货物信息等内容填写在发票备注栏中，如内容较多可另附清单。销售不动产，备注栏注明不动产的详细地址。已在数电票票面项目填写的内容，不需要再在备注栏重复填写。

（12）审核机动车销售统一发票、二手车销售统一发票、通行费增值税电子普通发票等特殊式样的发票是否符合税法规定。审核方法参考《机动车发票使用办法》（2020 年）、《国家税务总局关于增值税发票管理若干事项的公告》（国家税务总局公告 2017 年第 45 号）。

（13）审核成品油发票、稀土等有特殊要求的发票是否符合税法规定。审核方法参考《国家税务总局关于成品油消费税征收管理有关问题的公告》（国家税务总局公告 2018 年第 1 号）、《国家税务总局关于稀土企业等汉字防伪项目企业开具增值税发票有关问题的公告》（国家税务总局公告 2019 年第 13 号）。

（14）审核发票是现行有效的发票，还是已经被废止的发票。

（15）审核发票与报销单上填写的报销项目是否相符。费用发生后无法取得相关发票而使用其他发票顶替入账，比如有的企业费用项目为招待餐费，后面附的发票却是盖有鞋店章的发票；有的企业费用项目为装卸费，后面附的却是公共汽车票。

例 15-1

某公司销售货物负担运费，接受货物运输服务，取得运输企业开具的增值税专用发票和增值税普通发票各 1 份，金额分别为 109 000 元和 10 900 元，增值税专用发票备注栏中注明了起运地、到达地、车种、车号以及运输货物信息等内容，增值税普通发票备注栏未注明运输货物信息。

会计人员在审核发票后，对审核无误的增值税专用发票做出如下会计处理：

借：销售费用——运费　　　　　　　　　　　　　　　100 000
　　应交税费——应交增值税（进项税额）　　　　　　　9 000
　　贷：银行存款　　　　　　　　　　　　　　　　　　　109 000

对不符合规定的增值税普通发票退还给运输企业，由运输企业作废重开，会计人员在获取重新开具的无误的发票后再进行会计处理：

借：销售费用——运费　　　　　　　　　　　　　　　10 900
　　贷：银行存款　　　　　　　　　　　　　　　　　　　10 900

若发票已跨月，无法作废，可以由运输企业开具红字发票冲销此份蓝字发票，再重新开具正确的蓝字发票。

若因运输企业注销、走逃等特殊原因无法重新获取正确的发票，也应做出上述会计处理，但是在税务处理上该费用 10 900 元能否税前扣除，需要根据具体情况判断。此种情况是企业所得税汇算清缴时需要考虑的重要税务事项，相对复杂，详见第二十章税务会计部分。

第三步：实质审核。

根据税收政策、合同协议、经济业务等进行实质审核。

（1）审核开票人是否正确。不属于增值税纳税义务人的，不能开票，防止收到虚开发票。

（2）审核是否属于开票范围。除了少数不征税发票外，是否有其他不属于增值税征税范围不应该开票而开具了发票的情形。

（3）审核发票类型是否正确，如不能开具增值税专用发票而开具了增值税专用发票。

（4）审核价外费用是否按照主业税率开具发票，审核开票人是否正确，特别是代垫运费时。

（5）审核混合销售是否按照主业税率开具发票。注意特殊规定和一般规定，注意混合销售与兼营业务的区别。

（6）审核兼营业务是否分别开具发票（合同单独注明销售额）或者从高适用税率开具发票（合同未单独注明销售额）。

（7）审核一般纳税人适用简易计税方法开票是否符合税收政策规定。防止开票方自行适用简易计税方法，给受票方带来风险。

（8）审核一般纳税人适用免税方法开票是否符合税收政策规定。防止开票方自行免税，给受票方带来风险。

（9）审核只能适用简易计税方法的特殊甲供工程业务开票是否符合规定。

（10）审核采用差额开票功能开票是否符合税收政策规定。

（11）买一赠一、销售折让、销售折扣、折扣销售、销售返利等特殊销售方式下发票开具是否符合规定。

（12）发票与合同、业务、资金流向等实际情况是否相符。

实质审核，需要具备较高的税务水平，可以参考本书税务会计岗位相关内容和笔者其他的财税书籍。

第四步：次月复核。

次月 1 日复核发票是否作废。有些企业通过月底最后一天作废发票达到少缴税和虚开发票的目的。特别是对于第一次合作的客户一定要约定次月付款，以防发生这种情况。由于发票月底才作废，收票企业当月月底前通过税务局网上系统查询发票状态正常便入账，隔月一般不会重复查询。

【温馨提醒】

并非所有支出都必须取得发票，不需要发票就可以税前列支的支出列举如下（包括但不限于）：

（1）工资薪金（以工资表和相应的付款单据作为合法凭据，企业应按规定保管工资分配方案、工资结算单、企业与职工签订的劳动合同、个人所得税扣缴情况以及社保机构盖章的社会保险名单清册，作为备查资料）、福利费用（职工困难补助费、合理的福利费列支范围内的人员工资、补贴等的有关收据、凭证就可以作为合法凭据，而对购买属于职工福利费列支范围的实物资产和发生的对外相关费用就应取得合法发票来作为列支凭证）。

（2）非应税项目支出，应取得相应的扣除凭证，按规定进行税前扣除。

① 企业缴纳的政府性基金、行政事业性收费，以开具的财政票据为税前扣除凭证。

② 企业缴纳的可在税前扣除的各类税金，以完税证明为税前扣除凭证。

③ 企业拨缴的职工工会经费，以工会组织开具的工会经费收入专用收据为税前扣除凭证。

④ 企业支付的土地出让金，以开具的财政票据为税前扣除凭证。

⑤ 企业缴纳的社会保险费，以开具的财政票据为税前扣除凭证。

⑥ 企业缴纳的住房公积金，以开具的专用票据为税前扣除凭证。

⑦ 企业通过公益性社会团体或者县级以上人民政府及其部门，用于公益事业的捐赠支出，以公益事业捐赠票据为税前扣除凭证。

⑧ 企业根据法院判决、调解、仲裁等发生的支出，以法院判决书、裁定书、调解书，以及可由人民法院执行的仲裁裁决书、公证债权文书和付款单据为税前扣除凭证。

以上项目由税务部门或其他部门代收的，也可以代收凭据依法在税前扣除。

（3）财产损失（需将相关材料留存备查）。

（4）经济合同罚款支出、诉讼费（行政罚款不可以税前扣除）、违约金（作为价外费用时需要取得发票）、青苗补偿费等支出。

（5）支付给境外的费用。

（6）自建固定资产计提的折旧（凭购入材料发票和相关合法凭证作为原始凭证转入固定资产，《中华人民共和国企业所得税法实施条例》第五十八条第二项规定，自行建造的固定资产，以竣工结算前发生的支出为计税基础）。

（7）未竣工结算的在建工程、已投入使用的资产计提的折旧。

《国家税务总局关于贯彻落实企业所得税法若干税收问题的通知》（国税函〔2010〕79号）规定，企业固定资产投入使用后，由于工程款项尚未结清未取得全额发票的，可暂按合同规定的金额计入固定资产计税基础计提折旧，待发票取得后进行调整。但该项调整应在固定资产投入使用后12个月内进行。

（8）股权转让不属于流转税的征税范围，不征流转税。因而受让股权的一方取得的该项投资无须取得发票，应将股东会议决议、资产评估报告、股权转让合同、股权价款支付凭证等资料作为入账依据。

（9）税法明确规定允许税前扣除的准备金支出。

（二）把应计入成本的费用列入期间费用

一些企业在核算购入材料的采购成本时，未将能够直接计入各种材料的采购成本的费用项目计入，或未按规定将应按一定比例分摊计入各种材料的采购成本进行合理分摊，或只核算购入材料的买价，而将应计入材料成本的运杂费、装卸费、保险费等采购费用全部计入"管理费用"。

企业购入固定资产的运输费、安装调试费等应计入固定资产成本，作为其原值的组成部分，但有些企业却将这部分运输费、安装调试费等直接列入期间费用。

外购无形资产的成本包括购买价款、相关税费以及相关的其他支出（含相关的借款费用）。有的企业将相关税费以及相关的其他支出直接计入"管理费用"，将相关的借款费用计入"财务费用"。

自行研究开发无形资产成本的确定。企业内部研究开发项目所发生的支出应区分研究阶段支出和开发阶段支出，企业自行开发无形资产发生的研发支出，不满足资本化条件的，借记"研发支出——费用化支出"科目，满足资本化条件的，借记"研发支出——资本化支出"科目，贷记"原材料""银行存款""应付职工薪酬""应付利息"等科目。研究开发项目达到预定用途形成无形资产的，应将"研发支出——资本化支出"科目的余额转入"无形资产"科目。期（月）末，应将"研发支出——费用化支出"科目归集的金额转入"管理费用"科目。有的企业不能合理区分资本化条件和费用化条件，随意分配研发支出，导致无形资产成本核算不准确。

（三）任意扩大开支范围，提高费用标准

根据企业财务管理制度的规定，各项开支均有标准，但在实际工作中，有些企业为了自身的经济利益，任意扩大开支范围，提高开支标准，从而提高企业费用水平，减少当期利润。如有的企业领导将其个人或家属"游山玩水"的费用列为本单位职工的差旅费来报销，再如有的企业将请客送礼的烟酒等不符合福利费性质的费用列入职工福利费。

（四）费用列支未附足够的证明凭据

《国家税务总局关于转发中纪委〈关于坚决制止开具虚假发票公款报销行为的通知〉的通知》（国税函〔2003〕230号）规定，财务报销必须规范报销凭证，附正规发票，如果采购商品较多，货物名称、单价、数量等不能在发票中详细反映，还应附供应商提供的明细清单。以上要求不仅限于办公用品的购置，对会议费、培训费、印制费、物业管理、维修、劳务、软件开发、设备租赁、车辆保险等各项费用的支出，亦应按以上要求办理。

《国家税务总局稽查局关于重点企业发票使用情况检查工作相关问题的补充通知》（稽便函〔2011〕31号）规定，对企业列支项目为"会议费""餐费""办公用品""佣金"和各类手续费等的发票，须列为必查发票进行重点检查。对此类发票要逐笔进行查验比对，重点检查企业是否存在利用虚假发票及其他不合法凭证虚构业务项目、虚列成本费用等问题。对必查发票要逐笔进行查验比对，通过对资金、货物等流向和发票信息的审核分析，重点检查其业务的真实性。

费用报销是费用在企业所得税前扣除的基础，费用报销远没有想象的那么简单，那么没有意义。费用报销需要有合法有效的企业所得税前扣除凭证（简称税前扣除凭证）。当然，合法有效的税前扣除凭证，不仅仅指发票。

实际工作中，一些企业会议费、差旅费、大额办公用品费、劳务费列支的真实性、合理性存在问题，附件只是简单的一份发票，缺少其他证明材料证明其费用发生的真实性、合理性。

根据规定，纳税人发生的与其经营活动有关的合理的差旅费、会议费、董事会费等费用，主管税务机关要求提供证明资料的，应能够提供证明其费用发生的真实性的合法凭证，否则，不得在税前扣除。

常见费用报销时证明凭据的审核如下：

1. 租赁费

是否经审核签批，是否有租赁合同，发票内容与租赁合同是否吻合。租赁费金额是否合理，是否与物业费、仓储费等混淆。

2. 水电费

水电费报销，与本公司的产能是否吻合。有的企业账面反映产量很少，但水电费却很高，有可能是企业虚假报销水电费，也有可能是企业隐藏收入。

3. 业务招待费

业务招待费报销，是否经审核签批，是否超过规定限额和招待标准，大额发票是否附有消费清单。大额发票是税务稽查的重点，如果没有清单，可能会被认为是虚假消费。关注业务招待费是否与宣传费、会议费、办公费等混淆。另外，餐费发票并非全是招待费，如出差时员工的日常餐费可计入差旅费；公司组织会议时，与会人员的餐费可计入会议费；员工晚上加班时，加班用餐可计入办公费；内部员工聚餐时，餐费可计入职工福利费。

4. 差旅费

差旅费的审核包括：（1）报销单内容是否填写齐全；（2）所附的餐费发票、住宿费发票、交通费发票等差旅费发票是否与行程相关；（3）出差人员名单是否属实；（4）差旅费报销单是否经审核签批；（5）差旅补助支出需提供出差人员姓名、出差地点、时间和任务等内容的证明材料；（6）对补助标准较高的或经常性支出，应制定差旅费相关管理制度。

5. 会议费、培训费

会议费报销要注意，是否经审核签批，是否有会议通知、会议议题、参会人员名单、签到表、会议照片等资料，是否有与会议无关的费用（如旅游费）列支，会议费发票是否和餐费、住宿费混开。企业应保存会议时间、会议地点、会议对象、会议目的、会议内容、费用标准等内容的相应证明材料，作为备查资料。培训费资料可参考会议费资料留存备查。

6. 办公费

是否经审核签批，是否有办公用品申购单（必须详细注明所申购用品的名称、规格、数量、单价、金额及申购部门等）、购货清单（必须详细注明所申购用品的名称、规格、数量、单价、金额等）或小票。

7. 运费

运费是税务重点稽查项目，企业应重点关注运费的审核。（1）运费报销单是否经审核签批；（2）运费发票备注栏是否按规定填写；（3）起运地和运达地是否与运费报销单相符；（4）是否由起运地和运达地以外的车辆运输，运输价格是否波动较大；（5）货物信息是否与货物发票相符。

8. 油费

企业的油费也是税务稽查重点关注的项目，企业应重点关注油费的审核。（1）报销的油费是否为本单位车辆所用；（2）本单位账面上是否有车辆，油费总额是否超过了车辆理论行车的最大油耗量；（3）本单位是否存在租赁车辆，是否有租赁合同，租赁费是否有发票，租赁费是否按合同支付，租赁业务是否真实合理。

9. 劳务费

劳务费报销，是否有劳务费支出申请表或相关事项审核签批、支出凭单（实际发放劳务费明细信息，包括姓名、单位、职务、职级、身份证号、支付时间、税前金额、代扣个人所得税额、税后金额、银行卡号、签名和额度等信息）、劳务合同等。企业聘请专家及相关人员从事评审、论证、咨询、授课、评标、翻译、审计、设计等事项，按照规定范围和标准支付给个人的费用，都属于劳务费。除了上述资料，有些劳务费根据实际情况还可能需要其他资料。以专家咨询费为例，还需要附有专家论证会会议纪要或专家论证意见等、纪要内容须与学科咨询论证密切相关；再以审计费为例，还需要有审计报告。专家咨询费、审计费需要与相关联的往返交通、住宿费用一并报销。

10. 广告费

是否有广告合同、广告发布的监测报告、广告发布效果报告、广告照片等，关注是否有将广告发布、播映、宣传、展示费开为广告策划、设计、制作、咨询、信息服务费逃避文化事业建设费的情形。

11. 其他费用

其他费用不再一一列举，一定要注意费用报销和税前扣除应符合基本扣除原则，一定要有足够的证明资料。

例 15−2

某公司被稽查发现，取得的 2 月的增值税普通发票所列支的广告费并没有发现广告合同、广告照片等相关证据材料，无法证明其业务的真实性，最后被证实为虚开发票，不得税前扣除。

📘 **例 15 - 3**

某公司被稽查发现，2023 年在"办公费"列支某酒店开具的会议费发票 700 000 元；列支某企业管理公司开具的培训费发票 800 000 元；列支某商务咨询有限公司开具的会议费发票 400 000 元。

根据公司提供的书面情况说明，上述支出合计 1 900 000 元无法提供与会议或培训相关的服务合同、与会名单及会议培训具体事项等资料，实际为与单位生产经营和取得收入无关的支出。应调增 2023 年企业所得税应纳税所得额 1 900 000 元，调整后应补缴企业所得税 475 000 元（1 900 000×25%）。除补缴税款和加收滞纳金外，处少缴 475 000 元企业所得税 50% 的罚款 237 500 元。

（五）随意调节期间费用与生产成本

有些企业为了调节当年利润，将发生的期间费用计入生产成本，或将应计入生产成本的费用计入期间费用。

📘 **例 15 - 4**

某企业为了实现计划利润目标，将应记入"管理费用"账户的水电费、折旧费等费用记入"制造费用"或"生产成本"账户，达到少计期间费用，虚增利润的目的。

📘 **例 15 - 5**

某企业为了少交企业所得税，将本应该记入"制造费用"或"生产成本"账户的水电费、折旧费等费用记入"管理费用"账户，达到多计期间费用，虚减利润，少缴纳企业所得税的目的。

（六）混淆资本性支出与收益性支出的界限

企业向银行借款用于在建工程，在固定资产尚未交付使用前发生的贷款利息，应计入固定资产的造价。但有些企业，为了调节利润，故意混淆利息计入成本与费用的界限。

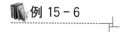 例 15 - 6

某企业 2023 年 1 月向银行借款用于生产车间建设，期限为 2 年，该车间于 2024 年 11 月 30 日竣工并交付使用。但企业在 2024 年 11 月之前的账务处理中，依然做"借：财务费用"的会计分录，多计财务费用，以达到虚减利润的目的。

（七）利息收入不进行账务处理而转作"小金库"

财务费用包括利息净支出、汇兑损失、金融机构手续费以及筹集生产经营资金发生的其他费用等。有些企业对利息收入不进行账务处理而转作"小金库"，留待日后挪作他用。

（八）混淆费用类别

混淆费用类别是为了达到某些不可告人的目的，比如，为了应对企业费用控制办法，而将超过差旅费报销限额标准的费用列支到未达到限额的通信费当中；为了多扣除费用少缴纳企业所得税，而将有扣除限额的业务招待费列支到没有扣除限额的会务费、办公费等其他费用中去。

例 15 - 7

某企业被税务稽查，发现部分会务费列支凭证后面附的都是餐费发票，经核查这些餐费发票都是企业招待客户用餐取得的。最终将这些发票金额调整到业务招待费中进行纳税调增后补缴税款，企业被税务机关按偷税处理。

（九）费用在会计与税法上的差异

费用在会计与税法上的差异主要包括以下两个方面：

（1）有些费用项目在计量上存在差异，企业所得税法规定了一些费用项目税前扣除标准，如职工福利费、工会经费、职工教育经费、业务招待费、广告费、业务宣传费、研究开发费等，而会计上要求这些费用据实计入当期损益。

（2）个别费用项目在确认上存在差异，企业所得税法所规定的费用强调收入的相关性原则和支出的合理性原则，而会计上要求符合费用定义的费用全部计入当期损益。

关于费用的更多涉税问题，详见第九章、第二十章。

第十六章　成本会计

一、成本会计日常业务处理

(一) 审核有关生产成本和制造费用的归集、分配是否正确，将"辅助生产成本"归集到"基本生产成本"及"制造费用"

审核材料领用、职工薪酬分配、生产车间设备折旧、修理费、水电费、季节性和修理期间的停工损失等有关生产成本和制造费用的凭证是否都已由相关会计编制完毕、分配是否正确，审核应计入产品成本的成本和不应计入产品成本的费用是否正确区分──→确定成本归集是否正确（生产车间耗用的能够分清归属产品的料费、工费直接记入"生产成本──基本生产成本"；辅助生产车间耗用的料费、工费记入"生产成本──辅助生产成本"；车间为生产所有产品耗用的机、物、料等各项间接费用记入"制造费用"）──→编制制造费用分配表，将制造费用分配记入"生产成本──基本生产成本""生产成本──辅助生产成本"等科目。

借：生产成本──基本生产成本
　　　　　　──辅助生产成本
　贷：制造费用

(二) 将"辅助生产成本"按照一定的分配标准分配给各受益对象

检查"制造费用"是否结转完毕（除季节性的生产性企业外，"制造费用"科目余额应为零）──→编制辅助生产成本分配表，把全部"辅助生产成本"按照一定的分配标准分配给各受益对象。

借：生产成本──基本生产成本/销售费用/管理费用/其他业务成本/在建工程等
　贷：生产成本──辅助生产成本

(三) 把完工产品成本结转到库存商品

检查制造费用是否结转完毕（除季节性的生产性企业外，制造费用科目期末应无余额）──→根据产品品种、数量（根据审核入库单财务联、仓库保管员登记的产成品明细账、车间成本核算员提供的车间生产的产品明细表来确定），各产品耗用的工时、生产成本等资料，编制产品成本计算单，将"生产成本──基本生产成本"

在完工产品与在产品之间分配，将完工产品成本在各种产品之间进行归集和分配，计算出各种产品的成本——→根据产品成本计算单及入库单财务联编制记账凭证。

借：库存商品——产品品种

　　贷：生产成本—— 基本生产成本

"生产成本——基本生产成本"的借方余额为在产品的生产成本。

（四）登账、对账

登记库存商品明细账，结出各产品数量、余额，与仓库产成品明细账核对。

（五）编制产品成本变动情况分析报告

根据每月完工产品成本资料编制产品成本表——→分析各月份成本变动情况和影响因素——→编制产品成本变动情况分析报告——→报送分管经理。

（六）盘点

每季度对产成品、在产品等实物盘点一次——→财务经理监督成本会计和仓库保管员盘点——→编制实物盘点表——→及时提供盘点结果——→及时报告盘盈、盘亏情况——→根据公司处理决定编制记账凭证。

1. 盘盈

借：库存商品——明细科目

　　贷：待处理财产损溢

借：待处理财产损溢

　　贷：营业外收入

2. 盘亏

借：待处理财产损溢

　　贷：库存商品——明细科目

　　　　应交税费——应交增值税（进项税额转出）

查明原因做出决定时：

借：营业外支出（由自然灾害等原因造成的损失）

　　其他应收款或库存现金（责任人赔偿或保险公司赔款）

　　贷：待处理财产损溢

【温馨提醒】

在产品、产成品盘亏属于非正常损失的部分要进行增值税进项税额转出处理，非正常损失，是指因管理不善造成货物被盗、丢失、霉烂变质，以及因违反法律法规造成货物或者不动产被依法没收、销毁、拆除的情形。自然灾害等其他损失均不属于非正常损失，不用进行增值税进项税额转出处理。注意：这里所指的非正常损失比会计上规定的范围小。

在确定进项税额转出金额时，按照生产这些在产品、产成品所耗用购进货物或应税劳务已经抵扣了的进项税额计算，而不是在产品、产成品的实际成本，因为实际成本里还包括一些没有抵扣过的诸如人工费、折旧费等成本费用。

在产品、产成品所耗用购进货物或应税劳务已经抵扣了的进项税额能够确定的，直接转出，不能确定的则通过计算转出，计算公式如下：

进项税额转出＝（所耗用购进材料成本－运费）×13％＋运费×9％

若所耗用购进原材料是免税农产品，则

进项税额转出＝原材料成本/（1－9％）×9％

二、成本会计日常工作中的常见问题

（一）不能正确区分应计入产品成本的成本和不应计入产品成本的费用

（1）筹资活动和投资活动属于非生产经营活动，其耗费不应计入产品成本。

（2）自然灾害损失、盗窃损失、滞纳金、违约金、罚款、赔偿、债务重组损失等非正常的经营活动成本不应计入产品成本。

（3）正常的生产经营活动成本分为产品成本和期间成本。正常的生产成本计入产品成本，其他正常的生产经营成本列为期间成本。例如，管理人员的工资属于不应计入产品成本的费用，应记入"管理费用"科目，而车间生产人员的工资则属于应计入产品成本的成本，应记入"生产成本"科目。再如，行政管理部门固定资产折旧费用属于不应计入产品成本的费用，应记入"管理费用"科目，而生产车间生产用设备计提的固定资产折旧费用则属于应计入产品成本的成本，应记入"制造费用"科目。

（二）不能正确区分应计入本月的产品成本和应由其他月份产品负担的成本

企业要遵循权责发生制原则，正确区分应计入本月的产品成本和应由其他月份产品负担的成本。企业不能提前结账，将下月成本作为本月成本处理；也不能延后结账，将本月成本作为下月成本处理。

（三）存在在产品的企业，生产成本在完工产品和期末在产品之间不能进行恰当的分配，有的甚至不考虑在产品的存在，简化成本核算

期末，某种产品既有完工产品又有在产品，已计入该产品的生产成本还应在完工产品和在产品之间分配，以便分别确定完工产品成本和在产品成本。

（四）生产成本、制造费用科目使用不正确

有些企业生产成本科目未按成本项目设明细账进行核算，制造费用科目期末仍保留有余额，在有半成品的企业生产成本科目可以有余额，除季节性的生产性企业外，制造费用一般都应转入生产成本，制造费用科目月末余额一般为零。

（五）虚计在产品和产成品数量，虚计在产品完工程度

为了调节利润，企业常常选择调节销售成本的方法，而调节销售成本通常通过调节产品单位生产成本来实现。企业常常少计在产品数量和在产品完工程度或少计产成品数量，少计在产品数量和在产品完工程度使得分配给产成品的生产成本增大，而少计产成品数量使得产成品的单位生产成本增大，从而虚增销售成本，虚减利润。

（六）随意改变分配方法和结转销售成本方法

成本费用的分配、完工产品与在产品的成本分配等分配方法和结转销售成本的存货计价方法有多种，企业应当根据产品生产的特点和实际需要选择适合本企业的分配方法和计价方法，而且一经选用，不得随意变更，但有些企业为了调节利润，往往随意改变分配方法和结转销售成本方法。

三、成本会计日常工作中的疑难问题

成本会计比较复杂，对于大多数会计来说，成本核算的流程、成本费用的分配与结转、完工产品与在产品的成本分配、产品成本计算等问题，都是难点所在。下面我们举例来说明成本会计日常工作中的几个疑难问题。

（一）制造费用的归集和分配

制造费用是指企业生产车间（部门）为生产产品和提供劳务而发生的各项间接费用，包括生产车间管理人员的工资薪酬、生产车间计提的固定资产折旧费、生产车间发生的机物料消耗、固定资产修理费、办公费、水电费、劳动保护费、租赁费、

保险费、排污费、季节性和修理期间的停工损失及其他制造费用。

"制造费用"科目可以按生产车间（部门）开设明细账，账内按照费用项目开设专栏，进行明细核算。费用发生时，根据支出凭证借记"制造费用"科目及其所属有关明细账，但材料、工资、折旧等费用要在月末时，根据汇总编制的各种费用分配表计入制造费用。归集在"制造费用"科目借方的各项费用，月末时应全部分配转入"生产成本"科目，计入产品成本。除季节性的生产性企业外，"制造费用"科目一般月末没有余额。

在生产一种产品的车间中，制造费用可直接计入其产品成本。在生产多种产品的车间中，就要采用既合理又简便的分配方法，将制造费用分配计入各种产品成本。

制造费用分配计入产品成本的方法，常用的有按生产工人工资、生产工人工时、机器工时、耗用原材料的数量（或成本）、直接成本（直接材料成本、直接人工成本之和）和产品产量分配等方法。分配方法一经确认，不得随意变更。如需变更，应当在财务报表附注中予以说明。

各种分配法下的计算公式：

制造费用分配率＝制造费用总额/车间生产工人工资总额

制造费用分配率＝制造费用总额/车间生产工人工时总数

制造费用分配率＝制造费用总额/机器工时总数

制造费用分配率＝制造费用总额/耗用原材料的数量(或成本)总数

制造费用分配率＝制造费用总额/各种产品的直接成本总额

制造费用分配率＝制造费用总额/各种产品的实际产量(或标准产量)

以上各种分配方法，通常是以生产车间（部门）1个月的制造费用实际发生额进行分配的。为简化核算，企业也可以按照预定分配率（或称计划分配率）进行分配。

$$制造费用分配率＝\frac{制造费用}{全年预计数} \Big/ \frac{全年预计业务量}{(机器工时、生产工人工资等)}$$

采用这一方法时，全年各月实际生产数与已分配数之间的差额，除其中属于为次年开工生产做准备的制造费用可留待明年分配外，其余的制造费用都应当在当年年度终了时调整本年度的产品成本。

以机器工时比例法为例说明。

例 16－1

假设某基本生产车间甲产品机器工时为 30 000 小时，乙产品机器工时为 20 000 小时，供电车间机器工时为 6 000 小时，锅炉车间机器工时为 8 000 小时，本月发生制造费用 48 000 元，编制如表 16-1 所示的制造费用分配表。

表 16-1 制造费用分配表

借方科目	机器工时（小时）	分配金额（元） （分配率：0.75 元/小时）
生产成本——基本生产成本	—	—
——甲产品	30 000	22 500
——乙产品	20 000	15 000
生产成本——辅助生产成本	—	—
——供电车间	6 000	4 500
——锅炉车间	8 000	6 000
合计	64 000	48 000

分配率＝48 000/64 000＝0.75（元/小时）

会计分录如下：

借：生产成本——基本生产成本——甲产品——制造费用　　　22 500

　　　　　　　　　　　　　——乙产品——制造费用　　　15 000

　　生产成本——辅助生产成本——供电车间　　　　　　　4 500

　　　　　　　　　　　　　——锅炉车间　　　　　　　　6 000

　　贷：制造费用　　　　　　　　　　　　　　　　　　48 000

（二）辅助生产费用的归集和分配

属于辅助生产车间为生产产品提供的动力等直接费用，可以先作为辅助生产成本进行归集，然后按照合理的方法分配计入基本生产成本，也可以直接计入所生产产品的生产成本，而不通过辅助生产成本核算。

辅助生产费用通过"生产成本——辅助生产成本"科目进行归集和分配。

分配辅助生产成本的方法主要有直接分配法、交互分配法、计划成本分配法、顺序分配法、代数分配法等。

此处重点讲解直接分配法、交互分配法。

1. 直接分配法

$$\text{辅助生产的单位成本（分配率）} = \frac{\text{辅助生产成本总额}}{\text{辅助生产的产品或劳务总量（不含为辅助生产车间提供的产品或劳务量）}}$$

$$各受益车间、产品 \atop 或各部门应分配的费用 = 辅助生产的单位成本 \atop （分配率） \times 该车间、产品或 \atop 部门的耗用量$$

例 16 - 2

某企业有锅炉和供电两个辅助生产车间，这两个车间的辅助生产明细账所归集的费用分别为：供电车间 105 600 元、锅炉车间 29 000 元；供电车间为生产甲、乙产品，各车间及各部门提供 360 000 度电，其中锅炉车间耗电 8 000 度；锅炉车间为生产甲、乙产品，各车间及各部门提供 6 000 吨热力蒸汽，其中供电车间耗用 200 吨。其余相关数据列示在表 16 - 2 中，采用直接分配法分配此项费用，并编制如表 16 - 2 所示的辅助生产费用分配表。

表 16 - 2 辅助生产费用分配表（直接分配法）　　　　　金额单位：元

借方科目		生产成本——基本生产成本			销售费用	管理费用	合计
		甲产品	乙产品	小计			
供电车间	耗用量（度）	180 000	160 000	340 000	7 000	5 000	352 000
	分配率（元/度）	—	—	—	—	—	0.3
	金额	54 000	48 000	102 000	2 100	1 500	105 600
锅炉车间	耗用量（吨）	2 900	2 600	5 500	260	40	5 800
	分配率（元/吨）	—	—	—	—	—	5
	金额	14 500	13 000	27 500	1 300	200	29 000
金额合计		68 500	61 000	129 500	3 400	1 700	134 600

表内有关数据计算如下：

供电车间耗用量＝360 000－8 000＝352 000（度）

锅炉车间耗用量＝6 000－200＝5 800（吨）

供电车间分配率＝105 600/352 000＝0.3（元/度）

锅炉车间分配率＝29 000/5 800＝5（元/吨）

会计分录如下：

借：生产成本——基本生产成本——甲产品——燃料和动力　　　68 500

　　　　　　　　　　　　　　——乙产品——燃料和动力　　　61 000

　　销售费用　　　　　　　　　　　　　　　　　　　　　　3 400

　　管理费用　　　　　　　　　　　　　　　　　　　　　　1 700

　　贷：生产成本——辅助生产成本——供电车间　　　　　　105 600

　　　　　　　　　　　　　　——锅炉车间　　　　　　　　29 000

2. 交互分配法

交互分配法与直接分配法相比多了一个步骤，要先对各辅助生产车间（部门）内部相互提供的劳务进行分配，以计算出应对外分配的辅助生产费用，再将应对外分配的辅助生产费用，按对外提供劳务的数量，在辅助生产以外的各个受益单位进行分配。

承例16-2，按照交互分配法编制如表16-3所示的辅助生产费用分配表。

表16-3 辅助生产费用分配表（交互分配法）　　　　金额单位：元

分配方向			交互分配			对外分配		
辅助生产车间名称			供电车间	锅炉车间	合计	供电车间	锅炉车间	合计
待分配成本			105 600	29 000	134 600	104 246	30 354	134 600
供应劳务数量			360 000	6 000	—	352 000	5 800	—
单位成本（分配率）			0.29	4.83	—	0.30	5.23	—
辅助车间	供电车间	耗用数量	—	200		—	—	—
		分配金额	—	966		—	—	—
	锅炉车间	耗用数量	8 000	—		—	—	—
		分配金额	2 320	—		—	—	—
	金额小计		2 320	966	—	—	—	—
生产成本——基本生产成本	甲产品	耗用数量	—	—	—	180 000	2 900	—
		分配金额	—	—	—	53 308	15 177	68 485
	乙产品	耗用数量	—	—	—	160 000	2 600	—
		分配金额	—	—	—	47 385	13 607	60 992
销售费用	电力热力蒸汽费	耗用数量	—	—	—	7 000	260	—
		分配金额	—	—	—	2 073	1 360	3 433
管理费用	电力热力蒸汽费	耗用数量	—	—	—	5 000	40	—
		分配金额	—	—	—	1 481	209	1 690
分配金额小计（元）			—	—	—	104 246	30 354	134 600

表内有关数据计算如下：

供电车间交互分配单位成本（分配率）＝105 600/360 000＝0.29(元/度)

锅炉车间交互分配单位成本（分配率）＝29 000/6 000＝4.83(元/吨)

供电车间对外分配成本＝105 600－2 320＋966＝104 246(元)

锅炉车间对外分配成本＝29 000－966＋2 320＝30 354(元)

供电车间对外分配劳务数量＝360 000－8 000＝352 000(元)

锅炉车间对外分配劳务数量＝6 000－200＝5 800(元)

供电车间对外分配单位成本(分配率)＝104 246/352 000＝0.30(元/度)

锅炉车间对外分配单位成本(分配率)＝30 354/5 800＝5.23(元/吨)

甲产品分配金额＝180 000×104 246/352 000＝53 308(元)

乙产品分配金额＝160 000×104 246/352 000＝47 385(元)

其余"分配金额"计算方法同理,略。

本题分配率保留两位小数,金额不保留小数,计算出的对外分配各科目成本之和会与待分配成本有1 334元差额(读者可以自己计算),而在实际成本会计工作中,这些表格将被设置上公式,金额保留两位小数,就不会出现这种差额较大情况,只可能会有小数尾差,可以将小数尾差记入某一科目中。

会计分录如下:

借:生产成本——基本生产成本——甲产品——燃料和动力　　68 485

　　　　　　　　　　　　——乙产品——燃料和动力　　60 992

　　销售费用　　3 433

　　管理费用　　1 690

　　贷:生产成本——辅助生产成本——供电车间　　105 600

　　　　　　　　　　　　——锅炉车间　　29 000

(三) 完工产品与在产品的成本分配方法

在经过制造费用的分配和辅助生产费用的分配之后,"制造费用""生产成本——辅助生产成本"一般应无余额。接下来就是将"生产成本——基本生产成本"各明细科目结转到库存商品中。

没有在产品的企业将"生产成本——基本生产成本"各明细科目余额全部结转到库存商品中,"生产成本——基本生产成本"应无余额。

有在产品的企业将完工产品所属的"生产成本——基本生产成本"各明细科目结转到库存商品中,"生产成本——基本生产成本"余额为在产品成本。

完工产品和在产品成本之间的关系:

本月完工产品成本＝本月发生的生产成本＋月初在产品成本－月末在产品成本

常用的完工产品与在产品的成本分配方法有以下六种,这六种分配方法各有特点，其适用情况、核算方法各有不同，详见表 16 - 4。

表 16 - 4 完工产品与在产品的成本分配方法

分配方法	适用情况	核算方法	计算公式
不计算在产品成本（即在产品成本为零）	月末在产品数量很少的情况下使用	在产品成本是零，本月发生的产品生产费用就是完工产品的成本	产成品总成本＝本月发生的生产费用
在产品成本按年初数固定计算	月末在产品数量很少，或者在产品数量虽多但各月之间在产品数量变动不大，月初、月末在产品成本的差额对完工产品成本影响不大的情况下使用	各月在产品成本可以固定按年初数计算，某种产品本月发生的生产费用就是本月完工产品的成本。年末，根据实地盘点的在产品数量，重新调整计算在产品成本	各月（12 月除外）产成品总成本＝本月发生的生产费用，年末调整
在产品成本按其所耗用的原材料费用计算	原材料费用在产品成本中所占比重较大，而且原材料是在生产开始时一次性全部投入的情况下使用	月末在产品可以只计算原材料费用，其他费用全部由完工产品负担	产成品成本＝月初在产品成本＋本月发生的生产费用－月末在产品成本 月末在产品成本＝本月生产发生的直接材料费
约当产量法	在产品完工程度比较好确定的情况下使用	将月末结存的在产品，按其完工程度折合成约当产量，然后再将产品应负担的全部生产费用，按完工产品产量和在产品约当产量的比例进行分配	在产品约当产量＝在产品数量×完工程度 单位成本＝（月初在产品成本＋本月发生的生产费用）/（产成品产量＋月末在产品约当产量） 产成品成本＝单位成本×产成品产量 月末在产品成本＝单位成本×月末在产品约当产量
在产品成本按定额成本计算	事先经过调查研究、技术测定或按定额资料，对各个加工阶段的在产品，直接确定一个定额单位成本的情况下使用		月末在产品成本＝月末在产品数量×在产品定额单位成本 产成品总成本＝月初在产品成本＋本月发生的生产费用－月末在产品成本 产成品单位成本＝产成品总成本/产成品产量

续表

分配方法	适用情况	核算方法	计算公式
定额比例法	各月末在产品数量变动较大，但制定了比较准确的消耗定额的情况下使用	生产费用可以在完工产品和月末在产品之间用定额消耗量或定额费用作为比例进行分配。通常材料费用按定额消耗量比例分配，而其他费用按定额工时比例分配	材料费用分配率＝（月初在产品实际材料成本＋本月投入的实际材料成本)/(完工产品定额材料成本＋月末在产品定额材料成本） 完工产品应分配的材料成本＝完工产品定额材料成本×材料费用分配率 月末在产品应分配的材料成本＝月末在产品定额材料成本×材料费用分配率 工资（费用）分配率＝（月初在产品实际工资费用＋本月投入的实际工资费用)/(完工产品定额工时＋月末在产品定额工时） 完工产品应分配的工资（费用）＝完工产品定额工时×工资（费用）分配率 月末在产品应分配的工资（费用）＝月末在产品定额工时×工资（费用）分配率

在这六种方法中，按照上述核算方法和计算公式分配成本费用，一般情况下并不困难。然而，在实际应用中，约当产量法通常还是有一定难度的，因此，我们以约当产量法为例，讲述完工产品与在产品的成本分配方法。

例 16-4

2024 年 9 月，丰收公司生产甲产品，甲产品单位工时定额 100 小时，经三道工序制成。各工序单位工时定额为：第一道工序 20 小时，第二道工序 20 小时，第三道工序 60 小时。完工产品 72 件，各工序在产品盘存数量分别为 10 件、10 件、20 件。原材料在开始时一次性投入，其他费用按约当产量比例分配。本月耗用直接材料费用 112 000 元，直接人工费用 30 000 元，燃料动力费用 20 000 元，制造费用 8 000 元。

1. 计算在产品完工程度

第一道工序完工程度＝(20×50％)/100×100％＝10％

第二道工序完工程度＝(20＋20×50％)/100×100％＝30％

第三道工序完工程度＝(20＋20＋60×50％)/100×100％＝70％

2. 计算在产品约当产量

编制甲产品约当产量计算表，见表16 - 5。

表16 - 5　甲产品约当产量计算表

工序	完工程度	在产品（件）	在产品约当产量（件）	完工产品（件）	产量合计（件）
	①	②	③＝①×②	④	⑤＝③＋④
1	10％	10	1		
2	30％	10	3		
3	70％	20	14		
合计	—	40	18	72	90

3. 完工产品与在产品的成本分配

(1) 直接材料费用的计算。

完工产品负担的直接材料费用＝112 000/(40＋72)×72＝72 000(元)
在产品负担的直接材料费用＝112 000/(40＋72)×40＝40 000(元)

(2) 直接人工费用的计算。

完工产品负担的直接人工费用＝30 000/(18＋72)×72＝24 000(元)
在产品负担的直接人工费用＝30 000/(18＋72)×18＝6 000(元)

(3) 燃料和动力费用的计算。

完工产品负担的燃料和动力费用＝20 000/(18＋72)×72＝16 000(元)
在产品负担的燃料和动力费用＝20 000/(18＋72)×18＝4 000(元)

(4) 制造费用的计算。

完工产品负担的制造费用＝8 000/(18＋72)×72＝6 400(元)
在产品负担的制造费用＝8 000/(18＋72)×18＝1 600(元)

【温馨提醒】

在上例中，原材料是在生产开始时一次性投入的，在这种情况下，在产品无论完工程度如何，都应和完工产品同样负担材料费用。即原材料按实际产量比例分配，其他费用按约当产量比例分配。

若原材料是随着生产过程陆续投入的，则应和其他费用一样按照按约当产量比例分配。

（四）产品成本计算

完工产品与在产品的生产成本分配完毕后，成本会计就可以计算各种产品的总成本和单位成本了。在实际会计操作中，成本会计一般是按产品品种分别编制成本计算单来计算各产品成本的。根据企业生产经营特点及组织类型和成本管理的要求，成本计算的基本方法有品种法、分批法和分步法三种。这三种方法的计算对象、适用企业、基本特点见表16－6。

表16－6　产品成本计算方法一览表

计算方法		计算对象	适用企业	基本特点
品种法		产品品种	适用于单步骤、大量生产的企业，如供水、采掘等企业	成本计算对象是产品品种；一般定期（每月月末）计算产品成本，与核算报告期一致；企业月末有在产品时，要将生产费用在完工产品和在产品之间进行分配
分批法		产品批别	适用于单件、小批生产的企业，如造船、重型机器制造、精密仪器制造等，也可用于一般企业中的新产品试制或试验的生产、在建工程以及设备修理作业等	成本计算对象是产品的批别；产品成本计算是不定期的，成本计算期与产品生产周期基本一致，而与核算报告期不一致；一般不存在完工产品与在产品之间分配费用的情况
分步法	逐步结转分步法（计算半成品成本分步法）	产品的生产步骤	适用于大量、大批、连续式复杂生产的企业	按照产品加工顺序先计算第一个加工步骤的半成品成本，然后结转给第二个加工步骤，这时，把第一个步骤转来的半成品成本加上第二个步骤耗用的材料和加工费用，即可求得第二个加工步骤的半成品成本，如此顺序逐步转移累计，直到最后一个加工步骤才能计算出产成品成本
	平行结转分步法（不计算半成品成本分步法）	产品的生产步骤	适用于大量、大批的多步骤生产，如纺织、冶金、机械制造企业	在计算各步骤成本时，不计算各步骤所产半成品成本，也不计算各步骤所耗用的上一步骤的半成品成本，而只计算本步骤发生的各项其他费用，以及这些费用中应计入产成品成本的份额，将相同产品的各步骤成本明细账中的这些份额平行结转、汇总，即可计算出该种产品的产成品成本

现分别举例说明品种法、分批法和分步法。

1. 品种法

例 16 - 5

承例 16 - 4，采用品种法编制产品成本计算单，见表 16 - 7。

表 16 - 7 产品成本计算单

产成品数量：72 件

产品名称：甲产品 2024 年 9 月 单位：元

成本项目	月初在产品成本	本月生产费用	生产费用合计	产成品成本		月末在产品成本
				总成本	单位成本	
直接材料	20 000	112 000	132 000	72 000	1 000.00	60 000
直接人工	3 000	30 000	33 000	24 000	333.33	9 000
燃料和动力	2 000	20 000	22 000	16 000	222.22	6 000
制造费用	800	8 000	8 800	6 400	88.89	2 400
合计	25 800	170 000	195 800	118 400	1 644.44	77 400

注：月初在产品数据为已知条件。

根据产品成本计算单编制记账凭证：

借：库存商品——甲产品 118 400

贷：生产成本——基本生产成本——甲产品——直接材料 72 000

——直接人工 24 000

——燃料和动力 16 000

——制造费用 6400

2. 分批法

例 16 - 6

丰收公司按照购货单位的要求，小批生产甲、乙两种产品。该公司 2024 年 9 月 10 日投产甲产品 10 件，批号为 901，10 月 15 日全部完工；10 月 16 日投产乙产品 40 件，批号为 902，当月完工 30 件，并已于 10 月 31 日交货，月末还有 10 件尚未完工。该公司采用分批法分别编制 901 批和 902 批的产品成本计算单，见表 16 - 8 和表 16 - 9。各种费用的归集和分配过程同品种法一样，因此费用归集分配过程略，表中数据均为已知条件。

表 16-8 产品成本计算单

批号：901　产品名称：甲产品　　编制日期：10 月 15 日　　　　开工日期：9 月 10 日
委托单位：丰收公司　批量：10 件　　　　　　　　　　　　　　完工日期：10 月 15 日

项目	直接材料费用	直接人工费用	制造费用	合计
9 月末余额	14 000	1 200	3 600	18 800
10 月发生费用：				
据材料费用分配表	5 400			5 400
据工资费用分配表		2 600		2 600
据制造费用分配表			6 100	6 100
合计	19 400	3 800	9 700	32 900
结转产成品成本（10 件）	19 400	3 800	9 700	32 900
单位成本	1 940	380	970	3 290

表 16-9 产品成本计算单

批号：902　产品名称：乙产品　　编制日期：10 月 31 日　　　　开工日期：10 月 16 日
委托单位：丰收公司　批量：40 件　　　　　　　　　　　　　　完工日期：

项目	直接材料费用	直接人工费用	制造费用	合计
10 月发生费用：				
据材料费用分配表	28 000			28 000
据工资费用分配表		6 600		6 600
据制造费用分配表			9 900	9 900
合计	28 000	6 600	9 900	44 500
结转产成品成本（30 件）	21 000	4 950	7 425	33 375
单位成本	700	165	247.5	1 112.5
月末在产品成本（10 件）	7 000	1 650	2 475	11 125

根据产品成本计算单编制记账凭证：

借：库存商品——甲产品　　　　　　　　　　　　　　　　　　32 900

贷：生产成本——基本生产成本——甲产品——直接材料　　　19 400

——直接人工　　　3 800

——制造费用　　　9 700

借：库存商品——乙产品　　　　　　　　　　　　　　　　　　33 375

贷：生产成本——基本生产成本——乙产品——直接材料　　　21 000

——直接人工　　　4 950

——制造费用　　　7 425

"生产成本——基本生产成本——乙产品"10 月 31 日余额 11 125 元为在产品成本。

3. 分步法——逐步结转分步法

例 16 - 7

2024 年 9 月，丰收公司生产甲产品，甲产品生产分两个步骤在两个车间内进行，第一车间为第二车间提供半成品，第二车间领用第一车间的半成品加工为产成品。其实质是：第一车间为第二车间提供的半成品为第一车间的产成品，第一车间的产成品相当于第二车间的原材料。

两个车间的月末在产品均按定额成本计价。各种生产费用归集与分配过程与品种法相同，此处省略，作为已知数据在各成本计算单中列示。

成本计算流程如下：

（1）根据各种费用分配表、半成品产量月报和第一车间在产品定额成本资料，登记第一车间甲产品（半成品）成本计算单，见表 16 - 10。

表 16 - 10　第一车间甲产品（半成品）成本计算单

2024 年 9 月　　　　　　　　　　　　　　　　　　　　单位：元

项目	产量（件）	直接材料费用	直接人工费用	制造费用	合计
月初在产品成本（定额成本）		82 000	8 000	6 200	96 200
本月生产费用		99 000	16 000	14 000	129 000
合计		181 000	24 000	20 200	225 200
完工半成品转出	800	140 000	20 000	17 100	177 100
月末在产品定额成本		41 000	4 000	3 100	48 100

根据第一车间甲产品（半成品）成本计算单和半成品库的半成品入库单编制记账凭证：

借：原材料——自制半成品　　　　　　　　　　　　　　　177 100
　　贷：生产成本——基本生产成本——第一车间（甲产品）　177 100

（2）根据第一车间甲产品（半成品）成本计算单和半成品库的半成品入库单，以及第二车间半成品领用单，登记半成品明细账，见表 16 - 11。

表 16 - 11 半成品明细账

数量单位：件
金额单位：元

月份	月初余额		本月增加		合计			本月减少	
	数量	实际成本	数量	实际成本	数量	实际成本	单位成本	数量	实际成本
9	600	112 700	800	177 100	1 400	289 800	207	1 000	207 000
10	400	82 800							

根据半成品明细账和第二车间半成品领用单编制记账凭证：

借：生产成本——基本生产成本——第二车间（甲成品）　　207 000

贷：原材料——自制半成品　　　　　　　　　　　　　　　207 000

（3）根据各种费用分配表、半成品领用单、产成品产量月报，以及第二车间在产品定额成本资料，登记第二车间（产成品）成本计算单，见表 16 - 12。

表 16 - 12　第二车间甲产品（产成品）成本计算单

2024 年 9 月　　　　　　　　　　　　　　　　　　单位：元

项目	产量（件）	直接材料费用	直接人工费用	制造费用	合计
月初在产品（定额成本）		39 000	1 600	1 500	42 100
本月费用		207 000	22 000	32 000	261 000
合计		246 000	23 600	33 500	303 100
产成品转出	600	227 400	21 750	31 800	280 950
单位成本		379	36.25	53	468.25
月末在产品（定额成本）		18 600	1 850	1 700	22 150

根据第二车间甲产品（产成品）成本计算单和产成品入库单编制记账凭证：

借：库存商品——甲产品　　　　　　　　　　　　　　　　280 950

贷：生产成本——基本生产成本——第二车间（甲产品）　　280 950

4. 分步法——平行结转分步法

 例 16 - 8

2024 年 9 月，丰收公司生产甲产品，生产分两个步骤在两个车间内进行，第一车间为第二车间提供半成品，第二车间加工为产成品。

各种生产费用归集与分配过程省略，月初在产品及本月生产费用的直接材料费用、直接人工费用、制造费用数据作为已知数据在各成本计算单中列示。

产成品和月末在产品之间的费用分配方法采用定额比例法；材料费用按定额材料费用比例分配，其他费用按定额工时比例分配。甲产品的定额资料，见表16-13。月末在产品的定额资料，根据月初在产品定额资料加本月投产的定额资料减去产成品的定额资料计算求出。

表 16-13 甲产品定额资料

金额单位：元

生产步骤	月初在产品		本月投入		产成品				
	材料费用定额	工时定额	材料费用定额	工时定额	单件定额		产量（件）	总定额	
					材料费用	工时		材料费用	工时
第一车间份额	68 000	2 900	99 000	6 600	300	16	500	150 000	8 000
第二车间份额		2 600		9 800	—	20	500	—	10 000
合计	68 000	5 500	99 000	16 400	—	36		150 000	18 000

成本计算流程如下：

（1）根据定额资料、各种费用分配表和产成品产量月报，登记如表16-14所示的第一车间甲产品成本计算单、如表16-15所示的第二车间甲产品成本计算单。

表 16-14 第一车间甲产品成本计算单

2024年9月

金额单位：元

项目	产成品产量（件）	直接材料费用		定额工时	直接人工费用	制造费用	合计
		定额	实际				
月初在产品		68 000	69 900	2 900	8 990	12 600	91 490
本月生产费用		99 000	90 420	6 600	15 710	14 000	120 130
合计		167 000	160 320	9 500	24 700	26 600	211 620
分配率			0.96		2.6	2.8	
产成品中本步骤份额	500	150 000	144 000	8 000	20 800	22 400	187 200
月末在产品		17 000	16 320	1 500	3 900	4 200	24 420

表 16-15 第二车间甲产品成本计算单

2024年9月

金额单位：元

项目	产成品产量（件）	直接材料费用		定额工时	直接人工费用	制造费用	合计
		定额	实际				
月初在产品				2 600	9 200	10 300	19 500
本月生产费用				9 800	20 560	12 020	32 580
合计				12 400	29 760	22 320	52 080

续表

项目	产成品产量（件）	直接材料费用		定额工时	直接人工费用	制造费用	合计
		定额	实际				
分配率					2.4	1.8	
产成品中本步骤份额	500			10 000	24 000	18 000	42 000
月末在产品				2 400	5 760	4 320	10 080

（2）根据第一车间、第二车间甲产品成本计算单，平行汇总产成品成本，编制甲产品成本汇总计算表，见表16-16。

表16-16　甲产品成本汇总计算表

2024年9月　　　　　　　　　　　　　　　　　　金额单位：元

生产车间	产成品产量（件）	直接材料费用	直接人工费用	制造费用	合计
第一车间		144 000	20 800	22 400	187 200
第二车间			24 000	18 000	42 000
合计	500	144 000	44 800	40 400	229 200
单位成本		288	89.6	80.8	458.4

根据两个车间的成本计算单、甲产品成本汇总计算表和产成品入库单编制记账凭证：

借：库存商品——甲产品　　　　　　　　　　　　　　　229 200
　贷：生产成本——基本生产成本——第一车间　　　　　187 200
　　　　　　　　　　　　　　　　——第一车间　　　　　 42 000

【温馨提醒】

产品成本的计算涉及表格众多、过程复杂、计算量大，令不少会计人员身心疲惫，这里告诉大家一个实际操作技巧。

对于某一企业来说，每个月的成本结转过程和所用表格基本一致，为了提高核算效率，大家可以将所用成本核算的表格放到一个 Excel 文档中，在所用表格之中设置好公式，并把公式锁定，用不同的颜色标示，这样只需输入几个原始数据，其他数据便可以自动生成了，可以极大提高工作效率。比如上例三个表格中的数据90%以上为自动生成的，其中甲产品成本汇总计算表中的数据100%为自动生成的，是不是大大提高了效率？我测算过，按此方法1分钟足以完成产品成本计算，而用按计算器或打算盘的方法，至少需要10分钟。

第十七章　销售会计

一、销售会计日常业务处理

(一) 销售产品

对客户信用情况、销售通知单（销售部门根据销售合同、销售订单或销售计划编制）、销售发货单（发货部门根据销售通知单编制）、运货单、产品销售出库单、销售发票通知单（发货部门编制）进行审查——审查无误后，向客户开具销售发票——编制记账凭证。

　　借：应收账款——客户名称/预收账款——客户名称
　　　　贷：主营业务收入
　　　　　　　应交税费——应交增值税（销项税额）

【温馨提醒】

(1) 销售通知单、销售发货单、销售发票通知单所列的发货品种、规格、发货数量、发货时间、发货方式等项目应完全相符。

(2) 在实际会计工作中，有些销售业务并没有向客户开具发票，对这些未开具发票的业务也应计提销项税额，假设税率为 13%，则

　　　　销项税额＝销售金额/(1＋13%)×13%

(3) 将销售发票记账联分品种、分客户进行数量、金额汇总，可以提高财务核算效率。

(4) 开票软件操作非常简单，没有操作过的可通过"小栾税缘""丰收税务"公众号搜索"发票开具""税务Ukey""数电票"等关键词进行查询。开票系统会不断优化升级，我们也会随之更新相关资料。

(二) 结转产品销售成本

根据销售产品数量及产品加权平均单价计算当月主营业务成本——编制出库产品汇总表、主营业务成本明细表——编制记账凭证。

借：主营业务成本

　　贷：库存商品——商品名称

【温馨提醒】

$$产成品加权平均单价＝\frac{期初结余金额＋本期入库金额}{期初结余数量＋本期入库数量}$$

（三）退货

审查销货退回审批单（销售主管签字）、退货验收证明（质检部门出具）、退货单（注明品种和数量，仓储部门填制）以及退货凭证（退货方出具）等销货退回手续是否完备——>当月开出的发票及时作废处理，并且要求客户退回原发票，购货单位已认证不能退回的，按照税法有关规定开具红字发票，冲减相应收入凭证——>已收货款的，传往来账会计办理退款手续——>对退货原因进行分析，以减少退货发生。

借：主营业务收入

　　应交税费——应交增值税（销项税额）

　　贷：应收账款——客户名称

借：库存商品——商品名称

　　贷：主营业务成本

【温馨提醒】

（1）发生销货退回的，除填制退货发票，还必须有退货验收证明。

（2）退款时，必须取得对方的收款收据或者汇款银行的凭证，不得以退货发票代替收据。

（四）编制主要产品销售利润表

各品种产品销售数量、销售收入、销售成本根据当月主营业务收入明细表和主营业务成本明细表相关数量、金额进行填列，税费、销售费用根据当月利润表的税金及附加、销售费用本月发生额进行填列，以上项目填列完成后产品销售利润表即填列完毕。根据主要产品销售利润表相关项目的变动情况编制销售情况分析报告书。

二、销售会计日常工作中的常见问题

(一) 销售产品不开票不记账

根据《中华人民共和国增值税暂行条例》第十九条的规定，销售货物、劳务、服务、无形资产、不动产，增值税纳税义务发生时间为收讫销售款项或者取得索取销售款项凭据的当天；先开具发票的，为开具发票的当天。因此，只要收讫销售款项或者取得索取销售款项凭据就要缴纳增值税，而不论是否开具发票。在部分企业，存在不开发票不记账的行为，这部分收入记入"内账"，供企业管理者参考，而"外账"只记开票收入，目的是应付税务部门，少缴税款。

(二) 发票不按纳税义务发生时间开具

根据《增值税专用发票使用规定》第十一条的规定，增值税专用发票按照增值税纳税义务的发生时间开具。在实务中，有多种销售结算方式，销售结算方式不同，增值税纳税义务的发生时间也就不同，相应的发票开具时间也会不同。

(1) 在不该开具发票的时候开具发票会造成一定的损失，比如分期收款结算方式应该在书面合同约定的收款日期的当天开具发票，若企业在货物发出的当天就开具发票，则要按照开具发票金额缴纳增值税，早缴税就享受不到递延纳税的好处，给企业造成损失。

(2) 在应该开具发票的时候不开具发票同样会给企业造成一定的损失，仍以分期收款结算方式为例，企业应当在书面合同约定的收款日期的当天开具发票，然而某些时候因为某些原因，比如购货方暂时不需要发票，于是，销售方暂缓开具发票，待到购货方需要时再开具。然而增值税专用发票按照增值税纳税义务的发生时间开具，事后不能补开发票。当月发生增值税纳税义务即使没有开具发票，也应当申报缴纳增值税，不申报缴纳增值税就会面临一定的罚款以及加收滞纳金等税务风险。若当月不申报纳税，待开具发票后（属于不按规定开具发票）再申报纳税，按照规定也要承担缴纳罚款和滞纳金的损失。

各种销售结算方式与发票开具时间，见表 17-1。

表 17-1　各种销售结算方式与发票开具时间表

销售结算方式	发票开具时间（即纳税义务发生时间）
直接收款	收到销售款或者取得索取销售款凭据的当天
托收承付或委托银行收款	发出货物并办妥托收手续的当天

续表

销售结算方式	发票开具时间（即纳税义务发生时间）
赊销或分期收款	书面合同约定的收款日期的当天，无书面合同的或者书面合同没有约定收款日期的，为货物发出的当天
预收货款	货物发出的当天，但销售生产工期超过 12 个月的大型机械设备、船舶、飞机等货物，为收到预收款或者书面合同约定的收款日期的当天
代销货物	收到代销单位的代销清单或者收到全部或者部分货款的当天。未收到代销清单及货款的，为发出代销货物满 180 天的当天
销售应税劳务	提供劳务同时收讫销售款或者取得索取销售款的凭据的当天
视同销售货物	货物移送的当天

（三）开具数量、单价与实际业务不符的发票

有些企业因为要实现某些目的，会开具数量、单价与实际销售业务不符的发票，而开具数量或者金额不实的增值税专用发票也属于虚开增值税发票行为。一旦被查处，将会面临补缴已申报抵扣的增值税，被处以罚款并加收滞纳金，甚至会承担刑事责任。

三、销售会计日常工作中的疑难问题

（一）销货退回

销售退回，是指企业售出的商品由于质量、品种不符合要求等原因发生的退货。企业已经确认销售商品收入的售出商品发生的销售退回（无论属于本年度还是以前年度的销售），应当在发生时冲减当期销售商品收入、成本和增值税额，即做与原来相反的分录。

▊例 17-1

甲公司 2024 年 10 月 9 日销售一批商品给乙公司，取得销售收入 10 万元（不含税，增值税税率为 13%），该笔货款尚未收到。甲公司已确认销售收入，并结转销售成本 8 万元。2024 年 12 月 2 日，该批货物因产品质量问题被退回。

甲公司的账务处理如下：

（1）2024 年 12 月 2 日，调整销售收入：

    借：主营业务收入   100 000

         应交税费——应交增值税（销项税额）   13 000

        贷：应收账款   113 000

（2）调整销售成本：

    借：库存商品   80 000

        贷：主营业务成本   80 000

（二）附有销售退回条件的商品销售

附有销售退回条件的商品销售，即购买方依照有关合同或协议有权退货的销售方式。

会计上规定，如果企业根据以往的经验能够合理估计商品被退回的可能性，可以在发出商品时，将估计不会发生退货的部分确认收入，估计可能发生退货的部分，不确认销售收入也不结转销售成本，作为发出商品处理，仅表现为商品库存的减少，单独设置"1406 发出商品"科目进行核算；如果企业不能合理地确定退货的可能性，则应当在售出商品退货期满时确认收入。

税法上规定，无论附有销售退回条件售出的商品是否退回，均在商品发出时全额确认收入，计算缴纳增值税和所得税。

会计和税法上在确认收入时点上遵循不同的规定，由此产生的时间性差异，在年度汇算清缴时，要进行纳税调整。

例 17-2

某企业 2023 年 12 月 12 日向甲公司销售货物 10 万元（不含增值税），该批货物成本为 8 万元，根据双方签订的协议，甲公司应当于 2024 年 2 月 12 日付款，付款期限内甲公司有权退货，企业根据以往的经验估计会有 10%的商品存在退货的可能性。

会计处理：

在发出商品时，将估计不会发生退货的部分确认收入：

    借：应收账款   101 700

        贷：主营业务收入   90 000

         应交税费——应交增值税（销项税额）   11 700

    借：主营业务成本   72 000

        贷：库存商品   72 000

估计可能发生退货的部分，不确认销售收入也不结转销售成本，作为发出商品处理：

借：发出商品　　　　　　　　　　　　　　　　　　　　　8 000
　　贷：库存商品　　　　　　　　　　　　　　　　　　　　　8 000
借：应收账款　　　　　　　　　　　　　　　　　　　　　1 300
　　贷：应交税费——应交增值税（销项税额）　　　　　　　1 300

税法上，无论附有销售退回条件售出的商品是否退回，均在商品发出时全额确认收入，计算缴纳增值税和所得税。

税务处理：2023 年企业所得税汇算清缴时，调增收入 1 万元，调增销售成本 0.8 万元，调增应纳税所得额 0.2 万元。因为这项销售业务满足税法上确认销售的条件。

2024 年 2 月 12 日如果发生退货，企业做会计处理：

借：库存商品　　　　　　　　　　　　　　　　　　　　　8 000
　　贷：发出商品　　　　　　　　　　　　　　　　　　　　　8 000
借：应收账款　　　　　　　　　　　　　　　　　　　　　－1 300
　　贷：应交税费——应交增值税（销项税额）　　　　　　　－1 300

税务处理：调减 2023 年应纳税所得额 0.2 万元。

2024 年 2 月 12 日对方确认产品合格，未发生退货，企业做如下会计处理：

借：应收账款　　　　　　　　　　　　　　　　　　　　　10 000
　　贷：主营业务收入　　　　　　　　　　　　　　　　　　　10 000
借：主营业务成本　　　　　　　　　　　　　　　　　　　8 000
　　贷：发出商品　　　　　　　　　　　　　　　　　　　　　8 000

税务处理：2024 年调减收入 1 万元，调减成本 0.8 万元，调减应纳税所得额 0.2 万元。

（三）销货退回、开票有误、销售折让等情形中增值税专用发票的处理

在日常业务中，销货退回、开票有误、销售折让等情形时常发生，发生了就要进行相应处理，而处理方式又与这些情形的发生时间、发票认证情况等因素密切相关，处理方法一般有两种：一种是作废发票重新开具；一种是开具红字发票。

作废发票、重新开具，是指一般纳税人在开具专用发票当月，发生销货退回、开票有误等情形，符合作废条件的可以直接作废发票，重新填写。

根据《国家税务总局关于修订〈增值税专用发票使用规定〉的通知》（国税发〔2006〕156 号）第十三条和第二十条的规定，一般纳税人在开具增值税专用发票当

月发生销货退回、开票有误等情形，收到退回的发票联、抵扣联符合作废条件的，按作废处理；开具时发现有误的，可即时作废。作废增值税专用发票须在防伪税控系统中将相应的数据电文按"作废"处理，在纸质增值税专用发票（含未打印的增值税专用发票）各联次上注明"作废"字样，全联次留存。同时具有下列情形的，达到作废条件：（1）收到退回的发票联、抵扣联时间未超过销售方开票当月；（2）销售方未抄税并且未记账；（3）购买方未认证或者认证结果为"纳税人识别号认证不符""增值税专用发票代码、号码认证不符"。抄税，是报税前用 IC 卡或者 IC 卡和软盘抄取开票数据电文。

增值税一般纳税人开具增值税专用发票后，发生销货退回、开票有误、应税服务中止等情形但不符合发票作废条件，或者因销货部分退回及发生销售折让，需要开具红字增值税专用发票的。开具红字增值税专用发票应根据《国家税务总局关于红字增值税发票开具有关问题的公告》（国家税务总局公告 2016 年第 47 号）的相关规定进行处理。

针对不同情况，开具红字增值税专用发票有不同的处理办法：

（1）购买方取得增值税专用发票已用于申报抵扣的，购买方可在增值税发票管理新系统（以下简称新系统）中填开并上传《开具红字增值税专用发票信息表》（以下简称《信息表》），在填开《信息表》时不填写相对应的蓝字增值税专用发票信息，应暂依《信息表》所列增值税额从当期进项税额中转出，待取得销售方开具的红字增值税专用发票后，与《信息表》一并作为记账凭证。

购买方取得增值税专用发票未用于申报抵扣、但发票联或抵扣联无法退回的，购买方填开《信息表》时应填写相对应的蓝字增值税专用发票信息。

销售方开具增值税专用发票尚未交付购买方，以及购买方未用于申报抵扣并将发票联及抵扣联退回的，销售方可在新系统中填开并上传《信息表》。销售方填开《信息表》时应填写相对应的蓝字增值税专用发票信息。

（2）主管税务机关通过网络接收纳税人上传的《信息表》，系统自动校验通过后，生成带有"红字发票信息表编号"的《信息表》，并将信息同步至纳税人端系统中。

（3）销售方凭税务机关系统校验通过的《信息表》开具红字增值税专用发票，在新系统中以销项负数开具。红字增值税专用发票应与《信息表》一一对应。

（4）纳税人也可凭《信息表》电子信息或纸质资料到税务机关对《信息表》内容进行系统校验。

（5）纳税人需要开具红字增值税普通发票的，可以在所对应的蓝字发票金额范围内开具多份红字发票。红字机动车销售统一发票需与原蓝字机动车销售统一发票一一对应。

纳税人开具增值税电子专用发票（以下简称电子专票）后，发生销货退回、开票有误、应税服务中止、销售折让等情形，需要开具红字电子专票的，按照《国家税务总局关于在新办纳税人中实行增值税专用发票电子化有关事项的公告》（国家税务总局公告 2020 年第 22 号）规定执行：

（1）购买方已将电子专票用于申报抵扣的，由购买方在增值税发票管理系统（以下简称发票管理系统）中填开并上传《开具红字增值税专用发票信息表》（以下简称《信息表》），填开《信息表》时不填写相对应的蓝字电子专票信息。购买方未将电子专票用于申报抵扣的，由销售方在发票管理系统中填开并上传《信息表》，填开《信息表》时应填写相对应的蓝字电子专票信息。

（2）税务机关通过网络接收纳税人上传的《信息表》，系统自动校验通过后，生成带有"红字发票信息表编号"的《信息表》，并将信息同步至纳税人端系统中。

（3）销售方凭税务机关系统校验通过的《信息表》开具红字电子专票，在发票管理系统中以销项负数开具。红字电子专票应与《信息表》一一对应。

（4）购买方已将电子专票用于申报抵扣的，应当暂依《信息表》所列增值税税额从当期进项税额中转出，待取得销售方开具的红字电子专票后，与《信息表》一并作为记账凭证。

数电票试点纳税人发生开票有误、销货退回、服务中止、销售折让等情形，需要通过电子发票服务平台开具红字数电票或红字纸质发票的，按以下规定执行：

（1）受票方已进行用途确认或入账确认的，受票方为试点纳税人，开票方或受票方均可在电子发票服务平台填开并上传《红字发票信息确认单》（以下简称《确认单》），经对方在电子发票服务平台确认后，开票方全额或部分开具红字数电票或红字纸质发票；受票方为非试点纳税人，由开票方在电子发票服务平台或由受票方在增值税发票综合服务平台填开并上传《确认单》，经对方确认后，开票方全额或部分开具红字数电票或红字纸质发票。其中，《确认单》需要与对应的蓝字发票信息相符。

受票方已将发票用于增值税申报抵扣的，应暂依《确认单》所列增值税税额从当期进项税额中转出，待取得开票方开具的红字发票后，与《确认单》一并作为记账凭证。

（2）受票方未做用途确认及入账确认的，开票方填开《确认单》后全额开具红字数电票或红字纸质发票，无须受票方确认。原蓝字发票为纸质发票的，开票方应收回原纸质发票并注明"作废"字样或取得受票方有效证明。

（3）纳税人发生《国家税务总局关于红字增值税发票开具有关问题的公告》（国家税务总局公告 2016 年第 47 号）第一条以及《国家税务总局关于在新办纳税人中实行增值税专用发票电子化有关事项的公告》（国家税务总局公告 2020 年第 22 号）第七条规定情形的，购买方为试点纳税人时，购买方可通过电子发票服务平台填开并上传《开具红字增值税专用发票信息表》。

（四）视同销售货物行为增值税的财务处理

《中华人民共和国增值税暂行条例实施细则》第四条规定的八种视同销售货物行为：

（1）将货物交付其他单位或者个人代销；

（2）销售代销货物；

（3）设有两个以上机构并实行统一核算的纳税人，将货物从一个机构移送其他机构用于销售，但相关机构设在同一县（市）的除外；

（4）将自产或者委托加工的货物用于非增值税应税项目（营改增后不存在）；

（5）将自产、委托加工的货物用于集体福利或者个人消费；

（6）将自产、委托加工或者购进的货物作为投资，提供给其他单位或者个体工商户；

（7）将自产、委托加工或者购进的货物分配给股东或者投资者；

（8）将自产、委托加工或者购进的货物无偿赠送其他单位或者个人。

纳税人有价格明显偏低且无正当理由的销售行为或者有视同销售货物行为而无销售额者，按下列顺序确定销售额：

（1）按纳税人最近时期同类货物的平均销售价格确定；

（2）按其他纳税人最近时期同类货物的平均销售价格确定；

（3）按组成计税价格确定。组成计税价格的公式为：

组成计税价格＝成本×（1＋成本利润率）

属于应征消费税的货物，其组成计税价格中应加计消费税额。

公式中的成本是指：销售自产货物的为实际生产成本，销售外购货物的为实际采购成本。公式中的成本利润率由国家税务总局确定。

根据《小企业会计准则》的规定，小企业发生非货币性资产交换、偿债，以及将货物、财产、劳务用于捐赠、赞助、集资、广告、样品、职工福利和利润分配，应当作为企业与外部发生交易，属于收入实现的过程，视同销售货物、转让财产和提供劳务，按规定确认收入。《小企业会计准则》与《中华人民共和国企业所得税法》规定基本相同，与增值税规定也基本相同。

根据《小企业会计准则》的规定，小企业在建工程、管理部门等内部部门领用所生产的产成品、原材料等，应当作为小企业内部发生的经济事项，属于小企业内部不同资产之间相互转换，不属于收入实现的过程，不应确认收入，应当按照成本进行结转。《小企业会计准则》与《中华人民共和国企业所得税法》规定基本相同，与增值税规定不完全相同。

因此，对以上八种视同销售行为，除第四种情况外，会计上均做销售收入处理，即按照货物的售价记入"主营业务收入"或"其他业务收入"科目，按照货物的售价计提增值税。第四种情况，在会计上不做销售收入处理，直接按照货物的成本贷记"库存商品"科目，按照货物的售价计提增值税。下面举例说明。

📚 **例 17 - 3**

2024 年 9 月，甲公司经董事会批准，将自产的一批成本为 40 万元，市场价值为 50 万元的商品向 A 公司进行投资，甲公司的会计处理为：

借：长期股权投资——A 公司	565 000
贷：主营业务收入	500 000
应交税费——应交增值税（销项税额）	65 000
借：主营业务成本	400 000
贷：库存商品	400 000

会计、企业所得税、增值税上均做销售收入处理。

📚 **例 17 - 4**

甲公司是一家生产加气砼的企业，2024 年 9 月为改善职工生活，领用了一批自产的成本价为 6 万元的加气砼砌块，新建几间职工宿舍，该批加气砼砌块当期售价为 8 万元。这是典型的将自产产品用于非增值税应税项目，甲公司的会计处理为：

销项税额＝80 000×13％＝10 400（元）

借：在建工程	70 400
贷：库存商品	60 000
应交税费——应缴增值税（销项税额）	10 400

会计和企业所得税上不做销售收入处理，增值税上做视同销售处理。

（五）特殊销售业务的财务处理

1. 销售折扣（现金折扣）

销售折扣又称现金折扣，是企业在销售货物或提供应税劳务后，为了鼓励购货方及早偿还货款而给予购货方的折扣优惠。企业为了鼓励客户提前付款，一般规定购货方在不同的期限内付款可享受不同比例的折扣，付款时间越早，折扣越大。所以，销售折扣发生在销售货物或提供应税劳务之后，实质上是企业为了尽快收回货款而发生的融资性质的财务费用，折扣额相当于为收回货款而支付的利息，因此，销售折扣额应计入财务费用，不得抵减销售额和销项税额。

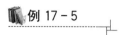例 17-5

甲公司销售某品牌电脑，某品牌电脑的销售价格为 4 000 元/台（不含增值税），甲公司提供的付款条件为 2/10，1/20，n/30，甲公司销售给乙商场该品牌电脑 100台。乙商场已于 8 天内付款。甲公司应做如下会计处理：

销售实现时：

借：应收账款	452 000
贷：主营业务收入	400 000
应交税费——应交增值税（销项税额）	52 000

销货后第 8 天收到货款时：

折扣额＝452 000×2%＝9 040(元)

借：银行存款	442 960
财务费用	9 040
贷：应收账款	452 000

2. 折扣销售（商业折扣）

折扣销售又称商业折扣，是指企业在销售货物或提供应税劳务时，因购货方数量较大等原因，而按照一定折扣率（或折扣额）折扣后的优惠价格进行销售。因为折扣与销售货物或提供应税劳务同时发生，若将销售额和折扣额在同一张发票上分别注明，可直接按照折扣后的金额作为销售额计提销项税额，若折扣额另开发票，不论会计上如何处理，均不得从销售额中扣除折扣额。因为折扣销售与实现销售同时发生，买卖双方均按折扣后的价格成交，所以会计上对其不需单独进行会计处理，又因为发票价格就是扣除折扣后的实际售价，所以可按发票上的金额计算销项税额。

商业折扣仅限于价格上的折扣，若销货方将自产、委托加工和购买的货物用于实物折扣，则该实物折扣不得从销售额中减除，因为这属于"捆绑销售"（买一赠一），应该按照实际收款金额确认销售额计提销项税额。

例 17-6

甲公司销售某品牌电脑，某品牌电脑的销售价格为 4 000 元/台（不含增值税），

甲公司规定购买100台以上，可获得5％的商业折扣；购买200台以上，可获得8％的商业折扣。甲公司向丙商场销售该品牌电脑300台。甲公司应做如下会计处理：

销售实现时：

应收账款＝4 000×300×(1－8％)×(1＋13％)＝1 247 520(元)

借：应收账款　　　　　　　　　　　　　　　　　　　1 247 520
　　贷：主营业务收入　　　　　　　　　　　　　　　　1 104 000
　　　　应交税费——应交增值税（销项税额）　　　　　143 520

3. 销售折让

销售折让，小企业因售出商品的质量不合格等原因而在售价上给予的减让。销售折让与销售折扣虽然都是发生在销售货物之后，但实质上销售折让会使原销售总额减少，所以销售折让要冲减当期销售额和销项税额。

例 17 - 7

甲公司销售某品牌电脑，某品牌电脑的销售价格为4 000元/台（不含增值税），甲公司向丙商场销售该品牌电脑100台，丙商场尚未付款。几天后丙商场发现该品牌电脑存在质量问题，但是不影响销售，丙商场要求甲公司降价，甲公司给予每台品牌电脑50元的销售折让，甲公司应做如下会计处理：

销售实现时：

应收账款＝4 000×100×(1＋13％)＝452 000(元)

借：应收账款　　　　　　　　　　　　　　　　　　　452 000
　　贷：主营业务收入　　　　　　　　　　　　　　　　400 000
　　　　应交税费——应交增值税（销项税额）　　　　　52 000

甲公司给予每台品牌电脑50元的销售折让，开具红字发票：

借：应收账款　　　　　　　　　　　　　　　　　　　－5 650
　　贷：主营业务收入　　　　　　　　　　　　　　　　－5 000
　　　　应交税费——应交增值税（销项税额）　　　　　－650

4. 将货物交付他人代销

将货物交付他人代销的销售方式，与一般销售行为基本相同，明显会产生经济利益的流入，应视同销售。不同的是，委托方和代销方签订委托代销协议，并按照协议规定，委托方将货物交付受托方，货物仅仅发生了空间的转移，所有权并未发生转移，经济利益也没有流入委托方，因此其交付货物时不能确认为收入。

对于委托方何时确认销售收入和增值税纳税义务发生时间有如下规定。

《中华人民共和国增值税暂行条例》第十九条规定，增值税纳税义务发生时间：销售货物、劳务、服务、无形资产、不动产，为收讫销售款项或者取得索取销售款项凭据的当天；先开具发票的，为开具发票的当天。

《中华人民共和国增值税暂行条例实施细则》第三十八条规定，收讫销售款项或者取得索取销售款项凭据的当天，按销售结算方式的不同，具体为：（1）采取直接收款方式销售货物，不论货物是否发出，均为收到销售款或者取得索取销售款凭据的当天。（2）采取托收承付和委托银行收款方式销售货物，为发出货物并办妥托收手续的当天。（3）采取赊销和分期收款方式销售货物，为书面合同约定的收款日期的当天，无书面合同的或者书面合同没有约定收款日期的，为货物发出的当天。（4）采取预收货款方式销售货物，为货物发出的当天，但生产销售生产工期超过 12 个月的大型机械设备、船舶、飞机等货物，为收到预收款或者书面合同约定的收款日期的当天。（5）委托其他纳税人代销货物，为收到代销单位的代销清单或者收到全部或者部分货款的当天。未收到代销清单及货款的，为发出代销货物满 180 天的当天。（6）销售应税劳务，为提供劳务同时收讫销售款或者取得索取销售款的凭据的当天。（7）纳税人发生视同销售货物行为，为货物移送的当天。

根据上述规定，委托方将货物交付他人代销，一般将收到代销方的代销清单的当天确认为纳税义务发生时间，开具增值税专用发票的时间也应当为收到代销清单的当天。但在实际工作中可能存在另外三种情况：一是在收到代销清单之前提前开具发票，在这种情况下，增值税纳税义务发生时间为开具发票的当天；二是在收到代销清单之前已经收到全部或部分货款，这种情况下，增值税纳税义务发生时间为收到全部或部分货款的当天；三是发出代销商品超过 180 天仍未收到代销清单及货款的，在这种情况下，也应该视同销售实现，一律征收增值税，增值税纳税义务发生时间为发出代销商品满 180 天的当天。

根据委托代销协议的约定有两种结算方式：一种是视同买断，另一种是根据销售额的一定比例收取手续费。

（1）受托方作为自购自销处理的，视同买断，不涉及手续费的问题，企业应在受托方销售货物并交回代销清单时，为受托方开具增值税专用发票，按"价税合计"栏的金额，借记"银行存款""应收账款"等科目，按"金额"栏的金额，贷记"主营业务收入""其他业务收入"等科目，按"税额"栏的金额，贷记"应交税费——应交增值税（销项税额）"科目。

例 17 - 8

甲公司是一家电脑生产企业，2024 年 1 月与乙公司签订委托代销协议，按照协议规定，甲公司按不含税销售价格 5 800 元/台向乙公司收取销售货款，实际的销售价格在甲公司确定的指导价格范围内由乙公司自主决定，实际售价与合同价的差额归乙公司所有，甲公司不再支付代销手续费。2024 年 1 月甲公司发出电脑 1 300 台，电脑实际成本为 5 000 元/台，至 2 月末结账时，收到乙公司的代销清单，代销清单显示乙公司销售电脑 1 000 台，乙公司实际销售价格为 6 000 元/台，则甲公司应按销售数量和合同价格确认销售收入，并计算增值税的销项税额 75.4 万元。甲公司的会计处理为：

(1) 将委托代销商品发给乙公司时：

借：发出商品/委托代销商品	6 500 000
贷：库存商品	6 500 000

(2) 收到乙公司的代销清单时：

借：应收账款	6 554 000
贷：主营业务收入	5 800 000
应交税费——应交增值税（销项税额）	754 000
借：主营业务成本	5 000 000
贷：发出商品/委托代销商品	5 000 000

(2) 受托方只根据销售额的一定比例收取代销手续费的，企业应在受托方交回代销清单时，为受托方开具增值税专用发票，按"价税合计"栏的金额扣除手续费后的余额，借记"银行存款""应收账款"等科目，按手续费金额，借记"销售费用"等科目，按"金额"栏的金额，贷记"主营业务收入""其他业务收入"等科目，按"税额"栏的金额，贷记"应交税费——应交增值税（销项税额）"科目。

例 17 - 9

甲公司是一家电脑生产企业，2024 年 1 月与乙公司签订委托代销协议，按照协议规定，乙公司应按不含税销售价格 6 000 元/台进行销售，甲公司按照 212 元/台向乙公司支付手续费。2024 年 1 月甲公司发出电脑 1 300 台，电脑实际成本为 5 000 元/台，至 2 月末结账时，收到乙公司的代销清单，代销清单显示乙公司销售电脑 1 000 台，则甲公司应按销售清单确认销售收入，并计算增值税的销项税额 78 万元。甲公司的会计处理为：

(1) 将委托代销商品发给乙公司时：

借：发出商品/委托代销商品   6 500 000

  贷：库存商品   6 500 000

(2) 收到乙公司的代销清单时：

借：应收账款   6 780 000

  贷：主营业务收入   6 000 000

    应交税费——应交增值税（销项税额）   780 000

借：销售费用——手续费   200 000

  应交税费——应交增值税（进项税额）   12 000

  贷：银行存款   212 000

借：主营业务成本   5 000 000

  贷：发出商品/委托代销商品   5 000 000

5. 销售代销货物

(1) 企业将销售代销货物作为自购自销处理的，视同买断，不涉及手续费问题，在这种方式下，代销方销售委托代销的货物同销售自有的货物一样会带来经济利益的流入。其中，和委托方约定的结算价格就是企业取得此收入的成本，而实际的销售价格就是这项业务经济利益的总流入量。所以应该在销售货物时，为购货方开具增值税专用发票，确认销售收入，记入"主营业务收入"科目。

编制会计分录时，按增值税专用发票"价税合计"栏的金额，借记"应收账款"等科目；按"税额"栏的金额，贷记"应交税费——应交增值税（销项税额）"科目，按"金额"栏的金额，贷记"主营业务收入"等科目。

例 17-10

承例 17-8，乙公司应按实际销售价格确认销售收入，则乙公司的会计处理为：

(1) 收到受托代销的商品，按数量 1 300 台和约定的价格 5 800 元/台确认受托代销商品款：

借：受托代销商品   7 540 000

  贷：受托代销商品款   7 540 000

(2) 销售代销商品时，按销售数量 1 000 台和销售价格 6 000 元/台确认收入：

借：应收账款   6 780 000

  贷：主营业务收入   6 000 000

    应交税费——应交增值税（销项税额）   780 000

同时结转代销商品 1 000 台的成本：

借：主营业务成本 5 800 000

　　贷：受托代销商品 5 800 000

（3）收到对方发票：

借：受托代销商品款 5 800 000

　　应交税费——应交增值税（进项税额） 754 000

　　　贷：应付账款 6 554 000

（2）企业销售代销货物只根据销售额的一定比例收取代销手续费的，代销方提供的其实只是一种服务，所收取的手续费就是委托方支付的劳务费用，虽然会带来经济利益的流入，但是这种流入和实质上的销售是有区别的。实质上的销售是将销售收入和相应的销售成本配比的，而这种行为所取得的手续费收入不是销售所得，没有相应的销售成本配比，这种劳务行为应该属于其他业务收入。代销方和委托方进行结算的款项是全部的销售收入，因此在销售代销商品完成时，不确认"主营业务收入"，而是将相应款项扣除手续费后作为对委托方的负债，结算时支付给委托方，但是代销方应在销售货物时，为购货方开具增值税专用发票。

编制会计分录时，按"价税合计"栏金额，借记"银行存款"等科目，按"金额"栏的金额，贷记"应付账款"科目，按"税额"栏的金额，贷记"应交税费——应交增值税（销项税额）"科目。

例 17－11

承例 17－9，则乙公司的会计处理为：

（1）收到受托代销的商品，按数量 1 300 台和约定的价格 6 000 元/台确认委托代销商品款：

借：受托代销商品 7 800 000

　　贷：受托代销商品款 7 800 000

（2）销售代销商品时，按销售数量 1 000 台和销售价格 6 000 元/台：

借：银行存款 6 780 000

　　贷：应付账款 6 000 000

　　　应交税费——应交增值税（销项税额） 780 000

同时结转代销商品 1 000 台的成本：

借：受托代销商品款 6 000 000

　　贷：受托代销商品 6 000 000

（3）收到对方发票：

借：应交税费——应交增值税（进项税额） 780 000

　　贷：应付账款 780 000

（4）支付货款并确认代销手续费时：

借：应付账款 6 780 000

　　贷：其他业务收入——手续费收入 200 000

　　　应交税费——应交增值税（销项税额） 12 000

　　　银行存款 6 568 000

受托方收到代销商品并入库后，受托方对商品负有管理和销售责任，保管过程中对短缺和毁损商品负有赔偿责任，销售后有返还货款的责任，未售完的商品可以退回，因此，尽管受托代销商品在法律上不属于受托企业的资产，但为了更好地尽到受托方的管理和销售责任，受托企业仍将"受托代销商品"作为受托方的资产列示在资产负债表中。

受托代销商品款是核算企业接受代销商品的货款，销售后有返还货款的责任，显然受托代销商品款符合负债的定义，也符合负债的确认条件。

受托代销商品和受托代销商品款应列示于资产负债表中。这样处理虽然有虚增企业资产和负债之嫌，但能充分反映企业的经营状况，并且更有利于计算有关偿债能力等指标。

第十八章　资产会计

一、资产会计日常业务处理

（一）购置固定资产

审核是否有经审批的购置固定资产申请单、固定资产采购合同——审核发票、验收单——审核是否有固定资产调拨单（生产用固定资产由生产部门负责，非生产用固定资产由行政办公室负责）——审核审批手续是否完备——编制记账凭证——传出纳会计付款。

借：固定资产——明细科目

应交税费——应交增值税（进项税额）

贷：应付账款

【温馨提醒】

（1）企业外购固定资产的成本，包括购买价款、相关税费、运输费、装卸费、保险费、安装费等，但不含按照税法规定可以抵扣的增值税进项税额。以一笔款项购入多项没有单独标价的固定资产，应当按照各项固定资产或类似资产的市场价格或评估价值比例对总成本进行分配，分别确定各项固定资产的成本。

（2）根据企业固定资产管理实际需要，明细科目须按照固定资产名称、规格、型号及使用部门等项目进行设置。

（3）以下固定资产项目的进项税额不得从销项税额中抵扣：专门用于适用简易计税方法计税项目、免征增值税项目、集体福利或者个人消费购进的固定资产；非正常损失的固定资产等。已抵扣进项税额的固定资产用于上述项目时，应当做进项税额转出处理。

自2018年1月1日起，纳税人租入固定资产、不动产，既用于一般计税方法计税项目，又用于简易计税方法计税项目、免征增值税项目、集体福利或者个人消费的，其进项税额准予从销项税额中全额抵扣。

（4）若是购入的是需要安装的固定资产，则账务处理为：

购入时：

借：在建工程——明细科目

　　应交税费——应交增值税（进项税额）

　　贷：应付账款/银行存款

安装时：

　　借：在建工程——明细科目

　　　贷：原材料/应付职工薪酬/银行存款等

安装完成交付使用时：

　　借：固定资产

　　　贷：在建工程

（二）自行建造固定资产（自营方式）

（1）购入为工程准备的物资。审核发票、验收单——审核审批手续是否完备——编制记账凭证。

　　借：工程物资

　　　应交税费——应交增值税（进项税额）

　　贷：银行存款/应付账款等

（2）工程领用物资。审核工程物资材料领用单填写是否规范，签字手续是否完备（材料领用单须由基建工程部负责人审核、分管领导签字）——编制记账凭证。

　　借：在建工程——工程名称（以建造生产车间为例，下同）

　　　贷：工程物资

（3）工程领用原材料。审核材料领用单填写是否规范，签字手续是否完备（材料领用单须由基建工程部负责人审核、分管领导签字）——编制记账凭证。

　　借：在建工程——工程名称

　　　贷：原材料

采用计划成本法核算的企业还需同时结转材料成本差异。

（4）建设期间发生的工程物资盘亏、报废及毁损净损失。定期（年末、季度末、月末）对工程物资盘点一次——编制工程物资盘点明细表，及时报告盘亏、报废及毁损结果——根据企业处理决定编制记账凭证。

　　借：在建工程——工程名称

　　　其他应收款

　　贷：工程物资

　　　应交税费——应交增值税（进项税额转出）

（5）辅助生产车间为工程提供劳务支出。

借：在建工程——工程名称

贷：生产成本——辅助生产成本

（6）计提工程人员工资报酬。

借：在建工程——工程名称

贷：应付职工薪酬

（7）工程完工交付使用。清查完工工程的各项支出——►实施竣工决算审计——►审查工程明细表、竣工决算表、竣工项目验收单、固定资产竣工工程交接单、固定资产验收单——►编制记账凭证。

借：固定资产——工程名称

贷：在建工程——工程名称

剩余工程物资转作企业存货：

借：原材料

贷：工程物资

（三）自行建造固定资产（出包方式）

1. 工程立项与招标

会同工程、技术、法律等部门的相关专业人员对项目建议书和可行性研究报告的完整性、客观性进行技术经济分析和评审，出具评审意见——►会同工程、技术等部门的相关专业人员对编制的工程项目预算进行审核，重点审查编制依据、项目内容、工程量的计算、定额套用等是否真实、完整、准确——►报经董事会或者类似决策机构集体审议批准——►工程招标，参与议标、评标、定标、合同条款的订立，收到投标保证金时，开具投标保证金收据并编制记账凭证。

借：银行存款

贷：其他应付款——投标单位（投标保证金）

退还投标保证金时：

借：其他应付款——投标单位（投标保证金）

贷：银行存款

在建工程——生产车间（中标单位投标保证金）

2. 办理建筑工程价款结算

每月月末审核建造合同及款项付出情况、工程项目资金月度计划（财务经理、总经理审批）——►审核付款审批单审批手续是否完备——►审核建造合同约定的价款支付方式、进度款收据或发票等——►传出纳付款——►签收出纳传来的付款审批单及银行付款凭证等——→编制记账凭证。

  借：在建工程——生产车间

    应交税费——应交增值税（进项税额）

   贷：银行存款

【温馨提醒】

  （1）工程进度款要按工程项目进度或者合同约定进行支付，不得随意提前支付。

  （2）在办理价款支付业务过程中，发现拟支付的价款与合同约定的价款支付方式、金额不符或与工程实际完工进度不符等异常情况，应当及时报告。

  （3）付出款项时必须取得项目施工单位开具的收据或发票，支付余款时必须取得项目施工单位开具的全额发票，发票金额作为工程成本。

  3. 购买生产设备交付项目施工单位安装

  购买时（流程同购置固定资产）：

   借：工程物资——生产设备

     应交税费——应交增值税（进项税额）

    贷：银行存款

  交付时：

   借：在建工程——生产车间

    贷：工程物资——生产设备

  4. 工程项目发生的管理费、可行性研究费、公证费、监理费等费用

  审核发票、收据等原始凭证与费用支出凭单是否一致，原始凭证是否真实、完整、合法、金额是否正确——→审核审批手续是否完备——→编制记账凭证。

   借：在建工程——生产车间

     应交税费——应交增值税（进项税额）

    贷：银行存款

【温馨提醒】

  一起建造多个工程项目时，需要先在"在建工程——待摊支出"中进行归集，再按照各工程项目成本进行分摊。

  5. 进行试生产

  进行试生产领用本企业材料并发生其他试生产费用，计入在建工程成本：

借：在建工程——生产车间

    贷：原材料

        银行存款

在建工程在试生产过程中形成的产品、副产品或试车收入，冲减在建工程成本：

    借：银行存款

        贷：在建工程——生产车间

            应交税费——应交增值税（销项税额）

6. 转入固定资产

完成试生产，各项指标达到设计要求——→清查完工工程的各项支出——→实施竣工决算审计——→审查工程明细表、竣工决算表、竣工项目验收单、固定资产竣工工程交接单、固定资产验收单——→编制记账凭证。

    借：固定资产——生产车间

        贷：在建工程——生产车间

【温馨提醒】

自行建造固定资产的成本，由建造该项资产在竣工决算前发生的支出（含相关的借款费用）构成。

（四）固定资产的调拨

审核固定资产内部调拨单（由移出部门填写，固定资产管理部门审核，移入部门确认签字）——→编制记账凭证。

    借：固定资产——名称——移入部门

        贷：固定资产——名称——移出部门

【温馨提醒】

固定资产在公司内各车间、部门之间相互调拨应进行账务处理，以便加强对固定资产的管理并保证折旧计提准确。

（五）计提折旧

根据固定资产原价及固定资产增减变动情况和企业按照《小企业会计准则》制定的折旧政策编制固定资产折旧计算表、固定资产分类折旧汇总表（分部门、分类别）——→编制记账凭证。

借：管理费用（管理部门使用的固定资产）

制造费用（基本生产车间使用的固定资产）

销售费用（销售部门使用的固定资产）

在建工程（企业自行建造固定资产过程中使用的固定资产）

其他业务成本（经营租出的固定资产）

贷：累计折旧——相关明细科目

【温馨提醒】

（1）固定资产应当按月计提折旧，编制固定资产折旧计算表。当月增加的固定资产，当月不计提折旧，从下月起计提折旧；当月减少的固定资产，当月仍计提折旧，从下月起不计提折旧。

（2）固定资产提足折旧后，不论能否继续使用，均不再计提折旧。

（3）提前报废的固定资产，不再补提折旧。

（4）小企业的资产应当按照成本计量，不计提资产减值准备。

（5）已达到预定可使用状态但尚未办理竣工决算的固定资产，应当按照估计价值确定其成本，并计提折旧；待办理竣工决算后，再按实际成本调整原来的暂估价值，但不需要调整原已计提的折旧额。

（六）固定资产盘点

年中、年末组织行政办公室、生产部相关人员进行固定资产盘点，财务部负责监盘——整理固定资产明细表，出具固定资产盘点报告——及时上报盘点过程中出现的固定资产盘盈、盘亏情况，并督促相关部门进行处置。

1. 盘盈

借：固定资产

贷：累计折旧

待处理财产损溢——待处理非流动资产损溢

借：待处理财产损溢——待处理非流动资产损溢

贷：营业外收入

2. 盘亏

借：待处理财产损溢——待处理非流动资产损溢

累计折旧

贷：固定资产

应交税费——应交增值税（进项税额转出）

借：营业外支出

　　贷：待处理财产损溢——待处理非流动资产损溢

（七）固定资产报废清理

审核固定资产报废清理申请单（使用部门填制注明报废清理原因、固定资产管理部门及财务部门签署处理意见、总经理核准）──→核实报废固定资产的原价、已使用年限、计提折旧等情况──→编制记账凭证。

（1）出售、报废和毁损的固定资产转入清理时：

　　借：固定资产清理（转入清理的固定资产账面价值）

　　　　累计折旧（已提折旧）

　　　　贷：固定资产（固定资产的原价）

（2）发生清理费用时：

　　借：固定资产清理

　　　　贷：库存现金/银行存款

（3）收回出售固定资产的价款、残料价值和变价收入等时：

　　借：银行存款

　　　　原材料

　　　　贷：固定资产清理

（4）计算应缴纳的增值税：

　　借：固定资产清理

　　　　贷：应交税费——应交增值税（进项税额转出）

　　　　　　　　　──应交增值税（销项税额）

　　　　　　　　　──应交增值税（已交税金）

固定资产清理涉及的增值税核算是一个难点，参见例18-3、例18-4、例18-5。

（5）应由保险公司或过失人赔偿时：

　　借：其他应收款

　　　　贷：固定资产清理

（6）结转净损益：

　　借：固定资产清理（账面余额）

　　　　贷：营业外收入

或　借：营业外支出

　　　　贷：固定资产清理（账面余额）

【温馨提醒】

（1）定期组织行政办公室及生产部会同财务部对固定资产进行核查，督促对已报废及长期闲置的固定资产进行处置。

（2）固定资产清理所涉及的增值税核算有下列两种情况：

① 非正常损失的固定资产所涉及的增值税，应该通过"进项税额转出"核算。

② 纳税人销售自己使用过的固定资产，应该通过"销项税额"或"已交税金"核算。

（八）固定资产日常修理支出与大修理支出

审核固定资产修理费用发票、付款凭单等，编制记账凭证。

借：长期待摊费用（固定资产大修理支出）

　　管理费用（固定资产日常修理支出）

　　贷：库存现金/银行存款

借：管理费用

　　贷：长期待摊费用（固定资产大修理支出分期摊销）

固定资产的大修理支出，是指同时符合下列条件的支出：

（1）修理支出达到取得固定资产时的计税基础50%以上；

（2）修理后固定资产的使用寿命延长2年以上。

不符合上述条件的为固定资产的日常修理支出，应当在发生时根据固定资产的受益对象计入相关资产成本或者当期损益。

（九）固定资产改建支出

（1）固定资产的改建支出，是指改变房屋或者建筑物结构、延长使用年限等发生的支出。

固定资产的改建支出，应当计入固定资产的成本，但已提足折旧的固定资产和经营租入的固定资产发生的改建支出应当计入长期待摊费用。

根据固定资产改建支出相关的费用发票和付款凭证等编制记账凭证。

借：固定资产/长期待摊费用

　　应交税费——应交增值税（进项税额）

　　贷：库存现金/银行存款

（2）企业以融资租赁方式租入固定资产在其租赁期内视同自有固定资产进行管理，其改建支出的处理参照自有固定资产改建支出的处理办法。

（3）企业以经营租赁方式租入的固定资产发生的改建支出，应予以资本化，作为长期待摊费用，合理进行摊销。

根据固定资产改建支出相关的费用发票和付款凭单等编制记账凭证。

借：长期待摊费用
　　　应交税费——应交增值税（进项税额）
　　贷：库存现金/银行存款
借：管理费用
　　贷：长期待摊费用

（十）无形资产的取得

1. 外购无形资产

根据无形资产申请单、无形资产转让合同、发票等编制记账凭证。

借：无形资产（实际支付的购买价款、相关税费、其他支出，含相关的利息费用）
　　　应交税费——应交增值税（进项税额）
　　贷：银行存款
　　　　应付利息等

2. 投资者投入无形资产

根据投资合同或协议、验资报告、无形资产移交清单等编制记账凭证。

借：无形资产（评估价值和相关税费）
　　　应交税费——应交增值税（进项税额）
　　贷：实收资本
　　　　资本公积

3. 自行开发无形资产

相关费用发生时，根据材料领用汇总表、工资表、费用支付凭证等编制记账凭证。

借：研发支出——费用化支出（不满足资本化条件）
　　　　　　　——资本化支出（满足资本化条件）
　　贷：原材料
　　　　应付职工薪酬
　　　　银行存款
　　　　应付利息等

开发项目达到预定用途形成无形资产时：

借：管理费用

无形资产

贷：研发支出——费用化支出

——资本化支出

（十一）无形资产的摊销

每年摊销金额＝无形资产原值/无形资产摊销年限

每月摊销金额＝每年摊销金额/12

根据无形资产摊销计算表编制记账凭证。

借：管理费用——无形资产摊销

贷：累计摊销

（十二）出租无形资产

根据租赁合同、发票、进账单、收据等编制记账凭证。

借：银行存款等

贷：其他业务收入

同时，结转出租无形资产的成本：

借：其他业务成本

贷：累计摊销等

（十三）无形资产的处置

借：银行存款（实际收到的价款）

累计摊销

营业外支出（借方差额）

贷：无形资产

银行存款（支付的相关费用）

应交税费——应交增值税（销项税额）（应交的相关税费）

营业外收入（贷方差额）

二、资产会计日常工作中的常见问题

（一）固定资产原价确定不正确

某些企业不按规定确定固定资产原价，存在将应当资本化的安装调试费用、人工成本、借款费用等费用直接计入当期损益的情形，除外购方式以外还有多种固定资产取得方式，通过这些方式取得的固定资产，其原价也存在确定不正确的问题。固定资产原价确定不正确还会直接导致累计折旧计提不准确。各种取得方式的固定资产原价确定方法，见表18-1。

表18-1　各种取得方式的固定资产原价确定方法表

取得方式	固定资产原价
外购固定资产	购买价款、相关税费、运输费、装卸费、保险费、安装费等，但不含按照税法规定可以抵扣的增值税进项税额。 以一笔款项购入多项没有单独标价的固定资产，应当按照各项固定资产或类似资产的市场价格或评估价值比例对总成本进行分配，分别确定各项固定资产的成本
自行建造固定资产	建造该项资产在竣工决算前发生的支出（含相关的借款费用）。 企业在建工程在试生产过程中形成的产品、副产品或试车收入冲减在建工程成本
投资者投入固定资产	按照评估价值和相关税费确定
融资租入的固定资产	按照租赁合同约定的付款总额和在签订租赁合同过程中发生的相关税费等确定
盘盈的固定资产	按照同类或者类似固定资产的市场价格或评估价值，扣除按照该项固定资产新旧程度估计的折旧后的余额确定
接受捐赠的固定资产	按照取得的资产同类或类似资产的市场价格，考虑新旧程度后确定，不存在市场价格的采用评估价值确认

(二) 累计折旧未按具体的固定资产计提

某些企业未按具体的固定资产设立相应的明细账，未按具体的固定资产计提累计折旧，而是按照房屋建筑物、生产设备、电子设备、运输工具等大类汇总计提累计折旧，这种方法虽然简单，但是不能清晰地反映每项固定资产的原价和累计折旧计提情况，从而导致有些固定资产累计折旧计提数额已经超过其原价，还会导致在某些固定资产报废清理时，难以取得该项固定资产原价及已提折旧的数据。

(三) 固定资产明细科目设置混乱

固定资产明细科目应当按照固定资产名称、规格、型号及使用部门等项目进行设置，如"固定资产——车床（CS6140/1500）——甲车间"。某些企业固定资产明细账中竟然出现"固定资产——进项税额转出""固定资产——差价""固定资产——调整"等明细科目，让人无法判断这些固定资产具体是什么。

（四）固定资产清理处理不当

固定资产清理时，未通过"固定资产清理"科目核算，亦不转销该固定资产计提的累计折旧，而是直接减计固定资产，造成某项固定资产原价已为零，但相应的累计折旧明细科目仍有余额。

（五）土地使用权误列作固定资产

企业取得的土地使用权通常应确认为无形资产，但某些企业将其列为在建工程或固定资产，这是不正确的。

自行开发建造厂房等建筑物，相关的土地使用权不与地上建筑物合并计算成本，而应作为无形资产核算，土地使用权与地上建筑物分别进行摊销和计提折旧。

外购的房屋建筑物，实际支付的价款包含了土地和建筑物的价值，应当在建筑物与土地使用权之间按照合理的方法进行分配，如果确实无法合理分配，应当全部作为固定资产。合理的方法通常是按照土地使用权和建筑物的市场价格或评估价值的相应比例进行分配。

房地产开发企业取得土地用于建造对外出售的房屋建筑物，相关的土地使用权账面价值应当计入所建造的房屋建筑物成本。

（六）固定资产折旧随意计提

企业应当在固定资产的使用寿命内，按照确定的方法对应计折旧额进行系统分摊，根据固定资产的性质和使用情况，合理确定固定资产的使用寿命和预计净残值。固定资产的使用寿命、预计净残值一经确定，不得随意变更。但是，有些企业为了调节利润，随意变更固定资产的使用寿命和净残值。

除了随意变更固定资产的使用寿命和净残值，还有些企业随意扩大计提折旧的范围，把不该计提折旧的固定资产也一并计提折旧。

除以下情况外，企业应当对所有固定资产计提折旧：

（1）已提足折旧仍继续使用的固定资产；

（2）单独计价入账的土地。

（七）固定资产大修理支出核算存在问题

固定资产大修理支出的主要特点是：每次支出数额大，受益期较长，发生次数少。一般而言，每次固定资产大修理支出应在下次大修理之前摊销完毕计入成本和费用。

固定资产大修理支出核算问题主要有以下几个方面：

（1）大修理支出不真实，有些企业为了调增利润，减少费用，将中、小修理列入大修理项目中；为了调减利润，增加费用，将大修理列入小修理项目中。

（2）大修理支出和固定资产改建支出划分不准。固定资产大修理支出是通过"长期待摊费用"科目核算的。固定资产改建支出是通过"在建工程""固定资产"科目核算的，有些企业为了使固定资产在账外核算，故意将固定资产更新改造作为大修理支出记入"长期待摊费用"科目进行核算。

（3）有些企业的大修理支出实行预提、待摊并用。企业一方面预提大修理支出，一方面在大修理发生时，又计一次成本费用或记入"长期待摊费用"科目，重复列支，导致虚减利润逃漏税款。

（4）随意摊销大修理支出。企业的大修理支出不按规定的期限摊销，违反规定随意摊销，以达到人为调节利润的目的。

（5）大修理支出摊销乱用账户。有些企业把"制造费用"账户核算的经营用固定资产大修理支出和由"管理费用"账户列支的管理用固定资产大修理支出相互混淆，造成当期成本、费用核算不实，以达到人为调节利润的目的。

（八）经营租赁方式租入的固定资产发生的改建支出核算存在问题

企业以经营租赁方式租入的固定资产发生的改建支出，应予以资本化，作为长期待摊费用，合理进行摊销。而有些企业将固定资产改建支出计入期间损益，达到虚减利润、偷漏税款之目的。也有些企业虽然将固定资产改建支出作为长期待摊费用核算，但是为了调整成本利润，不按租赁的有效期平均分摊，而是故意延长或缩短改建支出的期限，达到虚计利润之目的。

（九）无形资产原值确定不正确

某些企业不按规定确定无形资产原值，比如，将外购无形资产支付的相关税费计入当期损益，将自行开发的无形资产中应当资本化的研发支出直接计入当期损益，将应当费用化的支出资本化计入无形资产原值。无形资产原值确定不正确会直接导致摊销不准确。各种取得方式下的无形资产原值确定方法见表18-2。

表18-2　各种取得方式下的无形资产原值确定方法表

取得方式	无形资产原值
外购无形资产	购买价款、相关税费和相关的其他支出（含相关的借款费用）
投资者投入无形资产	按照评估价值和相关税费确定
自行开发的无形资产	由符合资本化条件后至达到预定用途前发生的支出（含相关的借款费用）构成

这里需要注意，会计与税法存在差异。

《中华人民共和国企业所得税法》规定，企业开发新技术、新产品、新工艺发生的研究开发费用，可在计算应纳税所得额时加计扣除。

（1）企业开展研发活动中实际发生的研发费用，未形成无形资产计入当期损益的，在按规定据实扣除的基础上，自 2023 年 1 月 1 日起，再按照实际发生额的100％在税前加计扣除；形成无形资产的，自 2023 年 1 月 1 日起，按照无形资产成本的 200％ 在税前摊销。企业享受研发费用加计扣除政策的其他政策口径和管理要求，按照《财政部 国家税务总局 科技部关于完善研究开发费用税前加计扣除政策的通知》（财税〔2015〕119 号）、《财政部 税务总局 科技部关于企业委托境外研究开发费用税前加计扣除有关政策问题的通知》（财税〔2018〕64 号）等文件相关规定执行。

（2）委托境外进行研发活动所发生的费用，按照费用实际发生额的 80％ 计入委托方的委托境外研发费用。委托境外研发费用不超过境内符合条件的研发费用 2/3 的部分，可以按规定在企业所得税前加计扣除。

（十）无形资产随意摊销

企业所有的无形资产都应当进行摊销。

无形资产应当在其使用寿命内采用年限平均法（直线法）进行摊销，根据其受益对象计入相关资产成本或者当期损益。无形资产的残值通常为零。

无形资产的摊销自其可供使用时起至停止使用或出售时止。有关法律法规规定或合同约定了使用年限的，可以按照规定或约定的使用年限分期摊销。如我国法律规定发明专利权有效期为 20 年，商标权有效期为 10 年。

企业不能可靠估计无形资产使用寿命的，摊销年限不得低于 10 年。

无形资产的摊销年限一经确定，不得随意变更。在实际工作中，有些企业为了调节利润，对无形资产摊销年限随意变动，多摊或少摊无形资产。

《中华人民共和国企业所得税法实施条例》第六十七条规定，无形资产按照直线法计算的摊销费用，准予扣除。无形资产的摊销年限不得低于 10 年。作为投资或者受让的无形资产，有关法律规定或者合同约定了使用年限的，可以按照规定或者约定的使用年限分期摊销。

有些会计人员认为，税法上无形资产摊销年限不能低于 10 年，这是断章取义，理解有误。正确的理解是，只有在无法确定摊销年限的时候，摊销年限才不得低于10 年。若法律法规规定或者合同约定无形资产的摊销年限低于 10 年，那完全可以以低于 10 年的摊销年限对无形资产进行摊销。

三、资产会计日常工作中的疑难问题

（一）固定资产折旧计算方法

企业应当按照年限平均法（即直线法）计提折旧。企业的固定资产由于技术进步等原因，确需加速折旧的，可以采用双倍余额递减法和年数总和法计提折旧。

企业应当根据固定资产的性质和使用情况，并考虑税法的规定，合理确定固定资产的使用寿命和预计净残值。

折旧方法和折旧年限一经确定，不得随意变更，需要变更的，由财务部提出申请，报经董事会及税务等部门核准，并在财务报表中予以披露。

1. 年限平均法

年限平均法又叫直线法，是以固定资产应计提的折旧总额除以预计使用年限，求出每年平均应提折旧额，即将固定资产的应计折旧额均匀地分摊到固定资产预计使用寿命内的一种方法。采用这种方法计算的每期折旧额均相等。计算公式如下：

年折旧率＝(1－预计净残值率)÷预计使用寿命(年)×100%

月折旧率＝年折旧率÷12

月折旧额＝固定资产原价×月折旧率

2. 双倍余额递减法

双倍余额递减法，是指在不考虑固定资产预计净残值的情况下，根据每期期初固定资产原价减去累计折旧后的金额和双倍的直线法折旧率计算固定资产折旧的一种方法。应用这种方法计算折旧额时，由于每年年初固定资产净值没有扣除预计净残值，所以在计算固定资产折旧额时，应在其折旧年限到期前2年内，将固定资产净值扣除预计净残值后的余额平均摊销。计算公式如下：

年折旧率＝2÷预计使用寿命(年)×100%

月折旧率＝年折旧率÷12

月折旧额(不含最后2年)＝(固定资产原价－累计折旧)×月折旧率

月折旧额(最后2年)＝(固定资产净值－预计净残值)÷2÷12

例 18－1

甲公司固定资产 A 原价为 105 万元，预计使用寿命为 5 年，预计净残值为 5 万元。甲公司按双倍余额递减法计提折旧，见表 18－3。

表 18－3　固定资产 A 折旧额计算表（双倍余额递减法）

年份	尚可使用年限（年）	原价（万元）	预计净残值（万元）	计提标准（万元）	年折旧率（％）	年折旧额（万元）	累计折旧（万元）
第 1 年	5	105	5	105	40	42	42
第 2 年	4	105	5	63	40	25.2	67.2
第 3 年	3	105	5	37.8	40	15.12	82.32
第 4 年	2	105	5	17.68	50	8.84	91.16
第 5 年	1	105	5	17.68	50	8.84	100

其中：

第 1～3 年：

年折旧率＝2/5×100％＝40％

计提标准＝固定资产原价－累计折旧

第 4～5 年：

年折旧率＝1/2×100％＝50％

计提标准＝固定资产原价－累计折旧－预计净残值

3. 年数总和法

年数总和法，是指将固定资产的原价减去预计净残值后的余额，乘以一个以固定资产尚可使用寿命为分子、以预计使用寿命逐年数字之和为分母的逐年递减的分数计算每年的折旧额。计算公式如下：

年折旧率＝尚可使用年限÷预计使用寿命的年数总和×100％

月折旧率＝年折旧率÷12

月折旧额＝（固定资产原价－预计净残值）×月折旧率

例 18－2

甲公司固定资产 B 原价为 125 万元，预计使用寿命为 5 年，预计净残值为 5 万元。甲公司按年数总和法计提折旧，见表 18－4。

表 18－4　固定资产 B 折旧额计算表（年数总和法）

年份	尚可使用年限（年）	年数总和	原价（万元）	预计净残值（万元）	原价－预计净残值（万元）	年折旧率（％）	年折旧额（万元）	累计折旧（万元）
第 1 年	5	15	125	5	120	5/15	40	40

续表

年份	尚可使用年限（年）	年数总和	原价（万元）	预计净残值（万元）	原价－预计净残值（万元）	年折旧率（%）	年折旧额（万元）	累计折旧（万元）
第2年	4	15	125	5	120	4/15	32	72
第3年	3	15	125	5	120	3/15	24	96
第4年	2	15	125	5	120	2/15	16	112
第5年	1	15	125	5	120	1/15	8	120

其中：

年数总和＝1＋2＋3＋4＋5＝15

年折旧额＝（固定资产原价－预计净残值）×年折旧率

（二）会计和税法上对固定资产折旧的一般规定

1. 折旧范围

根据《小企业会计准则》的规定，小企业应当对所有固定资产计提折旧，但已提足折旧仍继续使用的固定资产和单独计价入账的土地不得计提折旧。

根据《中华人民共和国企业所得税法》的规定，下列固定资产不得计算折旧扣除：

（1）房屋、建筑物以外未投入使用的固定资产；

（2）以经营租赁方式租入的固定资产；

（3）以融资租赁方式租出的固定资产；

（4）已足额提取折旧仍继续使用的固定资产；

（5）与经营活动无关的固定资产；

（6）单独估价作为固定资产入账的土地；

（7）其他不得计算折旧扣除的固定资产。

会计与税法的差异：房屋、建筑物以外未投入使用的固定资产，与经营活动无关的固定资产在会计上也应计提折旧。

2. 折旧方法

根据《小企业会计准则》的规定，小企业应当根据固定资产的性质和使用情况，并考虑税法的规定，合理确定固定资产的使用寿命和预计净残值。小企业应当按照年限平均法（即直线法）计提折旧。小企业的固定资产由于技术进步等原因，确需加速折旧的，可以采用双倍余额递减法和年数总和法。固定资产的折旧方法、使用寿命、预计净残值一经确定，不得随意变更。

税法在固定资产的净残值方面与《小企业会计准则》口径一致，由企业自行确定，但要求除税法允许加速折旧的特殊固定资产以外的其他固定资产折旧方法须采用年限平均法（即直线法），各类固定资产的折旧年限也有最低限定：

（1）房屋、建筑物，为 20 年；

（2）飞机、火车、轮船、机器、机械和其他生产设备，为 10 年；

（3）与生产经营活动有关的器具、工具、家具等，为 5 年；

（4）飞机、火车、轮船以外的运输工具，为 4 年；

（5）电子设备，为 3 年。

《财政部 国家税务总局关于进一步鼓励软件产业和集成电路产业发展企业所得税政策的通知》（财税〔2012〕27 号）第七条规定，企业外购的软件，凡符合固定资产或无形资产确认条件的，可以按照固定资产或无形资产进行核算，其折旧或摊销年限可以适当缩短，最短可为 2 年（含）。

《小企业会计准则》仅要求合理确定固定资产的使用寿命，并没有最低折旧年限的规定，这也是一个会计和税法的差异，但又要求考虑税法的规定，因此企业可以参考税法最低年限的规定，按照税法规定年限进行折旧，这样就可以避免进行纳税调整。

（三）税法允许暂估固定资产成本并计提折旧的情形

《国家税务总局关于贯彻落实企业所得税法若干税收问题的通知》（国税函〔2010〕79 号）规定，企业固定资产投入使用后，由于工程款项尚未结清未取得全额发票的，可暂按合同规定的金额计入固定资产计税基础计提折旧，待发票取得后进行调整。但该项调整应在固定资产投入使用后 12 个月内进行。

（四）税法可以采取缩短折旧年限或者采取加速折旧方法的情形

建议企业参考税法规定进行折旧，与税法保持一致，以免产生财税差异，加大工作量和税务处理难度。

（1）企业在 2018 年 1 月 1 日至 2027 年 12 月 31 日新购进的设备、器具，单位价值不超过 500 万元的，允许一次性计入当期成本费用在计算应纳税所得额时扣除，不再分年度计算折旧，详见表 18-5。

表 18-5　单位价值不超过 500 万元的设备、器具税前扣除政策

依据	《财政部 税务总局关于设备、器具扣除有关企业所得税政策的公告》（财政部 税务总局公告 2023 年第 37 号）、《财政部 税务总局关于设备器具扣除有关企业所得税政策的通知》（财税〔2018〕54 号）、《国家税务总局关于设备 器具扣除有关企业所得税政策执行问题的公告》（国家税务总局公告 2018 年第 46 号）

续表

一次性税前扣除政策	企业在 2018 年 1 月 1 日至 2027 年 12 月 31 日期间新购进的设备、器具，单位价值不超过 500 万元的，允许一次性计入当期成本费用在计算应纳税所得额时扣除，不再分年度计算折旧（简称一次性税前扣除政策）。新购进的除房屋、建筑物以外的固定资产
购进含义及单位价值的确定	购进，包括以货币形式购进或自行建造，其中以货币形式购进的固定资产包括购进的使用过的固定资产；以货币形式购进的固定资产，以购买价款和支付的相关税费以及直接归属于使该资产达到预定用途发生的其他支出确定单位价值，自行建造的固定资产，以竣工结算前发生的支出确定单位价值
固定资产购进时点	固定资产购进时点按以下原则确认：以货币形式购进的固定资产，除采取分期付款或赊销方式购进外，按发票开具时间确认；以分期付款或赊销方式购进的固定资产，按固定资产到货时间确认；自行建造的固定资产，按竣工结算时间确认
扣除时间	固定资产在投入使用月份的次月所属年度一次性税前扣除
选择权	企业根据自身生产经营核算需要，可自行选择享受一次性税前扣除政策。未选择享受一次性税前扣除政策的，以后年度不得再变更
财税差异	企业选择享受一次性税前扣除政策的，其资产的税务处理可与会计处理不一致
主要留存备查资料	有关固定资产购进时点的资料（如以货币形式购进固定资产的发票，以分期付款或赊销方式购进固定资产的到货时间说明，自行建造固定资产的竣工决算情况说明等）；固定资产记账凭证；核算有关资产税务处理与会计处理差异的台账

例 18 - 3

2024 年 6 月，某公司购进一台设备并于当月投入使用，取得的增值税专用发票上注明金额为 480 万元，预计可使用年限为 10 年，不考虑净残值，税法上选择一次性税前扣除，为了方便处理，会计上可直接按税法规定全额计提折旧：

借：成本费用类科目 4 800 000

　贷：累计折旧 4 800 000

固定资产税收折旧与会计折旧一致的，不存在财税差异，不涉及纳税调整事项，但是涉及减免税核算事项，在纳税申报时，需计算享受加速折旧优惠金额并将有关情况填报报表。

（2）全部制造业领域及信息传输、软件和信息技术服务业企业，缩短折旧年限的，最低折旧年限不得低于《中华人民共和国企业所得税法实施条例》第六十条规定折旧年限的 60%；采取加速折旧方法的，可采取双倍余额递减法或者年数总和法。

（3）企业外购的软件，凡符合固定资产或无形资产确认条件的，可以按照固定资产或无形资产进行核算，经主管税务机关核准，其折旧或摊销年限可以适当缩短，最短可为 2 年（含）。

（4）企业拥有并用于生产经营的主要或关键的固定资产，由于以下原因确需加速折旧的，可以缩短折旧年限或者采取加速折旧的方法：①由于技术进步，产品更新换代较快的；②常年处于强震动、高腐蚀状态的。

企业选择适用上述政策当年不足扣除形成的亏损，可在以后 5 个纳税年度结转弥补，享受其他延长亏损结转年限政策的企业可按现行规定执行。

（五）已抵扣进项税额的固定资产进项税转出的增值税财务处理

纳税人已抵扣进项税额的固定资产发生税法规定的进项税额不得从销项税额中抵扣情形的，则其已抵扣的进项税额应当在当月予以转出，借记有关科目，贷记"应交税费——应交增值税（进项税额转出）"科目。转出金额＝固定资产净值×增值税税率。固定资产净值是指纳税人按照会计准则计提折旧后的净值。

例 18 - 4

2023 年 7 月 10 日，甲公司接受乙公司捐赠的一台设备，增值税专用发票上注明价款 100 000 元，增值税税额 13 000 元。2024 年 7 月 20 日，该设备由于保管不慎被盗（不考虑相关的支出和收入），该设备 2023 年 8 月至 2024 年 7 月已按会计准则计提折旧 10 000 元。甲公司的账务处理如下：

（1）2023 年 7 月 10 日，甲公司收到捐赠设备时：

借：固定资产	100 000
应交税费——应交增值税（进项税额）	13 000
贷：营业外收入	113 000

（2）2024 年 7 月 20 日，该设备由于保管不慎被盗时，该设备净值为 90 000 元（100 000－10 000），应予以转出的进项税额为 11 700 元（90 000×13％）：

借：固定资产清理	90 000
累计折旧	10 000
贷：固定资产	100 000
借：固定资产清理	11 700
贷：应交税费——应交增值税（进项税额转出）	11 700
借：营业外支出	101 700
贷：固定资产清理	101 700

（六）纳税人销售自己使用过的固定资产的会计处理

纳税人销售自己使用过的固定资产，若购入时已经抵扣过进项税额，则销售时按照适用税率征收增值税；若购入时进项税额按规定不得抵扣而没有抵扣的，则销售时还是按照原规定 3% 征收率减按 2% 征收增值税。适用简易办法依 3% 征收率减按 2% 征收增值税政策的，应开具增值税普通发票，不得开具增值税专用发票。纳税人放弃减按 2% 征收增值税政策的，可开具增值税专用发票。

例 18-5

甲公司于 2024 年 1 月出售一台使用过的设备，不含税售价为 70 000 元。该设备是 2022 年 1 月购入的，不含增值税价格为 100 000 元，折旧年限为 10 年，采用直线法计提折旧，不考虑净残值。该设备适用 13% 的增值税税率。

2022 年 1 月，甲公司购入设备时：

借：固定资产	100 000
应交税费——应交增值税（进项税额）	13 000
贷：银行存款	113 000

2024 年 1 月甲公司出售设备时：

累计折旧＝100 000/10×2＝20 000（元）

销项税额＝70 000×13%＝9 100（元）

借：固定资产清理	80 000
累计折旧	20 000
贷：固定资产	100 000
借：银行存款	79 100
贷：固定资产清理	70 000
应交税费——应交增值税（销项税额）	9 100
借：资产处置损益	10 000
贷：固定资产清理	10 000

例 18-6

甲公司于 2024 年 7 月出售一台使用过的设备，含税售价为 70 000 元。该设备是 2022 年 7 月购入的，含增值税价格为 117 000 元，折旧年限为 10 年，采用直线法计提折旧，不考虑净残值。甲公司于 2022 年 9 月成为一般纳税人。

该设备购入时间为 2022 年 7 月，则购入的固定资产增值税进项税额计入设备成本，固定资产的原值为 117 000 元，购入时进项税额按税法规定不能抵扣，则销售时按照简易办法依照 3% 征收率减按 2% 征收增值税。

2022 年 7 月，甲公司购入设备时：

借：固定资产　　　　　　　　　　　　　　　　　　117 000

贷：银行存款　　　　　　　　　　　　　　　　117 000

2024 年 7 月甲公司出售设备时：

2 年共计提折旧＝117 000/10×2＝23 400(元)

2 年后出售设备时应缴纳增值税＝70 000/(1＋3％)×2％＝1 359.22(元)

借：固定资产清理　　　　　　　　　　　　　　　　 93 600

累计折旧　　　　　　　　　　　　　　　　　 23 400

贷：固定资产　　　　　　　　　　　　　　　117 000

借：银行存款　　　　　　　　　　　　　　　　 70 000.00

贷：固定资产清理　　　　　　　　　　　　 67 961.17

应交税费——简易计税　　　　　　　　　2 038.83

借：应交税费——应交增值税（减免税款）　　　　 679.61

贷：营业外收入　　　　　　　　　　　　　　　679.61

借：资产处置损益　　　　　　　　　　　　　　 25 638.83

贷：固定资产清理　　　　　　　　　　　　 25 638.83

（七）长期待摊费用核算及摊销方法

企业的长期待摊费用包括：已提足折旧的固定资产的改建支出、经营租入固定资产的改建支出、固定资产的大修理支出和其他长期待摊费用等。固定资产的大修理支出，是指同时符合下列条件的支出：修理支出达到取得固定资产时的计税基础 50％以上；修理后固定资产的使用寿命延长 2 年以上。固定资产的一般修理支出，不作为长期待摊费用，作为收益性支出在当期予以扣除。

长期待摊费用应当在其摊销期限内采用年限平均法进行摊销，根据其受益对象计入相关资产的成本或者管理费用，并冲减长期待摊费用。

（1）已提足折旧的固定资产的改建支出，按照固定资产预计尚可使用年限分期摊销。

（2）经营租入固定资产的改建支出，按照合同约定的剩余租赁期限分期摊销。

固定资产的改建支出，是指改变房屋或者建筑物结构、延长使用年限等发生的支出。

（3）固定资产的大修理支出，按照固定资产尚可使用年限分期摊销。

（4）其他长期待摊费用，自支出发生月份的下月起分期摊销，摊销期不得低于 3 年。

开（筹）办费未明确列作长期待摊费用，企业可以在开始经营的当年一次性扣除，也可以按照税法有关长期待摊费用的规定处理，但一经选定，不得改变。

第十九章 资金管理会计

一、资金管理会计日常业务处理

（一）权益性资金的筹集

1. 接收货币资金投资

根据投资合同或协议、验资报告、现金缴款单、银行进账单等编制记账凭证。

借：银行存款

贷：实收资本

资本公积（投资者出资超过其在注册资本中所占份额的部分）

2. 接收实物资产、无形资产等投资

根据投资合同或协议、验资报告、实物资产验收入库单、实物资产（无形资产）移交清单、发票等编制记账凭证。

借：固定资产/无形资产/原材料/库存商品

应交税费——应交增值税（进项税额）

贷：实收资本

资本公积（投资者出资超过其在注册资本中所占份额的部分）

3. 资本公积转为实收资本

根据投资合同或协议、验资报告、审计报告等编制记账凭证。

借：资本公积

贷：实收资本

4. 盈余公积转为实收资本

根据投资合同或协议、验资报告、审计报告等编制记账凭证。

借：盈余公积

贷：实收资本

【温馨提醒】

（1）注册资本实缴登记制度转变为认缴登记制度后，工商部门只登记企业认缴的注册资本，无须登记实收资本，不再收取验资证明文件。企业股东（发起人）应

当自主约定其认缴出资额、出资方式、出资期限等，并记载于企业章程。认缴时无须做会计处理，实缴时才要做会计处理，企业股东（发起人）认缴时因没有纳税资金来源，没有纳税能力，无须缴纳印花税，在实际收到出资时应当缴纳印花税。

（2）认缴制下，并非注册资本越高越好。企业应充分考虑所处行业、定位、未来发展等因素后，再填写注册资本。如果仍不确定注册资本填写多少，还可以参考规模相当的同行业其他企业的注册资本。须知，填写的注册资本越大，所承担的责任风险就越大，巨额的认缴额可能使股东难以承受，同时可能使股东面临被纳入失信或者老赖名单的风险，企业也将会被列入"经营异常名录"，可谓得不偿失。

（3）认缴制下，凡企业投资者在规定期限内未缴足其应缴资本额的，该企业对外借款所发生的利息，相当于投资者实缴资本额与在规定期限内应缴资本额的差额应计付的利息，其不属于企业的合理支出，应由企业投资者负担，不得在计算企业应纳税所得额时扣除。

（4）认缴制下，零对价转让未实缴出资股权的做法十分常见，转让方误认为，股权转让收入为零，无须缴纳个人所得税。但是，依据税法的规定，税务机关可以核定股权转让收入，而此时股权转让成本为零，转让方需要缴纳较高的个人所得税。

（5）一般情况下，企业的实收资本不能随意减少，但是，个别情况下可以依法减资。企业实收资本可以减少的情况主要有两种：一是资本过剩，二是企业发生重大亏损，短期内无法弥补而需要减少实收资本。

账务处理为：借记"实收资本""资本公积"科目，贷记"库存现金""银行存款"等科目。

（6）企业的资本公积不得用于弥补亏损。

（7）法定公积金转增资本时，所留存的法定公积金不得少于转增前企业注册资本的 25%。

（二）银行贷款

（1）准备银行贷款所需资料——银行贷款申请——收到银行贷款凭证——登记银行票据登记簿、登记贷款期限（假设一年以下）、还款日期、利率——编制记账凭证。

借：银行存款
　　贷：短期借款

（2）在应付利息日，按照短期借款合同利率计算确定的利息费用编制记账凭证。

借：财务费用
　　贷：应付利息

（3）收到银行贷款利息通知单——→编制记账凭证。

借：应付利息

　　贷：银行存款

（4）收到银行贷款还款凭证及手续费结算凭证——→登记银行票据登记簿——→编制记账凭证。

借：短期借款

　　　财务费用

　　贷：银行存款

【温馨提醒】

（1）了解银行贷款所需资料，熟悉银行贷款流程，不同的银行有不同的要求，具体所需资料和流程可以咨询拟贷款银行。

（2）将还款时间、金额编入财务部月度资金计划中，及时提醒财务经理安排还贷资金。

（3）以上是以短期借款为例，若为贷款期限在一年以上（不含一年），则属于长期借款，其账务处理方法为：企业借入各种长期借款时，按实际收到的款项，借记"银行存款"科目，贷记"长期借款"科目。

在借款合同约定的应付利息日，应当按照借款本金和借款合同利率计提利息费用，借记"财务费用""在建工程"等科目，贷记"应付利息"科目。

实际支付利息时，借记"应付利息"科目，贷记"银行存款"科目。

偿还长期借款本金，借记"长期借款"科目，贷记"银行存款"科目。

（三）短期投资

对于小企业来讲，此类业务并不常见，"短期投资"科目也较少用到，用到"短期投资"科目的小企业主要是为了赚取差价而从二级市场购入股票、债券、基金等进行一些短期投资。

短期投资业务主要包括：购入股票和债券等短期投资、收取利息及股利、处置短期投资。

企业的证券资产（股票和债券）无论是自行保管还是委托他人保管，都要进行完整系统的会计记录，并对其增减变动及投资收益进行相关会计核算。具体而言，不仅要对每一种股票、债券、基金分别设立明细分类账，还要对股票、债券、基金分别设置证券投资备查簿，详细记录其名称、面值、编号、数量、取得日期、经纪人（证券商）名称、购入成本、收取的股息或利息等信息。

1. 自证券市场购入股票和债券

收到股票或债券的投资计划书（投资业务部门编制，企业领导审核批准），证券购入通知单（投资业务部门编制）、支票存根、银行传来的进账单（收账通知）、证券公司提供的买入证券交割单（又称买卖成交报告单）——→编制记账凭证。

　　借：短期投资（实际支付的购买价款和相关税费扣除应收股利、应收利息的差额）

　　　　应收股利（买价中包含的已宣告但尚未发放的现金股利）

　　　　应收利息（已到付息期但尚未领取的债券利息）

　　　贷：银行存款（实际支付的购买价款和相关税费）

2. 持有期间取得的股利或利息

（1）股票投资。根据上市公司的股利分配公告和收到的证券公司的股利收入划账单——→编制股利收益表——→编制记账凭证。

　　借：应收股利

　　　贷：投资收益

（2）债券投资。根据债券的票面利率和面值计算期间利息收入——→编制股利收益表——→编制记账凭证。

　　借：应收利息

　　　贷：投资收益

3. 收到股利或利息

收到银行传来的股利（利息）收入收账通知——→编制记账凭证。

　　借：银行存款

　　　贷：应收股利/应收利息

4. 出售短期投资

审核证券出售通知单（投资业务部门编制）、证券公司提供的卖出证券交割单及银行传来的进账单（收账通知）——→登记证券投资登记簿——→编制记账凭证。

　　借：银行存款（实际收到金额）

　　　贷：短期投资（账面余额）

　　　　应收股利/应收利息（尚未收到的现金股利或债券利息）

　　　　投资收益（差额，投资损失为借方）

（四）长期债券投资

1. 购入债券作为长期投资

借：长期债券投资——面值（债券票面价值）

——溢折价（溢价差额）

应收利息（实际支付的购买价款中包含已到付息期但尚未领取的债券利息）

贷：银行存款（实际支付的购买价款和相关税费）

长期债券投资——溢折价（折价差额）

2. 计算利息收入

借：应收利息（根据分期付息、一次还本的长期债券投资票面利率计算）

长期债券投资——应计利息（根据分期付息一次还本付息的长期债券投资票面利率计算）

贷：投资收益

3. 分摊债券溢折价金额

借：投资收益

贷：长期债券投资——溢折价

或　　借：长期债券投资——溢折价

贷：投资收益

债券的折价或者溢价在债券存续期间内于确认相关债券利息收入时采用直线法进行摊销。

4. 处置或到期收回长期债券投资

借：银行存款（收回的债券本金或本息）

贷：长期债券投资——面值（账面余额）

——溢折价（账面余额，或借方）

——应计利息（账面余额）

应收利息（应收未收的利息收入）

投资收益（差额，投资损失为借方）

5. 按照《小企业会计准则》规定确认实际发生的长期债券投资损失

借：银行存款（可收回的金额）

营业外支出（差额）

贷：长期债券投资（该项长期债券投资的账面余额）

（五）长期股权投资

《小企业会计准则》规定，长期股权投资应当采用成本法进行会计处理。

（1）长期股权投资的取得。以支付现金、非货币性资产交换等其他方式取得的长期股权投资，企业可以根据经纪人通知书、投资合同或投资协议、银行支付凭证等编制记账凭证。

借：长期股权投资（实际支付的购买价款和相关税费扣除已宣告但尚未发放的现金股利后的金额）

应收股利（实际支付的购买价款中包含已宣告但尚未发放的现金股利）

贷：银行存款（实际支付的购买价款和相关税费）

借：长期股权投资（非货币性资产的评估价值与相关税费之和）

应收股利（实际支付的价款中包含已宣告但尚未发放的现金股利）

累计摊销

营业外支出（差额）

贷：固定资产清理（账面价值）

无形资产（账面价值）

应交税费（支付的增值税等相关税费）

营业外收入（差额）

（2）长期股权投资持有期间被投资单位宣告发放现金股利或利润时，企业按应分得的金额确认投资收益。企业可以根据被投资单位的分红公告编制记账凭证。

借：应收股利

贷：投资收益

（3）根据股息红利领款收据编制记账凭证。

借：银行存款

贷：应收股利

（4）处置长期股权投资时，按实际取得的价款与长期股权投资账面价值的差额确认投资损益。

借：银行存款（实际收到的金额）

贷：长期股权投资（该项长期股权投资的成本）

应收股利（应收未收的现金股利或利润）

投资收益（差额，贷记或借记本科目）

（5）根据《小企业会计准则》规定确认实际发生的长期股权投资损失计入营业外支出。

借：银行存款（可收回的金额）

　　营业外支出（差额）

　　贷：长期股权投资（该项长期股权投资的账面余额）

企业长期股权投资符合下列条件之一的，减除可收回的金额后确认无法收回的长期股权投资，作为长期股权投资损失：

① 被投资单位依法宣告破产、关闭、解散、被撤销，或者被依法注销、吊销营业执照的。

② 被投资单位财务状况严重恶化，累计发生巨额亏损，已连续停止经营 3 年以上，且无重新恢复经营改组计划的。

③ 对被投资单位不具有控制权，投资期限届满或者投资期限已超过 10 年，且被投资单位因连续 3 年经营亏损导致资不抵债的。

④ 被投资单位财务状况严重恶化，累计发生巨额亏损，已完成清算或清算期超过 3 年以上的。

⑤ 国务院财政、税务主管部门规定的其他条件。

二、资金管理会计日常工作中的常见问题

（一）长期借款利息资本化和费用化问题

很多会计人员将支付的长期借款利息记入"财务费用"科目，没有将应该资本化的长期借款利息记入"在建工程""研发支出""制造费用"等科目，这是会计人员常犯的一个错误，没有考虑长期借款利息资本化和费用化的情况。

企业为购建固定资产、无形资产和经过 1 年期以上的制造才能达到预定可销售状态的存货发生的借款费用，在"在建工程""研发支出""制造费用"等科目核算，不在"财务费用"科目核算。

（二）投资业务会计处理不准确

许多企业投资业务不多，发生不频繁，因此，广大会计人员对投资业务的账务处理不熟悉，会计核算不准确，如企业发生的与取得长期股权投资直接相关的费用、税金及其他必要支出应作为初始投资成本，有些企业将这些支出计入当期费用；将买价中包含的已宣告但尚未分配的现金股利计入应收股利或投资成本等。

（三）投资业务不入账

企业购入的各种短期有价证券，应按规定进行账务处理，然而，有些企业不将这

些证券入账，不进行账务处理，将买卖差额存入"小金库"，形成企业的账外资产。

（四）利用往来科目隐瞒投资业务，截留投资收益

企业在进行短期投资时购买的股票、债券等，不按规定计入短期投资等科目，而是利用往来科目加以隐瞒，其目的通常是截留投资收益。比如某企业以银行存款购入甲企业的债券，企业借记"其他应收账——甲企业"科目，贷记"银行存款"科目，利息收入不做账务处理，存入"小金库"，形成企业的账外资产。再比如，某企业年终分得联营企业投资利润未计入投资收益而是借记"银行存款"科目，贷记"其他应付账"科目，截留投资收益用于发放职工福利等，待发放职工福利时，借记"库存现金"科目，贷记"银行存款"科目；借记"其他应付账"科目，贷记"库存现金"科目。

三、资金管理会计日常工作中的疑难问题

（一）短期投资会计与税法上的差异

企业按照《小企业会计准则》对短期投资进行会计处理时，会计上要求计入投资收益但税法上允许免税的，需要进行所得税纳税调增。例如，企业因购买国债取得的利息收入，直接投资于其他居民企业取得的符合条件的股息或红利等权益性投资收益，按照税法规定作为免税收入，但按照《小企业会计准则》应计入投资收益，二者构成永久性差异。

需要注意的是，企业购买国债，不论是在一级市场还是二级市场上交易，其利息收入均享受免税优惠，但是，对于企业在二级市场转让国债获得的收入，需作为转让财产收入计算缴纳企业所得税。

另外，上述股息或红利等权益性投资收益，不包括连续持有居民企业公开发行并上市流通的股票不足 12 个月取得的投资收益。

（二）长期债券投资会计与税法上的差异

（1）长期债券投资成本的计量。取得投资时实际支付的价款中包含的已到付息期但尚未领取的债券利息，会计上单独确认为应收利息，不计入投资成本，而税法上作为购买价款组成部分计入投资成本。

（2）长期债券投资持有期间发生的应收利息，会计上企业按照高于或低于债券面值的价格购入长期债券投资时，需要在投资持有期间逐期分摊溢折价金额，作为投资收益的调增，而税法上企业利息收入金额按照合同名义利率（即债券票面利率）

计算确定。

（3）《小企业会计准则》与税法关于长期债券投资的处置和长期债券投资损失的认定条件和处理方法的规定完全一致，不存在差异。但是，对于长期债券投资损失，小企业应处理好与税收征管的关系，认真按照税收征管的要求做好相关申报工作。

根据《企业资产损失所得税税前扣除管理办法》（2011年）第四十条的规定，企业债权投资损失应依据投资的原始凭证、合同或协议、会计核算资料等相关证据材料确认。下列情况债权投资损失的，还应出具相关证据材料：

（1）债务人或担保人依法被宣告破产、关闭、被解散或撤销、被吊销营业执照、失踪或者死亡等，应出具资产清偿证明或者遗产清偿证明。无法出具资产清偿证明或者遗产清偿证明，且上述事项超过3年以上的，或债权投资（包括信用卡透支和助学贷款）余额在300万元以下的，应出具对应的债务人和担保人破产、关闭、解散证明、撤销文件、工商行政管理部门注销证明或查询证明以及追索记录等（包括司法追索、电话追索、信件追索和上门追索等原始记录）。

（2）债务人遭受重大自然灾害或意外事故，企业对其资产进行清偿和对担保人进行追偿后，未能收回的债权，应出具债务人遭受重大自然灾害或意外事故证明、保险赔偿证明、资产清偿证明等。

（3）债务人因承担法律责任，其资产不足归还所借债务，又无其他债务承担者的，应出具法院裁定证明和资产清偿证明。

（4）债务人和担保人不能偿还到期债务，企业提出诉讼或仲裁的，经人民法院对债务人和担保人强制执行，债务人和担保人均无资产可执行，人民法院裁定终结或终止（中止）执行的，应出具人民法院裁定文书。

（5）债务人和担保人不能偿还到期债务，企业提出诉讼后被驳回起诉的、人民法院不予受理或不予支持的，或经仲裁机构裁决免除（或部分免除）债务人责任，经追偿后无法收回的债权，应提交法院驳回起诉的证明，或法院不予受理或不予支持证明，或仲裁机构裁决免除债务人责任的文书。

（6）经国务院专案批准核销的债权，应提供国务院批准文件或经国务院同意后由国务院有关部门批准的文件。

（三）长期股权投资会计与税法上的差异

（1）长期股权投资成本的计量。取得投资时实际支付的价款中包含的已宣告但尚未发放的现金股利，会计上单独确认为应收股利，不计入投资成本，而税法上作为购买价款组成部分计入投资成本。

（2）长期股权投资持有期间投资收益的规定，与企业所得税法基本一致，实务工作中存在可能需要进行纳税调整的事项：

① 直接投资于其他居民企业取得的符合条件的股息或红利等权益性投资收益，按照税法规定作为免税收入，但是会计上计入投资收益。

② 税法中所称的股息、红利收入包括现金股利和股票股利两种形式，投资企业分得的股票股利，如果不符合免税条件，应当计入应纳税所得额中，但会计上投资企业无须进行会计处理，仅做备查登记。

（3）《小企业会计准则》与税法关于长期股权投资的处置和长期股权投资损失的认定条件和处理方法的规定完全一致，不存在差异。但是，对于长期股权投资损失，企业应处理好与税收征管的关系，认真按照税收征管的要求做好相关申报工作。

根据《企业资产损失所得税税前扣除管理办法》（2011 年）第四十一条的规定，企业股权投资损失应依据以下相关证据材料确认：

① 股权投资计税基础证明材料；

② 被投资企业破产公告、破产清偿文件；

③ 工商行政管理部门注销、吊销被投资单位营业执照文件；

④ 政府有关部门对被投资单位的行政处理决定文件；

⑤ 被投资企业终止经营、停止交易的法律或其他证明文件；

⑥ 被投资企业资产处置方案、成交及入账材料；

⑦ 企业法定代表人、主要负责人和财务负责人签章证实有关投资（权益）性损失的书面申明；

⑧ 会计核算资料等其他相关证据材料。

第二十章 税务会计

一、税务会计日常业务处理

(一) 发票的开具、作废、冲红、报销、用途确认、查验、入账、归档等

发票的开具、作废、冲红一般由销售会计操作，在此一并说明。

发票的开具、作废、冲红、报销、用途确认、查验、入账、归档等操作具体的步骤可通过公众号"小栾税缘""丰收税务"搜索"税务 Ukey""数电票""电子发票全流程电子化管理指南""全面数字化电子发票（数电票）操作指引""增值税发票开票软件操作方法""电子税务局申报操作指引""增值税发票综合服务平台""税务数字账户"等关键词查询（有流程，有图片，有文字，有视频，一看就懂，一学就会）。

(二) 计算应交增值税额

及时审核其他会计所做的涉及增值税业务的会计处理──▶将进项发票勾选确认结果、开具发票汇总结果与"应交税费──应交增值税"明细账核对──▶月末根据当月"应交税费──应交增值税"明细账计算出"应交税费──应交增值税"的贷方余额同借方余额的差额，即应交增值税额。

纳税人月末缴纳增值税的财税处理。

（1）企业应将当月发生的应交未交增值税额自"应交税费──应交增值税"科目转入"应交税费──未交增值税"科目，借记"应交税费──应交增值税（转出未交增值税）"科目，贷记"应交税费──未交增值税"科目。

（2）将本月多交的增值税自"应交税费──应交增值税"科目转入"应交税费──未交增值税"科目，借记"应交税费──未交增值税"科目，贷记"应交税费──应交增值税（转出多交增值税）"科目。现行规定设置了"应交税费──预交增值税"科目，几乎很少出现这种转出多交增值税的情形。

（3）当月预缴本月增值税时，借记"应交税费──预交增值税"科目，贷记"银行存款"科目。月末，企业应将"应交税费──预交增值税"科目余额转入"应交税费──未交增值税"科目，借记"应交税费──未交增值税"科目，贷记"应交税费──预交增值税"科目。

（4）当月缴纳上月应交未交的增值税，借记"应交税费──未交增值税"科目，

贷记"银行存款"科目。缴纳当月应交的增值税，借记"应交税费——应交增值税（已交税金）"科目，贷记"银行存款"科目。

（5）"应交税费——应交增值税"科目的期末借方余额，反映尚未抵扣的增值税额。"应交税费——未交增值税"科目的期末借方余额，反映多交的增值税额；贷方余额，反映未交的增值税额。

（三）及时审核其他会计岗位涉税处理

及时审核其他会计岗位涉税处理是否正确，比如对个人所得税的处理，自产自用应税消费品和委托加工应税消费品涉及的消费税的处理、处置固定资产涉及的增值税的处理、转让土地使用权应交土地增值税的处理等。

（四）月末计提相关税费

1. 计提相关税费

借：税金及附加

　　贷：应交税费——应交房产税/应交城镇土地使用税/应交环境保护税/应交车船税/应交矿产资源补偿费/应交资源税等

2. 根据公司当月实际经营情况计提税金及附加

（1）根据税收政策计算消费税金额——编制记账凭证。

借：税金及附加

　　贷：应交税费——应交消费税

消费税是指在我国境内生产、委托加工和进口应税消费品的单位和个人，按其流转额交纳的一种税。消费税有从价定率和从量定额两种征收方法。采取从价定率方法计征的消费税，以不含增值税的销售额为税基，按照税法规定的税率计算。企业的销售收入包含增值税的，应将其换算为不含增值税的销售额。采取从量定额计征的消费税，根据按税法确定的企业应税消费品的数量和单位应税消费品应缴纳的消费税计算确定。

（2）根据实际缴纳的增值税、消费税计算城市维护建设税、教育费附加、地方教育附加金额——编制记账凭证。

借：税金及附加

　　贷：应交税费——应交城市维护建设税

　　　　　　　　——应交教育费附加

　　　　　　　　——应交地方教育附加

（五）按季度计提企业所得税

借：所得税费用
贷：应交税费——应交企业所得税

【温馨提醒】

（1）一般来说，企业所得税按季预缴，每年5月31日之前进行企业所得税汇算清缴。

（2）预缴企业所得税时，应当按照季度实际利润额预缴；按照季度实际利润额预缴有困难的，可以按照上一纳税年度应纳税所得额的季度平均额预缴，或者按照经税务机关认可的其他方法预缴。预缴方法一经确定，该纳税年度内不得随意变更。

（六）税费申报

填写各类税费申报表──→传主管会计审核──→打印申报表──→财务经理签章、法人代表签字、盖公章──→申报期结束（一般为每月15日，节假日顺延，及时关注电子税务局通知）以前通过电子税务局进行税费申报──→申报表归类保存。

【温馨提醒】

税费申报等详细的步骤操作，可在公众号"小栾税缘""丰收税务"搜索"抄报税操作流程""电子税务局申报操作指引"关键词查询。

增值税、消费税、个人所得税、城市维护建设税及其他附加税按月申报；企业所得税按季度申报，次年5月31日之前完成汇算清缴；房产税、城镇土地使用税按年征收、分期缴纳，企业一般按季度申报；其他税种按税法规定时间申报。

小规模纳税人增值税及附加税费可选择按季度申报。申报案例详见第二十四章。

（七）交纳税款

查询交税银行账户余额，银行余额充足，扣款──→取得完税凭证──→编制记账凭证。

查询交税银行账户余额，银行余额不足，申报税款额──→填写付款审批单、进账单交出纳办理银行结算手续──→扣款──→取得完税凭证──→编制记账凭证。

借：应交税费——未交增值税

应交税费——应交增值税（已交税金）

——应交企业所得税/应交个人所得税/应交城市维护建设税/应交教育费附加/应交地方教育附加/应交房产税/应交城镇土地使用税/应交环境保护税/应交车船税/应交矿产资源补偿费等

税金及附加——印花税

贷：银行存款

【温馨提醒】

印花税无须计提，在实际缴纳时，直接记入"税金及附加"科目。

（八）年度企业所得税处理

按照税法规定应计提的企业所得税：

借：所得税费用

贷：应交税费——应交企业所得税

交纳企业所得税：

借：应交税费——应交企业所得税

贷：银行存款

【温馨提醒】

尽管《小企业会计准则》在制定思想上坚持了简化原则和与企业所得税相一致的原则，但是由于会计与税法的目的不同，收入和费用的口径不同，不可避免地产生了一些差异，需要进行一些必要的纳税调整。

（1）纳税调整的事项通常包括收入类和扣除类两大类：

第一类收入类调整项目，主要包括：免税收入、减计收入和减免税项目所得等。

第二类扣除类调整项目，主要包括：职工福利费支出、职工教育经费支出、工会经费支出、业务招待费支出、广告费和业务宣传费支出、捐赠支出、利息支出、罚款、罚金、被没收财物支出、税收滞纳金、赞助支出、与取得收入无关的支出、加计扣除支出等项目。

具体汇算清缴调整事项可以参考本书第九章。

（2）纳税调整的方式：调表不调账。汇算清缴时，企业不必进行账务处理，只需按照税法要求编制企业所得税年度纳税申报表，从而在申报表上满足企业所得税法的相关要求，计算出应纳税额即可。

（3）汇缴时间：纳税人应当自纳税年度终了之日起5个月内，进行汇算清缴，结清应缴应退企业所得税款。

纳税人12月份或者第四季度的企业所得税预缴纳税申报，应在纳税年度终了之日起15日内完成，预缴纳税申报后进行当年企业所得税汇算清缴。

纳税人在年度中间发生解散、破产、撤销等终止生产经营情形，需进行企业所得税清算的，应在清算前报告主管税务机关，并自实际经营终止之日起60日内进行汇算清缴，结清应缴应退企业所得税款；纳税人有其他情形依法终止纳税义务的，应当自停止生产、经营之日起60日内，向主管税务机关办理当期企业所得税汇算清缴。

汇算清缴期内，纳税人如发现企业所得税年度申报有误，可以进行更正申报，涉及补缴税款的不加收滞纳金。

汇算清缴期后，纳税人如发现企业所得税年度申报有误，可以进行更正申报，需要补缴税款的，应自汇算清缴期结束起按日加收滞纳税款万分之五的滞纳金。

（4）企业所得税汇算清缴的范围：实行查账征收和实行核定应税所得率征收企业所得税的纳税人，无论是否在减税、免税期间，无论盈利或亏损，都应按税法规定进行年度企业所得税申报。实行核定定额征收企业所得税的纳税人不需要进行汇算清缴。

（5）申报方式：企业所得税汇算清缴申报的方式包括网上申报和上门申报。

①网上申报。目前企业所得税纳税人主要通过网上申报方式进行汇缴申报。

②上门申报。纳税人需要上门申报的，携带相关资料，到办税服务厅办理。

（6）网上申报操作流程：

①登录电子税务局，在"我要办税"模块中选择"税费申报及缴纳"，进入申报模块，系统显示申报税款所属期、申报状态、申报期限等信息。点击"所得税年度A申报"（查账征收企业适用）或"进入申报"（核定征收企业适用），系统显示企业所得税年度申报表。

也可以直接从电子税务局主页"我的待办"中找到"企业所得税年度申报"。

②纳税人根据实际情况填写申报表。

③报表填写完成，数据核对无误后，点击"申报"按钮，如有错误，系统会给出错误提示信息，纳税人可根据提示或校验信息修改后重新申报。没有错误信息或校验反馈的，稍等片刻后刷新页面，系统显示"申报成功"即完成本次申报。

电子税务局开通了"风险提示服务"功能，完成年度申报表填写后在线进行风险扫描，如需扫描与财务信息相关的风险事项，须提前一天将年度财务报表等信息报至税务机关。

提交申报表前可选择"风险提示服务"，在线进行风险扫描，根据反馈的风险提示信息自行评估处理，决定是否修改申报表，认为不存在问题或无须纠正的，可忽略相关提示信息，不影响正常纳税申报。

④电子税务局提醒纳税人在申报完成后，如存在汇算清缴多缴的，可以即时通

过电子税务局提交退抵税申请；需要补税的可以直接缴税。

⑤ 点击"申报查询"，可以查询、预览、下载、打印申报表。

（7）申报案例，详见第二十四章。

二、税务会计日常工作中的常见问题与疑难问题

（一）企业所得税汇算清缴常见调整事项要点

企业所得税汇算清缴，是指纳税人自纳税年度终了之日起 5 个月内或实际经营终止之日起 60 日内，依照税收法律、法规、规章及其他有关企业所得税的规定，自行计算本纳税年度应纳税所得额和应纳所得税额，根据月度或季度预缴企业所得税的数额，确定该纳税年度应补或者应退税额，并填写企业所得税年度纳税申报表，向主管税务机关办理企业所得税年度纳税申报、提供税务机关要求提供的有关资料、结清全年企业所得税款的行为。由此可以清晰地看出，企业所得税的汇算清缴主体是纳税人，集中体现了纳税人自主申报的税法精神，但是，纳税人自主申报的同时，也带来了相当大的涉税风险。

同时，企业所得税汇算清缴工作是对企业所得税进行的一次全面、完整、系统的计算、调整、缴纳工作，是企业涉税业务中的一项重要工作，企业所得税汇算清缴最重要的工作就是进行纳税调整。该工作与企业的会计处理密切相关，需要会计人员具备较高的税务水平。由于纳税调整事项涉及大量的税收法规，因此一些纳税调整事项很容易被企业忽视而造成少缴或多缴税款。

为了帮助广大会计人员做好企业所得税汇算清缴工作，笔者在对众多企业所得税汇算清缴审核案例进行梳理、分析的基础之上，结合相关税收法规总结了企业所得税汇算清缴应当特别关注的常见的纳税调整事项要点及税法依据。

这些纳税调整项目，有的是因为会计与税法本身存在着差异，无法避免的调整项目，有的项目会计和税法本无差异，但是因为企业会计处理不规范导致需要进行纳税调整，这类项目只要按照《小企业会计准则》的相关规定处理，与税法便不存在差异，是可以避免进行纳税调整的。

下面对收入类调整项目和扣除类调整项目加以阐述。

1. 收入类调整项目

对于企业所得税汇算清缴纳税调整，很多财税人员仅关注成本、费用类项目调整，对收入类项目的调整往往不够重视。而从大量案例来看，收入类项目的调整往往金额较大，对企业所得税汇算清缴影响更大。笔者总结了收入类项目在会计上与企业所得税法中的异同，见表 20-1。

表20-1 收入类项目在会计上与企业所得税法中的异同

项目	会计	企业所得税法	备注
收入	收入，是指企业在日常生产经营活动中形成的，会导致所有者权益增加、与所有者投入资本无关的经济利益的总流入，包括：销售商品收入和提供劳务收入。在《小企业会计准则》中，除销售商品收入、提供劳务收入、出租无形资产与固定资产取得的租金收入（出租同转材料取得的租金收入之外，特许权使用收入不作为营业外收入核算），特许权所得税法所规定的收入未认定、作为营业外收入或投资收益处理	按收入产生来源分类，分为销售货物收入、提供劳务收入、转让财产权收益性投资收益、股息、红利等权益性投资收益、利息收入、租金收入、特许权使用费收入、接受捐赠收入和其他收入等九类	企业所得税法中包括所有所得，比会计涵盖的范围广入、比会计涵盖的范围广
销售收入确认原则	企业应当在发出商品且收到货款或取得收款权利时，确认销售商品收入。确认收入有两个标志：一是物权的转移，表现为发出商品；二是收到货款或取得收款权利。这种做法省略了风险和报酬转移的职业判断，简化了确认条件，有利于实际操作	根据《国家税务总局关于确认企业所得税收入若干问题的通知》（国税函〔2008〕875号）的规定，除《中华人民共和国企业所得税法》及《中华人民共和国企业所得税法实施条例》另有规定外，企业销售收入的确认，必须遵循权责发生制原则和实质重于形式原则。企业销售商品同时满足下列条件的，应确认收入的实现： (1) 商品销售合同已经签订，企业已将商品所有权相关的主要风险和报酬转移给购货方； (2) 企业对已售出的商品既没有保留通常与所有权相联系的继续管理权，也没有实施有效控制； (3) 收入的金额能够可靠地计量； (4) 已发生或将发生的销售方的成本能够可靠地核算。	
销售商品收入的确认	(1) 销售商品采用托收承付方式的，在办妥托收手续时确认收入。 (2) 销售商品采用预收款方式的，在发出商品时确认收入。 (3) 销售商品采用分期收款方式的，按照合同约定的收款日期确认收入。	《中华人民共和国企业所得税法实施条例》第二十三条规定，以分期收款方式销售货物的，按合同约定的收款日期确认收入的实现。《中华人民共和国企业所得税法实施条例》第二十四条规定，采取产品分成方式取得收入的，按照企业分得产品的日期确认收入的实现，其收入额按照产品的公允价值确定。	财税规定基本一致

续表

项目	会计	企业所得税法	备注
	(4) 销售商品需要安装和检验的，在购买方接受商品以及安装和检验程序完毕时确认收入。如果安装程序比较简单，可在发出商品时确认收入。 (5) 销售商品采用支付手续费方式委托代销的，在收到代销清单时确认收入。 (6) 销售商品以旧换新的，销售的商品作为商品销售处理，回收的商品作为购进商品处理。 (7) 采取产品分成方式取得的收入，在分得产品之日按照产品的市场价格或评估价值确定销售商品收入金额。	《国家税务总局关于确认企业所得税收入若干问题的通知》（国税函〔2008〕875号）规定： (1) 销售商品采用托收承付方式的，在办妥托收手续时确认收入。 (2) 销售商品采取预收款方式的，在发出商品时确认收入。 (3) 销售商品需要安装和检验的，在购买方接受商品以及安装检验完毕时确认收入。如果安装程序比较简单，可在发出商品时确认收入。 (4) 销售商品采用支付手续费方式委托代销的，在收到代销清单时确认收入。 (5) 销售商品以旧换新的，销售商品应当按照销售商品处理，回收的商品作为购进商品处理。	时间性差异
附有销售退回条件的商品销售	如果企业根据以往的经验能够合理估计退回可能性，可以在发出商品时，估计可能发生退货的部分，不确认销售收入。估计可能发生退货的部分，作为发出商品库存的减少，单独设置"1406 发出商品"科目进行核算；如果企业不能合理估计退货的可能性，则应当在售出商品退货期满时才确认收入。	无论附有销售退回条件售出的商品是否退回，均在商品发出时全额确认收入，计算缴纳所得税。	时间性差异
销售商品收入计量原则	企业应当按照从购买方已收或应收的合同或协议价款确定销售商品收入的金额。销售商品涉及现金折扣的，应当按照扣除现金折扣前的金额确定销售商品收入金额。现金折扣应当在实际发生时，计入当期损益。销售商品涉及商业折扣的，应当按照扣除商业折扣后的金额确定销售商品收入金额。	企业应当按照购货方已收或应收合同或协议价款确定销售货物收入的金额。《国家税务总局关于确认企业所得税收入若干问题的通知》（国税函〔2008〕875号）规定：商品销售涉及商业折扣的，应当按照扣除商业折扣后的金额确定销售商品收入金额。	财税规定基本一致

续表

项目	会计	企业所得税法	备注
	企业已确认销售商品收入的售出商品发生销售退回的（不论属于本年度还是以前年度的销售），应当在发生时冲减当期销售商品收入。企业已经确认销售商品收入的售出商品发生的销售折让，应当在发生销售折让时冲减当期销售商品收入	销售商品涉及现金折扣的，应当按扣除现金折扣前的金额确定销售商品收入金额，现金折扣在实际发生时作为财务费用扣除。企业已经确认销售商品收入的售出商品发生销售退回，应当在发生当期冲减当期销售商品收入	
提供劳务收入	同一会计年度内开始并完成的劳务，应当在提供劳务交易完成时或取得收款权利时，确认提供劳务收入。提供劳务收入的金额为从接受劳务方已收取或应收取的合同或协议价款。不跨会计年度的劳务收入的确认和计量原则与销售商品收入的确认和计量原则完全相同。劳务的开始和完成分属不同会计年度的，应当按照完工进度确认提供劳务收入。当按照完工进度确认提供劳务收入，按照提供劳务收入总额乘以完工进度确认本年度的提供劳务收入，确认本年度的提供劳务成本；同时，按照提供劳务收入总额乘以完工进度扣除以前会计年度累计已确认提供劳务收入后的金额，确认本年度营业收入，结转本年度营业成本	（1）《国家税务总局关于确认企业所得税收入若干问题的通知》（国税函〔2008〕875号）规定，企业在各个纳税期末，提供劳务交易的结果能够可靠估计的，应采用完工进度（完工百分比）法确认提供劳务收入。企业应按照从接受劳务方已收取或应收取的合同或协议价款确定劳务收入总额，确认为当期劳务收入；同时，根据纳税期末提供劳务收入累计已确认提供劳务收入；同时，按照提供劳务收入总额乘以完工进度扣除以前纳税期末提供劳务收入累计已确认提供劳务收入后的余额，确认为当期劳务收入，结转为当期劳务成本。（2）《中华人民共和国企业所得税法实施条例》第二十三条规定：企业的下列生产经营业务可以分期确认收入的实现：企业受托加工制造大型机械设备、船舶、飞机，以及从事建筑、安装、装配工程业务或者提供其他劳务等，持续时间超过12个月的，按照纳税年度内完工进度或者完成的工作量确认收入的实现。上述第（1）条是一般规定。对所有提供劳务取得的收入都适用。第（2）条是特殊规定，即对持续时间超过12个月的劳务，可以分期确认收入	财税规定基本一致。企业确认的其他收入是指主营业务活动以外的其他日常活动实现的收入，包括：出租固定资产收入，出租无形资产、销售材料等实现的收入

续表

项目	会计	企业所得税法	备注
租金收入	《小企业会计准则》将租金收入作为提供劳务收入、处理方法同上	《中华人民共和国企业所得税法实施条例》第十九条规定，租金收入，是指企业提供固定资产、包装物或者其他有形资产的使用权取得的收入，按照合同约定的承租人应付租金的日期确认收入的实现。《国家税务总局关于贯彻落实企业所得税法若干税收问题的通知》（国税函〔2010〕79号）规定，企业提供固定资产、包装物或者其他有形资产的使用权取得的租金收入，应按交易合同或协议规定的承租人应付租金的日期确认收入的实现。其中，如果交易合同或协议中规定租赁期限跨年度，且租金提前一次性支付的，根据《中华人民共和国企业所得税法实施条例》第九条规定的收入与费用配比原则，出租人可对上述已确认的收入，在租赁期内，分期均匀计入相关年度收入	在租金收入确认的时点和租金额上，税法与会计是存在差异的。（1）租赁期限跨年度，且租金提前一次性支付的，出租人在进行税务处理时，既可选择分期确认收入，也可选择一次性确认收入。如果企业在计税时选择分期确认收入，会计与税法就不存在差异。会计与税法在计税时选择一次性确认收入，就与会计分期确认收入存在差异；如果企业在计税时选择按权责发生制原则分期确认收入存在暂时性差异，需要进行纳税调整。（2）如果合同约定租赁期限跨年度，且租金分期结束时均匀支付或在租赁期末时一次性支付以及存在免租期的租赁业务，税法要求承租人应付租金约定的承租人应付租金的日期确认收入的实现，同样与会计分期确认收入存在暂时性差异，需要进行纳税调整
利息收入	企业的利息收入都应当在合同约定的债务人应付利息之日确认利息收入的实现	《中华人民共和国企业所得税法实施条例》第十八条规定，利息收入，按照合同约定的债务人应付利息的日期确认收入的实现	财税规定基本一致

续表

项目	会计	企业所得税法	备注
政府补助	政府补助，是指企业从政府无偿取得的货币性资产或非货币性资产，但不含政府作为企业所有者投入的资本。 (1) 企业收到的与资产相关的政府补助，应当确认为递延收益，并在相关资产的使用寿命内平均分配，计入其他收益或营业外收入。用于补偿本企业以后期间的相关费用或损失的，确认为递延收益，并在确认相关费用或发生亏损的期间，计入其他收益或营业外收入；用于补偿本企业已发生的相关费用或损失的，直接计入其他收益或营业外收入。 (2) 政府补助为货币性资产的，应当按照收到或应收的金额计量。政府补助为非货币性资产的，应当按照公允价值计量；公允价值不能可靠取得的，按照名义金额计量。 (3) 企业按照规定实行企业所得税、增值税、消费税等先征后返还的，应当在实际收到返还的企业所得税、增值税、消费税时，计入营业外收入（不含出口退税、消费税，计入营业外收入	《财政部 国家税务总局关于专项用途财政性资金 行政事业性收费 政府性基金有关企业所得税政策问题的通知》（财税〔2008〕151号）规定： (1) 企业取得的各类财政性资金，除属于国家投资和资金使用后要求归还本金的以外，均应计入企业当年收入总额。 (2) 对企业取得的由国务院财政、税务主管部门规定专项用途并经国务院批准的财政性资金，准予作为不征税收入，在计算应纳税所得额时从收入总额中减除。 财政性资金，是指企业取得的来源于政府及其有关部门的财政补助、补贴、贷款贴息，以及各类财政专项资金，包括直接减免的增值税和即征即退、先征后返、先征后退、即征即退、先征后退等各种税收，但不包括企业按规定取得的出口退税款；国家投资，是指国家以投资者身份投入企业并按有关规定相应增加企业实收资本（股本）的直接投资。 《财政部 国家税务总局关于专项用途财政性资金企业所得税处理问题的通知》（财税〔2011〕70号）规定，企业从县级以上各级人民政府财政部门及其他部门取得的应计入收入总额的财政性资金，凡同时符合以下条件的，可以作为不征税收入，在计算应纳税所得额时从收入总额中减除：(1) 企业能够提供规定资金专项用途的资金拨付文件；(2) 财政部门或其他拨付资金的政府部门对该资金有专门的资金管理办法或具体管理要求；(3) 企业对该资金以及以该资金发生的支出单独进行核算	财税存在差异： (1) 在企业所得税上作为征税收入时，会计作为收入核算，产生永久性差异。另外，不征税收入所发生的相应费用支出也不得税前扣除，产生永久性差异。 (2) 在企业所得税上作为征税收入时，会计作为收入核算，产生递延收益和营业外收入的时间性差异

续表

项目	会计	企业所得税法	备注
视同销售	（1）企业发生非货币性资产交换，偿债，赞助，集资，广告，样品，职工福利和利润分配，以及将货物、财产、劳务用于捐赠、偿债、赞助、集资、广告、样品、职工福利和利润分配，应当视为企业与外部发生交易，属于收入实现的过程，按规定确认收入。 （2）企业在建工程、管理部门等内部领用自己生产的产成品、原材料等，应当作为企业内部发生的经济事项，不属于企业收入实现的过程，不应确认收入，应当按照成本进行结转	企业发生非货币性资产交换，以及将货物、财产、劳务用于捐赠、偿债、赞助、集资、广告、样品、职工福利或者利润分配等用途的，应当视同销售货物、转让财产或者提供劳务，但国务院财政、税务主管部门另有规定的除外。 企业发生下列情形的处置资产，除将资产转移至境外以外，由于资产所有权属在形式和实质上均不发生改变，可作为内部处置资产，不视同销售确认收入，相关资产的计税基础延续计算。 （1）将资产用于生产、制造、加工另一产品； （2）改变资产形状、结构或性能； （3）改变资产用途（如自建商品房转为自用或经营）； （4）将资产在总机构及其分支机构之间转移； （5）上述两种或两种以上情形的混合； （6）其他不改变资产所有权属的用途。 企业将资产移送他人的下列情形，因资产所有权属已发生改变而不属于内部处置资产，应按规定视同销售确定收入。企业发生上述情形时，属于企业自制的资产，应按企业同类资产同期对外销售价格确定销售收入；属于外购的资产，可按购入时的价格确定销售收入。 （1）用于市场推广或销售； （2）用于交际应酬； （3）用于职工奖励或福利； （4）用于股息分配； （5）用于对外捐赠； （6）其他改变资产所有权属的用途。	财税规定基本一致

其他收入主要纳税事项见表 20-2。

表 20-2 其他收入主要纳税事项

提供劳务收入	《国家税务总局关于确认企业所得税收入若干问题的通知》（国税函〔2008〕875 号）规定，下列提供劳务满足收入确认条件的，应按规定确认收入： （1）安装费。应根据安装完工进度确认收入。安装工作是商品销售附带条件的，安装费在确认商品销售实现时确认收入。 （2）宣传媒介的收费。应在相关的广告或商业行为出现于公众面前时确认收入。广告的制作费，应根据制作广告的完工进度确认收入。 （3）软件费。为特定客户开发软件的收费，应根据开发的完工进度确认收入。 （4）服务费。包含在商品售价内可区分的服务费，在提供服务的期间分期确认收入。 （5）艺术表演、招待宴会和其他特殊活动的收费。在相关活动发生时确认收入。收费涉及几项活动的，预收的款项应合理分配给每项活动，分别确认收入。 （6）会员费。申请入会或加入会员，只允许取得会籍，所有其他服务或商品都要另行收费的，在取得该会员费时确认收入。申请入会或加入会员后，会员在会员期内不再付费就可得到各种服务或商品，或者以低于非会员的价格销售商品或提供服务的，该会员费应在整个受益期内分期确认收入。 （7）特许权费。属于提供设备和其他有形资产的特许权费，在交付资产或转移资产所有权时确认收入；属于提供初始及后续服务的特许权费，在提供服务时确认收入。 （8）劳务费。长期为客户提供重复的劳务收取的劳务费，在相关劳务活动发生时确认收入
转让财产收入	转让时确认收入
股息、红利等权益性投资收益	以被投资方做出利润分配决定的日期确认收入的实现
利息收入	按照合同约定的债务人应付利息的日期确认收入的实现
租金收入	按照合同约定的承租人应付租金的日期确认收入的实现
特许权使用费收入	按照合同约定的特许权使用人应付特许权使用费的日期确认收入的实现
接受捐赠收入	在实际收到捐赠资产时确认收入的实现
不征税收入	（1）财政拨款。 （2）依法收取并纳入财政管理的行政事业性收费、政府性基金。 （3）国务院规定的其他不征税收入
免税收入	（1）国债利息收入。 （2）符合条件的居民企业之间的股息、红利等权益性投资收益。 （3）在我国境内设立机构、场所的非居民企业从居民企业取得与该机构、场所有实际联系的股息、红利等权益性投资收益。 （4）符合条件的非营利组织的收入：①接受其他单位或者个人捐赠的收入；②除《中华人民共和国企业所得税法》第七条规定的财政拨款以外的其他政府补助收入，但不包括因政府购买服务取得的收入；③按照省级以上民政、财政部门规定收取的会费；④不征税收入和免税收入孳生的银行存款利息收入；⑤财政部、国家税务总局规定的其他收入

续表

减计收入	企业以《资源综合利用企业所得税优惠目录》规定的资源作为主要原材料,生产国家非限制和禁止并符合国家和行业相关标准的产品取得的收入,减按90%计入收入总额
技术转让所得	一个纳税年度内,居民企业技术转让所得不超过500万元的部分,免征企业所得税;超过500万元的部分,减半征收企业所得税。技术转让所得=技术转让收入-技术转让成本-相关税费

下面我们对收入的常见问题进行讲解。

(1) 延迟确认会计收入。

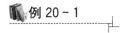例20-1

某企业2024年12月31日"预收账款"科目金额为100万元,金额很大,实际上有60万元的货物已经发出,该企业汇算清缴工作中未做任何纳税调整。

按照税法规定,销售商品采取预收款方式的,在发出商品时确认收入。企业应当纳税调增销售收入60万元。

在实际工作中,我们经常发现企业"预收账款"科目金额很大。与合同、发货等情况对应后发现有些预收账款应确认为纳税收入。该企业在进行汇算清缴工作中,由于延迟确认了会计收入,也忽略了该事项的纳税调整,事实上导致少计了企业应纳税所得额。

(2) 税法与会计确认销售收入条件的区别。销售货物收入,是指企业销售商品、产品、原材料、包装物、低值易耗品以及其他存货取得的收入。除《中华人民共和国企业所得税法》及其实施条例另有规定外,企业销售收入的确认,必须遵循权责发生制原则和实质重于形式原则。

例20-2

某企业2023年12月12日销售货物100万元(不含增值税),成本为80万元,约定3个月试用期满后,满意则付款,不满意可退货,相关经济流入概率低于50%,故会计处理上不确认收入:

借:发出商品 800 000

　　贷:库存商品 800 000

这样,12月不作为增值税纳税义务发生时间,当然如果企业认为有把握收回货款,可以开具发票,纳税义务发生时间即为开具发票的当天。

根据表 20-1 中销售收入确认原则可见，税法与会计确认销售收入的区别是：相关的经济利益很可能流入企业（超过 50％），会计要考虑经济利益流入企业的可能性，而税法不必考虑，这一点很好理解，因为能不能流入属于企业主观判断，税务不便于掌握，为了保证税款的收缴，经济利益的流入不作为确认收入的条件，要是作为确认条件了，企业的应收账款对应的销售收入就都可以延期纳税了，那怎么能行呢？

税务处理：2023 年度，调增收入 100 万元，调增销售成本 80 万元，调增应纳税所得额 20 万元。因为这项销售业务满足税法确认销售的条件。

2024 年 3 月 12 日如果发生退货，企业做如下会计处理：

借：库存商品	800 000
贷：发出商品	800 000

同时调减 2023 年度应纳税所得额 20 万元。

2024 年 3 月 12 日如果对方确认产品合格，同意付款，企业做如下会计处理：

借：应收账款/银行存款	1 130 000
贷：主营业务收入	1 000 000
应交税费——应交增值税（销项税额）	130 000
借：主营业务成本	800 000
贷：发出商品	800 000

税务处理：2024 年度，调减收入 100 万元，调减成本 80 万元，调减应纳税所得额 20 万元。

例 20-3

A 公司将一间办公室租赁给 B 公司，签订经营租赁合同，双方约定租赁期为 2019 年 1 月 1 日至 2024 年 12 月 31 日，2019 年和 2020 两年免除租金，2021 年至 2024 年每年收取租金 6 万元，分别于每年 1 月 1 日预付当年租金。

会计规定，对于出租人提供免租期的，出租人应当将租金总额在不扣除免租期的整个租赁期内，按直线法或其他合理的方法进行分配，免租期内出租人应当确认租金收入；而承租人则应将租金总额在不扣除免租期的整个租赁期内，按直线法或其他合理的方法进行分摊，免租期内应当确认租金费用。假设按直线法平均确认租金收入，2019 年和 2020 年均应确认租金收入 4 万元（24÷6）：

借：应收账款	40 000
贷：其他业务收入	40 000

但是在企业所得税的处理上却与会计处理存在暂时性差异。根据《中华人民共和国企业所得税法实施条例》第十九条规定，租金收入，按照合同约定的承租人应付租金的日期确认收入的实现，因此2019年和2020年均不确认租金收入，企业每年确认的租金收入4万元做纳税调减处理，2021年至2024年企业每年确认租金收入4万元，而税法确认的租金收入为6万元，每年纳税调增2万元。前两年调减8万元，后四年调增8万元，属于暂时性差异。

若本例2019年A公司合同约定一次性预收租金24万元，又该如何处理呢？根据《国家税务总局关于贯彻落实企业所得税法若干税收问题的通知》（国税函〔2010〕79号）的规定，如果交易合同或协议中规定租赁期限跨年度，且租金提前一次性支付的，根据收入与费用配比原则，出租人可对上述已确认的收入，在租赁期内，分期均匀计入相关年度收入。A公司有税务处理的选择权，会计上仍然每年确认4万元租金收入，税法上可以选择分期均匀计入每个年度4万元租金收入，将不存在财税差异。当然，税法上也可以按照一般规定选择2019年确认租金收入24万元，此时就产生了财税差异，2019年调增20万元，后五年每年调减4万元。在增值税上，A公司应就预收租金24万元一次性全额开具发票，缴纳增值税，增值税上预收租金没有分期开票纳税的规定。

（3）买一赠一。买一赠一在企业所得税和增值税处理上都不属于视同销售，然而很多会计人员却误认为需要将买一赠一视同销售进行会计处理。

例20-4

某企业为促销，购买一台笔记本电脑赠送一部手机，手机成本为200元，笔记本电脑成本为5 000元，企业按8 000元（不含税）确认笔记本电脑销售收入，假设笔记本电脑市场价格为8 000元，手机市场价格为300元。企业通常会出现以下三种错误处理：

错误财税处理一：

借：银行存款　9 040
　贷：主营业务收入——笔记本电脑　8 000
　　　应交税费——应交增值税（销项税额）　1 040
借：销售费用　339
　贷：主营业务收入——手机　300
　　　应交税费——应交增值税（销项税额）　39
错误财税处理二：

借：银行存款 9 040
　　贷：主营业务收入——笔记本电脑 8 000
　　　　应交税费——应交增值税（销项税额） 1 040
借：销售费用 200
　　贷：库存商品——手机 200

错误财税处理三：

借：银行存款 9 040
　　贷：主营业务收入——笔记本电脑 8 000
　　　　应交税费——应交增值税（销项税额） 1 040

手机不做任何财税处理，即通常所说的内账。

根据《国家税务总局关于确认企业所得税收入若干问题的通知》（国税函〔2008〕875号）的规定，企业以买一赠一等方式组合销售本企业商品的，不属于捐赠，应将总的销售金额按各项商品的公允价值（即小企业按照市场价格确定的价值）的比例来分摊确认各项的销售收入。

《中华人民共和国增值税暂行条例实施细则》规定，将自产、委托加工或者购进的货物无偿赠送其他单位或者个人，应视同销售。但是，买一赠一与无偿赠送虽然都是赠送行为，但二者存在本质区别。

（1）法律意义上的无偿赠送是指出于感情或其他原因而做出的无私慷慨行为。而销售货物赠送货物的行为是有偿购物在先、赠送在后的有偿赠送行为，是商场为了刺激消费而采取的促销手段。

（2）对于赠送财产的质量，根据《中华人民共和国民法典》的规定，赠与的财产有瑕疵的，赠与人不承担责任。而顾客接受赠送的商品如果出现质量问题，商场必须承担相应的责任。

因此，购物赠送的货物不是无偿赠送，不能视同销售计算增值税。

可见，买一赠一在企业所得税和增值税处理上都不属于视同销售。

开具发票时，应该按照实物折扣方式将笔记本电脑、手机、折扣额开在同一张发票上。

企业应当做出的正确财税处理如下：

借：银行存款 9 040
　　贷：主营业务收入 8 000
　　　　应交税费——应交增值税（销项税额） 1 040
借：主营业务成本 5 200
　　贷：库存商品——笔记本电脑 5 000
　　　　库存商品——手机 200

与企业错误的财税处理相比，本笔业务会多交企业所得税和增值税及其附加税，可见，学好税法有多重要。

（4）视同销售。视同销售问题，《小企业会计准则》和税法的规定基本一致，理论上无须进行纳税调增。但是，很多企业会计人员未按规定进行账务处理，未确认收入，因此需要进行纳税调整。

企业发生非货币性资产交换、偿债，以及将货物、财产、劳务用于捐赠、赞助、集资、广告、样品、职工福利和利润分配，应当视为企业与外部发生交易，属于收入实现的过程，视同销售货物、转让财产和提供劳务，按规定确认收入。《小企业会计准则》与企业所得税法的规定基本相同。

企业在建工程、管理部门等内部部门领用所生产的产成品、原材料等，应当作为企业内部发生的经济事项，属于企业内部不同资产之间相互转换，不属于收入实现的过程，不应确认收入，应当按照成本进行结转。《小企业会计准则》与税法的规定基本相同。

实际工作中，很多企业将产品交予客户试用，在账务上借记"销售费用"；将自产产品用作礼品送予他人或作为职工福利，在账务上借记"管理费用""应付职工薪酬"等科目。上述事项，属于视同销售行为，然而，有的企业在进行会计处理时没有确认收入，直接冲减了产品成本，因此，在进行企业所得税汇算清缴时应进行纳税调整。

例 20-5

A 企业以自产产品 80 万元与 B 企业设备进行交换，增值税税率为 13%，自产产品市场价格为 100 万元，设备市场价格为 113 万元，两企业均为一般纳税人，A企业的账务处理如下：

借：固定资产	1 000 000
应交税费——应交增值税（进项税额）	130 000
贷：主营业务收入	1 000 000
应交税费——应交增值税（销项税额）	130 000
借：主营业务成本	800 000
贷：库存商品	800 000

会计与税务上均确认 20 万元的应纳税所得额，因此，无须进行纳税调增。

例 20 - 6

A 企业以一批外购存货换入 B 企业一件生产设备，市场价格均无法可靠计量，无补价。存货成本为 80 万元，市场价格为 100 万元，增值税税率为 13%，A 企业的账务处理如下：

借：固定资产 800 000
　　应交税费——应交增值税（进项税额） 130 000
　　贷：库存商品 800 000
　　　　应交税费——应交增值税（销项税额） 130 000

企业按照《小企业会计准则》处理则不必进行纳税调整，因为确认了收入，已经与税法处理一致：

借：固定资产 800 000
　　应交税费——应交增值税（进项税额） 130 000
　　贷：主营业务收入 800 000
　　　　应交税费——应交增值税（销项税额） 130 000
借：主营业务成本 800 000
　　贷：库存商品 800 000

（5）财政补贴收入。对于国家政府部门（包含财政、科技部门、开发区管委会等）给予企业的各种财政性补贴款项是否应计入应纳税所得额、应计入哪个纳税年度的问题，很多企业存在错误的理解。不少企业认为，既然是国家财政性补贴，应当属于免税收入。但事实上，财政性补贴根据不同情况可能是免税收入，也可能是不征税收入，还可能是应税收入。

税务上将收入总额分为征税收入和不征税收入，征税收入进而又分为应税收入和免税收入。免税收入属于应征税而未征税收入，其与不征税收入存在很大区别，无论是免税收入还是不征税收入，税法均有明确列示。财政性补贴具体属于哪类收入，应根据下列原则进行划分。

《财政部 国家税务总局关于专项用途财政性资金企业所得税处理问题的通知》（财税〔2011〕70 号）规定，自 2011 年 1 月 1 日起，企业从县级以上各级人民政府财政部门及其他部门取得的应计入收入总额的财政性资金，凡同时符合以下条件的，可以作为不征税收入，在计算应纳税所得额时从收入总额中减除：①企业能够提供规定资金专项用途的资金拨付文件；②财政部门或其他拨付资金的政府部门对该资金有专门的资金管理办法或具体管理要求；③企业对该资金以及以该资金发生的支出单独进行核算。

不征税收入与免税收入的区别可以这样掌握：

不征税收入——从政府部门取得的收入，并非企业自身经营活动带来的收入。税法上目前明确的不征税收入主要有：财政性资金、行政事业性收费、政府性基金。

免税收入——企业自身经营活动带来的收入，但因符合税法的优惠政策而免于征税的收入。税法上目前明确的免税收入主要有：国债利息收入、符合条件的居民企业之间的股息、红利等权益性投资收益、符合条件的非营利组织的收入。

《国家税务总局关于贯彻落实企业所得税法若干税收问题的通知》（国税函〔2010〕79号）规定，企业取得的各项免税收入所对应的各项成本费用，除另有规定者外，可以在计算企业应纳税所得额时扣除。

《财政部 国家税务总局关于财政性资金 行政事业性收费 政府性基金有关企业所得税政策问题的通知》（财税〔2008〕151号）规定，企业的不征税收入用于支出所形成的费用，不得在计算应纳税所得额时扣除；企业的不征税收入用于支出所形成的资产，其计算的折旧、摊销不得在计算应纳税所得额时扣除。

《财政部 国家税务总局关于财政性资金 行政事业性收费 政府性基金有关企业所得税政策问题的通知》（财税〔2008〕151号）对不征税收入的财政性资金、行政事业性收费、政府性基金做了进一步明确，并强调了财政性资金与国家投资的区别。财政性资金，是指企业取得的来源于政府及其有关部门的财政补助、补贴、贷款贴息，以及其他各类财政专项资金，包括直接减免的增值税和即征即退、先征后退、先征后返的各种税收，但不包括企业按规定取得的出口退税款。

另《财政部 国家税务总局关于专项用途财政性资金企业所得税处理问题的通知》（财税〔2011〕70号）还规定，企业将符合规定条件的财政性资金作不征税收入处理后，在5年（60个月）内未发生支出且未缴回财政部门或其他拨付资金的政府部门的部分，应计入取得该资金第6年的应税收入总额；计入应税收入总额的财政性资金发生的支出，允许在计算应纳税所得额时扣除。

例 20－7

A公司取得符合条件的100万元财政补贴，当年支出60万元，当年其他项目应纳税所得额为80万元。如果单独核算，按照免税收入处理，则支出可增加扣除60万元，当年应纳税所得额为20万元。如果未单独核算，按照征税收入处理，则收入增加100万元，支出增加60万元，当年应纳税所得额为120万元。

例 20-8

2023 年 12 月 9 日，甲公司购入节能设备 1 台（不需安装），实际成本为 322 000 元，取得增值税普通发票，预计使用寿命为 10 年，预计净残值为 2 000 元，2024 年 1 月 26 日，甲公司收到该节能设备财政补贴款 300 000 元。

会计处理：

2023 年 12 月购入设备：

借：固定资产 322 000

　　贷：银行存款 322 000

2024 年 1 月收到财政拨款确认政府补助：

借：银行存款 300 000

　　贷：递延收益 300 000

2024 年计提折旧和分配递延收益：

借：管理费用 32 000

　　贷：累计折旧 32 000

借：递延收益 30 000

　　贷：营业外收入 30 000

税务处理：

（1）假设该补贴款不符合《财政部 国家税务总局关于专项用途财政性资金企业所得税处理问题的通知》（财税〔2011〕70 号）规定的不征税收入条件，2024 年度，税收上应确认 300 000 元应税收入，会计上确认 30 000 元收入，应调增应纳税所得额 270 000 元，以后 9 个年度每年调减应纳税所得额 30 000 元。

（2）假设该补贴款符合《财政部 国家税务总局关于专项用途财政性资金企业所得税处理问题的通知》（财税〔2011〕70 号）规定的不征税收入条件，2024 年度，税收上不确认应税收入，会计上确认 30 000 元收入，应调减应纳税所得额 30 000 元，以后 9 个年度每年调减应纳税所得额 30 000 元。另外，不征税收入用于支出所形成的资产，其计算的折旧、摊销不得在计算应纳税所得额时扣除。每年不得扣除的折旧支出为 29 813.66 元（32 000×300 000÷322 000），因此，每年应调增应纳税所得额 29 813.66 元。

（6）隐匿收入偷逃税款。很多企业为了少缴税而隐匿收入，通常采取的方法有：①企业设内账和外账两套账，内账记载真实的收入，外账用来税务申报；②签订"阴阳合同"，少计收入；③残次品、废品销售，不确认收入；④不向零售客户开具发票，不确认收入；⑤收款后，直接转出，一进一出不入账。还有一些其他方法，不再一一列举。

这些方法都是错误的，会给企业带来很大的税务风险，千万不能存侥幸心理。一旦被税务机关查处，纳税人将被依法追缴税款、加收滞纳金，并处罚款，构成犯罪的，依法追究刑事责任。

随着中共中央办公厅、国务院办公厅《关于进一步深化税收征管改革的意见》相关部署的持续落地，税务部门依托税收大数据，聚焦高风险行业、领域和纳税人，积极开展部门联合监管，不断提高税收监管效能。如此决心和举措之下，心存侥幸、触碰法律红线的行为将无所遁形。

📚 **例 20 - 9**

某公司通过线上销售电子产品，取得销售收入 2 000 万元，其中已申报销售收入 400 万元，另有未开票销售收入 1 600 万元未按规定申报纳税。稽查局决定对该公司追缴增值税、城市维护建设税、企业所得税等税款，并处以追缴税款各 70% 的罚款。

2. 扣除类调整项目

税法规定，企业实际发生的与取得收入有关的、合理的支出可以在计算应纳税所得额时扣除。也就是说能够扣除的成本、费用首先需要满足真实性、相关性、合理性的要求，否则不能在企业所得税前扣除。

笔者在参与的成本、费用扣除类项目纳税调整的诸多案例中发现，不少企业仅重视比例扣除项目及政策性限制扣除项目的纳税调整，而事实上，通过对企业成本、费用扣除项目调整的分析、汇总可知，由于不满足税法对成本、费用扣除项目真实性、相关性、合理性的要求而进行的纳税调整的金额，远远大于税法规定的比例扣除项目及政策性限制扣除项目的调整金额。因此非比例扣除项目及政策性限制扣除项目调整事项更应该引起企业会计人员的重视。

📚 **例 20 - 10**

某大酒店接受上海某广告公司开具的 6 份增值税普通发票，内容为广告费、培训费、会务费，价税合计 60 万元，在费用科目列支，并在当年企业所得税前扣除。稽查局检查期间该酒店未提供上述发票内容所涉及业务情况的证据资料，且提供的银行付款凭证备注内容为"物业费"，与发票内容无关，无法证实上述发票所对应的费用真实发生。依据《中华人民共和国税收征收管理法》第六十三条第一款的规定，稽查局将该酒店上述行为定性为偷税，追缴企业所得税，加收滞纳金，并处以少缴企业所得税 0.8 倍的处罚。

例 20 - 11

某公司取得某咨询公司开具的数份增值税普通发票，内容为咨询费 500 万元。经查，咨询服务合同不到 300 字，服务内容未约定具体咨询项目，只有四个字"咨询服务"。询问其负责人具体的咨询项目内容时，负责人答非所问，言辞闪烁。该公司无法陈述咨询费发生的合理性。后经查，某咨询公司只有夫妻二人，并未雇用他人，年咨询收入额竟高达 9 000 万元，与公司规模不匹配，该公司同样无法陈述咨询收入的合理性。两家公司虚构咨询服务，伪造银行转账流水，虚开发票，偷逃税款。最终两家公司被查。

（1）税前扣除凭证。在许多企业中都存在以不合规税前扣除凭证列支成本、费用的现象，这些费用违反了成本、费用列支的真实性、合法性、相关性、合理性等基本原则，应当进行纳税调整。

各种扣除项目情形所需扣除凭证，详见表 20 - 3。

表 20 - 3　各种扣除项目情形所需扣除凭证

扣除项目情形	销售方	扣除凭证
增值税应税项目	增值税纳税人	发票
	无须办理税务登记的单位或者从事小额零星经营业务的个人	税务机关代开的发票或者收款凭证及内部凭证；收款凭证应载明收款单位名称、个人姓名及身份证号、支出项目、收款金额等相关信息
非增值税应税项目	单位	其他外部凭证
	个人	内部凭证
	按税务总局规定可以开具发票的	发票
共同接受增值税应税劳务	企业	发票和分割单
	共同接受劳务方	企业开具的分割单
共同接受非增值税应税劳务	企业	其他外部凭证和分割单
	共同接受劳务方	企业开具的分割单
企业租用房屋发生的水、电、燃气、冷气、暖气、通信线路、有线电视、网络等费用	出租方（采取开票结算）	发票
	出租方（采取分摊方式）	出租方开具的其他外部凭证
从境外购进货物或者劳务发生的支出	单位或者个人	发票或者具有发票性质的收款凭证、相关税费缴纳凭证

对于没有取得符合规定的税前扣除凭证时的补救方法，详见表20-4。

表20-4　补救方法

情形	补救方法
当年度汇算清缴期结束前	要求对方补开、换开发票
因对方注销、撤销、依法被吊销营业执照、被税务机关认定为非正常户等特殊原因	凭以下资料证实支出真实性后，其支出允许税前扣除： （1）无法补开、换开发票、其他外部凭证原因的证明资料（包括工商注销、机构撤销、列入非正常经营户、破产公告等证明资料）； （2）相关业务活动的合同或者协议； （3）采用非现金方式支付的付款凭证； （4）货物运输的证明资料； （5）货物入库、出库内部凭证； （6）企业会计核算记录以及其他资料。 上述第（1）项至第（3）项为必备资料
汇算清缴期结束后	税务机关发现企业应当取得而未取得发票、其他外部凭证或者取得不合规发票、不合规其他外部凭证并且告知企业的，企业应当自被告知之日起60日内补开、换开符合规定的发票、其他外部凭证。其中，因对方特殊原因无法补开、换开发票、其他外部凭证的，企业应当按照相关规定，自被告知之日起60日内提供可以证实其支出真实性的相关资料

（2）发票审核。发票审核，是企业所得税汇算清缴时扣除类纳税调整事项的重中之重，虽然在日常工作中已经由费用会计、材料会计、税务会计等会计岗位审核过，在此，还需要再次重点强调。发票审核方法详见第十五章。

在此举两个稽查案例，以引起各位税务会计的重视。

 例20-12

某公司取得几份建筑服务发票，未在备注栏注明建筑服务发生地县（市、区）名称及项目名称，金额合计200万元，已税前扣除，后被税务稽查。《国家税务总局关于全面推开营业税改征增值税试点有关税收征收管理事项的公告》（国家税务总局公告2016年第23号）规定，提供建筑服务，纳税人自行开具或者税务机关代开增值税发票时，应在发票的备注栏注明建筑服务发生地县（市、区）名称及项目名称；《企业所得税税前扣除凭证管理办法》（2018年）规定，企业取得私自印制、伪造、变造、作废、开票方非法取得、虚开、填写不规范等不符合规定的发票，以及取得不符合国家法律、法规等相关规定的其他外部凭证，不得作为税前扣除凭证。根据上述规定，某公司应调增应纳税所得额200万元。

例 20 - 13

某公司被稽查发现，取得的3份增值税普通发票所列支的住宿费、培训费、会议费并没有发现住宿费、培训费、会议费相关参与列支人员的交通费用（如飞机票、高铁车票等）列支账载情况，无法证明业务的真实性，最后被证实为虚开发票，不能税前扣除。

（3）工资薪金。根据《中华人民共和国企业所得税法实施条例》第三十四条的规定，企业发生的合理的工资薪金支出，准予扣除。工资薪金，是指企业每一纳税年度支付给在本企业任职或者受雇的员工的所有现金形式或者非现金形式的劳动报酬，包括基本工资、奖金、津贴、补贴、年终加薪、加班工资，以及与员工任职或者受雇有关的其他支出。

根据《国家税务总局关于企业工资薪金及职工福利费扣除问题的通知》（国税函〔2009〕3号）的规定，工资薪金总额，是指企业按照规定实际发放的工资薪金总和，不包括企业的职工福利费、职工教育经费、工会经费以及养老保险费、医疗保险费、失业保险费、工伤保险费、生育保险费等社会保险费和住房公积金。属于国有性质的企业，其工资薪金，不得超过政府有关部门给予的限定数额；超过部分，不得计入企业工资薪金总额，也不得在计算企业应纳税所得额时扣除。

根据《国家税务总局关于企业工资薪金及职工福利费扣除问题的通知》（国税函〔2009〕3号）的规定，《中华人民共和国企业所得税法实施条例》第三十四条所称的"合理工资薪金"，是指企业按照股东大会、董事会、薪酬委员会或相关管理机构制订的工资薪金制度规定实际发放给员工的工资薪金。税务机关在对工资薪金进行合理性确认时，可按以下原则掌握：

① 企业制订了较为规范的员工工资薪金制度；

② 企业所制订的工资薪金制度符合行业及地区水平；

③ 企业在一定时期所发放的工资薪金是相对固定的，工资薪金的调整是有序进行的；

④ 企业对实际发放的工资薪金，已依法履行了预扣预缴个人所得税义务。

⑤ 有关工资薪金的安排，不以减少或逃避税款为目的。

从上述规定看，并不是做个工资表就可以扣除工资了，因为工资还要符合国税函〔2009〕3号所列的合理性确认原则，有的会计人员随意多列职工人数，多列工资额度，以达到虚增成本、费用，减少纳税的想法是不可取的。

（4）福利费余额。我们在实际工作中发现，很多企业福利费余额未用完，却依然在费用中列支。

根据税法的相关规定，福利费有余额的企业，新发生的福利费支出，应当先冲减应付福利费余额，如果未冲减福利费余额而直接在费用中进行列支，应当进行会计调整或直接进行纳税调整处理。

（5）预提费用。首先要明确《小企业会计准则》预提费用科目已取消，比如预提费用——利息以应付利息代之，其次实际发生不等于实际支付，这里的实际发生应当理解为权责发生制，即属于当期的费用，无论款项是否付出，均作为当期的费用，不属于当期的费用，即使款项在当期付出，也不作为当期的费用。只有企业所得税法等法律法规特别规定的比如工资、职工教育经费才在实际支付时扣除，因此对于这些数额明确的、非特别规定的、依据权责发生制实际发生的未支付费用允许扣除，但是必须有证明真实性、合法性的凭据。没有凭据的不得计入计税成本，待实际取得合法凭据时，再按规定计入计税成本。

例 20-14

某企业 2023 年 9 月 30 日从银行借款 100 万元，利率为 6%，每年 6 月 30 日支付利息，企业按权责发生制每月预提利息，至年底累计预提 1.5 万元利息，假设借款利息费用化，应计入财务费用 1.5 万元，假设直到 2024 年 6 月才取得银行出具的利息清单和发票，则应调增 2023 年应纳税所得额，6 月 30 日支付利息后调减 2024 年应纳税所得额。

根据税法的相关规定，企业所得税前扣除费用必须遵循真实发生的原则，除国家另有规定外，提取准备金或其他预提方式发生的费用均不得在税前扣除。可见，预提费用一般不得税前扣除，但符合条件的预提费用可以税前扣除。

根据《中华人民共和国企业所得税法实施条例》第四十五条的规定，企业依照法律、行政法规有关规定提取的用于环境保护、生态恢复等方面的专项资金，准予扣除。上述专项资金提取后改变用途的，不得扣除。根据《中华人民共和国企业所得税法实施条例》第五十五条的规定，未经核定的准备金支出，是指不符合国务院财政、税务主管部门规定的各项资产减值准备、风险准备等准备金支出。可见符合条件的专项资金与准备金支出是可以预提扣除的。

《房地产开发经营业务企业所得税处理办法》（2009 年）第三十二条规定，除以下几项预提（应付）费用外，计税成本均应为实际发生的成本。①出包工程未最终办理结算而未取得全额发票的，在证明资料充分的前提下，其发票不足金额可以预提，但最高不得超过合同总金额的 10%。②公共配套设施尚未建造或尚未完工的，可按预算造价合理预提建造费用。此类公共配套设施必须符合已在售房合同、协议或广告、模型中明确承诺建造且不可撤销，或按照法律法规规定必须配套建造的条件。③应向政府上交但尚未上交的报批报建费用、物业完善费用可以按规定预提。物业完善费用是指按规定应由企业承担的物业管理基金、公建维修基金或其他专项基金。

上述五项预提性质费用具有共同的特征，即预提数只是根据现有资料加以预测估计的，与将来实际发生数一般有差额，因为上述费用较为特殊，如果不予预提，将导致企业税负增加。

（6）列支与经营活动无关的成本、费用。除税法明确规定外，能够在企业所得税前列支的成本、费用必须是与公司经营相关的，否则应当进行纳税调整。

常见的与经营活动无关的成本、费用列支主要有以下几种情况：

①私营企业业主为自己家庭购买的电脑、电冰箱、电视机、住房等支出与其企业生产、经营无关，在计算应纳税所得额时，不允许扣除。

②企业投资者将自己的车辆无偿提供给企业使用，发生的汽油费、过路过桥费等费用不得税前扣除。因为这些费用支出是企业投资者发生的，而非企业本身发生的，因此私车公用发生的汽油费、过路过桥费等费用为与经营活动无关的费用，在计算应纳税所得额时，不允许扣除。

③为他人承担的税费不得税前扣除。

④企业由于生产经营需要，租入具有营运资质的企业和个人或其他企业的交通运输工具，发生的租赁费及与其相关的费用，按照合同（协议）约定，凭租赁合同（协议）及合法凭证，准予扣除。由个人承担的车辆购置税、车辆保险费以及折旧费等不得税前扣除。这个也很好理解，个人承担的车辆购置税和车辆保险费发票抬头是个人，资产不在企业账上，折旧自然是与经营活动无关的成本、费用，不能扣除。无租赁合同（协议）及合法凭证的属于与经营活动无关的成本、费用，不得税前扣除。

⑤纳税人为其他独立纳税人提供与本身应纳税收入无关的贷款担保等，因被担保方不清偿贷款而由该担保纳税人承担的本息等，不得在担保企业税前扣除。

⑥无偿借出的固定资产折旧费用不得税前扣除。

⑦收藏的与企业经营无关的古玩字画的相关费用不得税前扣除。

（7）超过法定范围和（或）高于标准的费用。税收法规规定具体的扣除范围和标准（比例或金额），实际发生的费用超过法定范围和（或）高于标准的部分不得扣除。

①公益性捐赠支出。根据《中华人民共和国企业所得税法》第九条的规定，企业发生的公益性捐赠支出，在年度利润总额12%以内的部分，准予在计算应纳税所得额时扣除；超过年度利润总额12%的部分，准予结转以后三年内在计算应纳税所得额时扣除。

需要注意的是，公益性社会组织、县级以上人民政府及其部门等国家机关在接受捐赠时，应当按照行政管理级次分别使用由财政部或省、自治区、直辖市财政部门监（印）制的公益事业捐赠票据，并加盖本单位的印章。企业或个人将符合条件的公益性捐赠支出进行税前扣除，应当留存相关票据备查。

特殊规定：根据《财务部 税务总局 国务院扶贫办关于企业扶贫捐赠所得税税前扣除政策的公告》（财政部 税务总局 国务院扶贫办公告 2019 年第 49 号）的规定，自2019 年 1 月 1 日至 2025 年 12 月 31 日，企业通过公益性社会组织或者县级（含县级）以上人民政府及其组成部门和直属机构，用于目标脱贫地区的扶贫捐赠支出，准予在计算企业所得税应纳税所得额时据实扣除。在政策执行期限内，目标脱贫地区实现脱贫的，可继续适用上述政策。企业同时发生扶贫捐赠支出和其他公益性捐赠支出，在计算公益性捐赠支出年度扣除限额时，符合上述条件的扶贫捐赠支出不计算在内。

②职工福利费支出。根据《中华人民共和国企业所得税法实施条例》第四十条的规定，企业发生的职工福利费支出，不超过工资薪金总额 14% 的部分，准予扣除。根据《国家税务总局关于企业工资薪金及职工福利费扣除问题的通知》（国税函〔2009〕3 号）的规定，企业职工福利费包括以下内容：

a. 尚未实行分离办社会职能的企业，其内设福利部门所发生的设备、设施和人员费用，包括职工食堂、职工浴室、理发室、医务所、托儿所、疗养院等集体福利部门的设备、设施及维修保养费用和福利部门工作人员的工资薪金、社会保险费、住房公积金、劳务费等。

b. 为职工卫生保健、生活、住房、交通等所发放的各项补贴和非货币性福利，包括企业向职工发放的因公外地就医费用、未实行医疗统筹企业职工医疗费用、职工供养直系亲属医疗补贴、供暖费补贴、职工防暑降温费、职工困难补贴、救济费、职工食堂经费补贴、职工交通补贴等。

c. 按照其他规定发生的其他职工福利费，包括丧葬补助费、抚恤费、安家费、探亲假路费等。

③工会经费。根据《中华人民共和国企业所得税法实施条例》第四十一条的规定，企业拨缴的工会经费，不超过工资薪金总额 2% 的部分，准予扣除。注意：企业拨缴的职工工会经费，不超过工资薪金总额 2% 的部分，凭工会组织开具的《工会经费收入专用收据》在企业所得税前扣除。在委托税务机关代收工会经费的地区，企业拨缴的工会经费，也可凭合法、有效的工会经费代收凭据依法在税前扣除。

④职工教育经费支出。根据《财政部 国家税务总局关于企业职工教育经费税前扣除政策的通知》（财税〔2018〕51 号）的规定，自 2018 年 1 月 1 日起，企业发生的职工教育经费支出，不超过工资薪金总额 8% 的部分，准予在计算企业所得税应纳税所得额时扣除；超过部分，准予在以后纳税年度结转扣除。

关注几个特殊规定：

根据《财政部 全国总工会 国家发改委教育部 科技部 国防科工委人事部 劳动保障部 国务院国资委 国家税务总局 全国工商联关于印发〈关于企业职工教育经费提取与使用管理的意见〉的通知》（财建〔2006〕317号）的规定，企业职工参加社会上的学历教育以及个人为取得学位而参加的在职教育，所需费用应由个人承担，不能挤占企业的职工教育培训经费。对于企业高层管理人员的境外培训和考察，其一次性单项支出较高的费用应从其他管理费用中支出，避免挤占日常的职工教育培训经费开支。

根据《国家税务总局关于企业所得税应纳税所得额若干问题的公告》（国家税务总局公告2014年第29号）的规定，核力发电企业为培养核电厂操纵员发生的培养费用，可作为企业的发电成本在税前扣除。企业应将核电厂操纵员培养费与员工的职工教育经费严格区分，单独核算，员工实际发生的职工教育经费支出不得计入核电厂操纵员培养费直接扣除。

根据《国家税务总局关于企业所得税执行中若干税务处理问题的通知》（国税函〔2009〕202号）的规定，软件生产企业发生的职工教育经费中的职工培训费用，根据《财政部 国家税务总局关于企业所得税若干优惠政策的通知》（财税〔2008〕1号）的规定，可以全额在企业所得税前扣除。软件生产企业应准确划分职工教育经费中的职工培训费支出，对于不能准确划分的，以及准确划分后职工教育经费中扣除职工培训费用的余额，一律按照《中华人民共和国企业所得税法实施条例》第四十二条规定的比例扣除。

根据《财政部 国家税务总局关于进一步鼓励软件产业和集成电路产业发展企业所得税政策的通知》（财税〔2012〕27号）的规定，集成电路设计企业和符合条件软件企业的职工培训费用，应单独进行核算并按实际发生额在计算应纳税所得额时扣除。

根据《财政部 国家税务总局关于扶持动漫产业发展有关税收政策问题的通知》（财税〔2009〕65号）的规定，经认定的动漫企业自主开发、生产动漫产品，可申请享受国家现行鼓励软件产业发展的所得税优惠政策。

⑤业务招待费支出。根据《中华人民共和国企业所得税法实施条例》第四十三条的规定，企业发生的与生产经营活动有关的业务招待费支出，按照发生额的60%扣除，但最高不得超过当年销售（营业）收入的5‰。企业应注意有无应在业务招待费列支而实际在其他科目列支的事项。

在实际工作中，有些企业财务人员认为餐费就是业务招待费，也有些企业财务人员认为业务招待费就是餐费，错误地把餐费和业务招待费画上等号，导致企业多缴或少缴企业所得税。

在业务招待费的列支范围上，不论是会计还是税法都未给予准确的界定。在税务执法实践中，通常将业务招待费的支付范围界定为与企业生产经营活动有关的餐饮、香烟、酒水、食品、赠送的礼品、土特产品、旅游门票、正常的娱乐活动等费用支出。企业应准备足够有效的材料来证明与生产经营有关，并同时保证业务招待费用的真实性，越客观的证据越有效。

企业应将业务招待费与会议费、业务宣传费等其他费用严格区分，不得将业务招待费列入其他费用。同时要严格区分给客户的回扣、贿赂等非法支出，这些支出不能作为业务招待费而应直接进行纳税调整。

一般来讲，外购礼品用于赠送的，应作为业务招待费，但如果礼品是纳税人自行生产或委托加工生产的，赠送给潜在客户，对企业的形象、产品起到宣传作用的，也可作为业务宣传费；赠送给既有客户，是用来维系客户关系的一种手段，不能起到宣传企业形象的作用，应作为业务招待费。

⑥广告费和业务宣传费支出。根据《中华人民共和国企业所得税法实施条例》第四十四条的规定，企业发生的符合条件的广告费和业务宣传费支出，除国务院财政、税务主管部门另有规定外，不超过当年销售（营业）收入15%的部分，准予扣除；超过部分，准予在以后纳税年度结转扣除。

根据《财政部 税务总局关于广告费和业务宣传费支出税前扣除有关事项的公告》（财政部 税务总局公告2020年第43号）的规定，自2021年1月1日起至2025年12月31日止，对化妆品制造或销售、医药制造和饮料制造（不含酒类制造）企业发生的广告费和业务宣传费支出，不超过当年销售（营业）收入30%的部分，准予扣除；超过部分，准予在以后纳税年度结转扣除。

广告费，是指企业通过一定的媒介和形式直接或间接地介绍自己所推销的商品或者所提供的服务，以达到促销目的所支付给广告经营者、发布者的费用。

业务宣传费，是指企业开展业务宣传活动所支付的费用，主要是指未通过媒体传播的广告性支出，包括企业发放的印有企业标志的礼品、纪念品等。

⑦利息支出。根据《中华人民共和国企业所得税法实施条例》第三十八条的规定，企业在生产经营活动中发生的下列利息支出，准予扣除：非金融企业向金融企业借款的利息支出、金融企业的各项存款利息支出和同业拆借利息支出、企业经批准发行债券的利息支出；非金融企业向非金融企业借款的利息支出，不超过按照金融企业同期同类贷款利率计算的数额的部分。

⑧手续费及佣金支出。除保险企业外的其他企业发生与生产经营有关的手续费及佣金支出，按与具有合法经营资格中介服务机构或个人（不含交易双方及其雇员、代理人和代表人等）所签订服务协议或合同确认的收入金额的5%计算限额。不超过计算限额以内的部分，准予扣除；超过部分，不得扣除。

⑨超过法定范围的支出。根据《中华人民共和国企业所得税法》第十条的规定，在计算应纳税所得额时，下列支出不得扣除：向投资者支付的股息、红利等权益性

投资收益款项；企业所得税税款；税收滞纳金；罚金、罚款和被没收财物的损失；公益性捐赠支出以外的捐赠支出；赞助支出（企业发生的与生产经营活动无关的各种非广告性质支出）；未经核定的准备金支出；与取得收入无关的其他支出。

除上述规定外，其他不得扣除的支出列举如下：资本性支出、无形资产受让、开发支出不得在税前扣除，但允许以提取折旧和摊销费用的方式逐步扣除；自然灾害或意外事故损失有赔偿的部分不得在税前扣除；纳税人销售货物给购货方的回扣不得在税前扣除；贿赂等非法支出不得在税前扣除；母公司以管理费形式向子公司收取费用，子公司因此支付给母公司的管理费，不得在税前扣除；企业内部营业机构之间支付的租金和特许权使用费，以及非银行企业内部营业机构之间支付的利息，不得在税前扣除。

（8）当年应计未计扣除项目。企业在纳税年度内应计未计扣除项目，包括各类应计未计费用、应提未提折旧、应摊未摊摊销等，不得转至以后年度补扣。

（9）未取得发票处理。对于未取得发票的凭证应采取以下措施：业务真实，但未取得符合规定发票，应当责令企业限期取得发票，限期内取得合法、真实凭证的允许税前扣除，如果确实不能取得发票，足以证明该项经济业务确实已经真实发生的其他合法凭据可以作为税前扣除凭据。

例 20-15

我们假设一个极端的例子，某税务局对采用查账征收方式的 A 公司进行税务检查，发现 A 公司制造产品购进原材料基本上没有取得发票，于是全额调增，也就是说成本基本上得不到扣除，对 A 公司的税务处理其实就是按收入额的 25% 来征收企业所得税。假设收入是 100 万元，则应缴纳 25 万元。我们再假定 A 公司是核定征收企业，核定应税所得率为 10%，则应缴纳企业所得税 2.5 万元（100×10%×25%）。

结果是采用查账征收方式的企业所得税税负是采用核定征收方式企业的 10 倍！这显然是不合理的，税务机关这种全额调增的方式也是错误的，针对 A 公司这种情况，首先应当责令限期取得发票，其次如果在限期内仍不能取得发票，则应按照成本费用核算不清，采用核定征收方式，而不是全额调增计算企业所得税，否则势必造成税负剧增，也违反了企业所得税的公平原则。

（10）检查调增的应纳税所得额可弥补亏损。根据《国家税务总局关于查增应纳税所得额弥补以前年度亏损处理问题的公告》（国家税务总局公告 2010 年第 20 号）的规定，税务机关对企业以前年度纳税情况进行检查时调增的应纳税所得额，凡企业以前年度发生亏损、且该亏损属于《中华人民共和国企业所得税法》规定允许弥补的，应允许调增的应纳税所得额弥补该亏损。弥补该亏损后仍有余额的，按照《中华人民共和国企业所得税法》规定计算缴纳企业所得税。

例 20 - 16

某企业 2023 年度纳税调整后所得为－50 万元，以前年度结转可弥补亏损 30 万元。税务机关于 2024 年对该企业 2023 年度纳税情况进行检查，调增应纳税所得额 100 万元。

2023 年度纳税调整后所得为 50 万元（100－50），可弥补亏损 30 万元，应纳税所得额为 20 万元（50－30）。

（11）折旧、摊销纳税调整。固定资产、无形资产计税基础与账面价值有差异，折旧年限与税法规定年限有差异，计提折旧范围与税法规定范围有差异，应该对折旧、摊销进行纳税调整。

计税基础金额是能够在税收上得到补偿的金额，其与账面价值可能存在差异，能够税前列支的折旧、摊销金额是按计税基础金额并按符合税法规定的折旧、摊销年限计提的金额。由于固定资产折旧、无形资产摊销，有跨多个年度的特征，该项目调整往往容易被遗漏。

例 20 - 17

某企业 2023 年购买一项固定资产，但未能取得相关发票，则该项固定资产的计税基础应为零。企业 2023 年在会计上计提了折旧，能够税前列支的折旧金额为零，故应进行纳税调整；2024 年，会计上企业对该固定资产继续计提折旧，能够税前列支折旧金额依然为零，应继续进行纳税调整。

（12）成本归集、核算、分配。税法对成本的结转遵从会计准则，企业可在会计准则规定范围内，选择成本核算、成本结转方法，且不能随意改变。我们在实际工作中发现，很多企业对产品成本的归集、核算、结转不符合会计准则的规定，也就不符合税法的规定。原材料成本结转和产品销售成本结转金额违反真实性原则，应进行纳税调整。

（13）资产损失的列支。根据《国家税务总局关于企业所得税资产损失资料留存备查有关事项的公告》（税务总局公告 2018 年第 15 号）的规定，企业向税务机关申报扣除资产损失，仅需填报企业所得税年度纳税申报表《资产损失税前扣除及纳税调整明细表》，不再报送资产损失相关资料。相关资料由企业留存备查。企业应当完整保存资产损失相关资料，保证资料的真实性、合法性。

（14）残疾职工工资100％加计扣除。根据《财政部 国家税务总局关于安置残疾人员就业有关企业所得税优惠政策问题的通知》（财税〔2009〕70号）的规定：

① 企业安置残疾人员的，在按照支付给残疾职工工资据实扣除的基础上，可以在计算应纳税所得额时按照支付给残疾职工工资的100％加计扣除。企业就支付给残疾职工的工资，在进行企业所得税预缴申报时，允许据实计算扣除；在年度终了进行企业所得税年度申报和汇算清缴时，再依照规定计算加计扣除。

② 残疾人员的范围适用《中华人民共和国残疾人保障法》的有关规定。

③ 企业享受安置残疾职工工资100％加计扣除应同时具备如下条件：依法与安置的每位残疾人签订了1年以上（含1年）的劳动合同或服务协议，并且安置的每位残疾人在企业实际上岗工作；为安置的每位残疾人按月足额缴纳了企业所在区县人民政府根据国家政策规定的基本养老保险、基本医疗保险、失业保险和工伤保险等社会保险；定期通过银行等金融机构向安置的每位残疾人实际支付了不低于企业所在区县适用的经省级人民政府批准的最低工资标准的工资；具备安置残疾人上岗工作的基本设施。

④ 企业应在年度终了进行企业所得税年度申报和汇算清缴时，向主管税务机关报送相关资料、已安置残疾职工名单及其《中华人民共和国残疾人证》或《中华人民共和国残疾军人证（1至8级）》复印件和主管税务机关要求提供的其他资料，办理享受企业所得税加计扣除优惠的备案手续。

（15）研发费用加计扣除。企业开展研发活动中实际发生的研发费用，未形成无形资产计入当期损益的，在按规定据实扣除的基础上，自2023年1月1日起，再按照实际发生额的100％在税前加计扣除；形成无形资产的，自2023年1月1日起，按照无形资产成本的200％在税前摊销。企业享受研发费用加计扣除政策的其他政策口径和管理要求，按照《财政部 国家税务总局 科技部关于完善研究开发费用税前加计扣除政策的通知》（财税〔2015〕119号）、《财政部 税务总局 科技部关于企业委托境外研究开发费用税前加计扣除有关政策问题的通知》（财税〔2018〕64号）等文件相关规定执行。

委托境外进行研发活动所发生的费用，按照费用实际发生额的80％计入委托方的委托境外研发费用。委托境外研发费用不超过境内符合条件的研发费用2/3的部分，可以按规定在企业所得税前加计扣除。

不适用税前加计扣除政策的行业：①烟草制造；②住宿和餐饮业；③批发和零售业；④房地产业；⑤租赁和商务服务业；⑥娱乐业。

研发费用归集的会计规定、高新技术企业认定和加计扣除三个口径的差异比较，见表20-5。

表20-5 研发费用不同口径的差异比较

费用项目	研发费用加计扣除 (财税〔2015〕119号、国家税务 总局公告2017年第40号)	高新技术企业认定 (国科发火〔2016〕195号)	会计规定 (财企〔2007〕194号)	备注
人员人工费用	直接从事研发活动人员的工资薪金、基本养老保险费、基本医疗保险费、失业保险费、工伤保险费、生育保险费和住房公积金,以及外聘研发人员的劳务费用	企业科技人员的工资薪金、基本养老保险费、基本医疗保险费、失业保险费、工伤保险费、生育保险费和住房公积金,以及外聘科技人员的劳务费用	企业在职研发人员的工资、奖金、津贴、补贴、社会保险费、住房公积金等人工费用以及外聘研发人员的劳务费用	会计核算范围大于税收范围。高新技术企业人工费用归集对象是科技人员
直接投入费用	研发活动直接消耗的材料、燃料和动力费用	直接消耗的材料、燃料和动力费用	研发活动直接消耗的材料、燃料和动力费用	
	用于中间试验和产品试制的模具、工艺装备开发及制造费,不构成固定资产的样品、样机及一般测试手段购置费,试制产品的检验费	用于中间试验和产品试制的模具、工艺装备开发及制造费,不构成固定资产的样品、样机及一般测试手段购置费,试制产品的检验费	用于中间试验和产品试制的模具、工艺装备开发及制造费,设备调整及检验费,样品、样机及一般测试手段购置费,试制产品的检验费等	
	用于研发活动的仪器、设备的运行维护、调整、检验、维修等费用,以及通过经营租赁方式租入的用于研发活动的仪器、设备租赁费	用于研究开发活动的仪器、设备的运行维护、调整、维修、检测,以及通过经营租赁方式租入的用于研发活动的固定资产租赁费	用于研发活动的仪器、设备、检验、维修等费用,用于研发活动的仪器、设备、房屋等固定资产的折旧费或租赁费以及相关固定资产的运行维护、维修等费用	房屋租赁费不计入加计扣除范围
折旧费用与长期待摊费用	用于研发活动的仪器、设备的折旧费	用于研发活动的仪器、设备的折旧费。研发设施的改建、改装、装修和修理过程中发生的长期待摊费用	用于研发活动的仪器、设备、房屋等固定资产的折旧费	房屋折旧费不计入加计扣除范围

续表

费用项目	研发费用加计扣除 (财税〔2015〕119号、国家税务 总局公告 2017 年第 40 号)	高新技术企业认定 (国科发火〔2016〕195号)	会计规定 (财企〔2007〕194 号)	备注
无形资产摊销费用	用于研发活动的软件、专利权、非专利技术（包括许可证、专有技术、设计和计算方法等）的摊销费用	用于研发活动的软件、知识产权、非专利技术（专有技术、许可证、设计和计算方法等）的摊销费用	用于研发活动的软件、专利权、非专利技术等无形资产的摊销费用	
设计试验等费用	新产品设计费、新工艺规程制定费、新药研制的临床试验费、勘探开发技术的现场试验费	符合条件的设计费用、装备调试费用与试验费用（包括新药研制的临床试验费、勘探开发技术的现场试验费、田间试验费等）		
其他相关费用	与研发活动直接相关的其他费用，如技术图书资料费、资料翻译费、专家咨询费、高新科技研发保险费、研发成果的检索、分析、评议、论证、鉴定、评审、评估、验收费用、知识产权的申请费、注册费、代理费、差旅费、会议费、职工福利费、补充养老保险费、补充医疗保险费。此项费用总额不得超过可加计扣除研发费用总额的 10%	与研究开发活动直接相关的其他费用，包括技术图书资料费、资料翻译费、专家咨询费、高新科技研发保险费、研发成果的检索、论证、评审、鉴定、验收费用、知识产权的申请费、注册费、代理费、会议费、差旅费、通讯费等。此项费用一般不得超过研究开发总费用的 20%，另有规定的除外	与研发活动直接相关的其他费用，包括技术图书资料费、资料翻译费、会议费、差旅费、办公费、外事费、研发人员培训费、培养费、专家咨询费、高新科技研发保险费用、研发成果的论证、评审、验收、评估费用，以及知识产权的申请费、注册费、代理费等费用	加计扣除政策及研发费用范围中对其他企业研发相关费用总额有比例限制

企业取得的政府补助，在进行会计处理时采用直接冲减研发费用方法且税务处理时未将其确认为应税收入的，应按冲减后的余额计算加计扣除金额。

企业取得研发过程中形成的下脚料、残次品、中间试制品等特殊收入，在计算确认收入当年的加计扣除研发费用时，应从已归集研发费用中扣减该特殊收入，不足扣减的，加计扣除研发费用按零计算。

企业开展研发活动中实际发生的研发费用形成无形资产的，其资本化的时点与会计处理保持一致。

失败的研发活动所发生的研发费用可享受税前加计扣除政策。

（二）企业所得税核算时的常见问题

在对企业所得税常见纳税调整事项进行讲解后，下面针对目前企业普遍存在的与企业所得税相关的问题再做一下强调：

（1）购置房屋、汽车等发票抬头为企业老板等个人，其实这些房屋、汽车确实由企业实际支付资金，依据企业所得税法律制度相关规定，该项固定资产的折旧及相关的保险费用就不可以在企业所得税前扣除，因此建议企业出资购买的固定资产一定要取得抬头为企业全称的发票。平时报销的费用所取得的发票抬头一定要为企业全称。采用过期票、连号票、跨年度票、收据等不合规票据入账的费用将不允许税前扣除。

（2）企业所得税法律制度无职工福利费、职工教育经费计提的规定，某些企业仍按工资总额的一定比例计提职工福利费、职工教育经费列入有关成本费用科目，依据企业所得税法律制度相关规定，企业不可以在企业所得税前计提职工福利费，而应据实列入相关成本费用，计提金额超过实际支出部分应做企业所得税纳税调增。

（3）未成立工会组织的或未取得工会组织开具的工会经费拨缴款专用单据的，仍按工资总额的一定比例计提工会经费，依据企业所得税法律制度相关规定，该项计提不可以在企业所得税前扣除，建议未成立工会组织的单位不计提工会经费。

（4）没有按照税法规定的最低年限和净残值率标准计提固定资产折旧，在申报企业所得税时又未做纳税调整，有的公司还存在跨纳税年度补提折旧，根据相关税法的规定，以前年度应计而未计的成本费用不得在补提年度扣除。建议在通常情况下尽可能依据税法规定的折旧年限和净残值率计提折旧，以免增加纳税调整的工作量或因工作失误造成损失，折旧计提每月进行，不要漏计。

（5）生产性企业在计算生产成本时，记账凭证后未附料、工、费耗用清单，不核算数量，无成本计算依据，有胡拼乱凑做假账之嫌。

（6）为了人为地减少企业所得税税负，某些企业未遵循权责发生制原则，毫无依据地随意计提或摊销相关费用，或在年末毫无依据地预提费用。

（7）某些企业长年经营良好且企业规模越来越大，高层管理人员车越坐越好，但账务却长年亏损，或者常年微利微亏，违反常理，一般是企业人为造假，易被税务部门检查或核定征收企业所得税，可能更不划算。

（三）增值税核算时的常见问题

1. 增值税业务核算不规范

未按规定进行相关明细核算，"进项税额转出"与"销项税额"混用，出口退税通过所谓的"补贴收入"科目核算等，造成增值税核算不规范。

2. 应缴纳增值税而未缴纳

应缴纳增值税而未缴纳的情形举例：销售商品未开具发票的不申报纳税；采取直接销售收款方式，商品发出时即负有纳税义务，而不论是否开具发票；销售下脚料，不计入销售收入不申报纳税；已抵扣税金的原材料改变用途、非正常损耗的，原材料所负担的进项税额没有做进项税额转出处理；抵债、以物易物的产成品未视同销售处理；对外捐赠原材料、产成品未计提销项税额或销项税额计提不正确，应按市场价格计提，而误按成本计提；收取的价外费用未并入销售额，少计增值税。

3. 进项税额的常见问题

（1）进项税额相关政策。根据《中华人民共和增值税暂行条例》第十条和《营业税改征增值税试点实施办法》第二十七条的规定，下列项目的进项税额不得从销项税额中抵扣：

① 用于简易计税方法计税项目、免征增值税项目、集体福利或者个人消费的购进货物、加工修理修配劳务、服务、无形资产和不动产。其中涉及的固定资产、无形资产、不动产，仅指专用于上述项目的固定资产、无形资产（不包括其他权益性无形资产）、不动产。

纳税人的交际应酬消费属于个人消费。

② 非正常损失的购进货物，以及相关的加工修理修配劳务和交通运输服务。

③ 非正常损失的在产品、产成品所耗用的购进货物（不包括固定资产）、加工修理修配劳务和交通运输服务。

④ 非正常损失的不动产，以及该不动产所耗用的购进货物、设计服务和建筑服务。

⑤ 非正常损失的不动产在建工程所耗用的购进货物、设计服务和建筑服务。

纳税人新建、改建、扩建、修缮、装饰不动产，均属于不动产在建工程。

⑥ 购进的贷款服务、餐饮服务、居民日常服务和娱乐服务。

⑦ 财政部和国家税务总局规定的其他情形。

第④项、第⑤项所称货物，是指构成不动产实体的材料和设备，包括建筑装饰材料和给排水、采暖、卫生、通风、照明、通讯、煤气、消防、中央空调、电梯、电气、智能化楼宇设备及配套设施。

根据《营业税改征增值税试点实施办法》第二十八条的规定，非正常损失，是指因管理不善造成货物被盗、丢失、霉烂变质，以及因违反法律法规造成货物或者不动产被依法没收、销毁、拆除的情形。

根据《财政部 国家税务总局关于租入固定资产进项税额抵扣等增值税政策的通知》（财税〔2017〕90号）的规定，自2018年1月1日起，纳税人租入固定资产、不动产，既用于一般计税方法计税项目，又用于简易计税方法计税项目、免征增值税项目、集体福利或者个人消费的，其进项税额准予从销项税额中全额抵扣。

根据《营业税改征增值税试点实施办法》第二十九条的规定，适用一般计税方法的纳税人，兼营简易计税方法计税项目、免征增值税项目而无法划分不得抵扣的进项税额，按照下列公式计算不得抵扣的进项税额：

$$\text{不得抵扣的进项税额} = \text{当期无法划分的全部进项税额} \times \left(\text{当期简易计税方法计税项目销售额} + \text{免征增值税项目销售额} \right) \div \text{当期全部销售额}$$

主管税务机关可以按照上述公式依据年度数据对不得抵扣的进项税额进行清算。

根据《营业税改征增值税试点实施办法》第三十条的规定，已抵扣进项税额的购进货物（不含固定资产）、劳务、服务，发生进项税额不得从销项税额中抵扣情形（简易计税方法计税项目、免征增值税项目除外）的，应当将该进项税额从当期进项税额中扣减；无法确定该进项税额的，按照当期实际成本计算应扣减的进项税额。

根据《营业税改征增值税试点实施办法》第三十一条的规定，已抵扣进项税额的固定资产、无形资产或者不动产，发生进项税额不得从销项税额中抵扣情形的，按照下列公式计算不得抵扣的进项税额：

$$\text{不得抵扣的进项税额} = \text{固定资产、无形资产或者不动产净值} \times \text{适用税率}$$

固定资产、无形资产或者不动产净值，是指纳税人根据财务会计制度计提折旧或摊销后的余额。

根据《营业税改征增值税试点实施办法》第三十二条的规定，纳税人适用一般计税方法计税的，因销售折让、中止或者退回而退还给购买方的增值税额，应当从当期的销项税额中扣减；因销售折让、中止或者退回而收回的增值税额，应当从当期的进项税额中扣减。

根据《营业税改征增值税试点实施办法》（财税〔2016〕36号）第三十三条的规定，有下列情形之一者，应当按照销售额和增值税税率计算应纳税额，不得抵扣进项税额，也不得使用增值税专用发票：

① 一般纳税人会计核算不健全，或者不能够提供准确税务资料的。

② 应当办理一般纳税人资格登记而未办理的。

根据《国家税务总局关于深化增值税改革有关事项的公告》（国家税务总局公告2019 年第 14 号）的规定，已抵扣进项税额的不动产，发生非正常损失，或者改变用途，专用于简易计税方法计税项目、免征增值税项目、集体福利或者个人消费的，按照下列公式计算不得抵扣的进项税额，并从当期进项税额中扣减：

不得抵扣的进项税额＝已抵扣进项税额×不动产净值率

不动产净值率＝（不动产净值÷不动产原值）×100％

根据《国家税务总局关于深化增值税改革有关事项的公告》（国家税务总局公告2019 年第 14 号）的规定，按照规定不得抵扣进项税额的不动产，发生用途改变，用于允许抵扣进项税额项目的，按照下列公式在改变用途的次月计算可抵扣进项税额。

可抵扣进项税额＝增值税扣税凭证注明或计算的进项税额×不动产净值率

（2）进项税额注意事项。

① 并非发生上述不得抵扣的情形就一定要做进项税额转出。进项税额转出是有条件的，即该项进项税额已经抵扣过了，如果以前没有抵扣，也就不用计算进项税额转出。如购进货物时取得的是普通发票而没有抵扣进项税额，后来发生非正常损失也不用做进项税额转出处理。

② 在产品或库存商品发生非正常损失等情况下，在确定进项税额转出金额时，一定要按生产这些在产品或库存商品所耗用的购进货物（不包括固定资产）、加工修理修配劳务和交通运输服务这些前期已经抵扣了的进项税额计算，而不是按在产品或库存商品的实际成本计算，因为实际成本里还包括一些没有抵扣过的诸如人工费、折旧费等生产成本、制造费用，这些也不用做进项税额转出。

③进项税额转出金额要计算准确。

例 20-18

甲公司为增值税一般纳税人，增值税税率为 13％，生产免税产品 A 也生产应税产品 B，销售额分别核算，2 月免税产品销售收入为 600 万元，应税产品销售收入为400 万元，本月认证的增值税发票进项税额为 102 万元，其中：为生产应税产品购进的原材料进项税额为 30 万元，为生产免税产品购进的原材料进项税额为 40 万元，既可用于生产应税产品又可用于生产免税产品购进的原材料进项税额为 32 万元。甲公司计算本期不得抵扣的进项税额＝102×600÷(600＋400)＝61.2(万元)。

甲公司不得抵扣的进项税额计算有误，不得抵扣的进项税额应当以"当月无法划分的全部进项税额"为基础计算，而甲公司却按照"当月全部进项税额"为基础计算，多计算了"不得抵扣的进项税额"。对于公式中的分子与分母应按不含税销售额换算，同时如果涉及的是免税收入，则不需要将免税收入换算为不含税销售额。正确的计算方法为：

不得抵扣的进项税额＝40＋32×600÷(600＋400)＝59.2(万元)

例 20－19

甲公司为增值税一般纳税人，增值税税率为13%，生产免税产品A也生产应税产品B、C，销售额分别核算，2月免税产品A销售收入为600万元，应税产品B销售收入为400万元，应税产品C销售收入为200万元，本月认证的增值税发票进项税额为102万元，其中：为生产应税产品B、C购进的原材料进项税额为30万元，为生产免税产品A购进的原材料进项税额为40万元，既可用于生产应税产品B又可用于生产免税产品A购进的原材料进项税额为32万元。甲公司计算本期不得抵扣的进项税额＝40＋32×600÷(600＋400＋200)＝56(万元)。

甲公司不得抵扣的进项税额计算有误，公式中分母中的全部销售额仅指对应于无法划分的免税和简易计税方法项目的销售额，而不包含能够划分进项税额所对应的销售额。

不得抵扣的进项税额＝40＋32×600÷(600＋400)＝59.2(万元)。

另外，还需注意是否存在故意少转出进项税额的情形，比如某些企业将50吨原材料用于免税项目，只计40吨故意少转出进项税额。

④ 进项税额转出是否及时。比如，购进的货物在2月发生非正常损失，而企业到8月才进行处理。

4. 增值税扣税凭证要合法合规

根据《中华人民共和国增值税暂行条例》第九条的规定，纳税人购进货物、劳务、服务、无形资产、不动产，取得的增值税扣税凭证不符合法律、行政法规或者国务院税务主管部门有关规定的，其进项税额不得从销项税额中抵扣。

目前税法允许抵扣的增值税扣税凭证包括：增值税专用发票、海关进口增值税专用缴款书、农产品收购发票或者销售发票、代扣代缴税款的完税凭证、收费公路通行费增值税电子普通发票、通行费发票、国内旅客运输服务扣税凭证。

怎样审核增值税扣税凭证？在费用会计岗位中我们已经详细讲过了发票审核四步法，详见第十五章内容。

5. 准予从销项税额中抵扣的进项税额金额

（1）从销售方取得的增值税专用发票上注明的增值税额。

（2）从海关取得的海关进口增值税专用缴款书上注明的增值税额。

（3）购进农产品，除取得增值税专用发票或者海关进口增值税专用缴款书外，按照农产品收购发票或者销售发票上注明的农产品买价和9%的扣除率计算的进项税额，国务院另有规定的除外。进项税额计算公式：

$$进项税额＝买价×扣除率$$

（4）从境外单位或者个人购进劳务、服务、无形资产或者境内的不动产，自税务机关或者扣缴义务人取得的代扣代缴税款的完税凭证上注明的增值税额。

（5）纳税人支付的道路通行费，按照收费公路通行费增值税电子普通发票上注明的增值税额抵扣进项税额。

（6）纳税人支付的桥、闸通行费，暂凭取得的通行费发票上注明的收费金额按照下列公式计算可抵扣的进项税额：

$$\frac{桥、闸通行费}{可抵扣进项税额}＝\frac{桥、闸通行费发票上}{注明的金额}÷(1＋5\%)×5\%$$

（7）纳税人购进国内旅客运输服务，未取得增值税专用发票的，暂按照以下规定确定进项税额：

① 取得增值税电子普通发票的，为发票上注明的税额；

② 取得注明旅客身份信息的航空运输电子客票行程单的，为按照下列公式计算的进项税额：

$$航空旅客运输进项税额＝(票价＋燃油附加费)÷(1＋9\%)×9\%$$

③ 取得注明旅客身份信息的铁路车票的，为按照下列公式计算的进项税额：

$$铁路旅客运输进项税额＝票面金额÷(1＋9\%)×9\%$$

④ 取得注明旅客身份信息的公路、水路等其他客票的，为按照下列公式计算的进项税额：

$$公路、水路等其他旅客运输进项税额＝票面金额÷(1＋3\%)×3\%$$

6. 农产品扣税凭证抵扣情况

企业购进农产品，可能取得的各类发票及抵扣，见表20-6。

表 20-6　农产品扣税凭证抵扣情况

取得发票	抵扣与否
9%增值税专用发票	票面税额抵扣
9%增值税普通发票	不能抵扣
自产农产品免税增值税普通发票	票面买价×9%抵扣
批发零售环节免税增值税普通发票	不能抵扣
3%增值税专用发票	票面金额×9%抵扣
3%增值税普通发票	不能抵扣
购买方自开免税农产品收购发票	票面买价×9%抵扣
海关进口增值税专用缴款书	票面税额抵扣
国有粮食购销企业免税粮食按照不免税方式开具增值税专用发票	票面税额抵扣

注：（1）纳税人购进农产品既用于生产销售或委托受托加工13%税率货物又用于生产销售其他货物服务的，应当分别核算用于生产销售或委托受托加工13%税率货物和其他货物服务的农产品进项税额，未分别核算的，统一以增值税专用发票或海关进口增值税专用缴款书上注明的增值税额为进项税额或以农产品收购发票或销售发票上注明的农产品买价和9%的扣除率计算进项税额。

（2）纳税人购进农产品，在购入当期，应遵从农产品抵扣的一般规定，按照9%计算抵扣进项税额。如果购进农产品用于生产或者委托加工13%税率货物，则在生产领用当期，再加计抵扣1%。

7. 从小规模企业购货不索要增值税专用发票

从小规模企业购货不索要增值税专用发票，造成从小规模纳税人购买货物不能计算进项税额，这在一定程度上增加了一般纳税人的税负。现行税法规定，小规模纳税人可以开具增值税专用发票。为了降低增值税税负，在小规模纳税人不享受增值税免税优惠时，一般纳税人向小规模纳税人购买货物，应尽量取得增值税专用发票。

8. 纳税人销售额超过小规模纳税人标准，未登记为一般纳税人

纳税人销售额超过小规模纳税人标准，未申请登记一般纳税人登记手续的，应按销售额依照《中华人民共和国增值税暂行条例》规定的增值税税率计算应纳税额，不得抵扣进项税额，也不得使用增值税专用发票。

小规模纳税人登记为一般纳税人之前不宜保留太多存货，否则认定为一般纳税人后，该项存货销售时的进项税额无法抵扣，不划算。

（四）虚开发票

在所有税务风险中，最严重的莫过于虚开发票。企业一定不要虚开发票！一定不要买卖发票！这个问题反复强调也不为过。

1. 税法规定

根据《中华人民共和国发票管理办法》第二十一条的规定，开具发票应当按照规定的时限、顺序、栏目，全部联次一次性如实开具，开具纸质发票应当加盖发票专用章。任何单位和个人不得有下列虚开发票行为：

（1）为他人、为自己开具与实际经营业务情况不符的发票；

（2）让他人为自己开具与实际经营业务情况不符的发票；

（3）介绍他人开具与实际经营业务情况不符的发票。

根据《中华人民共和国发票管理办法》第三十五条的规定，违反规定虚开发票的，由税务机关没收违法所得；虚开金额在1万元以下的，可以并处5万元以下的罚款；虚开金额超过1万元的，并处5万元以上50万元以下的罚款；构成犯罪的，依法追究刑事责任。非法代开发票的，依照上述规定处罚。

解释如下：

（1）任何单位和个人不管是为他人、为自己、让他人为自己、介绍他人开具与实际经营业务不符的发票，均为虚开发票。

（2）与实际经营情况不符，比如，没有真实交易发生，却开具发票，这是虚开；卖的是苹果，发票开的是橘子，这是虚开；卖了2个苹果，发票开的是4个苹果，这是虚开；卖的苹果5元一斤，发票开的是7元一斤，这是虚开；卖了2万元，发票开的是4万元，这是虚开；东西卖给了甲，发票却开给了乙，这是虚开；甲卖东西给乙，发票却是丙开给乙的，这是虚开；甲、乙之间没有真实业务，却在丙介绍下，甲给乙开了发票，甲、乙、丙都属于虚开；等等。

总的来说，发票上的销货方、购货方、商品名称、数量、单价、金额必须与实际经营业务一致，有一项不一致，即为虚开。

（3）介绍人也纳入了虚开发票的范畴，这里又有两种情况：一种是职业的，即以此为赚钱的方式，在开票方与受票方之间充当"掮客"的角色，赚取中介手续费，这属于知法犯法；另一种是恰巧知道有多余发票的企业和缺少发票的企业，以帮朋友忙的想法变成了介绍人，这种行为多属于不懂法。

但是不管懂不懂法、有没有收取介绍费，一旦发生此种行为，必须接受的法律制裁是一样的。因此，千万不要介绍他人虚开发票，以免"好心"办坏事，害人又害己。

2. 刑法规定

根据《全国人民代表大会常务委员会关于惩治虚开、伪造和非法出售增值税专用发票犯罪的决定》的规定，虚开增值税专用发票是指有为他人虚开、为自己虚开、让他人为自己虚开、介绍他人虚开增值税专用发票行为之一的。

根据《最高人民法院 最高人民检察院关于办理危害税收征管刑事案件适用法律

若干问题的解释》（法释〔2024〕4 号）第十条的规定，具有下列情形之一的，应当认定为刑法第二百零五条第一款规定的"虚开增值税专用发票或者虚开用于骗取出口退税、抵扣税款的其他发票"：

（1）没有实际业务，开具增值税专用发票、用于骗取出口退税、抵扣税款的其他发票的；

（2）有实际应抵扣业务，但开具超过实际应抵扣业务对应税款的增值税专用发票、用于骗取出口退税、抵扣税款的其他发票的；

（3）对依法不能抵扣税款的业务，通过虚构交易主体开具增值税专用发票、用于骗取出口退税、抵扣税款的其他发票的；

（4）非法篡改增值税专用发票或者用于骗取出口退税、抵扣税款的其他发票相关电子信息的；

（5）违反规定以其他手段虚开的。

为虚增业绩、融资、贷款等不以骗抵税款为目的，没有因抵扣造成税款被骗损失的，不以本罪论处，构成其他犯罪的，依法以其他犯罪追究刑事责任。

根据《最高人民法院 最高人民检察院关于办理危害税收征管刑事案件适用法律若干问题的解释》（法释〔2024〕4 号）第十二条的规定，具有下列情形之一的，应当认定为刑法第二百零五条之一第一款规定的"虚开刑法第二百零五条规定以外的其他发票"：

（1）没有实际业务而为他人、为自己、让他人为自己、介绍他人开具发票的；

（2）有实际业务，但为他人、为自己、让他人为自己、介绍他人开具与实际业务的货物品名、服务名称、货物数量、金额等不符的发票的；

（3）非法篡改发票相关电子信息的；

（4）违反规定以其他手段虚开的。

根据《最高人民检察院 公安部关于公安机关管辖的刑事案件立案追诉标准的规定（二）》（公通字〔2002〕12 号）第五十六条的规定，虚开增值税专用发票或者虚开用于骗取出口退税、抵扣税款的其他发票，虚开的税款数额在十万元以上或者造成国家税款损失数额在五万元以上的，应予立案追诉。

根据《最高人民检察院 公安部关于公安机关管辖的刑事案件立案追诉标准的规定（二）》（公通字〔2022〕12 号）第五十七条的规定，虚开刑法第二百零五条规定以外的其他发票，涉嫌下列情形之一的，应予立案追诉：

（1）虚开发票金额累计在五十万元以上的；

（2）虚开发票一百份以上且票面金额在三十万元以上的；

（3）五年内因虚开发票受过刑事处罚或者二次以上行政处罚，又虚开发票，数额达到第一、二项标准百分之六十以上的。

根据《中华人民共和国刑法》第二百零五条的规定，虚开增值税专用发票或者虚开用于骗取出口退税、抵扣税款的其他发票的，处三年以下有期徒刑或者拘役，并处二万元以上二十万元以下罚金；虚开的税款数额较大或者有其他严重情节的，处三年以上十年以下有期徒刑，并处五万元以上五十万元以下罚金；虚开的税款数额巨大或者有其他特别严重情节的，处十年以上有期徒刑或者无期徒刑，并处五万元以上五十万元以下罚金或者没收财产。

单位犯本条规定之罪的，对单位判处罚金，并对其直接负责的主管人员和其他直接责任人员，处三年以下有期徒刑或者拘役；虚开的税款数额较大或者有其他严重情节的，处三年以上十年以下有期徒刑；虚开的税款数额巨大或者有其他特别严重情节的，处十年以上有期徒刑或者无期徒刑。

虚开增值税专用发票或者虚开用于骗取出口退税、抵扣税款的其他发票，是指有为他人虚开、为自己虚开、让他人为自己虚开、介绍他人虚开行为之一的。

第二百零五条规定，虚开《中华人民共和国刑法》第二百零五条规定以外的其他发票，情节严重的，处二年以下有期徒刑、拘役或者管制，并处罚金；情节特别严重的，处二年以上七年以下有期徒刑，并处罚金。

单位犯上述罪的，对单位判处罚金，并对其直接负责的主管人员和其他直接责任人员，依照上述的规定处罚。

3. 纳税人常见误区

误区1：只有开票方才会发生虚开发票行为。

一定要注意：不只是开票方会犯虚开增值税专用发票罪，介绍人、受票方也会犯虚开增值税专用发票罪！

📚 例 20 - 20

李某获知 A 公司有多余增值税专用发票，B 公司缺少增值税专用发票，由此介绍 A 公司给 B 公司开具增值税专用发票，作为介绍人李某的行为也属于虚开增值税专用发票。

📚 例 20 - 21

为逃避缴纳税款，A 公司法定代表人让好友任法定代表人的 B 公司在没有实际交易的情况下为 A 公司开具增值税专用发票。在这里，A 公司和 B 公司的行为均属于虚开增值税专用发票。

误区 2：买发票被发现后，补缴税款、缴纳罚款，没有给国家造成经济损失就没事。

补缴税款、缴纳罚款，没有给国家造成经济损失，只是可以酌情从轻处理，也会按照虚开增值税专用发票罪判刑。不要存在侥幸心理和从众心理，不要当法盲。

误区 3：税法与刑法对虚开发票规定一样。

无论是税务机关还是司法机关，常将税法上的虚开增值税专用发票行为与刑法上的虚开增值税专用发票罪相混淆。从上述规定来看，其实其范围并非完全一致。

发票问题相当复杂，这里不再赘述，欲提高业务水平的读者可以参考笔者所著的《增值税发票税务风险解析与应对：实战案例版（第 2 版）》一书。

在此，分享几个虚开发票案例，希望大家引以为戒，把杜绝虚开发票作为财税工作的底线！

例 20 - 22

虚开发票案：伪造单据、制造假象、虚构交易

达州合纵联横科技有限公司潘某某、余某某、刘某某（已判决）、余某某（已判决）等人在明知无实际中药材购进的情况下多次接受凡某某、马某某、张某等人提供的大量他人身份信息，亲自或安排达州合纵联横科技有限公司工作人员王某、周某某、向某某、曾某某等人伪造四川省达州市农产品异地收购清单，伪造运输单、过磅单等资料，向"道地网"平台录入虚假的中药材库存，制造农产品收购假象，由刘某某、周某某、向某某、曾某某等人分别为 15 家空壳药业公司开具进项农产品收购发票。为将虚开行为做得更隐蔽，凡某某、张某等人邀请犯罪嫌疑人石某某，由其具体制作虚开发票所需的虚假资料，配合刘某某完成虚开发票流程。

资料来源：节选自达川检刑诉〔2022〕4 号起诉书。

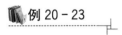
例 20 - 23

虚开发票案：无必要费用、无生产能力、资金流水明显异常

从已查明的进项发票物品明细来看，采购的物品为涤纶 PVC 布、涤纶布等，而开具发票物品明细为雨衣上衣、雨衣套装等，经对比分析，采购物品与开票销售物品应当存在生产或委托加工行为，但在资金流水中暂未发现有水电费、厂房租金的支出，未发现承运采购运输物流支出的资金流水，未发现你公司进行生产或委托加工，

也未发现生产所必需的固定资产购进、折旧等申报记录，可以判定你公司开具的发票无对应真实的业务。

你公司进项发票所载明的物品应生产或委托加工后才能形成销项发票所载明的物品，但其存续期间无能耗、物流等生产加工所必需的支出且没有取得加工费发票支出，在申报中也未发现生产所必需的固定资产购进、折旧等申报记录，由此可判定你公司属于没有生产能力的虚假生产企业。同时存在受票应付金额与银行账户同期支付金额极不匹配、与下游企业往来资金流水明显异常（部分下游企业有资金回流）现象。综上可判定你公司的设立是以虚开发票为目的的，公司存续期间所开具的增值税专用发票均为虚开。

资料来源：节选自国家税务总局福州市税务局第二稽查局税务处理决定书榕税二稽处〔2020〕308号。

制造虚假交易资金流及物流资料，虚开发票，共抓获10人

经查，2020—2021年，甘肃海某商贸有限公司的刘某某、李某某、郭某某3人为解决公司购进发票缺失问题，先由公司会计郭某某制造虚假交易资金流及物流资料，后刘某某等人分别联系甘肃、四川、沈阳等多家上游公司，在双方无真实商贸交易的情况下，为其公司开具增值税专用发票2 000余份，价税合计3亿余元。

在掌握充足证据链后，民警与税务局稽查人员在兰州市城关区、靖远县、平川区等地对该犯罪团伙实施抓捕，一举打掉以刘某某为首的犯罪团伙，抓获犯罪嫌疑人10名，查扣电脑、手机、发票、账册等一批涉案物品。该案件的成功侦破最大限度挽回了国家的税款损失，为国家追缴税款损失2 100万余元。

纳税人绕了五下，但税务局依然查清了虚开发票违法事实

根据你公司及相关的银行账户资金流水明细证实，你公司支付以上货款存在资金回流的情况，具体流程为：珠海×××网络工程有限公司—长沙×××数码科技有限公司—王某—余某某—曾某某—珠海×××网络工程有限公司，以上资金流转形成闭环，差额即开票手续费约为开票金额的5.50%。

根据《中华人民共和国税收征收管理法》第六十三条第一款的规定，你公司通过支付手续费的方式取得虚开增值税专用发票进行虚假申报抵扣税额及税前列支成本，造成少缴 2016 年 4 月增值税 33 099.14 元、少缴 2016 年 4 月城市维护建设税 2 316.94 元、少缴 2016 年度企业所得税 19 072.90 元，你公司的行为已构成偷税。

资料来源：节选自珠税一稽罚〔2022〕32 号。

 例 20 - 26

厦门查处酒店企业虚开增值税普通发票 4.32 亿元

厦门市税务局第二稽查局对小规模纳税人普通发票管理工作开展了专项整治。在活动中查实部分酒店管理行业企业涉嫌虚开增值税普通发票金额达 4.32 亿元。税务部门对涉案企业依法行政处理后移送公安机关，同时根据违法情节依法将涉案企业列入联合惩戒"黑名单"。

稽查人员经过大数据分析比对、申报表核查，发现部分企业在向主管税务机关申领增值税普通发票并顶额开具，开具发票后不申报或仅申报未缴税款。此次专项检查，税务部门共认定虚开增值税普通发票 8 645 份，涉案金额达 4.32 亿元。

资料来源：黄坚，曾霄，吴菲. 查出暴力虚开普票 4.32 亿元. 中国税务报，2020 - 12 - 01.

 例 20 - 27

涉案金额达 150 亿元！大数据筛查出虚开增值税大案

2020 年 4 月 16 日，上海警方召开新闻发布会，通报了一起虚开增值税大案。

2019 年 10 月，上海市公安局经侦总队通过大数据，对上海电子产品销售行业开展分析调研，发现存在虚开增值税专用发票的情况。与以往频繁注册新公司暴力虚开发票不同，这些商家以低于市场价，甚至低于进货价但不带票的方式向消费者销售电子产品，利用电子产品售后无发票仍能保修的特点，囤积大量未向消费者开具的"富余票"，以收取开票费的方式，为受票企业虚开发票，从而弥补低价销售的损失，并牟取非法利益，给国家税收造成巨额损失。从 2019 年 10 月 29 日开始，上海警方会同税务稽查部门开展了专项行动，在沪、浙、渝等地成功摧毁了以余某等人为首的 6 个虚开增值税专用发票犯罪团伙，抓获犯罪嫌疑人 50 余名。

经查，犯罪嫌疑人余某等组成的犯罪团伙，向上游供应商带票采购手机、电脑等电子产品后，采取票货分离的犯罪手法，将不带发票的货物以低于市场价销售，再以收取 5% 开票费的方式为他人虚开增值税专用发票。统计显示，开票价税合计 150 亿元，涉及税款 20 亿元，票据流向全国多个省市地区。

在此后的五个月内，上海警方持续追查下游企业。4 月 13 日凌晨，警方对位于上海的 170 余家受票企业开展了集中专项打击，抓获受票企业负责人 170 余名，涉案价税合计 17.8 亿余元，涉及税款 2.5 亿余元。

（五）个人所得税常见问题

1. 以现金支付工资未按规定签字

在以现金方式支付员工工资时，工资单上无员工签字，或虽有签字，不同的姓名有相同笔迹等现象。

2. 工资薪金不按规定进行全员申报

（1）多报人员分解高工资达到少缴个人所得税的目的。

（2）少报人员少缴个人所得税、享受小微企业所得税优惠政策。

例 20 - 28

虚列人员、分解工资被稽查

广东省某市税务局稽查局根据举报信息，对某制造企业实施税收检查，通过核查"账实"差异、细审工资费用数据，查实该企业冒用他人身份信息，采取虚列人员、分解工资的方式逃避代扣代缴义务，偷逃个人所得税 20 多万元。该局依法对企业做出追缴税款、加收滞纳金，并处罚款共计 40 多万元的处理决定。企业遭受名誉和纳税信用评级等多方面的损失。

3. 工资申报数据明显异常

（1）单位员工的工资长期为 0 或 5 000 元以下的其他数值的，明显未如实申报。

（2）部分规模较大或经营状况较好的单位长期申报税额为 0，明显存在异常。

（3）员工工资水平与高管工资水平明显不合理。

（4）个人所得税申报系统与企业所得税年度申报的工资薪金差距较大。

例 20 - 29

"两税"工资薪金差异异常被查

2022 年以来，某市税局通过比对"两税"工资薪金差异、"两税"联管，已查补企业所得税 1 100 万元、调减企业亏损 1 396 万元，查补个人所得税 320 万元。

某公司企业所得税前扣除工资薪金为 18 569 万元，而个人所得税工资薪金仅为

17 756 万元，"两税"工资薪金为何相差 813 万元。经查，纳税人将未实际发放的工资从"应付职工薪酬"科目转移到"其他应付款"科目，进而申报企业所得税前扣除，不符合企业所得税法律制度规定，责令限期整改。在税务人员辅导下，调增应纳税所得额 2 620 万元，补缴企业所得税 655 万元。

资料来源：彭大波，黄练，裴环. 强化风险比对 严防利用往来账偷逃所得税. 中国税务报，2023 - 01 - 31.

4. 工资薪金乱筹划

（1）薪酬较低员工代领薪酬。
（2）近亲属（友）代领薪酬。

例 20 - 30

某上市公司于 2021 年 9 月 17 日发布招股书，披露公司 2018—2020 年部分董事、监事及高级管理人员通过其近亲属（友）代为领取薪酬共计 705.8 万元。公司于 2020 年 11 月已经全部终止了相关人员代领薪酬安排，并且相关人员于 2020 年 12 月已经缴纳该期间代领薪酬涉及的个人所得税合计 141.90 万元。根据《中华人民共和国个人所得税法》《中华人民共和国税收征收管理法》的有关规定，公司及其上述相关董事、监事及高级管理人员存在被税务部门予以行政处罚的风险。

（3）利用第三方劳务公司发放工资。

例 20 - 31

某上市公司《税务行政处罚事项告知书》显示，经公司自查及向税务机关了解，发现以下情况：2017 年 4 月至 2018 年 6 月，公司通过与外部第三方劳务公司（非关联方）签订人事代理合同方式，向部分员工发放了 761.66 万元年度奖金，未能代扣代缴个人所得税。事项共涉及员工 14 人，其中时任董事、监事和高级管理人员 4 人。上述资金已计入公司当期期间费用。以上为初步调查情况，最终以税务机关的调查结论为准。

例 20 - 32

某市税务局第二稽查局在对辖区内某企业检查时识破该企业形式上是利用劳务

公司开具劳务费发票，实质上是发放正式员工奖金、补助的违法手段，税务机关最终对该企业的涉税违法行为做出了补缴个人所得税 1 600 多万、罚款 800 多万元的税务处理处罚决定。

（4）利用账外收入发放工资。

 **例 20 - 33**

某上市公司于 2021 年 8 月 6 日发布公告，披露经核查发行人 31 名管理人员的 265 个银行账户，发行人在 2018—2019 年，使用财务总监和出纳共 3 张个人卡（由公司控制）对废料收入、薪酬发放等款项进行结算，其中通过个人卡发放工资薪金共 258.95 万元。公司称，相关人员补缴了通过个人卡领取薪酬涉及的相关个人所得税，相关个人卡均在 2019 年 9 月末前注销，相关收入、成本和费用均已反映在公司财务报表中。

5. 免税项目与应税项目分不清

比如，《中华人民共和国个人所得税法》第四条规定，福利费、抚恤金、救济金，免征个人所得税，但是并非所有的福利费都能免税。根据《中华人民共和国个人所得税法实施条例》第十一条规定，《中华人民共和国个人所得税法》第四条第一款第四项所称福利费，是指根据国家有关规定，从企业、事业单位、国家机关、社会组织提留的福利费或者工会经费中支付给个人的生活补助费；所称救济金，是指各级人民政府民政部门支付给个人的生活困难补助费。

《国家税务总局关于生活补助费范围确定问题的通知》（国税发〔1998〕155 号）规定，下列收入不属于免税的福利费范围，应当并入纳税人的工资、薪金收入计征个人所得税：（1）从超出国家规定的比例或基数计提的福利费、工会经费中支付给个人的各种补贴、补助；（2）从福利费和工会经费中支付给本单位职工的人人有份的补贴、补助；（3）单位为个人购买汽车、住房、电子计算机等不属于临时性生活困难补助性质的支出。企业应当根据以上规定，确定支付的职工福利费是否属于工资、薪金所得，并正确计算应代扣代缴的个人所得税。

 **例 20 - 34**

南京某商贸公司效益不错，职工收入也不菲。市稽查局对其进行纳税检查时却发现这家公司的员工人人生活都有困难，且年年都困难。原来这家公司近几年每年春节前都会给全体员工发放 1 000～10 000 元不等的生活困难补助，按照税法规定生

活困难补助是免征个人所得税的，这笔补贴自然没有扣缴个人所得税。

稽查人员追问究竟有何困难，公司领导只能坦白是以此名义发放奖金。最终税务机关依法责令该公司补扣个人所得税 4 万余元，并对未按规定履行扣缴义务行为处以少扣税款 50% 的罚款。

再比如，住房补贴、医疗补助费不属于免税收入，企业会计人员却误认为其免税。根据《财政部 国家税务总局关于住房公积金 医疗保险金 养老保险金征收个人所得税问题的通知》（财税字〔1997〕144 号）的规定，企业以现金形式发给个人的住房补贴、医疗补助费，应全额计入领取人的当期工资、薪金收入计征个人所得税。

6. 利用发票来发放工资

常见的不法手段有两种：（1）利用虚开发票套取资金发放工资。（2）利用假发票报销费用方式发放工资。

7. 其他个人所得税相关问题

（1）成本费用中含有股东个人消费，与公司费用混杂在一起无法划分清楚，按照《中华人民共和国个人所得税法》及国家税务总局的有关规定，上述事项视同为股东从公司分得了股利，须代扣代缴个人所得税，相关费用不得计入公司的成本费用，应做企业所得税纳税调整。

根据《财政部 国家税务总局关于规范个人投资者个人所得税征收管理的通知》（财税〔2003〕158 号）的规定，个人独资企业、合伙企业的个人投资者以企业资金为本人、家庭成员及其相关人员支付与企业生产经营无关的消费性支出及购买汽车、住房等财产性支出，视为企业对个人投资者的利润分配，并入投资者个人的生产经营所得，依照"个体工商户的生产经营所得"项目计征个人所得税。

除个人独资企业、合伙企业以外的其他企业的个人投资者，以企业资金为本人、家庭成员及其相关人员支付与企业生产经营无关的消费性支出及购买汽车、住房等财产性支出，视为企业对个人投资者的红利分配，依照"利息、股息、红利所得"项目计征个人所得税。

企业的上述支出不允许在所得税前扣除。

例 20-35

经检查确认，你单位 2019 年 5 月取得一张从淮安经济技术开发区金扳手汽车维修中心购买烟酒的收据，实为股东个人消费报账，金额为 87 000.00 元，根据《中华人民共和国个人所得税法》第一条、第二条、第三条、第六条之规定，应代扣代缴个人所得税——利息、股息、红利所得 17 400.00 元，未代扣代缴。

处罚依据:《中华人民共和国税收征收管理法》第六十九条规定。

处罚结果:对你单位少代扣代缴个人所得税——利息、股息、红利所得共计17 400.00元的行为处少代扣代缴税款50%的罚款,共计8 700.00元。

资料来源:节选自淮税稽罚〔2022〕16号。

(2)企业将汽车、房屋等固定资产登记在老板名下,除了相关费用不能在企业所得税前扣除外,还需要计征个人所得税。

根据《国家税务总局关于企业为股东个人购买汽车征收个人所得税的批复》(国税函〔2005〕364号)的规定,企业购买车辆并将车辆所有权办到股东个人名下,其实质为企业对股东进行了红利性质的实物分配,应按照"利息、股息、红利所得"项目征收个人所得税。考虑到该股东个人名下的车辆同时也为企业经营使用的实际情况,允许合理减除部分所得;减除的具体数额由主管税务机关根据车辆的实际使用情况合理确定。

根据《财政部 国家税务总局关于企业为个人购买房屋或其他财产征收个人所得税问题的批复》(财税〔2008〕83号)的规定,符合以下情形的房屋或其他财产,不论所有权人是否将财产无偿或有偿交付企业使用,其实质均为企业对个人进行了实物性质的分配,应依法计征个人所得税。①企业出资购买房屋及其他财产,将所有权登记为投资者个人、投资者家庭成员或企业其他人员的;②企业投资者个人、投资者家庭成员或企业其他人员向企业借款用于购买房屋及其他财产,将所有权登记为投资者、投资者家庭成员或企业其他人员,且借款年度终了后未归还借款的。

根据《财政部 国家税务总局关于企业为个人购买房屋或其他财产征收个人所得税问题的批复》(财税〔2008〕83号)的规定,对个人独资企业、合伙企业的个人投资者或其家庭成员取得的上述所得,视为企业对个人投资者的利润分配,按照"个体工商户的生产、经营所得"项目计征个人所得税。对除个人独资企业、合伙企业以外其他企业的个人投资者或其家庭成员取得的上述所得,视为企业对个人投资者的红利分配,按照"利息、股息、红利所得"项目计征个人所得税;对企业其他人员取得的上述所得,按照"工资、薪金所得"项目计征个人所得税。

(3)自然人股东借款,在该年度终了后既不归还,又未用于企业生产经营的,计征个人所得税。

根据《财政部 国家税务总局关于规范个人投资者个人所得税征收管理的通知》(财税〔2003〕158号)的规定,纳税年度内个人投资者从其投资企业(个人独资企业、合伙企业除外)借款,在该纳税年度终了后既不归还,又未用于企业生产经营的,其未归还的借款可视为对个人投资者的红利分配,依照"利息、股息、红利所得"项目计征个人所得税。

根据《国家税务总局关于印发〈个人所得税管理办法〉的通知》（国税发〔2005〕120 号）第三十五条第（四）项的规定，加强个人投资者从其投资企业借款的管理，对期限超过一年又未用于企业生产经营的借款，严格按照有关规定征税。

例 20-36

违法行为类型：逃避缴纳税款。

违法事实：你公司股东曾××父亲曾×于 2019 年 6 月至 2020 年 1 月向你公司借款合计 11 620 000 元，长期未还。根据《财政部 国家税务总局关于规范个人投资者个人所得税征收管理的通知》（财税〔2003〕158 号）的规定，纳税年度内个人投资者从其投资企业（个人独资企业、合伙企业除外）借款，在该纳税年度终了后既不归还，又未用于企业生产经营的，其未归还的借款可视为企业对个人投资者的红利分配，依照"利息、股息、红利所得"项目计征个人所得税。曾×向你公司借款合计 11 620 000 元，长期未还，应认定为"利息、股息、红利所得"项目计征个人所得税。经检查发现，上述长期未还借款未申报个人所得税。

处罚依据：《中华人民共和国税收征收管理法》第六十九条规定，扣缴义务人应扣未扣、应收而不收税款的，由税务机关向纳税人追缴税款，对扣缴义务人处应扣未扣、应收未收税款百分之五十以上三倍以下的罚款。你公司应扣未扣个人所得税为 2 324 000.00 元（11 620 000×20%）。

处罚类别：罚款。

处罚内容：对你公司应扣未扣的行为处应扣未扣税款百分之五十的罚款 1 162 000.00 元（2 324 000.00×50%）。

罚款金额（万元）：116.2。

资料来源：节选自惠税一稽罚〔2022〕158 号。

（4）自然人应该缴纳的个人所得税由企业承担并列支费用的，不可以在企业所得税前扣除。

（5）企业存在未按规定预扣预缴劳务所得个人所得税的情形。

（6）个人提供劳务所得而按经营所得代开发票，这种情况下企业一般不会按照劳务所得预扣预缴个人所得税。

例 20-37

处罚事由：根据《中华人民共和国个人所得税法》第一条、第二条、第三条、第六条和《中华人民共和国个人所得税法实施条例》第六条第（二）项的规定，华某某从事市场调研活动，你公司应在向华某某支付报酬时按照"劳务报酬"代扣代缴个人所得税。你公司应代扣代缴个人所得税 312 900.88 元（1 046 025.10/（1＋3％）×（1－20％）×40％－速算扣除数 7 000－代开发票已缴 5 077.79）。

处罚结果：对你公司未按照税法规定依法代扣代缴个人所得税行为决定处以应扣未扣税款 50％的罚款，即拟罚款 156 450.44 元。

本案例中，华某某取得劳务报酬所得却按照经营所得代开发票，并被核定征收个人所得税 5 077.79 元（1 046 025.10/（1＋3％）×0.5％），造成少缴个人所得税 312 900.88 元，终被稽查，追缴税款并处罚款。

资料来源：节选自桂税二稽罚〔2023〕3 号。

（六）房产税、城镇土地使用税常见问题

（1）一些企业财务人员忽视了房产税、城镇土地使用税的申报，未按规定申报房产税，在税务稽查时会带来补税、罚款及加收滞纳金的风险。

（2）一些企业财务人员不清楚企业是否为房产税、城镇土地使用税纳税人。

根据《中华人民共和国房产税暂行条例》第二条的规定，房产税由产权所有人缴纳。产权属于全民所有的，由经营管理的单位缴纳。产权出典的，由承典人缴纳。产权所有人、承典人不在房产所在地的，或者产权未确定及租典纠纷未解决的，由房产代管人或者使用人缴纳。

根据《中华人民共和国城镇土地使用税暂行条例》第二条的规定，在城市、县城、建制镇、工矿区范围内使用土地的单位和个人，为城镇土地使用税（简称土地使用税）的纳税人，应当依照本条例的规定缴纳土地使用税。

根据《国家税务局关于印发〈土地使用税若干具体问题的解释和暂行规定〉的通知》（国税地字〔1988〕第 15 号）的规定，土地使用税由拥有土地使用权的单位或个人缴纳。拥有土地使用权的纳税人不在土地所在地的，由代管人或实际使用人纳税；土地使用权未确定或权属纠纷未解决的，由实际使用人纳税；土地使用权共有的，由共有各方分别纳税。

根据《财政部 国家税务总局关于集体土地城镇土地使用税有关政策的通知》（财税〔2006〕56 号）的规定，在城镇土地使用税征税范围内实际使用应税集体所有建设用地、但未办理土地使用权流转手续的，由实际使用集体土地的单位和个人按规定缴纳城镇土地使用税。

（3）房屋附属设备和配套设施应计征房产税。

根据《国家税务总局关于进一步明确房屋附属设备和配套设施计征房产税有关

问题的通知》（国税发〔2005〕173号）的规定：

（1）为了维持和增加房屋的使用功能或使房屋满足设计要求，凡以房屋为载体，不可随意移动的附属设备和配套设施，如给排水、采暖、消防、中央空调、电气及智能化楼宇设备等，无论在会计核算中是否单独记账与核算，都应计入房产原值，计征房产税。

（2）对于更换房屋附属设备和配套设施的，在将其价值计入房产原值时，可扣减原来相应设备和设施的价值；对附属设备和配套设施中易损坏、需要经常更换的零配件，更新后不再计入房产原值。

 例20-38

某酒店由于房屋附属设备和配套设施发生变化未及时按照税法规定调整房产原值，导致少缴房产税被某税务局第三稽查局依法查处，查补税款及加收滞纳金总计140万余元。

（4）土地价值未并入房产原值缴纳房产税。

根据《财政部 国家税务总局关于安置残疾人就业单位城镇土地使用税等政策的通知》（财税〔2010〕121号）的规定，对按照房产原值计税的房产，无论会计上如何核算，房产原值均应包含地价，包括为取得土地使用权支付的价款、开发土地发生的成本费用等。宗地容积率低于0.5的，按房产建筑面积的2倍计算土地面积并据此确定计入房产原值的地价。

（5）新建房屋也应缴税，与有没有办理产权证书无关。

根据《关于房产税若干具体问题的解释和暂行规定》（财税地字〔1986〕第8号）的规定，纳税人自建的房屋，自建成之次月起征收房产税。纳税人委托施工企业建设的房屋，从办理验收手续之次月起征收房产税。纳税人在办理验收手续前已使用或出租、出借的新建房屋，应按规定征收房产税。

 例20-39

违法行为类型：其他违法。

违法事实：2018年1月你公司一处房产竣工，通过1月转45号凭证由"在建工程"转入"固定资产"3 388 716.78元，该处房产于2019年开始缴纳房产税，2018年该处房产没有缴纳房产税，存在少缴纳房产税问题。

处罚依据：根据《中华人民共和国税收征收管理法》第二十五条、第六十九条。

处罚类别：罚款。

处罚内容：对未缴税款处百分之五十的罚款。

资料来源：节选自潮税一稽罚〔2022〕3号。

（6）土地使用税计税依据要准确。

根据《中华人民共和国城镇土地使用税暂行条例》第三条的规定，城镇土地使用税以纳税人实际占用的土地面积为计税依据，依照规定税额计算征收。土地占用面积的组织测量工作，由省、自治区、直辖市人民政府根据实际情况确定。

根据《国家税务局关于印发〈关于土地使用税若干具体问题的解释和暂行规定〉的通知》（国税地字〔1988〕第15号）的规定，纳税人实际占用的土地面积，是指由省、自治区、直辖市人民政府确定的单位组织测定的土地面积。尚未组织测量，但纳税人持有政府部门核发的土地使用证书的，以证书确认的土地面积为准；尚未核发土地使用证书的，应由纳税人据实申报土地面积。

根据《国家税务总局 财政部 国土资源部关于进一步加强土地税收管理工作的通知》（国税发〔2008〕14号）的规定，对清查中发现的纳税人实际占用土地面积与土地使用证登记面积或批准面积不一致的，财税部门按照实际占用面积征收城镇土地使用税和耕地占用税。

可见，城镇土地使用税计税依据强调的是实际占用面积，按以下顺序确定：

（1）按省、自治区、直辖市人民政府确定的单位组织测定的土地面积。

（2）土地使用证书确认的土地面积。

（3）尚未核发土地使用证书的，应由纳税人据实申报土地面积。

（七）印花税常见问题

很多企业会计人员忽视了印花税的申报，或者只申报购销合同的印花税而不申报其他印花税，比如：实收资本及资本公积的印花税、建筑安装工程承包合同的印花税、借款合同的印花税、财产租赁合同的印花税、货物运输合同的印花税、财产保险合同的印花税等，也有企业不按实际应报金额申报，故意少报购销合同等数额。

（八）怎样正确理解和应对税负率等指标预警

经常有企业接到税务预警信息，税务预警指标有很多项，以预警税负率最具代表性。

《最新行业"预警税负率"，收好了!》之类的网络文章被疯狂地转发传播，很多企业会计人员深受误导，搞得很多不明真相的会计人员提心吊胆，形成了一些错误的认识：低于预警税负率的，要补税罚款，甚至被稽查。其实根本不是这么回事！税务预警的含义被很多文章严重地扭曲了，指标预警，变成了一个大热点，甚至很多会计人员都想去专门学习纳税评估预警指标。作为企业会计人员，对于纳税评估税务预警只需要做简单了解即可。真正避免税务风险的方式，并不是学习评估指标预警的知识，而是学习税收政策。

1. 网上传播的最新行业"预警税负率"有无参考价值？

比如，2018 年 2 月网上疯狂传播的 2018 年"最新行业预警税负率"很明显是不真实的，2018 年 2 月还得不出真实的"预警税负率"。要想得到真实的增值税"预警税负率"至少要等到 2019 年 1 月，要想得到真实的企业所得税"预警税负率"至少要等到 2019 年 6 月 1 日之后。

另外，有些所谓的"最新"，可能是几年前的税负率，被某些别有用心的人修改年份疯狂转发。有的没写年份，只是标注最新，但是等到某些会计人员看到的时候，早就过时了，所以千万别信这些所谓的"最新行业预警税负率"。

对纳税人来说，包括行业预警税负率在内的行业预警指标没有任何指导意义，就是同一行业，在不同地区、不同纳税期间也有差异。不要关注这些预警值，不要被某些别有用心的人迷惑了，要学会思考，学会分析。

2. 税务预警并不代表企业有税收问题

基于生活常识我们就可以做出判断，做同样的生意，有人赚钱，有人赔钱，同样是赚钱，利润也不一样，有的薄利多销，有的囤积居奇，税负自然也不一样。我们去买东西，也知道货比三家，每一家都销售同一种商品，但品牌、质量不一样，因此销售定价可能不一样，此外进货渠道不一样，税负率也会不一样，进而必然会有一个税负率平均值，但难道低于平均值的就有问题？显然不是。同属于批发业，批发白菜与批发电脑，税负率能一样吗？

从专业角度看，增值税税负率是增值税纳税评估的主要分析指标，但不同企业之间存在着一定的税负差异，即使是生产相同产品的企业，由于生产经营方式、生产技术水平、市场价格定位、销售策略等因素的不同，税负也可能存在比较大的差异，因而，税负率是否合理需要经过分析才能得出答案。增值税税负率较低并不能说明企业税收一定存在问题，也可能是其他方面的因素造成的，比如受市场因素影响，存在产品销售价格下降、材料成本上升、销售额下降、库存增加、税收筹划等情况，造成增值税额不同。企业应根据自身实际情况积极与税务机关进行沟通。另外，对于税收筹划带来税负下降的情况要特别注意，税收筹划是一项专业性很强的工作，要注意税收风险，最好在税收筹划执行前就将税收筹划方案与税务机关进行沟通，得到税务机关的认可。

其他预警指标与此类似，任何税务预警指标，只能说明发现了疑点，企业可能存在税务风险，是不是真的存在税务问题，还需进一步的调查核实才能确认。因而，税务预警并不代表企业有税收问题。

3. 没有税务预警并不代表企业没有税收问题

有的企业某段时间没有税务预警，也不代表该企业没有税务问题。有时人为地调整发票开具、认证抵扣，可以使某段时间税负率保持平稳，但并不代表企业没有问题，有时没有问题就是最大的问题。

有的企业本身就有季节性生产的经营特点，指标平稳，反而说明企业存在税务问题。曾有一家企业税负率非常平稳，反而引起了税务机关的怀疑，后来被税务稽查，发现该企业偷逃几百万元税款。

4. 税务预警了，企业怎么办？

税务预警了，通常要求企业自查。企业需要认真对待，认真查明原因，这也是一个学习的过程。而不能想着找熟人托关系去解决，哪怕真的通过关系解除了预警，税务风险仍然存在，不会消失，只是暂时没有被查明而已。税务风险将会越积累越大，一旦爆发，可能就到了无法收拾的地步，进而付出更大的代价！也不能采取随便编造税务事项补缴税款的方式来应付税务机关，不去自查企业真正的税务风险点，白白补缴税款，没有什么意义，税务风险点并没有真正消失，只会越积累越大。

那么，怎样正确面对税务预警呢？当然是认真分析预警原因，查找企业税务问题。

若企业真的存在问题，应解决问题，积极补税，吸取教训，杜绝以后再出现类似问题。比如，经过自查，发现一份增值税专用发票不符合税法规定，不允许抵扣而企业抵扣了，那就做进项税额转出处理，补缴增值税，并把这种情形记在心里，以后不要再犯同样的错误。若你是爱学习的会计人员，知道自己在进项税额抵扣方面存在不足，就要加强学习，提高自己的业务水平，为企业避免更大的损失。

若企业确实没有问题，则无须补税，只需收集资料，向税务机关进行合理的解释，取得税务机关的认可，解除预警。比如，企业改变经营策略，采用薄利多销的经营方法，会造成税负率的降低；企业因为某些产品季节性停工，会造成税负率降低；企业因为某些产品更新换代比较快或者产品滞销等市场原因而降价处理，会造成税负率降低；企业因扩大生产经营规模而建造车间、购进大型机器设备，会造成税负率降低，甚至长时间内不用缴纳增值税；因为原材料大幅涨价，企业材料成本上升，会造成税负率降低；企业销售的产品因为国家政策降低税率、抵扣范围因为国家政策扩大等，会造成税负率降低。原因还有很多，都属于造成税负率降低的合理原因，对此企业只需准备相关资料，向税务机关说明实际情况，即可解除预警。

前面介绍纳税评估流程、纳税评估方法、预警指标，目的是让大家了解税务机关纳税评估的方法，了解税务机关是怎样发现企业税务风险点的，了解企业税务预警指标背后的原因，了解在税务预警监控下企业应该更好地去依法纳税，并非让大家去关注预警值。另外，如果是税务人员，就需要学习怎样去纳税评估。税务机关需要根据预警指标发现疑点，而纳税人需要做的就是依法纳税！

税务预警只是一种征管手段而已。有问题，解决问题；没问题，无须担心。

5. 若真有一份真实的最新行业预警税负率（当然不可能有），可以通过一些"技巧"迎合这些指标而减少税务风险吗？

这种想法是痴心妄想，没有人能事先知道未来申报期的行业预警税负率，只能知道以前时间的行业预警税负率，因为预警税负率是一个变动的值。那么能否参考最近的行业预警税负率呢？曾有不少企业花大力气专门研究税务预警指标，但是都以失败而告终，这是意料之中的结果！因为税务评估预警指标太多了，常用的也有几十个，是没法人为调整数据迎合指标的，迎合了这个指标，那么相关联的另外一个或几个指标又出现异常了，满足了这个，满足不了那个，很多指标都是有关联性的，这叫"按下葫芦浮起瓢"。即使能通过人为调节把所有指标都摆平，那也是暂时的，最终还是徒劳。比如，为了迎合增值税税负率，企业选择性地取得各种增值税专用发票，选择性地认证抵扣，前几个月可能还好调整，但是到后几个月累积下来各类的发票种类，还要考虑认证期限，调整起来可能就非常困难了。可能前几个月增值税税负率还正常，比较平稳，随着时间的推移，不同内容及种类（各种原材料、油费、运费、通行费等）的发票占比可能就越来越难保持平稳了，最终无法再进行人为调节，税负率也难以继续保持平稳，还是免不了税务预警，甚至会出现税负率仍保持平稳但因为其他指标异常而预警的情况。

在实际工作中，有一些会计人员听信谣言，发现自己企业的税负率较低，通过一些所谓的"技巧"去迎合税负率指标，本来这家企业税负率与上年同期相比未出现异常变动，未达到预警值，结果这些会计人员去迎合所谓的行业税负率，虽然税负率提高了，但是与上年同期相比出现异常变动，反而达到了预警值。

总的来说，想降低税务风险，学好政策，提高对政策的理解力和领悟力，提高自身税务实战水平，才是根本方法，而不是去学习、研究税务指标预警，这是犯了方向性错误。

若税务实战水平高，企业财税处理合理合法，则可以无视所有税务预警指标，预警了又如何？若企业投机取巧，违反税法规定，税务预警就是头顶上悬着的利剑，随时都会亮剑！

（九）请正确理解以票控税和以数治税

有人认为，以后就是以数治税了，以票控税时代结束了，发票不重要了，这种观点是极其错误的。实际上，大家只要想一下，"数"从何来，就明白了。涉税数据绝大部分还是从发票票面采集而来！发票全领域、全环节、全要素电子化，充分发挥税收大数据作用，依托税务网络可信身份体系对发票开具、使用等进行全环节即时验证和监控，实现对虚开骗税等违法犯罪行为惩处从事后打击向事前、事中精准防范转变。税务监管更加精准，发票实际上是越来越重要了！

下面我们节选中共中央办公厅、国务院办公厅印发的《关于进一步深化税收征管改革的意见》中的一部分内容，大家应该就可以理解了。

一、总体要求

（三）主要目标。到2022年，在税务执法规范性、税费服务便捷性、税务监管精准性上取得重要进展。到2023年，基本建成"无风险不打扰、有违法要追究、全过程强智控"的税务执法新体系，实现从经验式执法向科学精确执法转变；基本建成"线下服务无死角、线上服务不打烊、定制服务广覆盖"的税费服务新体系，实现从无差别服务向精细化、智能化、个性化服务转变；基本建成以"双随机、一公开"监管和"互联网＋监管"为基本手段、以重点监管为补充、以"信用＋风险"监管为基础的税务监管新体系，实现从"以票管税"向"以数治税"分类精准监管转变。到2025年，深化税收征管制度改革取得显著成效，基本建成功能强大的智慧税务，形成国内一流的智能化行政应用系统，全方位提高税务执法、服务、监管能力。

二、全面推进税收征管数字化升级和智能化改造

（四）加快推进智慧税务建设。充分运用大数据、云计算、人工智能、移动互联网等现代信息技术，着力推进内外部涉税数据汇聚联通、线上线下有机贯通，驱动税务执法、服务、监管制度创新和业务变革，进一步优化组织体系和资源配置。2022年基本实现法人税费信息"一户式"、自然人税费信息"一人式"智能归集，2023年基本实现税务机关信息"一局式"、税务人员信息"一员式"智能归集，深入推进对纳税人缴费人行为的自动分析管理、对税务人员履责的全过程自控考核考评、对税务决策信息和任务的自主分类推送。2025年实现税务执法、服务、监管与大数据智能化应用深度融合、高效联动、全面升级。

（五）稳步实施发票电子化改革。2021年建成全国统一的电子发票服务平台，24小时在线免费为纳税人提供电子发票申领、开具、交付、查验等服务。制定出台电子发票国家标准，有序推进铁路、民航等领域发票电子化，2025年基本实现发票全领域、全环节、全要素电子化，着力降低制度性交易成本。

（六）深化税收大数据共享应用。探索区块链技术在社会保险费征收、房地产交易和不动产登记等方面的应用，并持续拓展在促进涉税涉费信息共享等领域的应用。不断完善税收大数据云平台，加强数据资源开发利用，持续推进与国家及有关部门信息系统互联互通。2025 年建成税务部门与相关部门常态化、制度化数据共享协调机制，依法保障涉税涉费必要信息获取；健全涉税涉费信息对外提供机制，打造规模大、类型多、价值高、颗粒度细的税收大数据，高效发挥数据要素驱动作用。完善税收大数据安全治理体系和管理制度，加强安全态势感知平台建设，常态化开展数据安全风险评估和检查，健全监测预警和应急处置机制，确保数据全生命周期安全。加强智能化税收大数据分析，不断强化税收大数据在经济运行研判和社会管理等领域的深层次应用。

五、精准实施税务监管

（二十）依法严厉打击涉税违法犯罪行为。充分发挥税收大数据作用，依托税务网络可信身份体系对发票开具、使用等进行全环节即时验证和监控，实现对虚开骗税等违法犯罪行为惩处从事后打击向事前事中精准防范转变。健全违法查处体系，充分依托国家"互联网＋监管"系统多元数据汇聚功能，精准有效打击"假企业"虚开发票、"假出口"骗取退税、"假申报"骗取税费优惠等行为，保障国家税收安全。对重大涉税违法犯罪案件，依法从严查处曝光并按照有关规定纳入企业和个人信用记录，共享至全国信用信息平台。

（十）被税务稽查了怎么办?

被税务稽查了，最严重的后果就是被认定为虚开发票和偷税（刑法上叫作逃避缴纳税款）。关于虚开发票我们已说过，下面重点讲解偷税的后果和正确的应对方法。

偷税的后果就是，被税务机关追缴其不缴或者少缴的税款、滞纳金，并处不缴或者少缴的税款 50% 以上 5 倍以下的罚款；构成犯罪的，依法追究刑事责任。

正确应对，就是避免被税务机关认定为偷税，需要同时满足如下条件：

（1）纳税人在稽查局进行税务检查前主动补正申报补缴税款。

时间点很重要，必须是税务检查前，逾期后补缴税款不影响行为的定性。企业应当在平时工作中自查自纠、自我修正，依法诚信纳税。在税务检查前主动、如实补缴税款、缴纳滞纳金。

（2）纳税人没有偷税的主观故意。

税务机关没有证据证明纳税人具有偷税主观故意的，不按偷税处理。

税务机关在实施检查前纳税人自我纠正属补报补缴少缴的税款，不能证明纳税人存在偷税的主观故意，不应定性为偷税。

对未采取欺骗、隐瞒手段，只是因理解税收政策不准确、计算错误等失误导致未缴、少缴税款的，依法追缴税款、滞纳金，不定性为偷税。

另外，若被认定偷税，也可以争取从轻、减轻税务行政处罚，不予税务行政处罚：

（1）配合税务机关查处税收违法行为有立功表现的，依法从轻、减轻税务行政处罚。

（2）主动、及时补缴税款、缴纳滞纳金，主动消除或者减轻违法行为危害后果的，依法从轻、减轻税务行政处罚。

（3）受他人胁迫有违法行为的，依法从轻、减轻税务行政处罚。

（4）对税收违法行为轻微，且主动、及时补缴税款、缴纳滞纳金，没有造成危害后果的，依法不予税务行政处罚。

（5）违反税收法律、行政法规应当给予行政处罚的行为在五年内未被发现的，不再给予行政处罚。

【相关文件】

根据《中华人民共和国税收征收管理法》第六十三条的规定，纳税人伪造、变造、隐匿、擅自销毁账簿、记账凭证，或者在账簿上多列支出或者不列、少列收入，或者经税务机关通知申报而拒不申报或者进行虚假的纳税申报，不缴或者少缴应纳税款的，是偷税。对纳税人偷税的，由税务机关追缴其不缴或者少缴的税款、滞纳金，并处不缴或者少缴的税款百分之五十以上五倍以下的罚款；构成犯罪的，依法追究刑事责任。

扣缴义务人采取上述所列手段，不缴或者少缴已扣、已收税款，由税务机关追缴其不缴或者少缴的税款、滞纳金，并处不缴或者少缴的税款百分之五十以上五倍以下的罚款；构成犯罪的，依法追究刑事责任。

根据《中华人民共和国刑法》第二百零一条的规定，纳税人采取欺骗、隐瞒手段进行虚假纳税申报或者不申报，逃避缴纳税款数额较大并且占应纳税额百分之十以上的，处三年以下有期徒刑或者拘役，并处罚金；数额巨大并且占应纳税额百分之三十以上的，处三年以上七年以下有期徒刑，并处罚金。扣缴义务人采取上述所列手段，不缴或者少缴已扣、已收税款，数额较大的，依照上述的规定处罚。对多次实施前两项行为，未经处理的，按照累计数额计算。

有第一项行为，经税务机关依法下达追缴通知后，补缴应纳税款，缴纳滞纳金，已受行政处罚的，不予追究刑事责任；但是，五年内因逃避缴纳税款受过刑事处罚或者被税务机关给予二次以上行政处罚的除外。

根据《国家税务总局关于税务检查期间补正申报补缴税款是否影响偷税行为定性有关问题的批复》（税总函〔2013〕196 号）的规定，税务机关认定纳税人不缴或者少缴税款的行为是否属于偷税，应当严格遵循《中华人民共和国税收征收管理法》第六十三条的有关规定。纳税人未在法定的期限内缴纳税款，且其行为符合《中华人民共和国税收征收管理法》第六十三条规定的构成要件的，即构成偷税，逾期后补缴税款不影响行为的定性。

纳税人在稽查局进行税务检查前主动补正申报补缴税款，并且税务机关没有证据证明纳税人具有偷税主观故意的，不按偷税处理。

根据《国家税务总局办公厅关于呼和浩特市昌隆食品有限公司有关涉税行为定性问题的复函》（国税办函〔2007〕513号）的规定，《中华人民共和国税收征收管理法》未具体规定纳税人自我纠正少缴税行为的性质问题，在处理此类情况时，仍应按《中华人民共和国税收征收管理法》关于偷税应当具备主观故意、客观手段和行为后果的规定进行是否偷税的定性。税务机关在实施检查前纳税人自我纠正属补报补缴少缴的税款，不能证明纳税人存在偷税的主观故意，不应定性为偷税。

根据《国家税务总局关于进一步做好税收违法案件查处有关工作的通知》（税总发〔2017〕30号）的规定，对税收违法企业，实施税务行政处罚时要综合考虑其违法的手段、情节、金额、违法次数、主观过错程度、纠错态度。对未采取欺骗、隐瞒手段，只是因理解税收政策不准确、计算错误等失误导致未缴、少缴税款的，依法追缴税款、滞纳金，不定性为偷税。对因税务机关的责任导致未缴、少缴税款的，依法在规定追溯期内追缴税款，不加收滞纳金。

对随机抽查的企业，鼓励其自查自纠、自我修正，引导依法诚信纳税。对主动、如实补缴税款、缴纳滞纳金，或者配合税务机关查处税收违法行为有立功表现的，依法从轻、减轻税务行政处罚。对税收违法行为轻微，且主动、及时补缴税款、缴纳滞纳金，没有造成危害后果的，依法不予税务行政处罚。

根据《税务行政处罚裁量权行使规则》（国家税务总局公告2016年第78号）第十五条的规定，当事人有下列情形之一的，应当依法从轻或者减轻行政处罚：

（1）主动消除或者减轻违法行为危害后果的；

（2）受他人胁迫有违法行为的；

（3）配合税务机关查处违法行为有立功表现的；

（4）其他依法应当从轻或者减轻行政处罚的。

根据《税务行政处罚裁量权行使规则》（国家税务总局公告2016年第78号）第十六条的规定，违反税收法律、行政法规应当给予行政处罚的行为在五年内未被发现的，不再给予行政处罚。

根据《中华人民共和国行政处罚法》第三十三条的规定，违法行为轻微并及时纠正，没有造成危害后果的，不予行政处罚。

例 20 - 40

某公司未按规定足额申报缴纳城镇土地使用税，不定性为偷税，已满五年，不再追征。

处罚事由：你单位未按规定足额申报缴纳部分年度的城镇土地使用税。

处罚依据：基于《中华人民共和国城镇土地使用税暂行条例》第九条规定，新征收的土地，依照下列规定缴纳城镇土地使用税：征收的耕地，自批准征收之日起满 1 年时开始缴纳城镇土地使用税。根据《财政部 国家税务总局关于房产税 城镇土地使用税有关政策的通知》（财税〔2006〕186 号）的规定，以出让或转让方式有偿取得土地使用权的，应由受让方从合同约定交付土地时间的次月起缴纳城镇土地使用税；合同未约定交付土地时间的，由受让方从合同签订的次月起缴纳城镇土地使用税。根据《国家税务总局关于通过招拍挂方式取得土地缴纳城镇土地使用税问题的公告》（国家税务总局公告 2014 年第 74 号，自 2014 年 12 月 31 日起施行）的规定，通过招标、拍卖、挂牌方式取得的建设用地，不属于新征用的耕地，纳税人应按照《财政部 国家税务总局关于房产税 城镇土地使用税有关政策的通知》（财税〔2006〕186 号）第二条的规定，从合同约定交付土地时间的次月起缴纳城镇土地使用税；合同未约定交付土地时间的，从合同签订的次月起缴纳城镇土地使用税。你单位 2010 年 9 月取得该土地，2010 年 10 月缴纳耕地占用税，满一年后（于 2011 年 10 月）开始缴纳城镇土地使用税的做法，属于对税收政策的理解有误。

处罚结果：根据《国家税务总局关于进一步做好税收违法案件查处有关工作的通知》（税总发〔2017〕30 号）的规定，你单位因理解税收政策不准确、计算错误等失误导致未缴、少缴税款，不定性为偷税。截至本案 2021 年 3 月立案检查已满五年，根据《中华人民共和国税收征收管理法》第五十二条和《中华人民共和国税收征收管理法实施细则》第八十二条之规定，对你单位 2010 年 10 月至 2011 年 9 月涉及的城镇土地使用税 1 598 569.00 元不再追征。

资料来源：节选自济南税稽罚〔2022〕28 号。

例 20 - 41

某公司设立"两套账"，按偷税进行行政处罚；应扣未扣股息所得个人所得税，因主动补缴，不予行政处罚。

处罚事由：

（1）伪造账簿和记账凭证的手段——设立"两套账"，对内对外采用不同会计账簿隐匿收入，造成少缴税款 2 916 228.32 元。

（2）2015 年为股东分配利润 3 500 000.00 元，未扣缴利息、股息、红利所得个人所得税 700 000.00（3 500 000.00×20%）元。

处罚依据：

（1）根据《中华人民共和国税收征收管理法》第六十三条的规定，纳税人伪造、变造、隐匿、擅自销毁账簿、记账凭证，或者在账簿上多列支出或者不列、少列收入，或者经税务机关通知申报而拒不申报或者进行虚假的纳税申报，不缴或者少缴应纳税款的，是偷税。对纳税人偷税的，由税务机关追缴其不缴或者少缴的税款、滞纳金，并处不缴或者少缴的税款百分之五十以上五倍以下的罚款。

（2）根据《中华人民共和国行政处罚法》第三十三条的规定，违法行为轻微并及时纠正，没有造成危害后果的，不予行政处罚；第五十七条规定，违法行为轻微，依法可以不予行政处罚的，不予行政处罚。《税务行政处罚裁量权行使规则》（国家税务总局公告 2016 年第 78 号）第十四条规定，当事人有下列情形之一的，不予行政处罚：违法行为轻微并及时纠正，没有造成危害后果的。

处罚结果：

（1）决定对你公司所偷税款 2 916 228.32 元（营业税 739 435.09＋增值税 1 511 969.65＋企业所得税 495 750.75＋城市维护建设税 157 598.33＋印花税 11 474.50），处予 1 倍的罚款，即罚款 2 916 228.32 元（2 916 228.32×1）。

（2）鉴于在本次检查过程中，你公司能及时如实提供相关资料，积极主动配合检查，并于 2021 年 4 月 15 日主动申报补缴税款 2 692 444.23 元，主动全额补扣补缴了股息所得个人所得税 700 000.00 元。决定对你公司应扣未扣股息所得个人所得税行为不予行政处罚。

资料来源：节选自普税—稽罚〔2021〕4 号。

第二十一章 主管会计

一、主管会计日常业务处理

（一）复核会计凭证和账簿等会计资料

将其他会计人员传来的记账凭证和账簿等会计资料逐个进行复核——发现差错提请各会计人员改正——结转损益类科目至本年利润并记账。

借：主营业务收入
　　其他业务收入
　　营业外收入等
　　贷：本年利润
借：本年利润
　　贷：主营业务成本
　　　　税金及附加
　　　　其他业务成本
　　　　销售费用
　　　　管理费用
　　　　财务费用
　　　　营业外支出
　　　　所得税费用
借：投资收益（按"投资收益"科目的净收益）
　　贷：本年利润
借：本年利润
　　贷：投资收益（按"投资收益"科目的净损失）

（二）编制财务报表

编制财务报表——财务经理审核——审定无误后打印。

【温馨提醒】

每月的财务报表应在下月10日之前（仅供参考，根据国家规定和公司情况自行制定，下同）出具，报税应在下月 15 日之前完成。

（三）编制财务报表附注

汇总各会计提供的相关资料——编制财务报表附注——打印，附在财务报表之后——报送公司领导——领导批准后，填写用章审批单到行政办公室盖公章、法定代表人及财务经理章——存档。

【温馨提醒】

每月的财务报表附注应在下月 12 日之前出具。

（四）编制财务分析报告

每月末或每季末向相关会计和相关部门收集财务分析报告所需资料和信息——编制财务分析报告——交财务经理审核——将审核后的财务分析报告打印，报送公司领导——领导批准后，填写用章审批单，到行政办公室盖公章、法定代表人及财务经理章——存档。

【温馨提醒】

1—12 月为月度分析，3 月和 9 月为季度财务分析。6 月和 12 月为半年和年度财务分析；每季度的财务分析报告应在下月 20 日之前出具，年度财务分析报告应在下月 30 日之前出具。

（五）年末财务处理

每年年末除将损益类科目结转至本年利润，还应根据情况进行下列财务处理。

1. 查找与利润分配有关的科目余额

与利润分配有关的会计业务分录：

（1）按董事会或类似机构批准的应转增资本的金额，在办理增资手续后：

　　借：利润分配——转增资本的利润

　　　　贷：实收资本

（2）企业（中外合作经营）根据合同规定在合作期间归还投资者的投资，应按照实际归还投资的金额，借记"实收资本——已归还投资"科目，贷记"银行存款"

等科目，同时：

> 借：利润分配——利润归还投资
>
> 　贷：盈余公积——利润归还投资

2. 本年净利润为正（净盈利）的财务处理

（1）年度终了，将全年实现的净利润自"本年利润"科目转入"利润分配"科目：

> 借：本年利润
>
> 　贷：利润分配——未分配利润

（2）提取盈余公积：

> 借：利润分配——提取法定公积金
>
> 　　　　　　——提取任意公积金
>
> 　贷：盈余公积——法定公积金
>
> 　　　　　　——任意公积金

【温馨提醒】

企业（外商投资）按照规定提取储备基金、企业发展基金、职工奖励及福利基金，借记"利润分配——提取储备基金/提取企业发展基金/提取职工奖励及福利基金"科目，贷记"盈余公积——储备基金/企业发展基金""应付职工薪酬——职工奖励及福利基金"科目。

（3）分配股利或利润。公司制企业经股东会或类似机构的决议，根据有关规定分配给股东或投资者的现金股利或利润：

> 借：利润分配——应付利润
>
> 　贷：应付利润

实际支付利润：

> 借：应付利润
>
> 　贷：银行存款/库存现金等

公司制企业经股东会或类似机构的决议，分配给股东的股票股利，应在办理增资手续后进行会计处理：

> 借：利润分配——转增股本的股利
>
> 　贷：股本

（4）将"利润分配"科目下的其他明细科目的余额转入"利润分配——未分配利润"科目，结转后，"利润分配"科目除"未分配利润"明细科目外，其他明细科目应无余额：

> 借：利润分配——未分配利润
>
> 　贷：利润分配——提取法定公积金
>
> 　　　　　　——提取任意公积金
>
> 　　　　　　——应付利润等

3. 本年净利润为负（净亏损）的财务处理

（1）年度终了，将全年实现的净利润自"本年利润"科目转入"利润分配"科目：

> 借：利润分配——未分配利润
>
> 　贷：本年利润

（2）盈余公积弥补亏损：

> 借：盈余公积
>
> 　贷：利润分配——盈余公积补亏

（3）将"利润分配"科目下的其他明细科目的余额转入"利润分配——未分配利润"科目：

> 借：利润分配——盈余公积补亏
>
> 　贷：利润分配——未分配利润

二、主管会计日常工作中的常见问题

（一）盈余公积常见问题

盈余公积是指企业按规定从净利润中提取的企业积累资金。企业的盈余公积包括法定公积金和任意公积金。

按照《中华人民共和国公司法》有关规定，企业应当按照当年实现的净利润（减弥补以前年度亏损，下同）的 10% 提取法定公积金。法定公积金累计额已达注册资本的 50% 以上时，可以不再提取。

提取法定公积金后，企业可根据股东会决议提取任意公积金。提取的具体比例和最低限额由企业自行确定。

企业提取的盈余公积经批准可用于弥补亏损、转增资本、扩大企业生产经营。

（二）利润分配常见问题

利润分配是指企业根据国家有关规定和企业章程、投资者协议等，对企业当年可供分配利润所进行的分配。

$$\begin{matrix} \text{可供分配} \\ \text{利润} \end{matrix} = \begin{matrix} \text{当年实现的} \\ \text{净利润} \end{matrix} + \begin{matrix} \text{年初未分配利润} \\ \text{(或一年初未弥补亏损)} \end{matrix} + \text{其他转入}$$

利润分配的顺序依次是：（1）提取法定公积金；（2）提取任意公积金；（3）向投资者分配利润。

未分配利润是经过弥补以前年度亏损、提取法定公积金、提取任意公积金和向投资者分配利润等利润分配之后剩余的利润，它是企业留待以后年度进行分配的历年结存的利润。

企业在年度终了实施利润分配并做相应的账务处理后，应将"利润分配"科目下的各有关明细科目的余额转入"利润分配——未分配利润"科目的借方，这样结转后，除"利润分配——未分配利润"明细科目外，"利润分配"科目的其他明细科目在年末应当无余额。

第三篇　综合篇

记账算账出报表　实战模拟大练兵
整个流程走一遍　轻松实现会计梦

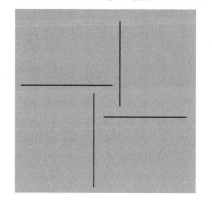

在本篇中，笔者精心编制了一个会计案例，通过本案例的学习，大家可以系统地掌握企业会计核算流程、企业日常会计与税务处理、财务报表编制、增值税纳税申报、企业所得税汇算清缴、其他常见税种纳税处理等知识。认真学习本案例，您将迅速成为一名业务过硬、技能精湛的财务人员，让您在日常会计与税务操作中游刃有余、得心应手。这个案例具有以下特点：

（1）本案例以丰收公司 2024 年发生的业务为例进行模拟实战演练，具有很强的实用性和操作性。

（2）本案例基本包括了工业企业日常生产经营中可能涉及的常见会计业务，这些会计业务全而精，以实现在实际业务中学习掌握会计核算方法的目的。

（3）本案例在编制过程中，充分考虑了工业企业通常需要缴纳的税种，并重点设计了企业所得税汇算清缴过程中常见的纳税调整事项以及企业增值税业务常见处理事项，切实提高会计人员纳税处理与申报水平。

（4）本案例旨在讲解会计实务处理，类似且频繁发生的业务只编制一笔会计分录，节省读者朋友们的宝贵时间。每一笔会计分录对应一个会计记账凭证（会写会计分录就会编制记账凭证，没有必要占用大量篇幅，故本书不列出记账凭证），以此讲解怎样快速、准确地编制财务报表。

第二十二章　丰收公司相关会计资料

一、丰收公司基本情况

丰收公司是一家位于 B 市的电脑生产公司，为增值税一般纳税人，通常适用增值税税率为 13％，所得税税率为 25％，原材料采用实际成本进行核算。

基本信息：

纳税人识别号：370000000000088

所属行业：工业企业

纳税人名称：B 市丰收电脑有限公司

公司简称：丰收公司

法定代表人姓名：丰收

注册地址：B 市××区××路 6 号

营业地址：B 市××区××路 6 号

开户银行及账号：中国××银行××支行；37000000800660000×××

企业登记注册类型：有限责任公司

电话号码：6660000

二、丰收公司 2024 年会计科目期初会计资料

假设丰收公司 2024 年所有经济业务都发生在 2024 年 12 月，即 1—11 月没有发生业务。

丰收公司 2024 年 12 月资产负债表年初余额见表 22－1，2024 年 12 月会计科目期初余额见表 22－2。其他相关明细表见表 22－3、表 22－4。

表 22－1　资产负债表

会小企 01 表

编制单位：B 市丰收电脑有限公司　　　　2024 年 12 月 31 日

单位：元

资产	行次	期末余额	年初余额	负债和所有者权益（或股东权益）	行次	期末余额	年初余额
流动资产：				流动负债：			
货币资金	1		3 781 740.00	短期借款	31		2 400 000.00
短期投资	2		150 000.00	应付票据	32		1 960 000.00

续表

资产	行次	期末余额	年初余额	负债和所有者权益（或股东权益）	行次	期末余额	年初余额
应收票据	3		968 000.00	应付账款	33		7 638 400.00
应收账款	4		4 390 100.00	预收账款	34		1 090 000.00
预付账款	5		900 000.00	应付职工薪酬	35		266 000.00
应收股利	6			应交税费	36		186 990.00
应收利息	7			应付利息	37		
其他应收款	8		440 000.00	应付利润	38		
存货	9		16 768 000.00	其他应付款	39		350 000.00
其中：原材料	10		9 258 000.00	其他流动负债	40		
在产品	11			流动负债合计	41		13 891 390.00
库存商品	12		7 510 000.00	非流动负债：			
周转材料	13			长期借款	42		14 600 000.00
其他流动资产	14			长期应付款	43		
流动资产合计	15		27 397 840.00	递延收益	44		
非流动资产：				其他非流动负债	45		
长期债券投资	16			非流动负债合计	46		14 600 000.00
长期股权投资	17		2 250 000.00	负债合计	47		28 491 390.00
固定资产原价	18		4 825 000.00				
减：累计折旧	19		225 000.00				
固定资产账面价值	20		4 600 000.00				
在建工程	21		4 616 200.00				
工程物资	22						
固定资产清理	23						
生产性生物资产	24			所有者权益（或股东权益）：			
无形资产	25		6 098 550.00	实收资本（或股本）	48		10 000 000.00
开发支出	26			资本公积	49		
长期待摊费用	27			盈余公积	50		4 096 200.00
其他非流动资产	28			未分配利润	51		2 375 000.00
非流动资产合计	29		17 564 750.00	所有者权益（或股东权益）合计	52		16 471 200.00
资产总计	30		44 962 590.00	负债和所有者权益（或股东权益）总计	53		44 962 590.00

表 22-2　科目本期发生额和余额表

编制单位：B市丰收电脑有限公司　　　2024 年 12 月 31 日　　　凭证编号 — 号

账户名称（会计科目）	期初余额		本期发生额		期末余额	
	借方	贷方	借方	贷方	借方	贷方
库存现金	46 789.00					
银行存款	3 734 951.00					
短期投资	150 000.00					
应收票据	968 000.00					
应收账款	4 390 100.00					
预付账款	900 000.00					
其他应收款	440 000.00					
原材料	9 258 000.00					
库存商品	7 510 000.00					
长期股权投资	2 250 000.00					
固定资产	4 825 000.00					
累计折旧		225 000.00				
在建工程	4 616 200.00					
无形资产	6 693 750.00					
累计摊销		595 200.00				
短期借款		2 400 000.00				
应付票据		1 960 000.00				
应付账款		7 638 400.00				
预收账款		1 090 000.00				
应付职工薪酬		266 000.00				
应交税费		186 990.00				
其他应付款		350 000.00				
长期借款		14 600 000.00				
实收资本		10 000 000.00				
盈余公积		4 096 200.00				
利润分配		2 375 000.00				
合计	45 782 790.00	45 782 790.00				

注：为了节省篇幅，期初无余额的会计科目省略，本期有发生额时再添加。而在实际会计工作中，此表格要按全部常用会计科目设置，并设置自身表内公式及与财务报表的表间公式，作为模板，可以大大减少工作量，提高工作效率。

表 22 - 3　应收账款明细

客户类别	期初账面余额（元）
甲电脑商场	1 080 000
乙电脑销售有限公司	900 000
戊公司	1 060 000
庚公司	1 350 100
合计	4 390 100

表 22 - 4　长期借款明细

项目	贷款期限	账面余额（元）
中国工商银行	2023 年 6 月—2026 年 6 月	10 000 000
中国农业银行	2023 年 4 月—2025 年 4 月	4 600 000
合计		14 600 000

三、丰收公司 2024 年 12 月的经济业务

（1）公司从银行提取现金 6 000 元备用。

（2）公司用现金支付业务招待费报销款 20 000 元。

（3）公司用现金购买办公用品 900 元，取得增值税普通发票一份。

（4）公司将要到期的一张面值为 900 000 元的无息银行承兑汇票，连同解讫通知和进账单交银行办理转账。收到银行盖章退回的进账单一联。款项银行已收妥。

（5）公司用银行存款缴纳上期增值税 48 205.37 元，城市维护建设税 3 374.38 元，教育费附加 1 446.16 元、地方教育附加 964.11 元，房产税 32 999.98 元，城镇土地使用税 100 000 元。

（6）公司将短期投资（股票）兑现 166 000 元，存入银行，该投资的成本为 140 000 元。

（7）公司以直接销售方式将 3 000 台电脑按 7 020 元/台含税价格销售给代理商戊公司，已经全部开具增值税专用发票，共计 40 份，不含税金额为 18 637 168.14 元，税额 2 422 831.86 元，收到银行存款 1 900 万元及 200 万元的商业承兑汇票一张。

（8）公司从丁公司购入生产用设备一台，取得增值税专用发票 1 份，增值税专用发票上注明金额 50 000 元，税额 6 500 元，款项尚未支付。

（9）公司用银行存款支付产品业务宣传费 106 000 元，取得增值税专用发票 1 份，增值税专用发票上注明金额 100 000 元，税额 6 000 元。

（10）公司从丙公司购入用于生产电脑的原材料，取得增值税专用发票 30 份，增值税专用发票上注明原材料价款 1 000 万元，增值税额 130 万元，公司上期已经预付丙公司货款 70 万元，现以银行存款支付余款，另支付运费 6.54 万元，取得增值税专用发票 1 份。材料已到达并验收入库。

（11）公司的一个新车间完工，交付生产使用，已办理竣工手续，固定资产价值 3 050 000 元。

（12）公司直接向个人销售电脑 20 台，取得不含税销售收入 12 万元，开具增值税普通发票 20 份，收到现金 13.56 万元。

（13）公司将自产电脑 10 台无偿赠送给 B 市的一所中学，电脑实际成本为 5 000 元/台，同期销售价格为 6 000 元/台，未开具发票。

（14）公司提供的电脑修理修配劳务开具增值税专用发票 10 份，不含税金额 12 万元，款项已存入银行。

（15）公司外购低值易耗品，用转账支票支付含税价款合计 3.39 万元，取得增值税专用发票 5 份。

（16）公司销售一台机器设备，取得含税销售额 10.3 万元。已知购买该设备时取得的增值税专用发票上注明的金额为 15 万元（含税，按当时税法规定未抵扣），现已经计提折旧 6 万元。公司按规定开具了 1 份增值税普通发票。

（17）公司将票面金额为 2 000 000 元的承兑汇票到银行办理贴现，贴现息为 120 000 元。

（18）公司购买股票作为短期投资，购买价款为 800 000 元，相关税费为 16 000 元，已用银行存款支付。

（19）公司归还短期借款本金 2 400 000 元，利息 120 000 元。

（20）公司基本生产车间领用原材料，实际成本为 15 800 000 元。

（21）公司分配本期应付职工薪酬 600 000 元（包括：工资 460 000 元、职工福利费 79 800 元、职工教育经费 23 000 元、工会经费 17 200 元、社会保险费 20 000 元），其中生产人员薪酬 550 000 元，车间管理人员薪酬 20 000 元，行政管理部门人员薪酬 20 000 元，销售部门薪酬 10 000 元。支付本期及上期职工薪酬 866 000 元（其中：本期及上期工资 710 000 元、职工福利费 95 800 元、职工教育经费 23 000 元、工会经费 17 200 元、社会保险费 20 000 元）。预扣预缴的职工个人负担的社会保险费 8 100 元，代垫的水电费、医药费等 6 100 元，预扣预缴个人所得税 12 000 元。工会经费取得工会经费拨款专用收据。

（22）公司以银行存款支付电费 1 130 000 元，取得增值税专用发票 2 份，其中基本生产车间应负担 900 000 元，办公楼应负担 100 000 元。

（23）公司采用直线法计提固定资产折旧 200 000 元（其中包括部分闲置的生产

设备折旧 30 000 元），计入制造费用 180 000 元、管理费用 20 000 元。

已知该公司期末固定资产包括房屋建筑物、生产设备、与生产经营有关的器具工具家具、运输工具、电子设备，原值分别为 4 105 000 元、2 788 000 元、12 000 元、780 000 元、90 000 元，该公司会计处理折旧年限分别为 20 年、10 年、5 年、4 年、3 年，本月计提折旧分别为 30 210 元、129 000 元、600 元、35 750 元、4 440 元。累计折旧分别为 181 260 元、774 000 元、3 600 元、214 500 元、26 640 元。固定资产原值、残值、折旧年限与税法规定相同。

（24）公司计提本年度无形资产（专利权）摊销 496 000 元，已累计摊销 2 480 000 元，假设该项无形资产按税法规定摊销期限不低于 20 年。

（25）公司收到甲电脑商场货款 1 800 000 元，款项已存入银行。

（26）公司计算并结转本期完工产品成本 17 450 000 元。期末无在产品，本期生产的产品全部完工入库。

（27）公司用银行存款支付广告费 100 000 元，取得增值税普通发票一份。

（28）由于保管不善，原材料发生非常损失，其实际成本为 10 000 元。经公司批准，由保管部门赔偿 6 000 元，其余计入营业外支出。该损失未向税务机关备案。

（29）公司收到贷款利息通知单，利息 1 314 000 元，其中：在建工程应负担的长期借款利息费用为 900 000 元，应计入本期损益的长期借款利息费用为 414 000 元，长期借款为分期付息。

（30）公司向银行借款 1 000 000 元，借款期限为 9 个月。

（31）公司收到存款利息单，存款利息 390 000 元。

（32）被投资单位 A 公司（长期股权投资）宣告分派的现金股利中属于本企业的部分为 160 000 元。

（33）结转本期主营业务成本 15 761 000 元。

（34）计算应交增值税。

（35）计提城市维护建设税、教育费附加、地方教育附加、房产税、城镇土地使用税（其中：房产税 38 640 元，城镇土地使用税 100 000 元）。

（36）计算企业所得税。

（37）将各损益科目结转至本年利润。

（38）按照本年净利润的 10% 提取法定公积金。

（39）将利润分配各明细科目的余额转入"未分配利润"明细科目，结转本年利润。

四、编制丰收公司 2024 年 12 月的会计分录

（1）从银行提取现金：

借：库存现金　6 000

　　贷：银行存款　6 000

（2）用现金支付业务招待费报销款：

借：管理费用——业务招待费　20 000

　　贷：库存现金　20 000

（3）用现金购买办公用品：

借：管理费用——办公费　900

　　贷：库存现金　900

（4）银行承兑汇票交银行办理转账：

借：银行存款　900 000

　　贷：应收票据　900 000

（5）用银行存款缴纳上期税费：

借：应交税费——未交增值税　48 205.37

　　　　　　——应交城市维护建设税　3 374.38

　　　　　　——应交教育费附加　1 446.16

　　　　　　——应交地方教育附加　964.11

　　　　　　——应交房产税　32 999.98

　　　　　　——应交城镇土地使用税　100 000.00

　　贷：银行存款　186 990.00

（6）短期投资（股票）兑现：

借：银行存款　166 000

　　贷：短期投资　140 000

　　　　投资收益　26 000

（7）销售电脑：

借：银行存款　19 000 000.00

　　应收票据　2 000 000.00

　　应收账款——戊公司　60 000.00

　　贷：主营业务收入　18 637 168.14

　　　　应交税费——应交增值税（销项税额）　2 422 831.86

（8）购入生产用设备一台：

借：固定资产 50 000

应交税费——应交增值税（进项税额） 6 500

贷：应付账款——丁公司 56 500

（9）用银行存款支付产品业务宣传费：

借：销售费用——业务宣传费 100 000

应交税费——应交增值税（进项税额） 6 000

贷：银行存款 106 000

（10）购入原材料：

借：原材料（10 000 000＋65 400/（1＋9％）） 10 060 000

应交税费——应交增值税（进项税额）（1 300 000＋65 400(1＋9％)×9％)

1 305 400

贷：银行存款 10 665 400

预付账款——丙公司 700 000

（11）新车间完工交付生产使用：

借：固定资产 3 050 000

贷：在建工程 3 050 000

（12）向个人销售电脑：

借：库存现金 135 600

贷：主营业务收入 120 000

应交税费——应交增值税（销项税额） 15 600

（13）将自产电脑无偿赠送（视同销售）：

借：营业外支出 57 800

贷：库存商品 50 000

应交税费——应交增值税（销项税额） 7 800

（14）电脑修理修配劳务收入：

借：银行存款 135 600

贷：主营业务收入 120 000

应交税费——应交增值税（销项税额） 15 600

（15）外购低值易耗品：

借：周转材料——低值易耗品 30 000

应交税费——应交增值税（进项税额） 3 900

贷：银行存款 33 900

（16）销售使用过的机器设备：

应缴纳的增值税额＝103 000/(1＋3%)×2%＝2 000(元)

借：银行存款	103 000
贷：固定资产清理	100 000
应交税费——简易计税	3 000
借：应交税费——应交增值税（减免税款）	1 000
贷：营业外收入	1 000
借：固定资产清理	90 000
累计折旧	60 000
贷：固定资产	150 000
借：固定资产清理	10 000
贷：营业外收入	10 000

（17）承兑汇票贴现：

借：银行存款	1 880 000
财务费用	120 000
贷：应收票据	2 000 000

（18）购买股票：

借：短期投资	816 000
贷：银行存款	816 000

（19）归还短期借款：

借：短期借款	2 400 000
财务费用	120 000
贷：银行存款	2 520 000

（20）基本生产车间领用原材料：

借：生产成本	15 800 000
贷：原材料	15 800 000

（21）分配、支付职工薪酬：

借：生产成本	550 000
制造费用	20 000
管理费用	20 000
销售费用	10 000
贷：应付职工薪酬——职工工资	460 000
——职工福利费	79 800

——职工教育经费	23 000
——工会经费	17 200
——社会保险费	20 000
借：应付职工薪酬——职工工资	710 000
——职工福利费	95 800
——职工教育经费	23 000
——工会经费	17 200
贷：银行存款	819 800
其他应付款——社会保险费	8 100
其他应收款——代垫费用	6 100
应交税费——应交个人所得税	12 000
借：应付职工薪酬——社会保险费	20 000
其他应付款——社会保险费	8 100
应交税费——应交个人所得税	12 000
贷：银行存款	40 100

（22）支付电费：

借：制造费用——电费	900 000
管理费用——电费	100 000
应交税费——应交增值税（进项税额）	130 000
贷：银行存款	1 130 000

（23）计提固定资产折旧：

借：制造费用——折旧费	180 000
管理费用——折旧费	20 000
贷：累计折旧	200 000

（24）计提无形资产摊销：

借：管理费用——无形资产摊销	496 000
贷：累计摊销	496 000

（25）收到甲电脑商场货款，款项已存入银行：

借：银行存款	1 800 000
贷：应收账款——甲电脑商场	1 800 000

（26）计算并结转本期完工产品成本：

借：生产成本	1 100 000
贷：制造费用	1 100 000
借：库存商品	17 450 000
贷：生产成本	17 450 000

（27）支付广告费：

借：销售费用——广告费 100 000

贷：银行存款 100 000

（28）原材料发生非常损失：

借：待处理财产损溢——待处理流动资产损溢 11 300

贷：原材料 10 000

应交税费——应交增值税（进项税额转出） 1 300

借：库存现金 6 000

营业外支出 5 300

贷：待处理财产损溢——待处理流动资产损溢 11 300

（29）收到贷款利息通知单：

借：在建工程 900 000

财务费用 414 000

贷：应付利息 1 314 000

借：应付利息 1 314 000

贷：银行存款 1 314 000

（30）向银行借款：

借：银行存款 1 000 000

贷：短期借款 1 000 000

（31）收到存款利息单：

借：财务费用 －390 000

贷：银行存款 －390 000

（32）确认投资收益：

借：应收股利 160 000

贷：投资收益 160 000

（33）结转本期主营业务成本：

借：主营业务成本 15 761 000

贷：库存商品 15 761 000

（34）计算应交增值税：

$$本月未交增值税 = 销项税额 - 进项税额 + 进项税额转出 = 2\ 461\ 831.86 - 1\ 451\ 800 + 1\ 300$$

$$= 1\ 011\ 331.86（元）$$

结转本月未交增值税：

借：应交税费——应交增值税（转出未交增值税） 1 011 331.86

 贷：应交税费——未交增值税 1 011 331.86

$$\frac{本月应交}{增值税}=\frac{未交}{增值税}+\frac{简易}{计税}-\frac{减免}{税款}=1\,011\,331.86+3\,000-1\,000$$

$$=1\,013\,331.86(元)$$

（35）计提相关税费：

 城市维护建设税 $=1\,013\,331.86\times7\%=70\,933.23(元)$

 教育费附加 $=1\,013\,331.86\times3\%=30\,399.96(元)$

 地方教育附加 $=1\,013\,331.86\times2\%=20\,266.64(元)$

借：税金及附加 121 599.83

 贷：应交税费——应交城市维护建设税 70 933.23

     ——应交教育费附加 30 399.96

     ——应交地方教育附加 20 266.64

借：税金及附加 138 640.00

 贷：应交税费——应交房产税 38 640.00

     ——应交城镇土地使用税 100 000.00

（36）计提企业所得税：

 利润总额 $=18\,877\,168.14+186\,000.00+11\,000.00-15\,761\,000.00$

    $-260\,239.83-210\,000.00-656\,900.00-264\,000.00-63\,100.00$

   $=1\,858\,928.31(元)$

按照税法规定计算确定的应交所得税：

 应交企业所得税 $=1\,858\,928.31\times25\%=464\,732.08(元)$

纳税调整事项在 2025 年 5 月之前的汇算清缴中进行调整。

借：所得税费用 464 732.08

 贷：应交税费——应交企业所得税 464 732.08

（37）将各损益科目结转至本年利润：

借：主营业务收入 18 877 168.14

 投资收益 186 000.00

 营业外收入 11 000.00

 贷：本年利润 1 394 196.23

  主营业务成本 15 761 000.00

税金及附加	260 239.83
销售费用	210 000.00
管理费用	656 900.00
财务费用	264 000.00
营业外支出	63 100.00
所得税费用	464 732.08

（38）提取法定公积金：

法定公积金＝1 394 196.23×10％＝139 419.62（元）

借：利润分配——提取法定公积金	139 419.62
贷：盈余公积——法定公积金	139 419.62

（39）将利润分配各明细科目的余额转入"未分配利润"明细科目，结转本年利润：

借：利润分配——未分配利润	139 419.62
贷：利润分配——提取法定公积金	139 419.62
借：本年利润	1 394 196.23
贷：利润分配——未分配利润	1 394 196.23

第二十三章　丰收公司财务报表编制

若用财务软件，财务报表可以自动生成。如果没有财务软件，我们也无须手工编制财务报表，具体方法在第八章已经详细介绍。这里以第二十二章丰收公司会计资料为例（假设12月的业务就是全年业务）讲述财务报表的编制。

一、资产负债表和利润表的编制

将每一笔会计分录填列在"科目登记汇总表"，由于这一步非常简单，本书不再列出，读者可以自己填列，填列完毕后，可以发现科目本期发生额和余额表（见表23-1）、资产负债表（见表23-2）、利润表（见表23-3）已经自动生成。

表 23-1　科目本期发生额和余额表

编制单位：B市丰收电脑有限公司　　2024年12月31日　　　　　　　　单位：元

科目名称	期初余额		本期发生额		期末余额	
	借方	贷方	借方	贷方	借方	贷方
库存现金	46 789.00		147 600.00	20 900.00	173 489.00	
银行存款	3 734 951.00		24 984 600.00	17 348 190.00	11 371 361.00	
短期投资	150 000.00		816 000.00	140 000.00	826 000.00	
应收票据	968 000.00		2 000 000.00	2 900 000.00	68 000.00	
应收账款	4 390 100.00		60 000.00	1 800 000.00	2 650 100.00	
预付账款	900 000.00			700 000.00	200 000.00	
应收股利			160 000.00		160 000.00	
其他应收款	440 000.00			6 100.00	433 900.00	
原材料	9 258 000.00		10 060 000.00	15 810 000.00	3 508 000.00	
库存商品	7 510 000.00		17 450 000.00	15 811 000.00	9 149 000.00	
周转材料			30 000.00		30 000.00	
长期股权投资	2 250 000.00				2 250 000.00	
固定资产	4 825 000.00		3 100 000.00	150 000.00	7 775 000.00	
累计折旧		225 000.00	60 000.00	200 000.00		365 000.00
在建工程	4 616 200.00		900 000.00	3 050 000.00	2 466 200.00	
固定资产清理			100 000.00	100 000.00		

续表

科目名称	期初余额		本期发生额		期末余额	
	借方	贷方	借方	贷方	借方	贷方
无形资产	6 693 750.00				6 693 750.00	
累计摊销		595 200.00		496 000.00		1 091 200.00
待处理财产损溢			11 300.00	11 300.00		
短期借款		2 400 000.00	2 400 000.00	1 000 000.00		1 000 000.00
应付票据		1 960 000.00				1 960 000.00
应付账款		7 638 400.00		56 500.00		7 694 900.00
预收账款		1 090 000.00				1 090 000.00
应付职工薪酬		266 000.00	866 000.00	600 000.00		
应交税费		186 990.00	2 663 121.86	4 214 435.63		1 738 303.77
应付利息			1 314 000.00	1 314 000.00		
其他应付款		350 000.00	8 100.00	8 100.00		350 000.00
长期借款		14 600 000.00				14 600 000.00
实收资本		10 000 000.00				10 000 000.00
盈余公积		4 096 200.00		139 419.62		4 235 619.62
本年利润			1 394 196.23	1 394 196.23		
利润分配		2 375 000.00	278 839.24	1 533 615.85		3 629 776.61
生产成本			17 450 000.00	17 450 000.00		
制造费用			1 100 000.00	1 100 000.00		
主营业务收入			18 877 168.14	18 877 168.14		
投资收益			186 000.00	186 000.00		
营业外收入			11 000.00	11 000.00		
主营业务成本			15 761 000.00	15 761 000.00		
税金及附加			260 239.83	260 239.83		
销售费用			210 000.00	210 000.00		
管理费用			656 900.00	656 900.00		
财务费用			264 000.00	264 000.00		
营业外支出			63 100.00	63 100.00		
所得税费用			464 732.08	464 732.08		
合计	45 782 790.00	45 782 790.00	124 107 897.38	124 107 897.38	47 754 800.00	47 754 800.00

表23-2 资产负债表（调整前）

会小企01表

编制单位：B市丰收电脑有限公司　　2024年12月31日　　　　　　单位：元

资产	行次	期末余额	年初余额	负债和所有者权益（或股东权益）	行次	期末余额	年初余额
流动资产：				流动负债：			
货币资金	1	11 544 850.00	3 781 740.00	短期借款	31	1 000 000.00	2 400 000.00
短期投资	2	826 000.00	150 000.00	应付票据	32	1 960 000.00	1 960 000.00
应收票据	3	68 000.00	968 000.00	应付账款	33	7 694 900.00	7 638 400.00
应收账款	4	2 650 100.00	4 390 100.00	预收账款	34	1 090 000.00	1 090 000.00
预付账款	5	200 000.00	900 000.00	应付职工薪酬	35		266 000.00
应收股利	6	160 000.00		应交税费	36	1 738 303.77	186 990.00
应收利息	7			应付利息	37		
其他应收款	8	433 900.00	440 000.00	应付利润	38		
存货	9	12 687 000.00	16 768 000.00	其他应付款	39	350 000.00	350 000.00
其中：原材料	10	3 508 000.00	9 258 000.00	其他流动负债	40		
在产品	11			流动负债合计	41	13 833 203.77	13 891 390.00
库存商品	12	9 149 000.00	7 510 000.00	非流动负债：			
周转材料	13	30 000.00		长期借款	42	14 600 000.00	14 600 000.00
其他流动资产	14			长期应付款	43		
流动资产合计	15	28 569 850.00	27 397 840.00	递延收益	44		
非流动资产：				其他非流动负债	45		
长期债券投资	16			非流动负债合计	46	14 600 000.00	14 600 000.00
长期股权投资	17	2 250 000.00	2 250 000.00	负债合计	47	28 433 203.77	28 491 390.00
固定资产原价	18	7 775 000.00	4 825 000.00				
减：累计折旧	19	365 000.00	225 000.00				
固定资产账面价值	20	7 410 000.00	4 600 000.00				
在建工程	21	2 466 200.00	4 616 200.00				
工程物资	22						
固定资产清理	23						
生产性生物资产	24			所有者权益（或股东权益）：			
无形资产	25	5 602 550.00	6 098 550.00	实收资本（或股本）	48	10 000 000.00	10 000 000.00

续表

资产	行次	期末余额	年初余额	负债和所有者权益（或股东权益）	行次	期末余额	年初余额
开发支出	26			资本公积	49		
长期待摊费用	27			盈余公积	50	4 235 619.62	4 096 200.00
其他非流动资产	28			未分配利润	51	3 629 776.61	2 375 000.00
非流动资产合计	29	17 728 750.00	17 564 750.00	所有者权益（或股东权益）合计	52	17 865 396.23	16 471 200.00
资产总计	30	46 298 600.00	44 962 590.00	负债和所有者权益（或股东权益）总计	53	46 298 600.00	44 962 590.00

表 23 - 3　利润表

会小企 02 表

编制单位：B 市丰收电脑有限公司　　2021 年 12 月 31 日　　　　单位：元

项目	行次	本年累计金额	本月金额（略）
一、营业收入	1	18 877 168.14	
减：营业成本	2	15 761 000.00	
税金及附加	3	260 239.83	
其中：消费税	4		
环境保护税	5		
城市维护建设税	6	70 933.23	
资源税	7		
土地增值税	8		
城镇土地使用税、房产税、车船税、印花税	9	138 640.00	
教育费附加、矿产资源补偿费、文化事业建设费	10	50 666.60	
销售费用	11	210 000.00	
其中：商品维修费	12		
广告费和业务宣传费	13	200 000.00	
管理费用	14	656 900.00	
其中：开办费	15		
业务招待费	16	20 000.00	
研究费用	17		
财务费用	18	264 000.00	

续表

项目	行次	本年累计金额	本月金额（略）
其中：利息费用（收入以"—"号填列）	19	264 000.00	
加：投资收益（损失以"—"号填列）	20	186 000.00	
二、营业利润（亏损以"—"号填列）	21	1 911 028.31	
加：营业外收入	22	11 000.00	
其中：政府补助	23		
减：营业外支出	24	63 100.00	
其中：坏账损失	25		
无法收回的长期债券投资损失	26		
无法收回的长期股权投资损失	27		
自然灾害等不可抗力因素造成的损失	28		
税收滞纳金	29		
三、利润总额（亏损总额以"—"号填列）	30	1 858 928.31	
减：所得税费用	31	464 732.08	
四、净利润（净亏损以"—"号填列）	32	1 394 196.23	

自动生成的资产负债表，还需要确认以下两类项目是否有必要调整：

一是"应收账款、预收账款和应付账款、预付账款"项目明细中是否存在负数需要调整，应收账款项目明细见表23－4。

表23－4　应收账款项目明细

客户类别	期初账面余额	期末账面余额
甲电脑商场	1 080 000.00	−720 000.00
乙电脑销售有限公司	900 000.00	900 000.00
戊公司	1 060 000.00	1 120 000.00
庚公司	1 350 100.00	1 350 100.00
合计	4 390 100.00	2 650 100.00

从表中我们可以看出，"应收账款——甲电脑商场"余额为−720 000元，在资产负债表中应将"应收账款"调增720 000元，将"预收账款"调增720 000元。

二是长期资产（负债）中是否存在一年内到期的非流动资产（负债）需要调整。该公司向中国农业银行的借款4 600 000元，2025年4月到期，所以该笔借款应从"长期借款"调至"其他流动负债"项目中。

调整后的资产负债表见表23－5。

表 23 - 5　资产负债表（调整后）

编制单位：B 市丰收电脑有限公司　　　2024 年 12 月 31 日

会小企 01 表
单位：元

资产	行次	期末余额	年初余额	负债和所有者权益（或股东权益）	行次	期末余额	年初余额
流动资产：				流动负债：			
货币资金	1	11 544 850.00	3 781 740.00	短期借款	31	1 000 000.00	2 400 000.00
短期投资	2	826 000.00	150 000.00	应付票据	32	1 960 000.00	1 960 000.00
应收票据	3	68 000.00	968 000.00	应付账款	33	7 694 900.00	7 638 400.00
应收账款	4	3 370 100.00	4 390 100.00	预收账款	34	1 810 000.00	1 090 000.00
预付账款	5	200 000.00	900 000.00	应付职工薪酬	35		266 000.00
应收股利	6	160 000.00		应交税费	36	1 738 303.77	186 990.00
应收利息	7			应付利息	37		
其他应收款	8	433 900.00	440 000.00	应付利润	38		
存货	9	12 687 000.00	16 768 000.00	其他应付款	39	350 000.00	350 000.00
其中：原材料	10	3 508 000.00	9 258 000.00	其他流动负债	40	4 600 000.00	
在产品	11			流动负债合计	*41	19 153 203.77	13 891 390.00
库存商品	12	9 149 000.00	7 510 000.00	非流动负债：			
周转材料	13	30 000.00		长期借款	42	10 000 000.00	14 600 000.00
其他流动资产	14			长期应付款	43		
流动资产合计	15	29 289 850.00	27 397 840.00	递延收益	44		
非流动资产：				其他非流动负债	45		
长期债券投资	16			非流动负债合计	46	10 000 000.00	14 600 000.00
长期股权投资	17	2 250 000.00	2 250 000.00	负债合计	47	29 153 203.77	28 491 390.00
固定资产原价	18	7 775 000.00	4 825 000.00				
减：累计折旧	19	365 000.00	225 000.00				
固定资产账面价值	20	7 410 000.00	4 600 000.00				
在建工程	21	2 466 200.00	4 616 200.00				
工程物资	22						
固定资产清理	23						
生产性生物资产	24			所有者权益（或股东权益）：			
无形资产	25	5 602 550.00	6 098 550.00	实收资本（或股本）	48	10 000 000.00	10 000 000.00
开发支出	26			资本公积	49		
长期待摊费用	27			盈余公积	50	4 235 619.62	4 096 200.00

续表

资产	行次	期末余额	年初余额	负债和所有者权益 （或股东权益）	行次	期末余额	年初余额
其他非流动资产	28			未分配利润	51	3 629 776.61	2 375 000.00
非流动资产合计	29	17 728 750.00	17 564 750.00	所有者权益（或 股东权益）合计	52	17 865 396.23	16 471 200.00
资产总计	30	47 018 600.00	44 962 590.00	负债和所有者 权益（或股东权益） 总计	53	47 018 600.00	44 962 590.00

二、现金流量表的编制

根据公司经济业务的实际情况，设计明细账基础数据表（见表 23-6），输入数据，现金流量表（见表 23-7）就会自动生成了。

表 23-6　明细账基础数据表

编制单位：B市丰收电脑有限公司　　　　2024 年 12 月　　　　　　　　单位：元

序号	项目	金额
1	本期发生的票据贴现利息	120 000.00
2	银行存款的利息收入	390 000.00
3	收到的赔款	6 000.00
4	本期毁损的外购商品成本	10 000.00
5	当期列入生产成本、制造费用的职工薪酬、折旧费和固定资产修理费等除材料以外的其他费用	1 650 000.00
6	本期实际支付的职工薪酬	847 900.00
7	本期实际交纳的税费	198 990.00
8	管理费用中除职工薪酬和未支付现金的费用外的其他费用	120 900.00
9	制造费用中除职工薪酬和未支付现金的费用外的其他费用	900 000.00
10	销售费用中除职工薪酬和未支付现金的费用外的其他费用	200 000.00
11	管理费用、制造费用、销售费用支付现金费用抵扣的进项税额	130 000.00
12	收回投资收到的现金	166 000.00
13	处置固定资产、无形资产和其他非流动资产收回的现金净额	103 000.00
14	投资支付的现金	816 000.00
15	取得借款收到的现金	1 000 000.00
16	偿还借款本金支付的现金	2 400 000.00
17	偿还借款利息支付的现金	1 434 000.00
……	（该公司用不到的项目略，读者可以自己根据自己公司具体业务列示）	

表 23－7　现金流量表

编制单位：B 市丰收电脑有限公司　　　2024 年 12 月 31 日

会小企 03 表

单位：元

项目	行次	本年累计金额	本月金额（略）
一、经营活动产生的现金流量：			
销售产成品、商品、提供劳务收到的现金	1	23 851 200.00	
收到其他与经营活动有关的现金	2	396 000.00	
购买原材料、商品、接受劳务支付的现金	3	10 699 300.00	
支付的职工薪酬	4	847 900.00	
支付的税费	5	198 990.00	
支付其他与经营活动有关的现金	6	1 356 900.00	
经营活动产生的现金流量净额	7	11 144 110.00	
二、投资活动产生的现金流量：			
收回短期投资、长期债券投资和长期股权投资收到的现金	8	166 000.00	
取得投资收益收到的现金	9		
处置固定资产、无形资产和其他非流动资产收回的现金净额	10	103 000.00	
短期投资、长期债券投资和长期股权投资支付的现金	11	816 000.00	
购建固定资产、无形资产和其他非流动资产支付的现金	12		
投资活动产生的现金流量净额	13	－547 000.00	
三、筹资活动产生的现金流量：			
取得借款收到的现金	14	1 000 000.00	
吸收投资者投资收到的现金	15		
偿还借款本金支付的现金	16	2 400 000.00	
偿还借款利息支付的现金	17	1 434 000.00	
分配利润支付的现金	18		
筹资活动产生的现金流量净额	19	－2 834 000.00	
四、现金净增加额	20	7 763 110.00	
加：期初现金余额	21	3 781 740.00	
五、期末现金余额	22	11 544 850.00	

对于经济业务不多，只有几十个凭证的单位来说，笔者还有一种简单有效的方法，这里一并分享给大家，我把这种方法叫作"科目替换法"。科目替换法很好理解，就是将涉及现金及现金等价物且对现金流量表产生影响的会计分录的科目替换为现金流量表中的项目，下面我们利用这种方法来编制现金流量表，见表 23-8。

表 23-8　科目替换法

原会计分录	替换分录
借：管理费用——业务招待费　20 000 　贷：库存现金　20 000	贷：支付的其他与经营活动有关的现金　20 000 （由于对应科目与编制现金流量表无关，无须替换，对应科目略）
借：管理费用——办公费　900 　贷：银行存款　900	贷：支付的其他与经营活动有关的现金　900
借：银行存款　900 000 　贷：应收票据　900 000	借：销售产成品、商品、提供劳务收到的现金　900 000
借：应交税费（明细科目略）　186 990 　贷：银行存款　186 990	贷：支付的税费　186 990
借：银行存款　166 000 　贷：短期投资　140 000 　　投资收益　26 000	借：收回短期投资、长期债券投资和长期股权投资收到的现金　166 000
借：银行存款　19 000 000 　　应收票据　2 000 000 　　应收账款——戊公司　60 000 　贷：主营业务收入　18 000 000 　　应交税费——应交增值税（销项税额）　3 060 000	借：销售产成品、商品、提供劳务收到的现金　19 000 000
借：销售费用——业务宣传费　100 000 　　应交税费——应交增值税（进项税额）　6 000 　贷：银行存款　106 000	贷：支付的其他与经营活动有关的现金　106 000
借：原材料　10 060 000 　　应交税费——应交增值税（进项税额）　1 305 400 　贷：银行存款　10 665 400 　　预付账款——丙公司　700 000	借：购买原材料、商品、接受劳务支付的现金　10 665 400
借：库存现金　135 600 　贷：主营业务收入　120 000 　　应交税费——应交增值税（销项税额）　15 600	借：销售产成品、商品、提供劳务收到的现金　135 600

续表

原会计分录	替换分录
借：银行存款 135 600 　贷：主营业务收入 120 000 　　应交税费——应交增值税（销项税额） 15 600	借：销售产成品、商品、提供劳务收到的现金 135 600
借：周转材料——低值易耗品 30 000 　应交税费——应交增值税（进项税额） 3 900 　贷：银行存款 33 900	贷：购买原材料、商品、接受劳务支付的现金 33 900
借：银行存款 103 000 　贷：固定资产清理 100 000 　　应交税费——应交增值税（已交税金） 3 000	借：处置固定资产、无形资产和其他非流动资产收回的现金净额 103 000
借：银行存款 1 880 000 　财务费用 120 000 　贷：应收票据 2 000 000	借：销售产成品、商品、提供劳务收到的现金 1 880 000
借：短期投资 816 000 　贷：银行存款 816 000	贷：短期投资、长期债券投资和长期股权投资支付的现金 816 000
借：短期借款 2 400 000 　财务费用 120 000 　贷：银行存款 2 520 000	贷：偿还借款本金支付的现金 2 400 000 　偿还借款利息支付的现金 120 000
借：应付职工薪酬（明细略） 846 000 　贷：银行存款 819 800 　　其他应付款——社会保险费 8 100 　　其他应收款——代垫费用 6 100 　　应交税费——应交个人所得税 12 000 借：应付职工薪酬——社会保险费 20 000 　其他应付款——社会保险费 8 100 　应交税费——应交个人所得税 12 000 　贷：银行存款 40 100	贷：支付的职工薪酬 847 900 　支付的税费 12 000
借：制造费用——电费 900 000 　管理费用——电费 100 000 　应交税费——应交增值税（进项税额） 130 000 　贷：银行存款 1 130 000	贷：支付其他与经营活动有关的现金 1 130 000
借：银行存款 1 800 000 　贷：应收账款——甲电脑商场 1 800 000	借：销售产成品、商品、提供劳务收到的现金 1 800 000

续表

原会计分录	替换分录
借：销售费用——广告费 100 000 　　贷：银行存款 100 000	贷：支付其他与经营活动有关的现金 100 000
借：库存现金 6 000 　　营业外支出 5 300 　　贷：待处理财产损溢——待处理流动资产损溢 11 300	借：收到其他与经营活动有关的现金 6 000
借：应付利息 1 314 000 　　贷：银行存款 1 314 000	贷：偿还借款利息支付的现金 1 314 000
借：银行存款 1 000 000 　　贷：短期借款 1 000 000	借：取得借款收到的现金 1 000 000
借：财务费用 −390 000 　　贷：银行存款 −390 000	借：收到其他与经营活动有关的现金 390 000

　　将上述替换分录对应项目填列于现金流量表中，现金流量表（见表 23 - 7）就编制成功了。

第二十四章　编制纳税申报表

下面我们以第二十二章和第二十三章 B 市丰收电脑有限公司 2024 年 12 月经济业务为例来编制纳税申报表。

一、增值税纳税申报表

增值税纳税申报表及其附表见表 24 - 1、表 24 - 2、表 24 - 3、表 24 - 4。

表 24 - 1　增值税及附加税费申报表
（一般纳税人适用）

根据国家税收法律法规及增值税相关规定制定本表。纳税人不论有无销售额，均应按税务机关核定的纳税期限填写本表，并同当地税务机关申报。

税款所属时间：2024 年 12 月 1 日至 2024 年 12 月 31 日　　填表日期：2025 年 1 月 7 日

金额单位：元（列至角分）

纳税人识别号（统一社会信用代码）：370000000000088　　所属行业：

纳税人名称：B 市丰收电脑有限公司	法定代表人姓名	丰收	注册地址	B 市××区××路 6 号	生产经营地址	B 市××区××路 6 号
开户银行及账号	中国××银行××支行 37000000800660000×××	登记注册类型	有限责任公司		电话号码	6660000

	项目	栏次	一般项目		即征即退项目	
			本月数	本年累计（略）	本月数	本年累计
销售额	（一）按适用税率计税销售额	1	18 937 168.14			
	其中：应税货物销售额	2	18 817 168.14			
	应税劳务销售额	3	120 000.00			
	纳税检查调整的销售额	4				
	（二）按简易办法计税销售额	5	100 000.00			
	其中：纳税检查调整的销售额	6				
	（三）免、抵、退办法出口销售额	7				
	（四）免税销售额	8				
	其中：免税货物销售额	9				
	免税劳务销售额	10				

续表

项目		栏次	一般项目		即征即退项目	
			本月数	本年累计（略）	本月数	本年累计
税款计算	销项税额	11	2 461 831.86			
	进项税额	12	1 451 800.00			
	上期留抵税额	13				
	进项税额转出	14	1 300.00			
	免、抵、退应退税额	15				
	按适用税率计算的纳税检查应补缴税额	16				
	应抵扣税额合计	17＝12＋13－14－15＋16	1 450 500.00			
	实际抵扣税额	18（如17＜11，则为17，否则为11）	1 450 500.00			
	应纳税额	19＝11－18	1 011 331.86			
	期末留抵税额	20＝17－18				
	简易计税办法计算的应纳税额	21	3 000.00			
	按简易计税办法计算的纳税检查应补缴税额	22				
	应纳税额减征额	23	1 000.00			
	应纳税额合计	24＝19＋21－23	1 013 331.86			
税款缴纳	期初未缴税额（多缴为负数）	25	48 205.37			
	实收出口开具专用缴款书退税额	26				
	本期已缴税额	27＝28＋29＋30＋31	48 205.37			
	①分次预缴税额	28				
	②出口开具专用缴款书预缴税额	29				
	③本期缴纳上期应纳税额	30	48 205.37			
	④本期缴纳欠缴税额	31				

续表

项目		栏次	一般项目		即征即退项目	
			本月数	本年累计（略）	本月数	本年累计
税款缴纳	期末未缴税额（多缴为负数）	32＝24＋25＋26－27	1 013 331.86			
	其中：欠缴税额（≥0）	33＝25＋26－27				
	本期应补（退）税额	34＝24－28－29	1 013 331.86			
	即征即退实际退税额	35				
	期初未缴查补税额	36				
	本期入库查补税额	37				
	期末未缴查补税额	38＝16＋22＋36－37				
附加税费	城市维护建设税本期应补（退）税额	39	70 933.23			
	教育费附加本期应补（退）费额	40	30 399.96			
	地方教育附加本期应补（退）费额	41	20 266.64			
声明：此表是根据国家税收法律法规及相关规定填写的，本人（单位）对填报内容（及附带资料）的真实性、可靠性、完整性负责。 纳税人（签章）：　　年　月　日						
经办人： 经办人身份证号： 代理机构签章： 代理机构统一社会信用代码：			受理人： 受理税务机关（章）： 受理日期：　　年　月　日			

表 24-1 内数据来源：

（1）第 2 行和第 3 行根据货物和劳务销售额分别填列，第 23 行应纳税额减征额填写减免税额 1 000 元。

（2）其他数据，由填写完毕后的附表数据或主表公式自动带出。

（3）填好后检查是否正确，主表相关数据一定要和应交税费——应交增值税（进项税额、销项税额、进项税额转出、减免税款）、应交税费——未交增值税、应交税费——简易计税这些科目明细账发生额核对是否相符。

表24-2 增值税及附加税费申报表附列资料（一）

（本期销售情况明细）

税款所属时间：2024年12月1日至2024年12月31日

纳税人名称：（公章）B市丰收电脑有限公司

金额单位：元（列至角分）

项目及栏次		栏次	开具增值税专用发票		开具其他发票		未开具发票		纳税检查调整		合计			服务、不动产和无形资产扣除项目本期实际扣除金额	扣除后	
			销售额	销项（应纳）税额	销售额	销项（应纳）税额	销售额	销项（应纳）税额	销售额	销项（应纳）税额	销售额	销项（应纳）税额	价税合计		含税（免税）销售额	销项（应纳）税额
			1	2	3	4	5	6	7	8	9=1+3+5+7	10=2+4+6+8	11=9+10	12	13=11-12	14=13÷(100%+税率或征收率)×税率或征收率
一、一般计税方法计税	全部征税项目	13%税率的货物及加工修理修配劳务	1	18 757 168.14	2 438 431.86	120 000.00	15 600.00	60 000.00	7 800.00			18 937 168.14	2 461 831.86				
		13%税率的服务、不动产和无形资产	2														
		9%税率的货物及加工修理修配劳务	3														
		9%税率的服务、不动产和无形资产	4														
		6%税率	5														
	其中：即征即退项目	即征即退货物及加工修理修配劳务	6														
		即征即退服务、不动产和无形资产	7														

续表

项目及栏次		开具增值税专用发票		开具其他发票		未开具发票		纳税检查调整		合计			服务、不动产和无形资产扣除项目本期实际扣除金额	扣除后	
		销售额	销项(应纳)税额	销售额	销项(应纳)税额	销售额	销项(应纳)税额	销售额	销项(应纳)税额	销售额	销项(应纳)税额	价税合计		含税(免税)销售额	销项(应纳)税额
		1	2	3	4	5	6	7	8	9=1+3+5+7	10=2+4+6+8	11=9+10	12	13=11-12	14=13÷(100%+税率或征收率)×税率或征收率
二、简易计税方法计税	6%征收率	8													
	5%征收率的货物及加工修理修配劳务	9a													
	5%征收率的服务、不动产和无形资产	9b													
	4%征收率	10													
	全部征税项目 3%征收率的货物及加工修理修配劳务	11		100 000.00	3 000.00					100 000.00	3 000.00				
	3%征收率的服务、不动产和无形资产	12													
	预征率　%	13a													
	预征率　%	13b													
	预征率　%	13c													
其中：即征即退项目	即征即退货物及加工修理修配劳务	14													
	即征即退服务、不动产和无形资产	15													
三、免抵退税	货物及加工修理修配劳务	16													
	服务、不动产和无形资产	17													
四、免税	货物及加工修理修配劳务	18													
	服务、不动产和无形资产	19													

表24-2内数据来源：

（1）13%税率的货物及加工修理修配劳务，业务（7）与业务（14）共开具增值税专用发票销售额 18 757 168.14 元，税额 2 438 431.86 元；业务（12）开具增值税普通发票销售额 120 000 元，税额 15 600 元；业务（13）未开具发票销售额 60 000 元，税额 7 800 元。

（2）3%征收率的货物及加工修理修配劳务。业务（16）开具增值税普通发票销售额 100 000 元，税额 3 000 元。

（3）填表前一定要保证开票系统数据与账簿相关数据相符。未开具发票，但发生纳税义务也必须申报纳税。

表24-3 增值税及附加税费申报表附列资料（二）

（本期进项税额明细）

税款所属时间：2024 年 12 月 1 日至 2024 年 12 月 31 日

纳税人名称：（公章）B市丰收电脑有限公司　　　　　　　　金额单位：元（列至角分）

一、申报抵扣的进项税额				
项目	栏次	份数	金额	税额
（一）认证相符的增值税专用发票	1=2+3			
其中：本期认证相符且本期申报抵扣	2	40	11 240 000.00	1 451 800.00
前期认证相符且本期申报抵扣	3			
（二）其他扣税凭证	4=5+6+7+8a+8b			
其中：海关进口增值税专用缴款书	5			
农产品收购发票或者销售发票	6			
代扣代缴税收缴款凭证	7			
加计扣除农产品进项税额	8a			
其他	8b			
（三）本期用于购建不动产的扣税凭证	9			
（四）本期用于抵扣的旅客运输服务扣税凭证	10			
（五）外贸企业进项税额抵扣证明	11			
当期申报抵扣进项税额合计	12=1+4+11	40	11 240 000.00	1 451 800.00
二、进项税额转出额				
项目	栏次		税额	
本期进项税额转出额	13=14至23之和		1 300.00	

续表

其中：免税项目用	14			
集体福利、个人消费	15			
非正常损失	16		1 300.00	
简易计税方法征税项目用	17			
免抵退税办法不得抵扣的进项税额	18			
纳税检查调减进项税额	19			
红字专用发票信息表注明的进项税额	20			
上期留抵税额抵减欠税	21			
上期留抵税额退税	22			
异常凭证转出进项税额	23a			
其他应作进项税额转出的情形	23b			

三、待抵扣进项税额

项目	栏次	份数	金额	税额
（一）认证相符的增值税专用发票	24			
期初已认证相符但未申报抵扣	25			
本期认证相符且本期未申报抵扣	26			
期末已认证相符但未申报抵扣	27			
其中：按照税法规定不允许抵扣	28			
（二）其他扣税凭证	29＝30 至 33 之和			
其中：海关进口增值税专用缴款书	30			
农产品收购发票或者销售发票	31			
代扣代缴税收缴款凭证	32			
其他	33			
	34			

四、其他

项目	栏次	份数	金额	税额
本期认证相符的增值税专用发票	35	40	11 240 000.00	1 451 800.00
代扣代缴税额	36			

表 24-3 内数据来源：

（1）本期认证相符且本期申报抵扣发票 40 份，金额 11 240 000 元，税额 1 451 800 元。将发票勾选确认清单与账簿核对无误后填报。

（2）原材料发生非常损失进项税额转出 1 300 元。

表 24-4 增值税及附加税费申报表（一般纳税人适用）附列资料（五）

（附加税费情况表）

纳税人名称：（公章）B 市丰收电脑有限公司

税（费）款所属时间：2024 年 12 月 1 日至 2024 年 12 月 31 日

金额单位：元（列至角分）

本期是否适用小微企业"六税两费"减免政策 □是 ☑否

本期适用小型微利企业 □个体工商户 □小型微利企业

适用减免政策起止时间 年 月 至 年 月

税（费）种	计税（费）依据			税（费）率（%）	本期应纳税（费）额	减免政策适用主体			小微企业"六税两费"减免政策			试点建设培育产教融合型企业		本期已缴税（费）额	本期应补（退）税（费）额
	增值税税额	增值税免抵税额	留抵退税本期扣除额			本期应减免税（费）额		减免性质代码	减征比例（%）	减征额	减免性质代码	本期抵免金额		
						减免性质代码	减免税（费）额							
	1	2	3	4	5=(1+2-3)×4	6	7		8	9=(5-7)×8	10	11	12	13=5-7-9-11-12
城市维护建设税 1	1 013 331.86			7%	70 933.23									
教育费附加 2	1 013 331.86			3%	30 399.96									
地方教育附加 3	1 013 331.86			2%	20 266.64									

续表

税（费）种	计税（费）依据			税率（费率）(%)	本期应纳税（费）额	本期减免税（费）额		小微企业"六税两费"减免政策		试点建设培育产教融合型企业		本期已缴税（费）额	本期应补（退）税（费）额
	增值税税额	增值税免抵税额	留抵退税本期扣除额			减免性质代码	减免税（费）额	减征比例（%）	减征额	减免性质代码	本期抵免金额		
	1	2	3	4	5=(1+2-3)×4	6	7	8	9=(5-7)×8	10	11	12	13=5-7-9-11-12
合计 4													

本期是否适用试点建设培育产教融合型企业抵免政策	□是 □否	
可用于扣除的增值税留抵退税额使用情况	当期新增投资额	5
	上期留抵可抵免金额	6
	结转下期可抵免金额	7
	当期新增可用于扣除的留抵退税额	8
	上期结存可用于扣除的留抵退税额	9
	结转下期可用于扣除的留抵退税额	10

表 24-4 内数据来源：

第 1 列"增值税税额"，填写主表增值税本期应补（退）税额，第 5 列"本期应纳税（费）额"，填写本期按适用的税（费）率计算缴纳的应纳税（费）额。根据计算公式自动计算。

附表（三）、（四），一般工业企业极少用到，略。

二、企业所得税季度申报表

报表采用了"分类填报"的设计思路，对于绝大部分企业，只需填报一张主表，并在主表上填写相应的具体事项即可完成申报。

为进一步推行精细化、便利化、智能化、专业化服务，税务机关进一步优化了电子税务局等网络申报系统的智能服务功能。一是对政策进行精准分类，并提供辅助选项帮助纳税人选择具体事项，纳税人按照原填报习惯填写即可，无须手动填写事项名称。二是对于小型微利企业减免企业所得税政策，申报系统继续提供智能识别、智能计算、智能填报的智能化服务。三是进一步扩展了智能计算功能，如软件和集成电路企业优惠、民族自治地区地方减免等政策，申报系统可帮助纳税人自动计算或校验优惠金额，避免计算错误导致享受优惠不充分。因此，相对于纸质申报方式，网络申报将更大幅度地减轻办税负担、降低涉税风险、提高申报质量，帮助纳税人更好地完成预缴申报。

企业填写的企业所得税月（季）度预缴纳税申报表，见表 24-5。

表 24-5 中华人民共和国企业所得税月（季）度预缴纳税申报表（A 类）

税款所属期间：2024 年 09 月 1 日 至 2024 年 12 月 31 日

纳税人识别号（统一社会信用代码）：370000000000088

纳税人名称：B 市丰收电脑有限公司　　　　　　　　　　金额单位：人民币元（列至角分）

优惠及附报事项有关信息									
项目	一季度		二季度		三季度		四季度		季度平均值
	季初	季末	季初	季末	季初	季末	季初	季末	
从业人数									
资产总额（万元）									
国家限制或禁止行业	□是☑否				小型微利企业				□是☑否
附报事项名称									金额或选项
事项 1	（填写特定事项名称）								
事项 2	（填写特定事项名称）								

续表

	预缴税款计算	本年累计
1	营业收入	18 877 168.14
2	营业成本	15 761 000.00
3	利润总额	1 858 928.31
4	加：特定业务计算的应纳税所得额	
5	减：不征税收入	
6	减：资产加速折旧、摊销（扣除）调减额（填写 A201020）	
7	减：免税收入、减计收入、加计扣除（7.1＋7.2＋…）	
7.1	（填写优惠事项名称）	
7.2	（填写优惠事项名称）	
8	减：所得减免（8.1＋8.2＋…）	
8.1	（填写优惠事项名称）	
8.2	（填写优惠事项名称）	
9	减：弥补以前年度亏损	
10	实际利润额（3＋4－5－6－7－8－9）\按照上一纳税年度应纳税所得额平均额确定的应纳税所得额	1 858 928.31
11	税率（25%）	25%
12	应纳所得税额（10×11）	464 732.08
13	减：减免所得税额（13.1＋13.2＋…）	
13.1	（填写优惠事项名称）	
13.2	（填写优惠事项名称）	
14	减：本年实际已缴纳所得税额	
15	减：特定业务预缴（征）所得税额	
16	本期应补（退）所得税额（12－13－14－15）\税务机关确定的本期应纳所得税额	464 732.08
	汇总纳税企业总分机构税款计算	
17	总机构	总机构本期分摊应补（退）所得税额（18＋19＋20）	
18		其中：总机构分摊应补（退）所得税额（16×总机构分摊比例＿＿%）	
19		财政集中分配应补（退）所得税额（16×财政集中分配比例＿＿%）	
20		总机构具有主体生产经营职能的部门分摊所得税额（16×全部分支机构分摊比例＿＿%×总机构具有主体生产经营职能部门分摊比例＿＿%）	

续表

21	分支机构	分支机构本期分摊比例	
22		分支机构本期分摊应补（退）所得税额	
实际缴纳企业所得税计算			
23		减：民族自治地区企业所得税地方分享部分：（□免征　□减征：减征幅度____%）	本年累计应减免金额[（12－13－15）×40%×减征幅度]
24		实际应补（退）所得税额	

谨声明：本纳税申报表是根据国家税收法律法规及相关规定填报的，是真实的、可靠的、完整的。

纳税人（签章）：　年　月　日

经办人： 经办人身份证号： 代理机构签章： 代理机构统一社会信用代码：	受理人： 受理税务机关（章）： 受理日期：年月日

表 24-5 填表说明：

（1）从业人数、资产总额，属于必填项目，本案例略。

【温馨提醒】

"从业人数"，包括与企业建立劳动关系的职工人数和企业接受的劳务派遣用工人数。企业所得税申报表中"从业人数"与企业代扣代缴个人所得税工资薪金数据应存在合理关联，排除劳务派遣因素，如差异较大则可能存在误报风险。

同一属期季度企业所得税申报表与季度资产负债表"资产总额"期初、期末数应当一致，还需关注跨年度资产负债表中"资产总额"年末、年初数据是否准确，资产总额填报错误可能导致不应享而享或应享未享小微企业所得税优惠的情形。

填报季度企业所得税申报表时应注意，资产总额单位是"万元"，不是"元"。

（2）季度企业所得税申报表"营业收入""营业成本""利润总额"按照国家统一的会计制度核算，应与同一属期季度利润表期末累计数一致。"利润总额"填报是否准确将直接影响税款缴纳，可能造成需要补缴税款及滞纳金的情形。

【温馨提醒】

（1）为提供更便捷的申报服务，电子税务局企业所得税季度申报设置了预填报功能，即季度申报表三项数据"营业收入""营业成本""利润总额"由企业已报送财务报表数据自动带出。

（2）企业所得税季度预缴申报还提供了风险提示服务，在提交申报前，点击风险提示，电子税务局将结合申报数据，就申报数据与财务报表数据的关联性等内容进行风险扫描，提供风险提示，帮助纳税人进一步防范税收风险。由于数据导入为T＋1模式，财务报表应提前一天申报，风险扫描时方可扫描到财务报表数据。

（3）被投资单位A公司（长期股权投资）宣告分派的现金股利中属于本企业的部分160 000元，为免税收入，但该公司在申报季度企业所得税时没有考虑。

若考虑免税收入，则将160 000元填入第7行，此时，"实际利润额""应纳所得税额""应补（退）所得税额"及"本期实际应补（退）所得税额"自动重新计算，比原申报所得税额少40 000元。

该公司尚未考虑其他项目的所得税影响，其他调整事项在公司2025年5月之前的企业所得税汇算清缴中进行调整。

（4）建议大家在季度企业所得税申报时，可以考虑不征税收入、免税收入、减计收入、加计扣除、所得减免、弥补以前年度亏损等事项，这样可以避免多缴税款并享受递延纳税的好处。

企业在季度申报时，主表第7行"减：免税收入、减计收入、加计扣除"、第8行"减：所得减免"、第13行"减：减免所得税额"行次下面分别增加空白的明细行次，由企业根据《企业所得税申报事项目录》填写优惠事项及扶贫捐赠等特定事项。《企业所得税申报事项目录》在国家税务总局网站"纳税服务"栏目发布，并根据政策调整情况适时更新。

季度企业所得税申报，企业能够享受的优惠政策根据《企业所得税申报事项目录》中的事项名称填报，年度企业所得税汇算清缴，企业能享受的优惠事项的名称、政策概述、主要政策依据、主要留存备查资料、享受优惠时间、后续管理要求等，见《企业所得税优惠事项管理目录》。

企业享受优惠事项采取"自行判别、申报享受、相关资料留存备查"的办理方式。企业应当根据经营情况以及相关税收规定自行判断是否符合优惠事项规定的条件，符合条件的可以按照《企业所得税申报事项目录》列示的时间自行计算减免税额，并通过填报企业所得税纳税申报表享受税收优惠。同时，按照规定归集和留存相关资料备查。具体办理办法请参考《企业所得税优惠政策事项办理办法》（2018年）。

三、企业所得税年度汇算清缴申报表

企业应当在 5 月 31 日之前进行企业所得税汇算清缴工作，填写申报"企业所得税年度纳税申报表"及其附表，见表 24－6 至表 24－20。

首先根据实际情况选择需要填报的表单，见表 24－6，然后再按照报表级次从低到高的顺序填写。

表 24－6　企业所得税年度纳税申报表填报表单

表单编号	表单名称	是否填报
A000000	企业所得税年度纳税申报基础信息表	√
A100000	中华人民共和国企业所得税年度纳税申报表（A 类）	√
A101010	一般企业收入明细表	√
A101020	金融企业收入明细表	□
A102010	一般企业成本支出明细表	√
A102020	金融企业支出明细表	□
A103000	事业单位、民间非营利组织收入、支出明细表	□
A104000	期间费用明细表	√
A105000	纳税调整项目明细表	√
A105010	视同销售和房地产开发企业特定业务纳税调整明细表	√
A105020	未按权责发生制确认收入纳税调整明细表	□
A105030	投资收益纳税调整明细表	□
A105040	专项用途财政性资金纳税调整明细表	□
A105050	职工薪酬支出及纳税调整明细表	√
A105060	广告费和业务宣传费等跨年度纳税调整明细表	√
A105070	捐赠支出及纳税调整明细表	√
A105080	资产折旧、摊销及纳税调整明细表	√
A105090	资产损失税前扣除及纳税调整明细表	√
A105100	企业重组及递延纳税事项纳税调整明细表	□
A105110	政策性搬迁纳税调整明细表	□
A105120	贷款损失准备金及纳税调整明细表	□
A106000	企业所得税弥补亏损明细表	□
A107010	免税、减计收入及加计扣除优惠明细表	√
A107011	符合条件的居民企业之间的股息、红利等权益性投资收益优惠明细表	√
A107012	研发费用加计扣除优惠明细表	□
A107020	所得减免优惠明细表	□
A107030	抵扣应纳税所得额明细表	□

续表

表单编号	表单名称	是否填报
A107040	减免所得税优惠明细表	☐
A107041	高新技术企业优惠情况及明细表	☐
A107042	软件、集成电路企业优惠情况及明细表	☐
A107050	税额抵免优惠明细表	☐
A108000	境外所得税收抵免明细表	☐
A108010	境外所得纳税调整后所得明细表	☐
A108020	境外分支机构弥补亏损明细表	☐
A108030	跨年度结转抵免境外所得税明细表	☐
A109000	跨地区经营汇总纳税企业年度分摊企业所得税明细表	☐
A109010	企业所得税汇总纳税分支机构所得税分配表	☐
说明：企业应当根据实际情况选择需要填报的表单。		

填 24-6 表说明：

本表列示申报表全部表单名称及编号。

一共 37 个表，但不要被这么多的表吓住，其实对于大多数企业来说需要填写的报表也就七八个，一般不会超过 10 个。也不要被那么多的报表项目和十几万字的填表说明吓住，其实对于大多数企业来说需要用到的项目并不多，大多数企业纳税调整项目不会超过 10 个，很多企业只有 1 或 2 个。

不同企业必填表的种类不相同，电子税务局中会根据企业类型自动分配，填报表单的"选择填报情况"中标灰的是系统默认的无须填写和必须填写的报表。未标灰的是纳税人需要根据企业自身实际情况选择是否填写的报表。纳税人在填报申报表之前，请仔细阅读这些表单的填报信息，并根据企业的涉税业务，选择"是否填报"。选择"填报"的，在"☐"内打"√"，并完成该表单内容的填报。

系统只显示在《企业所得税年度纳税申报表填报表单》中勾选的附表，不勾选的不显示（不需要企业补零申报）。企业在申报过程中发现需要增加或者删除已经在《企业所得税年度纳税申报表填报表单》完成选择的报表，需要回到《企业所得税年度纳税申报表填报表单》进行增加或者删除相关报表的操作。在完成整体申报前《企业所得税年度纳税申报表填报表单》可进行反复修改，修改后不会影响与修改数据无关联的数据。与增加或者删除的数据有关联的其他报表数据需要修改或重新填报。

若纳税人符合小型微利企业条件，不用填写 A101010 表至 A104000 表，系统会提示勾选 A107040 表，A107040 表第 1 行"一、符合条件的小型微利企业减免企业所得税"在纳税人填好其他报表后重新打开保存就会自动计算，智能填报。

A000000

表 24 - 7　企业所得税年度纳税申报基础信息表

基本经营情况（必填项目）

101 纳税申报企业类型（填写代码）	100 非跨地区经营企业	102 分支机构就地纳税比例（%）	0
103 资产总额（填写平均值，单位：万元）	4 599.06	104 从业人数（填写平均值，单位：人）	306
105 所属国民经济行业（填写代码）	3911｜计算机整机制造	106 从事国家限制或禁止行业	□是 ☑否
107 适用会计准则或会计制度（填写代码）	200｜小企业会计准则	108 采用一般企业财务报表格式（2019 年版）	☑是 □否
109 小型微利企业	□是 ☑否	110 上市公司	是（□境内 □境外）☑否

有关涉税事项情况（存在或者发生下列事项时必填）

201 从事股权投资业务		□是	202 存在境外关联交易		□是
203 境外所得信息	203 - 1 选择采用的境外所得抵免方式	□分国（地区）不分项 □不分国（地区）不分项			
	203 - 2 新增境外直接投资信息	□是（产业类别：□旅游业 □现代服务业 □高新技术产业）			
204 有限合伙制创业投资企业的法人合伙人（填写代码）		□是	205 创业投资企业		□是
206 技术先进型服务企业类型（填写代码）		□是	207 非营利组织		□是
208 软件、集成电路企业类型（填写代码）		□是	209 集成电路生产项目类型		□130 纳米 □65 纳米 □28 纳米
210 科技型中小企业	210 - 1 ＿年（申报所属期年度）入库编号 1		210 - 2 入库时间 1		
	210 - 3 ＿年（所属期下一年度）入库编号 2		210 - 4 入库时间 2		
211 高新技术企业申报所属期年度有效的高新技术企业证书	211 - 1 证书编号 1		211 - 2 发证时间 1		
	211 - 3 证书编号 2		211 - 4 发证时间 2		

续表

212 重组事项税务处理方式	□一般性 □特殊性
213 重组交易类型（填写代码）	
214 重组当事方类型（填写代码）	
215 政策性搬迁开始时间	＿年＿月
216 发生政策性搬迁且停止生产经营无所得年度	□是
217 政策性搬迁损失分期扣除年度	□是
218 发生非货币性资产对外投资递延纳税事项	□是
219 非货币性资产对外投资转让所得递延纳税年度	□是
220 发生技术成果投资入股递延纳税事项	□是
221 技术成果投资入股递延纳税年度	□是
222 发生资产（股权）划转特殊性税务处理事项	□是
223 债务重组所得递延纳税年度	□是
224 研发支出辅助账样式	□2015 版 □2021 版 □自行设计

主要股东及分红情况（必填项目）

股东名称	证件种类	证件号码	投资比例（%）	当年（决议日）分配的股息、红利等权益性投资收益金额	国籍（注册地址）
其余股东合计	—				—

表 24-7 填报说明：

电子税务局根据税务登记、预缴申报等信息为纳税人生成了绝大部分数据，纳税人核对补充后保存本表。本表填报内容一定要正确，否则后面某些报表项目可能无法填写。发现某些项目无法填写时，可以返回检查修改本表。

表 24-8　中华人民共和国企业所得税年度纳税申报表（A 类）

A100000

行次	类别	项目	金额
1	利润总额计算	一、营业收入（填写 A101010 \ 101020 \ 103000）	18 877 168.14
2		减：营业成本（填写 A102010 \ 102020 \ 103000）	15 761 000.00
3		减：税金及附加	260 239.83
4		减：销售费用（填写 A104000）	210 000.00
5		减：管理费用（填写 A104000）	656 900.00
6		减：财务费用（填写 A104000）	264 000.00
7		减：资产减值损失	
8		加：公允价值变动收益	
9		加：投资收益	186 000.00
10		二、营业利润（1－2－3－4－5－6－7＋8＋9）	1 911 028.31
11		加：营业外收入（填写 A101010 \ 101020 \ 103000）	11 000.00
12		减：营业外支出（填写 A102010 \ 102020 \ 103000）	63 100.00
13		三、利润总额（10＋11－12）	1 858 928.31
14	应纳税所得额计算	减：境外所得（填写 A108010）	
15		加：纳税调整增加额（填写 A105000）	350 512.50
16		减：纳税调整减少额（填写 A105000）	60 000.00
17		减：免税、减计收入及加计扣除（填写 A107010）	
18		加：境外应税所得抵减境内亏损（填写 A108000）	
19		四、纳税调整后所得（13－14＋15－16－17＋18）	2 149 440.81
20		减：所得减免（填写 A107020）	
21		减：弥补以前年度亏损（填写 A106000）	
22		减：抵扣应纳税所得额（填写 A107030）	
23		五、应纳税所得额（19－20－21－22）	2 149 440.81

续表

行次	类别	项目	金额
24	应纳税额计算	税率（25%）	25%
25		六、应纳所得税额（23×24）	537 360.20
26		减：减免所得税额（填写 A107040）	
27		减：抵免所得税额（填写 A107050）	
28		七、应纳税额（25—26—27）	537 360.20
29		加：境外所得应纳所得税额（填写 A108000）	
30		减：境外所得抵免所得税额（填写 A108000）	
31		八、实际应纳所得税额（28+29—30）	537 360.20
32		减：本年累计实际已缴纳的所得税额	464 732.08
33		九、本年应补（退）所得税额（31—32）	72 628.12
34		其中：总机构分摊本年应补（退）所得税额（填写 A109000）	
35		财政集中分配本年应补（退）所得税额（填写 A109000）	
36		总机构主体生产经营部门分摊本年应补（退）所得税额（填写 A109000）	
37	实际应纳税额计算	减：民族自治地区企业所得税地方分享部分：（□ 免征 □ 减征：减征幅度____%）	
38		十、本年实际应补（退）所得税额（33—37）	72 628.12

表 24-8 填表说明：

（1）"利润总额计算"中的项目，按照国家统一的会计制度规定计算填报，其数据直接取自利润表（另有说明的除外）。如果已先行申报了年度财务报表，可通过"导入财务报表"功能直接导入财务报表上的营业收入、营业成本等数据。

（2）"应纳税所得额计算"和"应纳税额计算"中的项目，除根据主表逻辑关系计算以外，通过附表相应栏次填报。附表栏次填报后，主表栏次数据自动生成，无须手工填报。

表 24-9　一般企业收入明细表

A101010

行次	项目	金额
1	一、营业收入（2＋9）	18 877 168.14
2	（一）主营业务收入（3＋5＋6＋7＋8）	18 877 168.14
3	1. 销售商品收入	18 877 168.14
4	其中：非货币性资产交换收入	
5	2. 提供劳务收入	
6	3. 建造合同收入	
7	4. 让渡资产使用权收入	
8	5. 其他	
9	（二）其他业务收入（10＋12＋13＋14＋15）	
10	1. 销售材料收入	
11	其中：非货币性资产交换收入	
12	2. 出租固定资产收入	
13	3. 出租无形资产收入	
14	4. 出租包装物和商品收入	
15	5. 其他	
16	二、营业外收入（17＋18＋19＋20＋21＋22＋23＋24＋25＋26）	11 000.00
17	（一）非流动资产处置利得	11 000.00
18	（二）非货币性资产交换利得	
19	（三）债务重组利得	
20	（四）政府补助利得	
21	（五）盘盈利得	
22	（六）捐赠利得	
23	（七）罚没利得	
24	（八）确实无法偿付的应付款项	
25	（九）汇兑收益	
26	（十）其他	

表 24-9 填表说明：

本表根据"主营业务收入""其他业务收入""营业外收入"明细账填报。

表 24 - 10　一般企业成本支出明细表

A102010

行次	项目	金额
1	一、营业成本（2＋9）	15 761 000.00
2	（一）主营业务成本（3＋5＋6＋7＋8）	15 761 000.00
3	1. 销售商品成本	15 761 000.00
4	其中：非货币性资产交换成本	
5	2. 提供劳务成本	
6	3. 建造合同成本	
7	4. 让渡资产使用权成本	
8	5. 其他	
9	（二）其他业务成本（10＋12＋13＋14＋15）	
10	1. 销售材料成本	
11	其中：非货币性资产交换成本	
12	2. 出租固定资产成本	
13	3. 出租无形资产成本	
14	4. 包装物出租成本	
15	5. 其他	
16	二、营业外支出（17＋18＋19＋20＋21＋22＋23＋24＋25＋26）	63 100.00
17	（一）非流动资产处置损失	
18	（二）非货币性资产交换损失	
19	（三）债务重组损失	
20	（四）非常损失	5 300.00
21	（五）捐赠支出	57 800.00
22	（六）赞助支出	
23	（七）罚没支出	
24	（八）坏账损失	
25	（九）无法收回的债券股权投资损失	
26	（十）其他	

表 24 - 10 填表说明：

本表根据"主营业务成本""其他业务成本""营业外支出"明细账填报。

表 24-11　期间费用明细表

A104000

行次	项目	销售费用	其中：境外支付	管理费用	其中：境外支付	财务费用	其中：境外支付
		1	2	3	4	5	6
1	一、职工薪酬	10 000.00	*	20 000.00	*	*	*
2	二、劳务费					*	*
3	三、咨询顾问费					*	*
4	四、业务招待费		*	20 000.00	*	*	*
5	五、广告费和业务宣传费	200 000.00	*		*	*	*
6	六、佣金和手续费						
7	七、资产折旧摊销费		*	516 000.00	*	*	*
8	八、财产损耗、盘亏及毁损损失		*		*	*	*
9	九、办公费		*	900.00	*	*	*
10	十、董事会费		*		*	*	*
11	十一、租赁费					*	*
12	十二、诉讼费		*		*	*	*
13	十三、差旅费		*		*	*	*
14	十四、保险费		*		*	*	*
15	十五、运输、仓储费					*	*
16	十六、修理费					*	*
17	十七、包装费		*		*	*	*
18	十八、技术转让费					*	*
19	十九、研究费用					*	*
20	二十、各项税费		*		*	*	*
21	二十一、利息收支	*	*	*	*	264 000.00	
22	二十二、汇兑差额	*	*	*	*		
23	二十三、现金折扣						*
24	二十四、党组织工作经费	*	*		*	*	*
25	二十五、其他			100 000.00			
26	合计（1+2+3+…25）	210 000.00		656 900.00		264 000.00	

表 24-11 填表说明：

本表根据"销售费用""管理费用""财务费用"等项目明细账填报。

表 24－12　纳税调整项目明细表

A105000

行次	项目	账载金额	税收金额	调增金额	调减金额
		1	2	3	4
1	一、收入类调整项目（2＋3＋…8＋10＋11）	＊	＊	60 000.00	
2	（一）视同销售收入（填写 A105010）	＊	60 000.00	60 000.00	＊
3	（二）未按权责发生制原则确认的收入（填写 A105020）				
4	（三）投资收益（填写 A105030）				
5	（四）按权益法核算长期股权投资对初始投资成本调整确认收益	＊	＊	＊	
6	（五）交易性金融资产初始投资调整	＊	＊		＊
7	（六）公允价值变动净损益		＊		
8	（七）不征税收入	＊	＊		
9	其中：专项用途财政性资金（填写 A105040）	＊	＊		
10	（八）销售折扣、折让和退回				
11	（九）其他				
12	二、扣除类调整项目（13＋14＋…24＋26＋27＋28＋29＋30）	＊	＊	99 200.00	60 000.00
13	（一）视同销售成本（填写 A105010）	＊	50 000.00	＊	50 000.00
14	（二）职工薪酬（填写 A105050）	600 000.00	576 600.00	23 400.00	
15	（三）业务招待费支出	20 000.00	12 000.00	8 000.00	＊
16	（四）广告费和业务宣传费支出（填写 A105060）	＊	＊		
17	（五）捐赠支出（填写 A105070）	67 800.00		67 800.00	
18	（六）利息支出				
19	（七）罚金、罚款和被没收财物的损失		＊		＊
20	（八）税收滞纳金、加收利息		＊		＊

续表

行次	项目	账载金额	税收金额	调增金额	调减金额
		1	2	3	4
21	（九）赞助支出		＊		＊
22	（十）与未实现融资收益相关在当期确认的财务费用				
23	（十一）佣金和手续费支出（保险企业填写 A105060）				
24	（十二）不征税收入用于支出所形成的费用	＊	＊		＊
25	其中：专项用途财政性资金用于支出所形成的费用（填写 A105040）	＊	＊		＊
26	（十三）跨期扣除项目				
27	（十四）与取得收入无关的支出		＊		＊
28	（十五）境外所得分摊的共同支出	＊	＊		＊
29	（十六）党组织工作经费				
30	（十七）其他	57 800.00	67 800.00		10 000.00
31	三、资产类调整项目（32＋33＋34＋35）	＊	＊	191 312.50	
32	（一）资产折旧、摊销（填写 A105080）	696 000.00	504 687.50	191 312.50	
33	（二）资产减值准备金		＊		
34	（三）资产损失（填写 A105090）	＊			
35	（四）其他				
36	四、特殊事项调整项目（37＋38＋…＋43）	＊	＊		
37	（一）企业重组及递延纳税事项（填写 A105100）				
38	（二）政策性搬迁（填写 A105110）	＊	＊		
39	（三）特殊行业准备金（39.1＋39.2＋39.4＋39.5＋39.6＋39.7）	＊	＊		
39.1	1. 保险公司保险保障基金				
39.2	2. 保险公司准备金				
39.3	其中：已发生未报案未决赔款准备金				
39.4	3. 证券行业准备金				

续表

行次	项目	账载金额	税收金额	调增金额	调减金额
		1	2	3	4
39.5	4. 期货行业准备金				
39.6	5. 中小企业融资（信用）担保机构准备金				
39.7	6. 金融企业、小额贷款公司准备金（填写 A105120）	＊	＊		
40	（四）房地产开发企业特定业务计算的纳税调整额（填写 A105010）	＊			
41	（五）合伙企业法人合伙人应分得的应纳税所得额				
42	（六）发行永续债利息支出				
43	（七）其他	＊	＊		
44	五、特别纳税调整应税所得	＊	＊		
45	六、其他	＊	＊		
46	合计（1＋12＋31＋36＋44＋45）	＊	＊	350 512.50	60 000.00

表 24-12 填表说明：

本表由纳税人根据税法、相关税收规定以及国家统一会计制度的规定，填报企业所得税涉税事项的会计处理、税务处理以及纳税调整情况。

（1）第 2 行"（一）视同销售收入"、第 13 行"（一）视同销售成本"根据《视同销售和房地产开发企业特定业务纳税调整明细表》（A105010）填报。

（2）第 14 行"（二）职工薪酬"根据《职工薪酬支出及纳税调整明细表》（A105050）填报。

（3）第 15 行"（三）业务招待费支出"第 1 列"账载金额"填报纳税人会计核算计入当期损益的业务招待费金额。第 2 列"税收金额"填报按照税收规定允许税前扣除的业务招待费支出的金额。第 3 列"调增金额"填报第 1 列金额减第 2 列金额后的余额。

根据《中华人民共和国企业所得税法实施条例》第四十三条规定，企业发生的与生产经营活动有关的业务招待费支出，按照发生额的 60％扣除，但最高不得超过当年销售（营业）收入的 5‰。

该公司业务招待费会计金额为 20 000 元，税收金额为 12 000 元（20 000×60％），调增金额 8 000 元。

注意：有无应在业务招待费列支而在其他科目列支的事项。

（4）第17行"（五）捐赠支出"根据《捐赠支出及纳税调整明细表》（A105070）填报。

（5）第16行"（四）广告费和业务宣传费支出"根据《广告费和业务宣传费等跨年度纳税调整明细表》（A105060）填报。

该企业虽然发生了广告费和业务宣传费支出，但是没有超过扣除限额，所以没有纳税调整金额。

（6）第18行"（六）利息支出"第1列"账载金额"填报纳税人向非金融企业借款，会计核算计入当期损益的利息支出的金额。发行永续债的利息支出不在本行填报。第2列"税收金额"填报按照税收规定允许税前扣除的利息支出的金额。

该企业利息支出264 000元，均为向金融企业借款利息支出，不需要填写本行。实际工作中很多会计人员会误填。

（7）第30行"（十七）其他"填报其他因会计处理与税收规定有差异需纳税调整的扣除类项目金额，企业将货物、资产、劳务用于捐赠、广告等用途时，进行视同销售纳税调整后，对应支出的会计处理与税收规定有差异需纳税调整的金额填报在本行。若第1列≥第2列，第3列"调增金额"填报第1列金额减第2列金额后的余额。若第1列＜第2列，第4列"调减金额"填报第1列金额减第2列金额后的余额的绝对值。

该企业将货物用于捐赠，进行视同销售调整后，对应支出会计金额57 800元与税收金额67 800元填报此行第1、2列，第4列"调减金额"填报第1列金额减第2列金额后的余额的绝对值10 000元。

（8）第32行"（一）资产折旧、摊销"根据《资产折旧、摊销及纳税调整明细表》（A105080）填报。

表24-13 视同销售和房地产开发企业特定业务纳税调整明细表

A105010

行次	项目	税收金额	纳税调整金额
		1	2
1	一、视同销售（营业）收入（2＋3＋4＋5＋6＋7＋8＋9＋10）	60 000.00	60 000.00
2	（一）非货币性资产交换视同销售收入		
3	（二）用于市场推广或销售视同销售收入		
4	（三）用于交际应酬视同销售收入		
5	（四）用于职工奖励或福利视同销售收入		
6	（五）用于股息分配视同销售收入		

续表

行次	项目	税收金额	纳税调整金额
7	（六）用于对外捐赠视同销售收入	60 000.00	60 000.00
8	（七）用于对外投资项目视同销售收入		
9	（八）提供劳务视同销售收入		
10	（九）其他		
11	二、视同销售（营业）成本（12＋13＋14＋15＋16＋17＋18＋19＋20）	50 000.00	−50 000.00
12	（一）非货币性资产交换视同销售成本		
13	（二）用于市场推广或销售视同销售成本		
14	（三）用于交际应酬视同销售成本		
15	（四）用于职工奖励或福利视同销售成本		
16	（五）用于股息分配视同销售成本		
17	（六）用于对外捐赠视同销售成本	50 000.00	−50 000.00
18	（七）用于对外投资项目视同销售成本		
19	（八）提供劳务视同销售成本		
20	（九）其他		
21	三、房地产开发企业特定业务计算的纳税调整额（22−26）		
22	（一）房地产企业销售未完工开发产品特定业务计算的纳税调整额（24−25）		
23	1. 销售未完工产品的收入		＊
24	2. 销售未完工产品预计毛利额		
25	3. 实际发生的税金及附加、土地增值税		
26	（二）房地产企业销售的未完工产品转完工产品特定业务计算的纳税调整额（28−29）		
27	1. 销售未完工产品转完工产品确认的销售收入		＊
28	2. 转回的销售未完工产品预计毛利额		
29	3. 转回实际发生的税金及附加、土地增值税		

表 24−13 填表说明：

本表适用于发生视同销售、房地产企业特定业务纳税调整项目的纳税人填报。

"视同销售收入"填报会计处理不确认销售收入，而税收规定确认为应税收入的金额；"视同销售成本"填报会计处理不确认销售收入，税收规定确认为应税收入对应的视同销售成本金额。

该公司业务（13）中，对外捐赠业务会计处理没有确认销售收入，需要按税法规定确认视同销售收入 60 000 元，同时确认视同销售成本 50 000 元。

实际上，根据《小企业会计准则》的规定，小企业可以在会计处理时视同销售确认销售收入和销售成本：

借：营业外支出   67 800
　　贷：主营业务收入   60 000
　　　　应交税费——应交增值税（销项税额）   7 800
借：主营业务成本   50 000
　　贷：库存商品   50 000

这样就和税法规定一致，不需要进行纳税调整，也就不需要填写此表了。

通过与原来的会计处理相比较，读者就可以很容易理解《A105000 纳税调整项目明细表》第 30 行"（十七）其他"行次的填报了。

表 24－14 职工薪酬支出及纳税调整明细表

A105050

行次	项目	账载金额	实际发生额	税收规定扣除率	以前年度累计结转扣除额	税收金额	纳税调整金额	累计结转以后年度扣除额
		1	2	3	4	5	6（1－5）	7（2＋4－5）
1	一、工资薪金支出	460 000.00	460 000.00	*	*	460 000.00		*
2	其中：股权激励			*	*			*
3	二、职工福利费支出	79 800.00	79 800.00	14%	*	64 400.00	15 400.00	*
4	三、职工教育经费支出	23 000.00	23 000.00	*		23 000.00		
5	其中：按税收规定比例扣除的职工教育经费	23 000.00	23 000.00	8%		23 000.00		
6	按税收规定全额扣除的职工培训费用			100%	*			*
7	四、工会经费支出	17 200.00	17 200.00	2%	*	9 200.00	8 000.00	*
8	五、各类基本社会保障性缴款	20 000.00	20 000.00	*	*	20 000.00		*
9	六、住房公积金			*	*			*

续表

行次	项目	账载金额	实际发生额	税收规定扣除率	以前年度累计结转扣除额	税收金额	纳税调整金额	累计结转以后年度扣除额
		1	2	3	4	5	6 (1—5)	7 (2+4—5)
10	七、补充养老保险			5%	＊			＊
11	八、补充医疗保险			5%	＊			＊
12	九、其他			＊	＊			＊
13	合计 (1+3+4+7+8+9＋10＋11+12)	600 000.00	600 000.00	＊		576 600.00	23 400.00	

表 24 - 14 填表说明：

本表填报纳税人职工薪酬会计处理、税收规定，以及纳税调整情况。纳税人只要发生相关支出，无论是否纳税调整，均需填报。

(1) 第 1 行"一、工资薪金支出"填报纳税人本年度支付给在本企业任职或者受雇的员工的所有现金形式或非现金形式的劳动报酬及其会计核算、纳税调整等金额。

一般来说，只要是企业实际发生的相关的、合理的工资薪金支出，都可以税前扣除。

(2) 第 3 行"二、职工福利费支出"填报纳税人本年度发生的职工福利费及其会计核算、纳税调整等金额，具体如下：

① 第 1 列"账载金额"填报纳税人会计核算计入成本费用的职工福利费的金额 79 800.00。

② 第 2 列"实际发生额"分析填报纳税人"应付职工薪酬"会计科目下的职工福利费实际发生额 79 800.00。

③ 第 3 列"税收规定扣除率"填报税收规定的扣除比例 14%。

④ 第 5 列"税收金额"填报按照税收规定允许税前扣除的金额，按第 1 行第 5 列工资薪金支出的税收金额×税收规定扣除率与第 1 列、第 2 列三者孰小值填报 64 400.00。

⑤ 第 6 列"纳税调整金额"填报第 1 列金额减第 5 列金额的余额 15 400.00。

(3) 第 5 行"其中：按税收规定比例扣除的职工教育经费"适用于按照税收规定职工教育经费按比例税前扣除的纳税人填报，填报纳税人本年度发生的按税收规定比例扣除的职工教育经费及其会计核算、纳税调整等金额，具体如下：

① 第 1 列"账载金额"填报纳税人会计核算计入成本费用的按税收规定比例扣

除的职工教育经费金额 23 000.00，不包括第 6 行 "按税收规定全额扣除的职工培训费用" 金额。

② 第 2 列 "实际发生额" 分析填报纳税人 "应付职工薪酬" 会计科目下的职工教育经费实际发生额 23 000.00，不包括第 6 行 "按税收规定全额扣除的职工培训费用" 金额。

③ 第 3 列 "税收规定扣除率" 填报税收规定的扣除比例 8%。

④ 第 4 列 "以前年度累计结转扣除额" 填报纳税人以前年度累计结转准予扣除的职工教育经费支出余额。

⑤ 第 5 列 "税收金额" 填报纳税人按照税收规定允许税前扣除的金额（不包括第 6 行 "按税收规定全额扣除的职工培训费用" 金额），按第 1 行第 5 列工资薪金支出的税收金额×税收规定扣除率与第 2 列加第 4 列金额的孰小值填报 23 000.00。

⑥ 第 6 列 "纳税调整金额" 填报第 1 列金额减第 5 列金额后的余额。

⑦ 第 7 列 "累计结转以后年度扣除额" 填报第 2 列加第 4 列减第 5 列金额。

（4）第 7 行 "四、工会经费支出" 填报纳税人本年度拨缴工会经费及其会计核算、纳税调整等金额，具体如下：

① 第 1 列 "账载金额" 填报纳税人会计核算计入成本费用的工会经费支出金额 17 200.00。

② 第 2 列 "实际发生额" 分析填报纳税人 "应付职工薪酬" 会计科目下的工会经费本年实际发生额 17 200.00。

③ 第 3 列 "税收规定扣除率" 填报税收规定的扣除比例 2%。

④ 第 5 列 "税收金额" 填报按照税收规定允许税前扣除的金额，按第 1 行第 5 列工资薪金支出的税收金额×税收规定扣除率与第 1 列、第 2 列三者孰小值填报 9 200。

⑤ 第 6 列 "纳税调整金额" 填报第 1 列金额减第 5 列金额后的余额 8 000.00。

（5）第 8 行 "五、各类基本社会保障性缴款" 填报纳税人依照国务院有关主管部门或者省级人民政府规定的范围和标准为职工缴纳的基本社会保险费及其会计核算、纳税调整等金额，具体如下：

① 第 1 列 "账载金额" 填报纳税人会计核算的各类基本社会保障性缴款的金额 20 000。

② 第 2 列 "实际发生额" 分析填报纳税人 "应付职工薪酬" 会计科目下的各类基本社会保障性缴款本年实际发生额 20 000.00。

③ 第 5 列 "税收金额" 填报按照税收规定允许税前扣除的各类基本社会保障性缴款的金额，按纳税人依照国务院有关主管部门或者省级人民政府规定的范围和标准计算的各类基本社会保障性缴款的金额、第 1 列及第 2 列孰小值填报 20 000.00。

④ 第 6 列 "纳税调整金额" 填报第 1 列金额减第 5 列金额后的余额。

表 24-15 广告费和业务宣传费等跨年度纳税调整明细表

A105060

行次	项目	广告费和业务宣传费	保险企业手续费及佣金支出
		1	2
1	一、本年支出	200 000.00	
	减：不允许扣除的支出		
3	二、本年符合条件的支出（1－2）	200 000.00	
4	三、本年计算扣除限额的基数	18 937 168.14	
5	乘：税收规定扣除率	15％	18％
6	四、本企业计算的扣除限额（4×5）	2 840 575.22	
7	五、本年结转以后年度扣除额（3＞6，本行＝3－6；3≤6，本行＝0）		
8	加：以前年度累计结转扣除额		
9	减：本年扣除的以前年度结转额「3＞6，本行＝0；3≤6，本行＝8与（6－3）孰小值]		
10	六、按照分摊协议归集至其他关联方的金额（10≤3与6孰小值）		
11	按照分摊协议从其他关联方归集至本企业的金额		
12	七、本年支出纳税调整金额（3＞6，本行＝2＋3－6＋10－11；3≤6，本行＝2＋10－11－9）		
13	八、累计结转以后年度扣除额（7＋8－9）		

表 24-15 填表说明：

本表适用于发生广告费和业务宣传费纳税调整项目（含广告费和业务宣传费结转），保险企业手续费及佣金支出纳税调整项目（含保险企业手续费及佣金支出结转）的纳税人填报。

根据《中华人民共和国企业所得税法实施条例》第四十四条规定，企业发生的符合条件的广告费和业务宣传费支出，除国务院财政、税务主管部门另有规定外，不超过当年销售（营业）收入 15％的部分，准予扣除；超过部分，准予在以后纳税年度结转扣除。

表 24－16　捐赠支出及纳税调整明细表

A105070

行次	项目	账载金额	以前年度结转可扣除的捐赠额	按税收规定计算的扣除限额	税收金额	纳税调增金额	纳税调减金额	可结转以后年度扣除的捐赠额
		1	2	3	4	5	6	7
1	一、非公益性捐赠	67 800.00	＊	＊	＊	67 800.00	＊	＊
2	二、限额扣除的公益性捐赠（3＋4＋5＋6）			223 071.40				
3	前三年度（　年）		＊		＊	＊	＊	＊
4	前二年度（　年）		＊		＊	＊	＊	＊
5	前一年度（　年）		＊		＊	＊	＊	＊
6	本年（　年）		＊	223 071.40			＊	
7	三、全额扣除的公益性捐赠		＊	＊		＊	＊	＊
8	1.		＊	＊		＊	＊	＊
9	2.		＊	＊		＊	＊	＊
10	3.		＊	＊		＊	＊	＊
11	合计（1＋2＋7）	67 800.00		223 071.40		67 800.00		
附列资料	2015 年度至本年发生的公益性扶贫捐赠合计金额		＊	＊		＊	＊	＊

表 24 - 16 填表说明：

填报捐赠支出会计处理、税收规定的税前扣除额、捐赠支出结转额以及纳税调整额。纳税人发生相关支出（含捐赠支出结转），无论是否进行纳税调整，均应填报本表。

第 1 行"非公益性捐赠"填报纳税人本年发生且已计入本年损益的税收规定公益性捐赠以外的其他捐赠支出及纳税调整情况。具体如下：

（1）第 1 列"账载金额"填报纳税人计入本年损益的公益性捐赠以外的其他捐赠支出金额，包括该支出已通过《纳税调整项目明细表》（A105000）第 30 行"（十七）其他"进行纳税调整的金额。

（2）第 5 列"纳税调增金额"填报非公益性捐赠支出纳税调整增加额，金额等于第 1 列"账载金额"。

非公益性捐赠不得税前扣除，全额调增。该企业发生非公益性捐赠支出 67 800 元，填报本表第一行。

除了公益性捐赠以外都是非公益性捐赠，很好区分。

公益性捐赠，是指企业通过公益性社会组织或者县级以上人民政府及其部门，用于符合法律规定的慈善活动、公益事业的捐赠。

《中华人民共和国企业所得税法》第九条规定，企业发生的公益性捐赠支出，在年度利润总额 12％以内的部分，准予在计算应纳税所得额时扣除；超过年度利润总额 12％的部分，准予结转以后三年内在计算应纳税所得额时扣除。

《财政部 税务总局 民政部关于公益性捐赠税前扣除有关事项的公告》（财政部税务总局 民政部公告 2020 年第 27 号）规定，公益性社会组织、县级以上人民政府及其部门等国家机关在接受捐赠时，应当按照行政管理级次分别使用由财政部或省、自治区、直辖市财政部门监（印）制的公益事业捐赠票据，并加盖本单位的印章。企业或个人将符合条件的公益性捐赠支出进行税前扣除，应当留存相关票据备查。

表24-17 资产折旧、摊销及纳税调整明细表

A105080

行次	项目	账载金额			税收金额					纳税调整金额
		资产原值	本年折旧、摊销额	累计折旧、摊销额	资产计税基础	税收折旧、摊销额	享受加速折旧政策的资产按税收一般规定计算的折旧、摊销额	加速折旧、摊销统计额	累计折旧、摊销额	
		1	2	3	4	5	6	7=5-6	8	9（2-5）
1	一、固定资产（2+3+4+5+6+7）	7 775 000.00	200 000.00	1 200 000.00	7 775 000.00	170 000.00	*	*	1 020 000.00	30 000.00
2	（一）房屋、建筑物	4 105 000.00	30 210.00	181 260.00	4 105 000.00	30 2 10.00	*	*	181 260.00	
3	（二）飞机、火车、轮船、机器、机械和其他生产设备	2 788 000.00	129 000.00	774 000.00	2 788 000.00	99 000.00	*	*	594 000.00	30 000.00
4	（三）与生产经营活动有关的器具、工具、家具等	12 000.00	600.00	3 600.00	12 000.00	600.00	*	*	3 600.00	
5	（四）飞机、火车、轮船以外的运输工具	780 000.00	35 750.00	214 500.00	780 000.00	35 750.00	*	*	214 500.00	
6	（五）电子设备	90 000.00	4 440.00	26 640.00	90 000.00	4 440.00	*	*	26 640.00	
7	（六）其他						*			
8	其中：享受固定资产加速折旧及一次性扣除政策的资产加速折旧额大于一般折旧额	（一）重要行业固定资产加速折旧（不含一次性扣除）					*			*
9		（二）其他行业研发设备加速折旧								*
10		（三）特定地区企业固定资产加速折旧（10.1+10.2）								*
10.1		1. 海南自由贸易港企业固定资产加速折旧								*
10.2		2. 横琴粤澳深度合作区企业固定资产加速折旧								*
11		（四）500万元以下设备器具一次性扣除（11.1+11.2）								*
11.1		1. 高新技术企业2022年第四季度（10月—12月）购置单价500万元以下设备器具一次性扣除								*
11.2		2. 购置单价500万元以上设备器具一次性扣除（不含高新技术企业2022年第四季度购置）								*

续表

行次	项目	账载金额 资产原值 (1)	账载金额 本年折旧、摊销额 (2)	账载金额 累计折旧、摊销额 (3)	税收金额 资产计税基础 (4)	税收金额 税收折旧、摊销额 (5)	税收金额 享受加速折旧政策的资产一般按税收规定计算的折旧、摊销额 (6)	税收金额 加速折旧、摊销统计额 7=5-6	税收金额 累计折旧、摊销额 (8)	纳税调整金额 9（2-5）
12	（五）500万元以上设备器具一次性扣除（12.1+12.2+12.3+12.4）									*
12.1	其中：享受固定资产加速折旧及一次性扣除政策的资产折旧加速折旧大于一般折旧额的部分　1.最低折旧年限为3年的设备器具一次性扣除									*
12.2	中小微企业购置单价500万元以上设备器具　2.最低折旧年限为4、5年的设备器具50%部分一次性扣除									*
12.3	3.最低折旧年限为10年的设备器具50%部分一次性扣除									*
12.4	4.高新技术企业2022年第四季度（10月—12月）购置单价500万元以上设备器具一次性扣除									*
13	（六）特定地区企业固定资产一次性扣除（13.1+13.2）									*
13.1	1.海南自由贸易港企业固定资产一次性扣除									*
13.2	2.横琴粤澳深度合作区企业固定资产一次性扣除									
14	（七）技术进步、更新换代固定资产加速折旧									
15	（八）常年强震动、高腐蚀状态固定资产加速折旧									
16	（九）外购软件加速折旧									
17	（十）集成电路企业生产设备加速折旧						*	*		*
18	二、生产性生物资产（19+20）						*	*		*
19	（一）林木类						*	*		*
20	（二）畜类						*	*		*
21	三、无形资产（22+23+24+25+26+27+28+29）	6 693 750.00	496 000.00	2 480 000.00	6 693 750.00	334 687.50	*	*	1 673 437.50	161 312.50

续表

行次	项目	账载金额			税收金额					纳税调整金额
		资产原值	本年折旧、摊销额	累计折旧、摊销额	资产计税基础	税收折旧、摊销额	享受加速折旧政策的资产按税收一般规定计算的折旧、摊销额	加速折旧、摊销统计额	累计折旧、摊销额	
		1	2	3	4	5	6	7=5-6	8	9（2-5）
22	（一）专利权	6 693 750.00	496 000.00	2 480 000.00	6 693 750.00	334 687.50	*	*	1 673 437.50	161 312.50
23	（二）商标权						*	*		
24	（三）著作权						*	*		
25	（四）土地使用权						*	*		
26	（五）非专利技术						*	*		*
27	（六）特许权使用费						*	*		
28	（七）软件						*	*		
29	（八）其他						*	*		*
30	（一）企业外购软件加速摊销						*	*		
31	（二）特定地区企业无形资产加速摊销（31.1+31.2）						*	*		
31.1	1.海南自由贸易港企业无形资产加速摊销						*	*		
31.2	2.横琴粤澳深度合作区企业无形资产加速摊销						*	*		
32	（三）特定地区企业无形资产一次性摊销（32.1+32.2）						*	*		
32.1	1.海南自由贸易港企业无形资产一次性摊销						*	*		
32.2	2.横琴粤澳深度合作区企业无形资产一次性摊销						*	*		*
33	四、长期待摊费用（34+35+36+37+38）									
34	（一）已足额提取折旧的固定资产的改建支出						*	*		
35	（二）租入固定资产的改建支出						*	*		
36	（三）固定资产的大修理支出						*	*		
37	（四）开办费						*	*		
38	（五）其他						*	*		
39	五、油气勘探投资						*	*		
40	六、油气开发投资						*	*		
41	合计（1+18+21+33+39+40）	14 468 750.00	696 000.00	3 680 000.00	14 468 750.00	504 687.50	*	*	2 693 437.50	191 312.50
附列资料	全民所有制企业公司制改制资产评估增值政策资产									*

左侧纵向标注：其中：享受无形资产加速摊销及一次性摊销政策的资产；享受加速摊销额大于一般摊销额的部分（所有无形资产）

表 24 - 17 填表说明：

填报资产折旧、摊销的会计处理、税收规定，以及纳税调整情况。纳税人只要发生相关事项，均需填报本表。

该企业计提的部分闲置设备折旧 30 000 元和低于税法规定年限多计提的无形资产摊销 161 312.50 元应该进行纳税调整。

建议：小企业按照税法规定计提折旧和摊销，这样就无须进行纳税调整，减少工作量。当然，不需要进行纳税调整，也需要填写此表。

表 24 - 18 资产损失税前扣除及纳税调整明细表

A105090

行次	项目	资产损失直接计入本年损益金额	资产损失准备金核销金额	资产处置收入	赔偿收入	资产计税基础	资产损失的税收金额	纳税调整金额
		1	2	3	4	5	6（5－3－4）	7
1	一、现金及银行存款损失		*					
2	二、应收及预付款项坏账损失							
3	其中：逾期三年以上的应收款项损失							
4	逾期一年以上的小额应收款项损失							
5	三、存货损失	5 300.00			6 000.00	11 300.00	5 300.00	
6	其中：存货盘亏、报废、损毁、变质或被盗损失	5 300.00			6 000.00	11 300.00	5 300.00	
7	四、固定资产损失							
8	其中：固定资产盘亏、丢失、报废、损毁或被盗损失							
9	五、无形资产损失							
10	其中：无形资产转让损失							

续表

行次	项目	资产损失直接计入本年损益金额	资产损失准备金核销金额	资产处置收入	赔偿收入	资产计税基础	资产损失的税收金额	纳税调整金额
		1	2	3	4	5	6 (5−3−4)	7
11	无形资产被替代或超过法律保护期限形成的损失							
12	六、在建工程损失		*					
13	其中：在建工程停建、报废损失		*					
14	七、生产性生物资产损失							
15	其中：生产性生物资产盘亏、非正常死亡、被盗、丢失等产生的损失							
16	八、债权性投资损失（17＋23）							
17	（一）金融企业债权性投资损失（18＋22）							
18	1. 贷款损失							
19	其中：符合条件的涉农和中小企业贷款损失							
20	其中：单户贷款余额 300 万（含）以下的贷款损失							
21	单户贷款余额 300 万元至 1 000万元（含）的贷款损失							

续表

行次	项目	资产损失直接计入本年损益金额	资产损失准备金核销金额	资产处置收入	赔偿收入	资产计税基础	资产损失的税收金额	纳税调整金额
		1	2	3	4	5	6（5－3－4）	7
22	2. 其他债权性投资损失							
23	（二）非金融企业债权性投资损失							
24	九、股权（权益）性投资损失							
25	其中：股权转让损失							
26	十、通过各种交易场所、市场买卖债券、股票、期货、基金以及金融衍生产品等发生的损失							
27	十一、打包出售资产损失							
28	十二、其他资产损失							
29	合计（1+2+5+7+9+12+14+16+24+26+27+28）	5 300.00			6 000.00	11 300.00	5 300.00	
30	其中：分支机构留存备查的资产损失							

表 24 - 18 填表说明：

本表适用于发生资产损失税前扣除项目及纳税调整项目的纳税人填报。

（1）第 1 列"资产损失直接计入本年损益金额"填报纳税人会计核算计入当期损益的对应项目的资产损失金额，不包含当年度通过准备金项目核销的资产损失金额。

（2）第 2 列"资产损失准备金核销金额"填报纳税人会计核算当年度通过准备金项目核销的资产损失金额。

（3）第 3 列"资产处置收入"填报纳税人处置发生损失的资产可收回的残值或处置收益。

（4）第 4 列"赔偿收入"填报纳税人发生的资产损失，取得的相关责任人、保险公司赔偿的金额。

（5）第 5 列"资产计税基础"填报纳税人按税收规定计算的发生损失时资产的计税基础，含损失资产涉及的不得抵扣的增值税进项税额。

（6）第 6 列"资产损失的税收金额"填报按税收规定允许当期税前扣除的资产损失金额，按第 5 列金额减第 3 列金额减第 4 列金额后的余额填报。

（7）第 7 列"纳税调整金额"：政策性银行、商业银行、财务公司、城乡信用社、金融租赁公司以及经省级金融管理部门（金融办、局等）批准成立的小额贷款公司第 1 行～第 15 行、第 24 行～第 26 行、第 28 行填报第 1 列金额减第 6 列金额后的余额；第 17 行～第 22 行、第 27 行填报第 1 列金额加第 2 列金额减第 6 列金额后的余额。其他企业填报第 1 列减第 6 列金额。

该公司业务（28），计入当期损益的对应项目的资产损失金额 5 300 元，取得的相关责任人赔偿的金额 6 000 元，按税收规定计算的发生损失时资产的计税基础 11 300 元，按税收规定允许当期税前扣除的资产损失金额为 5 300 元。

企业向税务机关申报扣除资产损失，仅需填报企业所得税年度纳税申报表《资产损失税前扣除及纳税调整明细表》，不再报送资产损失相关资料。相关资料由企业留存备查。企业应当完整保存资产损失相关资料，保证资料的真实性、合法性。

请纳税人务必根据《财政部 国家税务总局关于企业资产损失税前扣除政策的通知》（财税〔2009〕57 号）、《国家税务总局关于发布〈企业资产损失所得税税前扣除管理办法〉的公告》（国家税务总局公告 2011 年第 25 号发布、国家税务总局公告 2018 年第 31 号修改）、《国家税务总局关于商业零售企业存货损失税前扣除问题的公告》（国家税务总局公告 2014 年第 3 号）、《国家税务总局关于企业所得税资产损失资料留存备查有关事项的公告》（国家税务总局公告 2018 年第 15 号）等相关规定做好资产损失资料的留存备查工作。

表 24-19　免税、减计收入及加计扣除优惠明细表

A107010

行次	项目	金额
1	一、免税收入（2＋3＋9＋…＋16）	160 000.00
2	（一）国债利息收入免征企业所得税	
3	（二）符合条件的居民企业之间的股息、红利等权益性投资收益免征企业所得税（4＋5＋6＋7＋8）	160 000.00
4	1. 一般股息红利等权益性投资收益免征企业所得税（填写 A107011）	160 000.00
5	2. 内地居民企业通过沪港通投资且连续持有 H 股满 12 个月取得的股息红利所得免征企业所得税（填写 A107011）	

续表

行次	项目	金额
6	3. 内地居民企业通过深港通投资且连续持有 H 股满 12 个月取得的股息红利所得免征企业所得税（填写 A107011）	
7	4. 居民企业持有创新企业 CDR 取得的股息红利所得免征企业所得税（填写 A107011）	
8	5. 符合条件的永续债利息收入免征企业所得税（填写 A107011）	
9	（三）符合条件的非营利组织的收入免征企业所得税	
10	（四）中国清洁发展机制基金取得的收入免征企业所得税	
11	（五）投资者从证券投资基金分配中取得的收入免征企业所得税	
12	（六）取得的地方政府债券利息收入免征企业所得税	
13	（七）中国保险保障基金有限责任公司取得的保险保障基金等收入免征企业所得税	
14	（八）中国奥委会取得北京冬奥组委支付的收入免征企业所得税	
15	（九）中国残奥委会取得北京冬奥组委分期支付的收入免征企业所得税	
16	（十）其他（16.1＋16.2）	
16.1	1. 取得的基础研究资金收入免征企业所得税	
16.2	2. 其他	
17	二、减计收入（18＋19＋23＋24）	
18	（一）综合利用资源生产产品取得的收入在计算应纳税所得额时减计收入	
19	（二）金融、保险等机构取得的涉农利息、保费减计收入（20＋21＋22）	
20	1. 金融机构取得的涉农贷款利息收入在计算应纳税所得额时减计收入	
21	2. 保险机构取得的涉农保费收入在计算应纳税所得额时减计收入	
22	3. 小额贷款公司取得的农户小额贷款利息收入在计算应纳税所得额时减计收入	
23	（三）取得铁路债券利息收入减半征收企业所得税	
24	（四）其他（24.1＋24.2）	

续表

行次	项目	金额
24.1	1. 取得的社区家庭服务收入在计算应纳税所得额时减计收入	
24.2	2. 其他	
25	三、加计扣除（26＋27＋28＋29＋30）	
26	（一）开发新技术、新产品、新工艺发生的研究开发费用加计扣除（填写 A107012）	
27	（二）科技型中小企业开发新技术、新产品、新工艺发生的研究开发费用加计扣除（填写 A107012）	
28	（三）企业为获得创新性、创意性、突破性的产品进行创意设计活动而发生的相关费用加计扣除（加计扣除比例及计算方法：_____）	
28.1	其中：第四季度相关费用加计扣除	
28.2	前三季度相关费用加计扣除	
29	（四）安置残疾人员所支付的工资加计扣除	
30	（五）其他（30.1＋30.2＋30.3）	
30.1	1. 企业投入基础研究支出加计扣除	
30.2	2. 高新技术企业设备器具加计扣除	
30.3	3. 其他	
31	合计（1＋17＋25）	160 000.00

表 24－19 填表说明：

本表适用于享受免税收入、减计收入和加计扣除优惠的纳税人填报。纳税人根据税法及相关税收政策规定，填报本年发生的免税收入、减计收入和加计扣除优惠情况。

（1）第 3 行"（二）符合条件的居民企业之间的股息、红利等权益性投资收益免征企业所得税"填报《符合条件的居民企业之间的股息、红利等权益性投资收益优惠明细表》（A107011）第 8 行第 17 列金额。

（2）第 4 行"1. 一般股息红利等权益性投资收益免征企业所得税"填报《中华人民共和国企业所得税法实施条例》第八十三条规定的投资收益，不含持有 H 股、创新企业 CDR、永续债取得的投资收益，按表 A107011 第 9 行第 17 列金额填报。

表24-20 符合条件的居民企业之间的股息、红利等权益性投资收益优惠明细表

A107011

行次	被投资企业	被投资企业统一社会信用代码（纳税人识别号）	投资性质	投资成本	投资比例	被投资企业利润分配确认金额		被投资企业清算确认金额			撤回或减少投资确认金额						合计
						被投资企业做出利润分配或转股决定时间	依决定归属于本公司的股息、红利等权益性投资收益金额	分得的被投资企业清算剩余资产	被清算企业累计未分配利润和累计盈余公积应享有部分	应确认的股息所得（8与9孰小）	从被投资企业撤回或减少投资取得的资产	减少投资比例	收回初始投资成本（4×12）	取得资产中超过收回初始投资成本部分（11-13）	撤回或减少投资应享有被投资企业累计未分配利润和累计盈余公积	应确认的股息所得（14与15孰小）	
	1	2	3	4	5	6	7	8	9	10（8与9孰小）	11	12	13（4×12）	14（11-13）	15	16（14与15孰小）	17（7+10+16）
1	A公司	略	略	略	略	略	160 000.00										160 000.00
2																	
3																	
4																	
5																	
6																	
7																	
8	合计						160 000.00										160 000.00
9	其中：直接投资或非H股票投资																
10	股票投资——沪港通H股																
11	股票投资——深港通H股																
12	创新企业CDR																
13	永续债																

表24-20填表说明：

本表适用于享受符合条件的居民企业之间的股息、红利等权益性投资收益优惠的纳税人填报。

企业股权投资的目的是获得投资收益，收益分为两类：股息红利收益，也叫持有收益，这部分收益基本是免税收入，但企业持有上市公司股票时间不超过12个月的持有收益要全额征税；转让所得收益，也叫处置收益，这部分转让所得需要全额征税，转让损失也允许税前扣除，但不能超过本年投资收益，超过部分可以向以后年度结转扣除。

股息红利分配一般是免税收入，企业在确认投资收益增加所得额时，要作为免税收入进行相应的调减所得额处理。调减时，在本表和《免税、减计收入及加计扣除优惠明细表》的"免税收入"中反映。

《小企业会计准则》规定长期股权投资采用成本法核算，税收上也同样基本按照成本法核算的方式进行处理，即被投资方实际做出分配税后利润决定时才确认投资收益。

四、财产和行为税纳税申报表

财产和行为税纳税申报表适用于申报城镇土地使用税、房产税、契税、耕地占用税、土地增值税、印花税、车船税、烟叶税、环境保护税、资源税，所需填列内容主要包括"计税依据""税率""应纳税额""减免税额""已缴税额""应补（退）税额"等项目，一般填写比较简单，这里不再举例。

读者可以通过国家税务总局12366纳税服务平台"会填表"界面来学习。

五、纳税申报宝藏

本章增值税纳税申报以一般纳税人为例，因为小规模纳税人纳税申报比较简单，我们在这里不再举例。读者同样可以通过国家税务总局12366纳税服务平台"会填表"界面来学习。

读者可以通过公众号"小栾税缘"搜索"会填表"，找到相关文章链接，即可进入国家税务总局12366纳税服务平台"会填表"界面（见图24-1），左侧目录栏中可选择需要学习的税种，点击相应申报表。

以增值税小规模纳税人申报为例，点击"增值税及附加税费申报表（小规模纳税人适用）附列资料（一）"见图（24-2）。

光标指在相应栏次的小问号处，即可弹出该栏次填写内容的解释说明。

图 24-1 国家税务总局 12366 纳税服务平台"会填表"界面

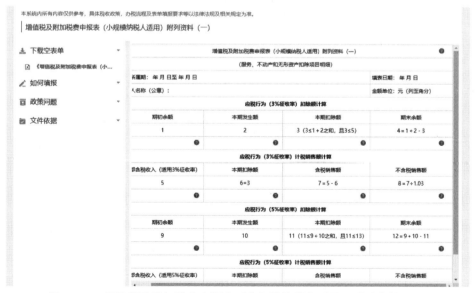

图 24-2 增值税及附加税费申报表（小规模纳税人适用）附列资料（一）

可点击左侧"下载空表单",点击"增值税及附加税费申报表(小规模纳税人适用)及其附列资料.xls",下载空白报表,如图24-3所示。

图24-3　下载空表单

点击左侧"如何填报",可了解需要申报本表的纳税人范围、相关内容如何规定以及如何计算的问题,如图24-4所示。

图24-4　如何填报

点击左侧"政策问题",了解与本表相关的最新税收政策,如图24-5所示。

图24-5　政策问题

以及点击"文件依据"可了解相关详细文件内容,如图24-6所示。

图24-6　文件依据

附 录

各会计岗位日常工作中常见的原始凭证,见二维码。

各会计岗位日常工作中
常见的原始凭证

后　记

阅读本书的读者，不论您的起点如何，不论您现有的业务水平如何，只要找到正确的方法，只需花费两年时间，最快一年甚至更短的时间，即可成为财税领域的专家。大多数人都有一个误区：对于财税业务，一两年才能上手，三四年才能熟练，五六年能精通就很不错了，要成为财税专家，没个十年八年根本不可能。但真相不是这样的！

心理学家赫伯特·西蒙的研究表明，一个人可以在大约 1 000 小时的专注学习后掌握一门学问。也就是说，每天专注学习 5～6 小时，大约 6 个月就可以掌握一门学问。领英的一项调查显示，约有 40% 的职场人士通过自学或在线课程学习在短时间内掌握了新的职业技能，并实现了职业转型。这些数据表明，通过专注学习和刻意练习，短期内实现职业突破是完全可能的。

我本人正是非财税专业出身，大学学的是水果和蔬菜的种植与培育，拥有园艺专业毕业证书和相关资格证书。在刚开始做会计工作时，我没有任何实战经验，也没有财会专业的老师和同学可以咨询。我是通过理论指导实践，在翻阅过上一年度的凭证后就开始直接上手操作，完全是靠自学和摸索。转入财会领域后，零基础的我在 3 年内通过了注册会计师考试，每年从报名开始到考试结束刻苦学习 3 个月，每天至少学习 3 小时，全靠高效率的自学。

很多人在看过我那本已经畅销 14 年，几经再版的《增值税纳税实务与节税技巧》一书后，都觉得我至少有 10 年的财税工作经验，但其实那是在我从事财税工作两年的时候完成的。

如何速成高手？需要好方法，更需要高质量的学习和练习（有条件实战，没条件模拟实战看案例）！以下几点心得与大家分享。

一、专注

以通过注册会计师考试为例，在纷繁复杂的现实世界中，诸多困难与诱惑往往使人分心。面对这一挑战，许多人因周遭环境的干扰而犹豫是否继续前行。亲友同事的闲谈、娱乐活动似乎与埋头苦读格格不入，在周围人的质疑声中，你是否还能保持专注？

然而，真正的专注源于对目标的执着追求和对诱惑的果断抵制。我们不必迎合他人的期待，只需专注于自己的学习之路。通过半年至两年的时间投入（通常考取注册会计师需 3～5 年），你将完成从财税小白到实战高手的蜕变，重新发现自己的潜力，并满怀信心地迎接新的人生阶段。

在这期间，无须做出巨大牺牲，仅需调整日常作息，每天额外投入一到两小时的学习时间，减少不必要的娱乐和低质量的社交，抵制诱惑。记住，"舍得"是专注的关键，有舍才有得。正是微小的改变最终汇聚成扭转命运的力量。

成为杰出的财税专家并非易事，这要求我们不随波逐流，而是坚持专注学习，追逐梦想。这是一条少有人走的路，但正是这样的道路塑造了行业的佼佼者。本书并非面向所有会计从业者，而是为那些勇于改变、决心专注于个人目标、渴望活出精彩人生的未来的财税精英而作。

二、高质量的勤奋

"1 万小时定律"指出，普通人大约需要 1 万小时的练习能达到卓越的技能水平。然而，这一过程不是机械地重复，关键在于高质量的勤奋。

高质量的勤奋与所处的环境密切相关。只有进入高水平的"第一梯队"，才有机会获得高质量的训练，从而加速积累 1 万小时的训练速度，大幅领先于其他人。因此，我建议考取注册会计师和税务师证书，以便融入高水平的环境，将理论与实践相结合，帮助更多人解决问题，并获得高人指点，实现快速成长。

对于那些想成为财税高手的会计人员来说，不应满足于普通的会计岗位。不要一直安于现状，应不断学习，具备条件后寻找更适合成长的行业和平台。

高质量的勤奋意味着做得越多，学得越多，不要短视，不要怕吃亏。时间长了，能力提高自然会带来加薪的资本。当然，这不是鼓励无休止地加班加点，如果一家企业让你经常晚上 11 点之前不能睡觉，那就辞职吧。好企业有的是，有选择地坚持，让你快速获得 1 万小时的积累，实现人生的跨越！

三、避免碎片化知识危害，系统全面高效学习

阅读财税经典书籍和聆听高质量的财税课程，可以在脑海中形成系统的财税知识体系和思维框架。相比之下，刷几万条短视频只会带来杂乱无章的碎片信息，难以形成系统性的知识结构。

在我的《长期学习碎片化知识犹如喝了一杯杯慢性毒药——避免碎片化知识危害，系统全面高效学习》（小栾税缘，2020 年 6 月 14 日）推文中已经详细讨论过这个问题，在此不再赘述，有兴趣的读者可以自行查阅文章内容。以下是几点建议：

其一，通过有挑战性的考试来构建自己的财税知识体系。其二，阅读优质书籍，

可以有效系统地学习并构建自己的财税知识体系。其三，聆听高质量的课程，可以构建完整的知识体系。其四，掌控碎片化知识，使其服务于自己的知识体系构建。其五，真正的学习不在于往大脑中塞进多少碎片化知识，而在于能够发现知识之间的关联，找出其本质规律，并在心中生成更多知识，从而真正建立起自己的知识体系。

四、与真正的高手交流

现实中，那些具备真才实学的财务总监、经理以及拥有丰富实战经验的注册会计师和税务师，都是值得学习的榜样。观察他们的成功路径、学习方法和工作方式，可以借鉴其长处，弥补自身不足。用高手的思维去思考财税政策，用他们的眼光去发现财税实质，掌握规律，并运用他们的方法处理财税业务。

对于非科班出身、没有老师和同学指导的人来说，如果身边没有这样的高手，选择几本好书进行学习，就是在与高手交流。读书的效率往往比听课更高，特别是对于那些自学能力强的人来说。

如果你的自学能力不强，也可以通过网络寻找真正的财税讲师，这些讲师通常具备丰富的实战经验和传授知识的热情。网络上藏龙卧虎，你可以接触到许多高手，在现实中遇到的难题，他们可能三言两语就能让你茅塞顿开。

我个人也乐于分享自己的思维、经验和方法。在工作中，我总是主动帮助他人，不怕被超越。通过写书、讲课和创建"丰收税务"公众号，我希望能帮助大家少走弯路，构建正确的财税思维，快速获得必备的财税技能，早日成为独当一面的财税实战高手。